니체,
생명과 치유의 철학

니체,
생명과 치유의 철학

김정현

Nietzsche, seine Philosophie des Lebens und der Heilung

책세상

차례

약어표 · 10

서문 · 12

제1부 | 형이상학 담론 및 합리주의 비판과 몸이성 찾기

제1장 파괴와 건설의 철학 · 23

1. 고트하르트 터널은 언제 완성되는가 : 서양 정신의 파괴와 건설의 철학 · 23
2. 니체의 허무주의, 근대성과 형이상학 비판의 문제 · 30
3. 니체의 형이상학에 대한 철학적 담론 · 35

   ❶ 형이상학적 니체 읽기 : 주관성 형이상학의 완성과 기술적 세계 지배의 철학 · 36
   ❷ 반(半)형이상학적 니체 읽기 : 형이상학의 의존적 극복 · 40
   ❸ 탈형이상학적 니체 읽기 : 형이상학의 해체와 차이의 사상 · 43

4. 니체와 탈형이상학과 탈근대 · 47

제2장 니체의 소크라테스적 합리주의 비판과 몸이성 찾기 · 51

1. 삶의 해석학과 탈이성의 계보학 · 52
2. 합리주의와 비합리주의를 넘어서 · 57
3. 소크라테스의 합리주의와 비극의 해체 · 60
4. 이성중심주의와 근대성 · 66
5. 탈이성과 몸이성 · 73

제3장 니체, 루카치 그리고 정치적 미학주의의 담론 · 80

1. 니체 오독의 담론사 · 80
2. 루카치의 비합리주의 개념 : 이성 파괴의 철학과 부르주아 반동 철학 · 86
3. 루카치의 니체 비판 · 91
    - ❶ 파시즘적인 미학의 선구자와 독일 파시즘의 안내자로서의 니체 · 91
    - ❷ 제국주의 시대 비합리주의의 정초자로서의 니체 · 96
4. 루카치의 니체 비판에 대한 비판적 논의 · 100

제2부 | 근대성 비판과 역사적 치료제 찾기

제4장 니체와 비판이론, 그리고 근대성 비판 · 109

1. 서양 근대성의 문화적 파장 · 110
2. 근대의 두 얼굴 : 삶의 희망과 상처받은 삶 · 114
3. 니체와 호르크하이머, 니체와 아도르노의 사상적 만남 · 119
4. 니체가 본 근대의 변증법 : 근대성과 인간성의 부식 · 122
5. 호르크하이머와 아도르노의 계몽의 변증법 :
   유럽 문명의 발전사와 주체의 형성사 및 인간의 사물화 · 127
6. 탈근대적 휴머니즘 : 서양 근대성의 치유 · 134

제5장 니체의 역사치료학 · 139

1. 역사적 사유의 필요성 · 139

2. 니체의 역사의 의미 : 역사는 과거와 현재, 그리고 미래의 대화다 · 143
   3. 역사적 사유의 필요성과 역사주의 비판 · 146

   ❶ 역사적 사유의 필요성과 역사 치료의 문제 · 146
   ❷ 역사주의 비판 · 152

   4. 니체의 역사관 · 159

   ❶ 역사적 비만증후 · 159
   ❷ 역사의 유형학 : 골동품적 역사, 기념비적 역사, 비판적 역사 · 161
   ❸ 역사의 치료학 : 역사적인 것, 비역사적인 것, 초역사적인 것의 종합 · 165

   5. 역사의 건강성 · 172

제3부 | 종교 비판과 자기 찾기

제6장 니체의 원시 그리스도교 비판 · 177

   1. 니체의 그리스도교 비판에 대한 담론 · 177
   2. 니체와 19세기의 신학 · 181
   3. 허무주의 종교로서의 원시 그리스도교 · 186
   4. 예수와 바울의 그리스도교에 대한 니체의 평가 · 190

   ❶ 예수의 그리스도교 · 192
      ㄱ. 예수의 유형 : 백치 · 192
      ㄴ. 실천가 예수 · 198
   ❷ 바울의 그리스도교 · 201
      ㄱ. 바울의 유형 : 종교적 천재 · 201

ㄴ. 바울의 공헌 · 204
5. 근원적인 그리스도교 정신 · 207
6. 예수의 그리스도교적 정신과 참된 종교 · 209

제7장 니체의 불교 이해와 서양적 무아 사상 · 214

1. 니체와 불교적 사유의 만남 · 214
2. 19세기 유럽의 불교 연구와 니체의 불교 연구 · 220
   ❶ 19세기 유럽의 불교 연구 · 220
   ❷ 니체의 불교 연구 · 224
3. 니체의 불교 이해의 두 모습 · 229
   ❶ 불교는 허무주의 종교다 · 229
   ❷ 불교는 위생학이다 · 235
4. 니체의 주체 해체와 불교의 무아 사상 · 239
5. 존재론적, 위생학적 치료로서의 깨어 있는 삶 · 246

제8장 니체와 융 사상에서의 '자기' 찾기 · 249

1. 심층심리학자 니체 · 249
2. 융의 니체 읽기 · 255
3. 자아와 자기의 구분 · 259
4. 자기에게 다가서기 : 페르조나와 그림자의 문제 · 265
   ❶ 페르조나의 문제 · 265
   ❷ 그림자의 인식 · 269

5. 자기를 깨닫기 : 바다, 벼락의 상징과 자기화의 문제 · 272

   ❶ 대극의 반전 : 몰락과 상승의 의미 · 274
   ❷ 바다 되기 : 전체 인격의 실현 · 281
   ❸ 번개 : 지혜와 극복인 · 284

   6. 깨어 있는 정신으로 살아가기 · 287

제4부 │ 진리 비판과 생명 찾기

제9장 니체의 생명 사상 · 293

   1. 인간중심주의적 사유와 서양의 근대 문명 · 293
   2. 생리학적 관점에서 본 근대 문명의 귀결 : 허무주의 · 297
   3. 탈근대적 생명 사상 : 생명이란 무엇인가 · 302
   4. 자연의 언어 : 자연의 인간화와 인간의 자연화 · 306
   5. 몸의 언어와 몸의 건강 : '위대한 정치' · 312
   6. 디오니소스와 '생명' 자각의 사유 · 317
   7. 여성의 기호 : 페미니즘 사상 · 324
   8. 21세기 지구 문명과 니체의 생명 사상 · 328

제10장 니체와 페미니즘 · 331

   1. 서양 철학의 새로운 화두로서의 니체의 여성성 문제 · 331
   2. 니체, 포스트모더니즘 그리고 포스트페미니즘 · 337

3. 니체의 진리관 : "진리는 여성이다" · 341

4. 데리다의 니체 해석 : 여성성의 존재론적 담론 · 346

5. 코프만의 니체 해석 : 여성성의 정신분석학적 담론 · 351

6. 여성적 사유의 정신 운동과 생명 사상의 발효로서의 페미니즘 · 355

제11장 니체의 건강 철학 · 360

1. 구체성의 철학으로서의 건강의 철학 · 360

2. 철학적 의학 · 364

3. 병과 건강의 문제 · 371

　❶ 의학사에 나타난 병과 건강의 역사 · 371

　❷ 니체의 병과 건강 개념 · 378

4. 큰 건강과 치유 · 385

　❶ 창조적 병으로서의 고통 · 385

　❷ 자기 치료와 큰 건강 · 390

5. 몸의 치료로서의 자기 치료 · 394

참고문헌 · 397

찾아보기 | 인명 · 418

찾아보기 | 서명 · 425

찾아보기 | 용어 · 428

| 약어표 |

KSA   *Friedrich Nietzsche Sämtliche Werke. Kritische Studienausgabe in 15 Bänden*, Giorgio Colli · Mazzino Montinari (Hrsg.)(Berlin · New York, 1980)〔니체비평전집 : 비평적 연구판(전15권)〕

KSB   *Friedrich Nietzsche Sämtliche Briefe. Kritische Studienausgabe in 8 Bänden*, Giorgio Colli · Mazzino Montinari (Hrsg.)(Berlin · New York, 1986)〔니체서간전집 : 비평적 연구판(전8권)〕

PHG   *Die Philosophie im tragischen Zeitalter der Griechen*(그리스 비극 시대의 철학)

GT   *Die Geburt der Tragödie*(비극의 탄생)

HL   *Vom Nutzen und Nachteil der Historie für das Leben*(삶에 대한 역사의 공과)

SE   *Schopenhauer als Erzieher*(교육자로서의 쇼펜하우어)

MA I   *Menschliches, Allzumenschliches I*(인간적인 너무나 인간적인 I)

MA II	*Menschliches, Allzumenschliches II*(인간적인 너무나 인간적인 II)
M	*Morgenröte*(아침놀)
FW	*Die fröhliche Wissenschaft*(즐거운 학문)
Za	*Also sprach Zarathustra*(차라투스트라는 이렇게 말했다)
JGB	*Jenseits von Gut und Böse*(선악의 저편)
GM	*Zur Genealogie der Moral*(도덕의 계보)
WA	*Der Fall Wagner*(바그너의 경우)
GD	*Götzen-Dämmerung*(우상의 황혼)
AC	*Der Antichrist*(안티크리스트)
EH	*Ecce homo*(이 사람을 보라)

N　　*Nachgelassene Fragmente*(유고 단편)

　　　Bd. 7 : *Nachgelassene Fragmente 1869~1874*

　　　Bd. 8 : *Nachgelassene Fragmente 1875~1879*

　　　Bd. 9 : *Nachgelassene Fragmente 1880~1882*

　　　Bd. 10 : *Nachgelassene Fragmente 1882~1884*

　　　Bd. 11 : *Nachgelassene Fragmente 1884~1885*

　　　Bd. 12 : *Nachgelassene Fragmente 1885~1887*

　　　Bd. 13 : *Nachgelassene Fragmente 1887~1889*

| 서문 |

"진실로 대지는 치유의 장소가 되어야 한다!" 니체는 《차라투스트라는 이렇게 말했다》에서 우리가 살고 있는 현실적인 세계인 대지가 다름 아닌 우리 자신의 삶의 터전이며, 바로 이 삶의 터전에서 고통 받는 우리 자신의 상처와 아픔이 치유되어야 한다고 말한 바 있다. 디오니소스도, 생성도, 생명도 모두 이 대지를 치유하려는 니체의 치료제일 뿐이다. 니체 사상의 핵심은 '현재 여기'라는 현실적 시간과 공간 속에 거주하는 살아 있는 인간의 고통을 치유하고 스스로를 극복하며 진정한 자신을 찾기 위한 의학적 글쓰기와 연관되어 있다. 진단과 검사, 처방과 치료라는 일련의 과정을 겪는 의료적 행위와 마찬가지로 글쓰기 역시 사회나 시대의 문제를 점검하고 논의하며 이를 치유하기 위한 대안을 모색하고 실천하는 행위다. 나는 이 책에서 니체에게 나타난 문제의식들을 숙주 삼아 우리 시대와 사회의 위기와 문제점들, 현대 문명의 문제와 미래 문명이 나아가야 할 좌표, 종교적 지평에서의 삶의 의미 파동과 자기 찾기, 과거사 문제와 같은 역사적 치료 등의 문제를 수정(受

精)시키는 의학적 글쓰기를 시도해보았다. 철학자란 단순히 논리나 개념의 미라를 꼼꼼히 분석하는 학문적 노동자가 아니라 시대의 고통이나 인간 영혼의 상처를 읽고 치유하는 '철학적 의사'라는 니체의 말처럼, 나는 철학이란 이제 의학적 글쓰기의 영역, 즉 인간 영혼의 아픔과 시대의 고통을 치유하는 치료학으로 복권되어야 한다고 생각한다.

이 책에서 나는 나 자신의 문제의식을 니체 사상이라는 숙주에 배양시켜 '시대 읽기', '인간 읽기', '자기 읽기', '생명 읽기'라는 철학적 해석의 지평으로 확장하는 시도를 했다. 여기에서 주로 문제로 삼은 것은 니체의 형이상학과 탈형이상학, 근대성과 탈근대성, 이성과 몸이성, 역사주의와 역사치료학, 역사적 종교와 참된 종교, 그리스도교와 불교, 자아와 자기, 자연 지배와 생명 복원, 이성중심주의와 페미니즘, 병과 건강 등이다. 이 책은 '참된 종교', '참된 나', '진정한 건강'을 찾기 위한, 다시 말해 니체 사상이 모색하고자 하는 '미래의 철학', 새로운 '미래 철학적 사유 문법'인 '생명'을 찾기 위한 철학적 도정을 담아냈다. 이전에 내가 출판한 《니체의 몸 철학》이 주로 니체의 사상 역정에서 나타난 이전 철학과의 논쟁 관계를 그려내며 니체 사상의 전모를 드러내고자 했다면, 이 책은 주로 니체가 모색하고 있는 새로운 미래적 사유 문법을 니체 이후 그의 영향을 받은 현대 철학자들과의 논쟁을 통해 그려내고 있다.

이러한 철학적 도정에서 사유의 내비게이터로 삼은 것은 괴테Johann Wolfgang von Goethe나 독일 출신으로 최고의 언어학자이자 동양종교학자인 뮐러Max Müller의 시각이다. 뮐러는 "하나의 언어만을 아는 사람은 그 어떤 언어도 모른다"라는 괴테의 말을 종교에 적용해 "하나의 종교만을 아는 것은 그 어떤 종교도 모르는 것이다"라고 말하며, 비교종교학적인 시각에서 동양 종교를 연구하며 참된 종교의 본질을 규명하고자 했다. 다른 종교를 제대로 알 때 그 종교뿐만 아니라 자신이 관심을 갖거나 신앙하는 종교의 성격이나 본래의 특징을 올바로 이해할 수 있다는 그의 주장은 철학에도 그대로 적용될 수 있다고 본다. 니체만이 아니라 니체 전후의 사상가들의 철학적 논의나 영향 관계, 다양한 시의적 주제 의식들을 심도 있게 논의하고 그 사상가들 사이의 정신 세계를 접속하고 분리하는 작업을 하며 그 사상적 그물망의 해석학적 특이성을 변별해내고 그 내용적 탄력과 긴장감을 살려낼 때, 니체 사상은 밀도와 입체감을 부여받으며 오히려 더 생명력 있게 읽힐 수 있다고 나는 생각한다. 따라서 이 책의 내용은 니체의 작품에 대한 단순한 소개나 해석적 차원의 논의만이 아니라, 더 나아가 루카치György Lukács, 호르크하이머Max Horkheimer, 아도르노Theodor W. Adorno, 하이데거Martin Heidegger, 카우프만Walter Kaufmann, 프로이트Sigmund Freud, 융Carl Gustav Jung, 하버마스Jürgen Habermas, 데리다Jacques Derrida, 코프만Sarah Kofman, 들뢰즈Gilles Deleuze, 에른스트 벨러Ernst Behler 등 수많은 현대 사상가들과 벌인 논쟁 속에서 탄생했다. 때로는 니체와 이들 사상가들의 대결을 관망하면서, 때로는 나 자신이 이들의 철학적 논쟁에 적극적으로 참여하면서, 때로는 나 자신의 철학적 고민을 접목하거나 비판적으로 접속시키면서 나는 니체의 사상을 만났고, 그 결과가 바로 이 책에 담겨 있다.

  그렇다고 이 책이 니체 철학의 내용을 소홀히 하거나 다른 철학자들의 해석에만 의존해 소개하는 차원의 글쓰기를 했다는 의미는 전혀 아니다. 나는 니체의 작품들을 나름대로 충분히 소화하며, 가장 근본적인 원전 읽기를 했으며, 여기에서 더 나아가 니체 이후의 사상가들이 니체를 어떻게 읽었는지를 따라가면서 니체가 어떻게 잘못 읽히고 있고 그 이유는 무엇인지, 그리고 현대에 니체가 어떻게 받아들여지고 있고 그의 사상의 미래적 가치는 어디에 있는지 그 정신사적 위상을 나름대로 정립하고자 했으며, 이러한 사상적 그물망 위에서 니체적 사유의 현재 또는 미래적 사유 문법을 건져 올리고자 했다. 이러한 작업을 하면서 그의 사상과 공명하기도 하고 때로는 니체의 철학을 이후의 여러 사상가들의 문제의식으로 연결시키고 비판하면서, 또 때로는 그 안에서 나 자신의 사유의 주요 음을 주조하면서 니체와 정신적 호흡을 함께하는 작업을 시도했다.

이 책은 지난 10년 동안 쓴 글들 가운데 일부를 뽑은 것으로, 이미 공적인 학문의 담론 공간에서 일부는 책의 형태로 또 일부는 논문의 형태로 발표된 글들을 모아 부분적으로 수정하여 몇 가지 주제로 다시 정리해 묶었다. 원고 청탁을 받아서 쓴 글도 있고, 강연을 위해 쓴 글도 있고, 또 학회에서 발표하기 위해 그리고 나 자신의 연구를 위해 쓴 글도 있으므로, 이 책은 이런 점에서는 처음부터 하나의 일관된 형식에 따라 구성된 것은 아니다. 그럼에도 이 책은 서로 다른 여러 주제들을 다루고 있으면서도 그간 고민했던 니체 사상을 푸는 나 자신의 생각의 주요 모티프들을 반영한다. 몇 가지 주제로 다시 정리하다 보니 글이 씌어진 시간 순서와는 상관없이 묶였으며, 10년이라는 적지 않은 시간 동안 준비하고 글을 쓰다 보니 일부는 표현이 다소 중복된 것도 있고 내용이 변주된 것도 있다. 그러나 그 내용은 각 글의 전체적 호흡에 그대로 필요한 것이기에 삭제하거나 별도로 재정리하지 않고 그대로 두었다. 그동안 쓴 글들을 시간 순으로 열거하면 다음과 같다.

1. 〈니체에 있어서의 소크라테스의 합리주의 비판―탈이성의 계보학〉, 최동희 외, 《이성과 반이성》(지성의샘, 1995), 159~184쪽.
2. 〈니이체의 원시 기독교 비판―예수와 바울을 중심으로〉, 《니이체 연구》 제2집(한국니체학회, 1996년 9월), 157~189쪽.
3. 〈루카치, 니이체 그리고 정치적 미학주의의 담론 : 루카치의 니이체 오독에 대한 비판적 고찰〉, 정영도 외, 《니이체 철학의 현대적 이해와 수용》(세종출판사, 1999), 221~246쪽.
4. 〈니체의 생명사상〉, 우리사상연구소 엮음, 《생명과 더불어 철학하기》(철학과현실사, 2000), 41~72쪽.
5. 〈니체와 계몽의 변증법〉, 성진기 외, 《니체 이해의 새로운 지평》(철학과현실사, 2000), 245~267쪽.
6. 〈니체와 근대성, 그리고 형이상학의 문제―그의 형이상학을 보는 세 가지 입장을 중심으로〉, 《철학연구》 제24집(고려대학교 철학연구소, 2001년 8월), 1~23쪽.
7. 〈니체와 페미니즘―데리다와 코프만의 진리담론을 중심으로〉, 《철학》 제67집(한국철학회, 2001년 여름), 80~102쪽.
8. 〈니체와 융 사상에서의 '자기' 찾기―융의 니체 읽기를 중심으로〉, 《철학》 제77집(한국철학회, 2003년 겨울), 245~277쪽.
9. 〈니체의 역사치료학〉, 《범한철학》 제35집(범한철학회, 2004년 겨울), 157~189쪽.
10. 〈니체의 건강철학―병과 건강, 치료의 개념을 중심으로〉, 《니체 연구》 제7집(한국니체학회, 2005년 봄), 131~166쪽.
11. 〈니체의 불교 이해〉, 《니체 연구》 제8집(한국니체학회, 2005년 가을), 63~97쪽.

이 책은 '니체의 형이상학 담론 및 합리주의 비판과 몸이성 찾기', '니체의 근대성 비판과 역사적 치료제 찾기', '니체의 종교 비판과 자기 찾기', '니체의 진리 비판과 생명 찾기'라는 네 가지 주제를 다루고 있으며, 모두 11개의 서로 다른 글로 구성되어 있다. 이 책은 단순히 몇 가지 주제의 선율적 구성이나 장식적 변주가 아니라 다양한 음향 복합체들이 다양하게 변주되는 다중 리듬적 형태의 다성 음악처럼, 4개의 별도의 큰 주제 아래 다시 여러 개의 다양한 주제들을 다루며, 다중 리듬의 의미 형성체를 이루는 방식으로 구성되어 있다. 주제가 다양하게 바뀌고 변주되기는 하지만 전체적으로는 '생명 사상'이라는 통일된 화두가 밑바닥에서 흐르고 있다. 구원, 치유, 해방, 자유 정신, 깨달음(자각) 등의 언어가 이러한 화두의 변주 기호들이다. 따라서 이 책은 어디서부터 읽어도 상관이 없다. 처음부터 읽어도 되고 마음에 드는 주제를 찾아서 읽어도 상관이 없을 것이다. 이 책의 내용은, 한쪽에서 시작해서 돌다 보면 다른 쪽의 고리로 연결되고, 이 다른 쪽을 돌다 보면 또 다른 쪽으로 들어가는 라캉Jacques Lacan의 보로메오의 고리noeud borroméen(이는 라캉이 자아를 설명하기 위해 사용한 용어로, 실재계, 상징계, 상상계라는 세 가지 질서가 서로 고리로 연결된 연쇄적 사슬을 말한다)처럼 연결되게 되어 있다. 나는 현대의 위기와 시대의 아픔, 역사의 고통 등 나 자신의 철학적 고민을 앞꾸밈음이나 전타로 넣기도 하고 주요 음을 사용해 변주하기도 하고 말미에 장식하기도 하는 등, 내 철학적 삶의 고민과 흔적을 책 언저리의 여백에 써 넣었다. 또한 나는 니체를 읽으며 니체적 문제의식을 따라가면서 그 사유의 발자국에 나 자신의 생각과 해석을 표현하려 했으며, 따라서 이 책은 니체에 기대어 우리 시대의 문제나 위기를 치유하고자 한 처방전의 성격을 띠기도 한다. 이 책의 여백에 담긴 내 생각의 음향 양탄자Klangteppich 가 독자들이 니체 사상의 본음(本音)을 듣고 이해하는 데 다소 도움이 될 수 있었으면 하는 마음을 가져본다. 또한 이 책의 각 장 앞에는 그간 내가 만들어온 목판화를 한 장씩 넣었다. 아직 서툴고 민망한 수준의 작품이지만 그동안 매년 연하장 대신 만들어 지인들에게 보내왔던 목판화 11장을 추려보았는데, 10여 년 이상의 내 생각이나 연구의 내용을 반영하고 있는 것들이다. 이는 나름대로 학문의 내용을 시각화하여 회화적 이미지로 표현해보려는, 내 철학의 예술화 작업이기도 하다. 이는 음악과 미술의 세계, 또는 디오니소스적인 것과 아폴론적인 것의 만남이라는 니체 사상에 바탕을 두고 그의 생명 사상을 다시 그려내려는 고졸(古拙)한 시도이기도 하다.

세계화로 인해 모든 사람이 하나의 지구촌에 살게 되었고 노마드 종족의 탄생으로 인해 지정학적 이동 거리가 더욱 가까워졌지만 타자를 더욱 타자로만 인식하고 다른 민족이나 문명을 배척하는 문명의 독재 시대, 종교 갈등으로 인해 세계 평화가 깨져버린 시대, 환경 파괴로 인해 세계의 자연적 질서와 문명의 질서가 함께 무너져가고 있는 생명 불모의 시대, 이러한 시대에 니체가 던지는 사상적 절규, 즉 '미래는 생명의 시대가 되어야 한다'는 철학적 치유의 목소리가 우리가 사는 생활세계를 아름답게 공명시켰으면 하는 바람을 품어본다. 이제 더 많은 사랑, 더 많은 평화, 더 많은 아름다움이 이 세상에 가득했으면 좋겠다. 살아 있는 모든 것, 우리를 살리는 모든 것, 그리고 그러한 사람들에게 진실한 감사의 마음을 보낸다.

이 책이 나올 때까지 많은 분들의 도움을 받았다. 한국에 서양 철학이 소개된 지 120여 년만에 철학 분야에서 처음으로 세계 표준판《니체

비평전집》을 출간한 책세상에도, 항상 따뜻한 배려를 아끼지 않으시는 김광식 주간님과 치밀하고도 깔끔한 편집 작업을 해주신 편집진 여러분께 감사를 드린다. 그리고 니체의 건강 철학이 씌어질 수 있도록 정신적인 자극을 주고, 항상 정신적 대화를 통해 새로운 아이디어를 주는 아내 혜림에게도, 나로 하여금 사랑과 평화의 언어로 세상을 읽을 수 있게 해주신 부모님께도 진심으로 감사드린다. 그동안 내 작은 생각의 목소리에 진실한 귀를 기울여준 원광대 학생들, 그리고 항상 보이지 않는 손으로 마음의 후원을 아끼지 않으시는 주변의 많은 분들께도 함께 감사의 말을 전하고 싶다.

김정현

제1부

형이상학 담론 및 합리주의 비판과

몸이성 찾기

제1장
파괴와 건설의 철학

1 고트하르트 터널은 언제 완성되는가 :
서양 정신의 파괴와 건설의 철학

 니체는 20세기 정신사에 거대한 영향을 미친 사상가다. 그의 사상은 21세기에 들어서고 있는 현재도 사상적 중요성과 적시성으로 인해 여전히 철학적 담론의 중심에 서 있다.[1] 니체가 철학, 문학, 예술, 사회, 정치, 종교, 문화 등 모든 영역에서 현대 정신사에 끼친 영향은 실로 지대한 것이었다. 푸코Michel Foucault나 들뢰즈, 리쾨르Paul Ricoeur 같은 사상가들이 19세기를 넘어서는 거대한 정신적 산맥으로 마르크스

---

1) 김정현,《니체의 몸 철학》(문학과현실사, 2000), 25~34쪽 ; Ernst Behler, "Nietzsche in the twentieth century", B. Magnus · K. M. Higgins (eds.), *Nietzsche*(Cambridge : Cambridge Univ. Press, 1996), 281~321쪽 ; A. D. Schrift, "Nietzsche's French legacy", *Nietzsche*, 323~355쪽 ; A. Guzzoni (Hrsg.), *90 Jahre philosophische Nietzsche-Rezeption*(Hain, 1979) 등 참조.

Karl Marx, 프로이트와 더불어 니체를 꼽는 것은 바로 이러한 이유 때문이다.[2]

그러나 니체의 사상을 제대로 이해하는 것은 그리 쉬운 일이 아니다. 그의 텍스트들이 대부분 잠언의 형식이나 비체계적 방식으로 기술되어 있고, 때로는 많은 상징이나 비유로 구성되어 있어 그의 사상의 전체적인 모습을 그려내는 작업은 결코 수월하지 않다. 하이데거나 루카치 같은 당대의 최고 사상가들마저 범하고 있는 그의 사상에 대한 오해와 편견에 찬 해석이 이를 반증한다.[3] 니체의 사상을 이해한다는 것은 그가 진리 담론과 더불어 표현하고 있듯이 미로 속에서 아리아드네의 실을 찾는 작업과 비교할 수 있을 것이다. 야스퍼스Karl Jaspers는 니체의 사상을 이해하는 것은 산의 절벽이 폭발해서 사방에 널려 있는 무수히 많은 암석의 파편들을 모으는 작업과 비교할 수 있다고 보고 있다. 이러한 어머어마한 파편들은 니체라는 인물과 사유의 어두운 심연의 수수께끼를 감추고 있는 것으로, 그의 사상을 이해한다는 것은 이러한 파

---

2) 이에 대한 자세한 논의로는, 김정현, 《니체의 몸 철학》, 18~19쪽 각주 6번 참조.
3) 니체 사상에 대한 대표적인 오독의 예로 니체 사상을 계급투쟁적 부르주아와 파시즘, 제국주의를 옹호하는 이론으로 읽는 루카치를 들 수 있다. 이에 대한 구체적인 논의로, 김정현, 〈루카치, 니이체 그리고 정치적 미학주의의 담론〉, 정영도 외, 《니이체 철학의 현대적 이해와 수용》(세종출판사, 1999), 221~246쪽 참조. 또한 니체 사상에 대한 독단적 해석의 예로 하이데거를 들 수 있다. 하이데거의 니체 해석에 관한 국내의 논의로, 박찬국, 〈니힐리즘의 기원과 본질 그리고 극복에 대한 니체와 하이데거 사상의 비교 고찰〉, 한국하이데거학회 엮음, 《하이데거의 철학세계》(철학과현실사, 1997), 267~316쪽 ; 박찬국, 〈하이데거와 니체〉, 소광희 외, 《하이데거와 철학자들》(철학과현실사, 1999), 289~318쪽 ; 박찬국, 〈권력에의 의지의 철학과 존재의 철학〉, 김상환 외, 《니체가 뒤흔든 철학 100년》(민음사, 2000), 244~272쪽 ; 백승영, 〈하이데거의 니체 읽기 : 이해와 오해〉, 한국하이데거학회 엮음, 《하이데거와 근대성》(철학과현실사, 1999), 300~333쪽 참조.

1998 12 8.

허공의 발자국
우리의 삶이란 파괴와 건설 사이에 난 길을 걸어가는 것이며, 그 과정에서 끊임없이 새로운 의미를 찾아내는 텍스트 독법이다. 니체는 걷고 달리고 나는 법을 배우고 난 후 몸속에서 가볍게 춤추는 신이 우리 자신에게 있다는 것을 알 수 있다고 말한다.

편들을 모아 사상 전체의 통일적 구성을 추구하며 건축 구조물을 세우는 작업에 비교할 수 있다는 것이다.[4] 이렇듯 니체의 사상은 파편처럼 흩어진 무수히 많은 단편들을 모아 그의 철학적 의도를 전체 사상 아래 재구성할 때 어느 정도 그 모습이 드러난다. 이것은 니체의 저서 또는 유고 가운데 나오는 몇몇 단편이나 구절들을 자의적으로 선택하거나 해석함으로써 니체 사상을 그려내는 것도, 또 수수께끼 같은 파편들에 임의적으로 의미를 부여해 퍼즐의 전체 모습을 상정하는 것도 니체를 이해하는 데 방해가 될 뿐 아니라 위험하다는 것을 의미한다.

그러나 니체를 전체적으로 그린다는 것은 하나의 통일된 이념의 형태로 니체 사상을 기술한다는 것을 의미하지는 않는다. 왜냐하면 니체 사상은 그 주제의 다양성과 복합성만큼 다양한 해석의 옷을 입고 나타날 수 있기 때문이다. 그래서 하이데거의 형이상학적 해석의 니체 모습도 있고 데리다의 해체주의적 니체 모습도 있으며, 카우프만이나 융 등의 심리학적 니체 모습도 있고, 삶이란 텍스트 읽기라는 네하마스 Alexander Nehamas의 문학적 해석의 니체 모습도 있다. 그런데도 니체 사상의 몸에 흐르는 몇 가지 중심적인 주제들은 비교적 안정된 모습으로 맥동(脈動)하고 있다. 니체를 이해하는 것은 이러한 사상의 내적 맥박을 짚는 것을 의미한다. 니체 사상의 맥박을 짚다 보면 또한 서양 사상사의 몸속을 자유롭게 돌아다니며 비판과 항거, 파괴와 생성, 고발과 대안 제시 등 다양한 항체의 반응을 통해 새롭게 서양 정신사에 생명을 부여하고 있는 생명력 있는 주제들을 만날 수 있다. 니체의 사상을 이해한다는 것은 니체 자신의 철학적 어휘를 통해 표현된 니체 사상

---

4) K. Jaspers, *Nietzsche*(Berlin, 1950), 9~10쪽.

의 면모뿐 아니라 다양한 주제나 언어로 표현되는 그의 사상이 정신사적 주제들과 접속하고 분리하고 재접속하는 그 현장과 만나고, 이를 통해 그의 문제의식이 현재 우리의 삶에 미치는 영향을 비판적으로 해석하는 작업이다. 이러한 방식으로 니체 사상의 맥박을 짚으며 그의 사상을 이해하고자 한다면 우리는 그가 논의하려는 철학적 주제들을 비교적 쉽게 이해할 수 있을 것이다. 니체 사상의 몸에 맥동하고 있는 중요한 주제 가운데 하나가 바로 형이상학과 근대성의 문제다.

니체 철학은 서양 정신사와 벌인 철저한 대결 속에서 파생된 것이다. 그가 자신의 철학적 작업을 '해머를 들고 파괴하는 철학'으로 규정한 것도 이러한 맥락에서 이해할 수 있다. 그가 해머를 들고 파괴하려 한 것은 무엇인가? 왜 그는 자신의 철학을 파괴의 철학으로 자리매김하려는 것일까? 그의 철학은 단순히 파괴의 철학으로만 규정될 수 있을까? 니체는 물론 자신의 철학을 서양 정신사의 낡은 구조물들을 헐어내는 파괴의 철학으로만 규정하지 않는다. 그의 철학에는 스스로 말하고 있듯, 건설과 탈구축의 미래적 성격이 내장되어 있다. 니체의 철학은 서양 전통 철학의 파괴와 미래 철학의 재구축이라는 이중 성격을 동시에 갖고 있다. 니체는 분명 서양의 전통적인 사유의 한계를 비판하며 이 경계를 무너뜨리고, 인류의 미래 도덕과 새로운 미래 철학의 사유를 시도하고 있다.[5] 이러한 의미에서 보면 니체의 철학적 작업은 파괴와 해체의 작업이자 동시에 생산과 건설의 작업이기도 하다.

여기에서 니체 기록보관소Nietzsche Archiv가 있는 곳이자 니체가

---

5) 니체가 시도하고 있는 새로운 미래 철학의 사유에 대해서는 김정현, 〈해설 : 인류의 미래 도덕과 새로운 미래 철학의 사유〉, 니체, 《선악의 저편·도덕의 계보》, 김정현 옮김 (책세상, 2002), 547~561쪽 참조.

마지막 숨을 거둔 곳인 바이마르 시의 실러 박물관에서 그의 사후 100년을 즈음해 2000년에 열린 니체 유물전(2000. 4. 16~12. 30)의 제목을 살펴보는 것은 니체 철학의 이러한 이중적 의미를 해명하는 데 도움이 될 것이다. 이 행사의 제목은 우리에게 다소 생소한 "고트하르트 터널Gotthardtunnel은 언제 완성되는가"였다. 고트하르트 터널은 1872~1882년에 스위스 루체른에서 해발 3,000미터가 넘는 알프스 산맥을 향해 뚫은 장장 15킬로미터나 되는 터널인데, 당시에 유럽에서 가장 힘든 난공사로 유명했다. 1886년 〈스위스 신문〉은 니체의 저서를 고트하르트 터널을 건설하는 데 사용했던 다이너마이트의 위력을 가진 위험한 책이라고 소개했고, 니체 역시 이를 의식해 말년의 편지에서 이 내용을 여러 차례 언급했으며,[6] "나는 다이너마이트다"[7]라고 선언한 바 있다. 이것은 그의 철학적 작업이 서양의 사고방식을 규정해온 그리스도교와 형이상학을 파괴하며, 마치 고트하르트 터널을 뚫어가듯 새로운 문명과 사유의 터널을 뚫는 작업이었음을 비유적으로 나타내주고 있다. 니체의 철학적 작업은 해체와 건설이라는 이중적 성격을 지닌다. 니체는 서양의 정신사를 해체하며 새로운 문명의 활로를 제시하려는 이러한 사유를 스스로 '새롭고 과감한 사유 방식'[8]이라고 명명한다.

니체의 새롭고도 과감한 모험의 사유 방식이란 무엇을 의미하는 것일까? 단토Arthur C. Danto는 니체의 철학 안에서 논리, 학문, 도덕, 철학 자체에서 총체적 혁명이 일어나고 있다고 말한다.[9] '철학 자체의 혁명'이란 서양 정신사의 해체와 건설을 시도하는 그의 철학적 작업을

---

6) F. Nietzsche, KSB 7, 278~279쪽.
7) F. Nietzsche, EH, Warum ich ein Schicksal bin 1, KSA 6, 365쪽.
8) F. Nietzsche, N 16(63), KSA 13, 507쪽.

의미한다. 여기에서 우리는 그의 철학적 작업이 해체와 건설이라는 이중적 성격을 지니고 있음을, 그리고 또 이러한 작업이 동시에 양자의 경계선에서 수행되고 있음을 지적할 수 있다. 이러한 그의 작업은 종교(그리스도교), 역사(성), 근대성, 형이상학 및 진리 담론, 이성, 주체성, 예술, 생명 등 다양한 문제와 결부되어 있으며, 역사적 텍스트(철학, 정신사, 이성과 가치의 기원)에 대한 비판적 작업(심리계보학)과 이를 통해 미래적 사유 문법을 개발하는 탈형이상학적 미학 작업(해석학)을 동시에 수행하고 있다. 무수히 많은 철학적 주제들이 기록되어 있는 서양 정신사의 지평 자체가 니체에게는 비판적 작업을 수행해야 할 하나의 텍스트로 여겨지고 있으며, 니체는 이 텍스트에 씌어진 정신의 기록들을 계보학적으로 해독함으로써 그 텍스트의 기원을 문제시하고 그 절대화된 가치를 상대화하며 텍스트 내용의 위계적 질서를 해체한다.

그러나 이 텍스트에 기록되고 지워진 여러 정신적 문자들과 그 의미를 밝히는 니체의 작업 전체를 여기서 논의할 수는 없다. 여기에서는 주로 니체의 철학적 작업 가운데 가장 중요하다고 여겨지는 근대성과 형이상학의 문제를 중심으로, 특히 하이데거의 니체 해석과 그로부터 야기된 학계의 논의에 한정하여 다루고자 한다. 형이상학의 문제는 하이데거가 니체 사상을 다루는 동안 그의 사상의 중심에 자리를 잡고, 니체 사상을 체계적이고 통일적으로 파악하는 토대를 제공해준 주제 가운데 하나다. 니체를 이해하거나 바라보는 시각이 다양한 것은 사실이다. 그러나 니체의 형이상학에 대한 하이데거의 해석에 대해 어떤 입

---

9) A. C. Danto, *Nietzsche as Philosopher* (New York : The Macmillan Company, 1970), 35쪽.

장을 취하느냐에 따라, 더 나아가 현대 사상 특히 포스트모더니즘과 연관해 니체 사상을 어떻게 자리매김하느냐에 따라 니체를 이해하고 해석하는 시각이 근본적으로 달라질 수 있다. 하이데거의 니체 해석과 형이상학의 연관성 문제를 다루는 것은 하이데거적 해석의 타당성이나 정당성에 대한 학문적 검토 차원을 넘어 니체를 바라보는 근본적인 시각의 문제와 깊이 연관되어 있다. 이러한 맥락에서 나는 니체의 허무주의, 근대성과 형이상학 비판의 문제, 그리고 니체의 형이상학에 관한 주요한 철학적 담론들을 세 가지 입장에서 정리하고, 더 나아가 니체 사상의 탈형이상학적 함의 등을 다룰 것이다.

2 니체의 허무주의, 근대성과 형이상학 비판의 문제

니체 철학의 핵심 문제는 이미 잘 알려져 있듯이 '신의 죽음'으로 표현되는 허무주의Nihilismus의 문제다. 그의 철학적 문제들 가운데 가장 중요한 문제 하나가 허무주의를 진단하고 그것을 극복하는 문제라고 할 수 있다. 《즐거운 학문*Die fröhliche Wissenschaft*》에서 처음 주제화되고 《차라투스트라는 이렇게 말했다*Also sprach Zarathustra*》에서 중점적으로 다루어지고 또 후기 철학에서 주로 중요하게 논의되는 허무주의란 단순히 '신의 죽음'이라는 종교(그리스도교)적 사건이 아니라, 서양 정신사의 내재적 법칙성의 붕괴와 문화의 위기, 주체성의 위기 등을 표현하는 정신사적 기호다. 따라서 이 문제는 서양 형이상학이나 서양 근대의 위기와도 내밀하게 연결되어 있다. 서양 형이상학의 문제는 인식론, 진리 담론, 이성 비판, 도덕 비판, 주체성의 문제 등의 논의를 포함하고 있지만, 동시에 근대성 비판의 내용을 내장하고 있다. 니체의 근대 비판이 형이상학 비판과 예술가적 세계관의 가능성 위에서 진행되고 있다고 보는 하버마스의 관점은 이러한 면에서 정당하다.[10] 우리는 니체에게서 허무주의와 형이상학, 그리고 근대성의 문제 등이 하나의 이론적 고리로 연결되어 있음을 확인할 수 있을 것이다. 니체의 근대 세계 또는 근대 문화에 대한 총체적인 비판 작업이 형이상학 비판에 초점을 맞추고 있고, 이는 그의 철학적 동기의 중요한 부분을 차지하고 있는 것이다.[11]

여기에서 우리는 허무주의와 형이상학, 근대성의 문제를 더욱 상세히 살펴볼 필요가 있다. 허무주의란 무엇을 의미하는 것일까? 허무주의가 퇴폐, 퇴락, 병, 절망, 가치 상실이라는 데카당스décadence를 의미하는 것이라면, 서양 문명의 귀결은 단순히 부정적인 의미 상실의 역사적 진행 과정으로 이해해야 하는 것일까? 그러나 니체의 허무주의는 더욱 다의적이고 중층적인 의미를 지닌다. 우리는 이를 네 가지 차원에서 논의할 수 있을 것이다. 첫째, 허무주의란 문화의 퇴락 증세, 즉 문화의 창조력이 쇠진한 병적 현상을 말한다. 니체의 근대성 비판, 시대 비판, 문화 비판 등은 '생리적 데카당스의 표현'으로서 허무주의[12]를 진단하고 그것을 극복하는 문제와 연관되어 있다. 데카당스란 문화의 퇴락으로 특징지을 수 있는데, 이는 기술 문명의 발전과 물질의 풍요 속에서 인간의 삶이 '가상als ob'으로 빠지며, 내면적 가치를 정립하지

---

10) J. Habermas, *Der philosophische Diskurs der Moderne*(Frankfurt a.M., 1988), 120쪽.
11) M. Djurić, *Nietzsche und die Metaphysik*(Berlin · New York, 1985), 9쪽 ; Eugen Fink, *Nietzsches Philosophie*(Stuttgart · Berlin, 1986), 8~9쪽 참조.
12) F. Nietzsche, N 17〔8〕, KSA 13, 529쪽.

못하고 혼돈, 탄식, 불안, 피로, 무력감의 기호를 드러내는 서양 근대 문명의 부정적인 심층 사건을 의미한다. 인간의 신체가 병적 상태에 있게 되면 무력감과 피로, 불안감과 허무감 등 생리적, 심리적 증후가 동반되듯이, 문화 역시 강건한 건강을 잃게 되면 생리적 이상 반응에 휩싸이게 되며 문명을 병들게 만든다는 것이다. 즉 허무주의란 문화의 생리적 데카당스 현상을 의미한다. 둘째, 허무주의란 서양의 정신 세계를 뒷받침해왔던 근본 토대 상실의 역사를 의미한다. 초감성적인 세계의 의미와 가치가 상실되어가는 역사적 진행 과정, 즉 진리 토대가 붕괴되는 심층 사건을 의미하기도 한다. 초감성적인 세계, 참된 세계, 본질, 진리 등과 관련된 철학적 논의가 형이상학으로 표현된다면, 신, 초월적 세계, 본 체계 등에 의존해, 즉 형이상학 또는 존재론적 기반 위에서 현실 세계를 설명했던 이러한 담론의 토대가 붕괴되는 사건은 '서양 형이상학의 종말'로 이해될 수 있다. 셋째, 허무주의란 서양인들의 내면계를 규제해왔던 그리스도교적, 초월적 가치 토대의 붕괴, 즉 도덕적 자기 정립 기반의 상실이라는 가치론적인 위기 증상을 의미한다. 넷째, 이는 또한 주체성의 위기 문제, 즉 '인간 죽음'의 문제와도 밀접하게 연관되어 있다. 푸코는 '신의 죽음'이란 다름 아닌 '인간 죽음'이라고 해석하고 있다. 니체는 인간의 본질을 규정하는 형이상학적 정초주의에서 벗어나, 즉 인간학의 꿈에서 깨어나 새로운 철학의 출발점에서 인간 주체에 대한 물음을 다시 묻고 있다는 것이다.[13] 니체에게 근대 문화의 위기, 이성적 담론의 위기, 가치의 위기, 주체성(인간)의 위기 등과 연관되어 있는 허무주의의 문제는 따라서 근원적으로 형이상학의 문제로

---

13) M. Foucault, *Die Ordnung der Dinge*, U. Köppen (übers.)(Frankfurt a.M., 1989), 410~413쪽.

귀결된다.

니체는 호르크하이머, 아도르노 등의 비판이론가들보다 먼저 근대의 변증법을 분명히 인식하고 있었다. 소크라테스 이래로 형성되어온 서양 합리주의의 거대한 정신적 지각 운동의 근대적 표층 운동으로서 근대성은 이성중심주의, 합리성, 객관성, 보편성, 진리, 주객 이분법, 과학성, 진보 등의 기호로 표현할 수 있는데, 이는 이론 중심적 이성에 대한 믿음, 역사의 진보, 문명의 발전을 추구했으나, 역설적으로 자연 지배와 인간의 사물화, 왜소화 등의 현상을 야기하는 부정적 (생리학적) 자기 모순을 드러내고 있다고 니체는 고발한다.[14]

그러나 니체의 허무주의란 부정적이고 데카당스한 현상을 담고 있는 허무주의만을 말하는 것이 아니다. 이는 동시에 능동적 자기 극복의 계기를 자기 안에 함축하고 있다. 근대의 역사적 운동으로 나타나는 거대한 힘의 하강과 퇴행, 거대 담론의 와해에서 오는 토대 상실, 최고 가치들의 탈가치화는 동시에 허무의 극단에서 이를 극단적으로 수용하고 적극적으로 긍정하며 이를 넘어설 수 있는 가능성을 가지고 있는 것이다. 어떤 젊은 양치기의 목구멍으로 검은 뱀 한 마리가 기어 들어가는 것을 물어뜯어 내뱉으라고 외치는 차라투스트라의 외침과 뱀 대가리를 뱉어내고 환한 빛으로 감싸여 새롭게 변화된 모습으로 활짝 웃는 인간은 바로 허무주의 안에서 허무주의를 극복하는 허무주의의 능동적 가

---

14) 근대성의 역설을 비판이론과 비교하며 논의하는 글로, 김정현, 〈니체와 계몽의 변증법〉, 성진기 외, 《니체 이해의 새로운 지평》(철학과현실사, 2000), 245~267쪽 ; P. Pütz, "Nietzsche im Lichte der kritischen Theorie", *Nietzsche Studien*, Bd. 3(1974), 175~191쪽(이 논문의 번역으로, 페터 퓌츠, 〈비판이론으로 본 니체 철학〉, 성진기 외, 《니체 이해의 새로운 지평》, 268~290쪽) 참조.

능성을 함축하고 있다.[15] 허무주의는 삶의 퇴락의 기호이자 동시에 극복의 계기를 함축하고 있는 삶의 능동적 상승의 기호다. 무의 심연에서 허무에 질식되지 않고 이를 긍정하고 강한 삶의 의욕을 스스로 창출해내며 또한 이러한 긍정적인 삶의 가치를, 더 나아가 다원적인 관점에서 해석하고 이를 정신적 힘의 상승 기호로 만들어내는 허무주의를 니체는 '능동적 허무주의'라고 말한다.[16]

니체는 허무주의를 형이상학의 극복 문제와 연관해 문제시한다. 그에 따르면 형이상학의 극복은 "인간의 사려 가운데 최고로 긴장된 사건"이며 "인류의 가장 큰 요청"[17]이다. 허무주의를 이중적 성격으로 규정하듯, 니체는 서양의 전통 형이상학을 비판하며, 그 극복을 자신의 최고 과제로 설정하는 이중적 전략을 구사한다. 니체 철학은 형이상학의 비판과 파괴에 국한되어 있는 것이 아니라, 오히려 그것을 극복하는 프로그램을 제시하는 데 초점을 맞추고 있다. 이 과제를 수행하기 위해 그는 이성 비판, 도덕 비판, 주체성 비판, 근대성 비판의 작업을 진행한 것이다.

그렇다면 그가 넘어서고자 한 형이상학의 극복이란 도대체 무엇을 의미하는 것일까? 그는 어떠한 철학적 구도와 개념을 사용하며 형이상학을 극복하고자 했는가? 그는 진정으로 형이상학을 극복했던 것일까? 니체의 이러한 형이상학 극복의 문제는 근대성 비판의 문제와도 결부

---

15) F. Nietzsche, Za III, KSA 4, 201~202쪽 참조.
16) 수동적 허무주의와 능동적 허무주의라는 니체 허무주의의 이중적 성격에 대해서는 이진우, 〈21세기와 허무주의의 도전 : 니체 사유의 전복성에 대한 포스트모더니즘의 대응〉, 성진기 외, 《니체 이해의 새로운 지평》, 377~400쪽 참조.
17) F. Nietzsche, N 40(65), KSA 11, 666쪽.

되어 있을 뿐 아니라, 탈근대적 사유의 문제와도 연관되어 있다. 니체 철학은 형이상학 극복을 통해 과연 탈근대로 진입하고 있는가? 우리는 이 문제에 대한 답변을 하이데거의 니체 해석과 그로부터 야기되는 니체 형이상학에 관한 다양한 철학적 담론을 먼저 만나본 후 맺는말에서 간략히 살펴볼 것이다.

3 니체의 형이상학에 대한 철학적 담론

 니체의 형이상학에 관한 논의를 해석하는 관점은 현재까지 철학적 담론에서 대략 세 가지가 존재한다. 이는 단순히 그의 형이상학에 대한 해석 관점의 분류만을 의미하는 것이 아니며, 더 나아가 니체의 철학을 어떻게 이해하는가 하는 근본적인 해석의 구도와도 연관되어 있는 중요한 문제다. 형이상학, 근대성/탈근대성의 문제와 연관해 니체를 읽는 시각은 대략 다음의 세 가지 관점으로 구분될 수 있을 것이다. 첫째는 니체의 철학을 서양 형이상학의 완성으로 보는 해석(하이데거)이요, 두 번째는 니체 철학이 서양의 전통 형이상학을 파괴하고 있기는 하나 아직 그에 의존해 극복하는 과정에 있다는 해석(핑크Eugen Fink, 듀리치 Mihailo Djurić, 밀러 라우터Wolfgang Müller-Lauter)이고, 세 번째는 니체 철학이 반(反)형이상학적 성격을 지니고 있고 심리학적(정신분석학적) 지평 위에서 읽힐 수 있다는 심리 해석학의 입장(카우프만)과 니체 철학이 전통 형이상학을 철저히 해체하며 탈형이상학의 궤도 위에 서 있다는 포스트모더니즘 진영의 니체 해석(데리다, 들뢰즈, 에른스트 벨러)이다.[18] 첫 번째 해석은 니체의 철학을 근대성의 완성으로 보는 하이데거적 관점을 대변하고 있으며, 두 번째 해석은 니체가 탈형이상학의 관점에 서 있기는 하지만 아직은 근대와 탈근대의 경계선에 모호한 태도로 서 있다는 입장을 나타내고 있고, 세 번째는 니체 철학이 형이상학 비판을 통해 완전히 근대를 넘어 탈근대적 이념의 설계도를 제시하고 있다는 탈근대의 니체 읽기를 보여주고 있다. 우리는 과연 니체를 어떻게 읽어야만 하는가?

형이상학의 문제에 대한 니체적 입장을 정리하는 방식에 따라 니체의 근대성/탈근대성의 논의가 구분된다. 니체는 근대성을 비판하며 여전히 근대에 발이 묶여 있는가, 아니면 탈근대로 넘어가 새로운 철학을 구상하고 제시한 미래의 사상가인가? 이 문제를 해명하기 위해 우리는 니체 철학을 서양 형이상학의 역사 가운데로 끌어들여 새롭게 자리매김한 하이데거의 해석을 검토해볼 필요가 있다.

(1) 형이상학적 니체 읽기 : 주관성 형이상학의 완성과 기술적 세계 지배의 철학

니체를 단순한 잠언가나 문학적 철학자 또는 생철학자라는 협소한 규정에서 구출해내어 서양 철학사에서 하나의 위치를 부여한 사람은 하이데거였다. 그는 반시대적 문학류의 사상가로 이해되던 니체를 구출하여 형이상학의 문제를 매개로 그를 정신사라는 궤도의 중심축에 올려놓은 것이다. 그는 "니체가 서양 철학의 물음의 궤도 위에 서 있다"[19]고 보며, 니체를 통해 서양 전통 형이상학과 대결하고자 했다. 따라서 니체와 논쟁한다는 것은 그에게는 곧 지금까지의 서양 사상과의 대결을

---

18) M. Djurić, *Nietzsche und die Metaphysik*, 1~7쪽 참조.
19) M. 하이데거, 《니체철학 강의 I》, 김정현 옮김(철학과현실사, 1991), 10~11쪽 참조.

의미한다.[20] 하이데거의 니체 읽기는 매우 정밀하고 내용 면에서도 체계적으로 구성되어 있어 그를 따라 읽다 보면 니체 자신의 철학적 내용을 망각할 수도 있을 정도로 논리적 밀도를 갖추고 있다. 니체의 철학을 형이상학과 연관해 재구성하고 있는 하이데거의 작업은 이후 니체의 형이상학을 논의하는 이론적 전범으로, 즉 니체를 읽기 위해서는 한번은 반드시 거쳐야만 하는 논쟁의 관문으로 여겨지고 있다. 하이데거의 니체 해석의 정합성 또는 정당성 여부를 떠나서 그의 해석과 대결하는 것은 니체를 이해하기 위한 주요한 관문 역할을 한다. 니체와의 대결이란 그의 사상 내용과 논쟁점을 따라가는 작업이라고 하이데거 자신이 말하고 있듯이, 우리는 하이데거의 니체 해석과 대결함으로써 니체의 철학 내용을 다시 한번 검증할 필요가 있을 것이다. 데리다를 위시해 현대에 이르기까지 많은 사상가들 역시 니체의 형이상학 해석을 하이데거적 해석에 대한 논쟁에서 출발하고 있다.

하이데거가 주목하고 있는 니체 철학의 중심 개념은 주로 '허무주의'와 '힘에의 의지'다. 그는 니체가 근대의 이성 개념을 의지 개념으로 환원해 근대 주관성의 형이상학을 완성하며, 따라서 니체에게서 서양 역사의 근본 운동으로서 허무주의가 완성된다고 해석한다.[21] 하이데거적인 입장에서 보면 형이상학의 완성이란 존재론의 역사에서 존재가 은폐되고 존재자가 부각되는 존재 망각의 역사를 의미한다. 허무주의의 본질에서 보면, 니체의 극복이란 단지 허무주의의 완성일 뿐이다.[22]

---

20) M. 하이데거, 《니체철학 강의 I》, 11쪽.
21) 하이데거에 의하면 니체는 서양 철학사의 최초의 출발을 마지막으로 종료시켰으며, 본질적으로 서양 철학의 종말을 의미한다(M. Heidegger, *Grundfragen der Philosophie*, M. Heidegger, *Gesamtausgabe*, Bd. 45(Frankfurt a.M., 1984), 133쪽).

하이데거가 허무주의의 완성으로 이해하고 있는 것은 무엇일까? 그에 따르면 유럽 역사의 진행 과정을 형이상학적으로 논의한다는 것은, 즉 허무주의가 등장하고 전개되는 과정으로 보고 있는 니체의 형이상학을 철저히 사유한다는 것은 그 역사적 진리에 관한 운명을 아직 체험하지 않은 현대인의 처지와 위치에 대해 반성한다는 것을 의미한다.[23] 니체는 근대 주관성의 형이상학을 완성하며 힘에의 의지를 통해 세계를 지배하고자 하는 인간중심주의를 극단까지 밀고 나갔고, 이를 통해 존재 망각의 허무주의로서 현대 기술 문명을 정초했다는 것이다.

세계에 대한 주관성의 무조건적인 지배권을 완성한다고 니체를 해석하는 하이데거는 니체의 '힘에의 의지' 개념을 세계 지배의 의지, 즉 권력 의지로 해석하고 있다. 주관 철학을 실마리로 이성을 자기 의식으로 해석하며 니체가 이러한 이성 대신에 의지를 대체하여 주관성의 형이상학을 완성했다고 보는 하이데거는 허무주의를 전체적으로 고삐 풀린 기술적 세계 점령(지배)의 표현으로 파악한다.[24] 하이데거의 시각에서 보면, 허무주의를 극복하고자 하는 니체의 예술에 대한 사유는 "언뜻 보면 미학적이지만, 가장 내면적 의지에 따르면 형이상학적"[25]이기에, 니체는 이를 극복하려 노력했음에도 철저히 형이상학에 사로잡혀 있으며 허무주의로 완성되는 현대 기술 문명의 수호자가 된다. 우리는 니체를 과연 하이데거식으로 읽을 수 있을까? 니체는 진정 기술적 세계 지배라는 권력의 자가증식을 옹호하는 현대 기술 문명의 옹호자인가?[26]

---

22) M. Heidegger, *Nietzsche*, Bd. 2(Pfullingen, 1961), 360쪽.
23) M. Heidegger, "Nietzsches Wort Gott ist tot", M. Heidegger, *Holzwege*(Frankfurt a.M., 1980), 206쪽.
24) J. Habermas, *Der philosophische Diskurs der Moderne*, 128쪽.
25) M. 하이데거, 《니체철학 강의 I》, 175쪽.

이 문제를 위해서는 니체의 철학에 대해 좀더 상세히 논의해야겠지만, 결론부터 말하자면 나는 니체가 오히려 현대 기술 문명의 파괴적 속성과 위기를 진단하며, 이를 생명 사상으로 극복하려 한 사상가였다고 생각한다.[27]

니체의 전통 형이상학과의 대결과 그 극복의 문제는 하이데거가 본 것보다 훨씬 복잡하고 다양한 논의가 필요하다. 우리는 하이데거가 니체를 서양 철학의 궤도 위에 올려놓았고, 형이상학의 문제를 니체 철학의 핵심 과제로 설정했다는 면에서, 그리고 모순, 비유, 모호성의 형태로 표현되어 이해하기 어려운 니체 사상을 '허무주의', '지금까지의 모든 가치의 전도', '힘에의 의지', '영원회귀', '극복인Übermensch'[28]

---

26) 하이데거의 니체 해석은 니체 사상을 파시스트적으로 해석한 에른스트 윙거Ernst Jünger의 사상에서 영향을 받고 있다. 윙거는 전쟁과 노동 현장에서 모든 위험을 긍정하고 권력에의 의지와 하나가 되는 전사와 노동자를 니체의 '초인Übermensch'이라고 해석하면서, 니체 철학을 원용해 현대 기술 문명을 해석했다. 하이데거가 니체를 기술 문명의 정초자라고 보는 것도 윙거의 영향이다. 박찬국, 〈권력에의 의지의 철학과 존재의 철학〉, 《니체가 뒤흔든 철학 100년》, 270~271쪽 ; 박찬국, 《하이데거와 나치즘》(문예출판사, 2001), 287 · 311~312쪽 참조.

27) 이에 대한 구체적인 논의로 김정현, 〈니체의 생명사상—21세기 '생명문화'를 정초하기 위한 시도〉, 우리사상연구소 엮음, 《생명과 더불어 철학하기》(철학과현실사, 2000), 41~72쪽 참조.

28) 니체의 "Übermensch"는 지금까지 '초인'으로 번역되어왔다. 그러나 초인이라고 번역할 경우, 신의 죽음 뒤에 신의 자리를 대신할 절대적이고 초월적인 존재, 또는 루카치가 이해한 것처럼 야만적이고 강력한 힘을 지닌, 그리고 동시에 현실을 물리적으로 완전하게 지배할 수 있는 절대 권력을 지닌 인간으로 이해될 수도 있다. 영미권에서도 카우프만은 이와 같은 오해의 가능성 때문에 이를 'superman'에서 'overman'으로 바꾸어 번역했다. 국내에서도 이러한 오해 가능성 때문에 책세상의 《니체비평전집》에서는 이 용어를 그대로 음역하여 '위버멘쉬'로 옮겼다. 이 역어는 독일어를 그대로 옮겨놓은 것이어서 니체의 철학 개념을 이해할 때 원어의 맥락에서 이해할 수 있는 장점을 갖고 있지만, 독일어를 모르는 사람에게는 그 의미 내용이 전달되기

등의 개념을 통해 체계적으로 주제화했다는 점에서 니체 해석사에 지대한 공헌을 했다는 점을 부정할 수는 없을 것이다.

그러나 다른 한편 하이데거는 니체 철학의 진정한 이해에 이르는 길을 가로막고 있으며, 그에게서는 니체 철학의 현재와 미래적 전개의 긍정적인 의미가 평가절하되고 있다는 울머Karl Ulmer의 지적 역시 간과할 수 없을 것이다.[29] 심지어 그라니에Jean Granier는 하이데거의 니체 해석은 니체의 입장에서 엄격하게 고찰한다면 전혀 받아들일 수 없다고 말하고 있으며,[30] 듀리치는 하이데거의 니체 해석은 하이데거 자신의 철학적 척도에 따른 니체 해설이라기보다는, 니체 텍스트를 통한 하이데거 자신의 해설이라고 비판한다.[31] 즉 하이데거가 니체 텍스트를 이용해 그 자신의 철학을 설명함으로써, 니체의 원텍스트 내용을 훼손하고 있다는 것이다. 이러한 비판들은 어느 정도 정당하다고 볼 수 있으며, 이제 우리의 과제는 하이데거의 니체 해석과 대결하며 그 해석을 극복함으로써 니체 이해의 다양한 길을 모색하는 데 있다.

(2) 반(半)형이상학적 니체 읽기 : 형이상학의 의존적 극복

니체의 형이상학 전통에 대한 논의는 하이데거가 본 것보다 훨씬 복

어려운 한계를 동시에 지닌다. 이 용어 번역의 타당성은 니체의 인간학 전체에 대한 포괄적이고 상세한 논의를 통해 앞으로 밝혀져야 할 과제인데, 나는 이러한 맥락에서 이 용어를 '극복인'으로 번역하여 사용하고 있다. 따라서 이 책 전체에서는 이를 '극복인'으로 번역하여 사용하고자 하며, 루카치가 사용하는 있는 맥락에서는, 즉 위버멘쉬를 현실 지배의 야수적인 힘을 지닌 절대 권력의 인간으로 이해하는 맥락에서는 '초인'으로 번역해 사용하고자 한다.

29) K. Ulmer, *Nietzsche. Einheit und Sinn seines Werkes* (Bern · München, 1962), 83쪽.
30) M. Djurić, *Nietzsche und die Metaphysik*, 5쪽.
31) M. Djurić, *Nietzsche und die Metaphysik*, 1쪽.

잡하기에, 이를 니체 철학 안에서 재정립하려는 시도들이 많이 나타난다. 이를 대표하는 철학적 논객들이 핑크, 듀리치, 뮐러 라우터 등이다. 이들은 모두 하이데거의 니체 해석을 의식하며 자신의 니체관을 전개해나가고 있다. 즉 이들은 한편으로는 하이데거를 부분적으로 수용하거나 또는 그의 독단적 해석에 반대하며, 다른 한편으로는 니체 철학을 텍스트를 중심으로 충실히 읽어나가면서 자신들의 견해를 내놓는다. 이들은 니체 철학이 형이상학을 파괴하고 있으나 진정으로 극복하지 못하고 그에 의존하고 있다고 본다. 즉 형이상학 파괴를 시도하고 있지만 다른 한편으로는 여전히 형이상학에 머물러 있다고 보는 것이다. 니체가 전통적인 이성 형이상학을 평가절하하고 생의 형이상학을 모색하고 있다는 슐츠Walter Schulz의 입장도 이에 속한다.[32]

핑크는 하이데거의 존재론적 니체 논의를 답습하면서도 동시에 니체 철학이 서양 주관주의 형이상학의 완성이라고 보는 하이데거의 해석과는 달리 니체의 '유희'라는 미학적 개념에 주목하고 있다. 니체는 형이상학에 구속되어 있으면서 동시에 해방이라는 이중의 성격을 지니고 있다는 것이다.[33] 형이상학적 전통에 의존하고 있지만, 동시에 형이상학을 넘어서고자 노력하고 있다는 것이다. 즉 서양 전통 형이상학을 비판하면서 형이상학의 포로가 되어 있는 한편 우주론적 유희라는 비형이상학적 개념을 사용하고 있다는 것이다. 따라서 그는 존재와 생성을 유희로 파악하는 니체 철학의 모습에는 형이상학에 붙들려 있지 않은 탈형이상학의 성격이 있다고 본다.

듀리치 또한 하이데거적 해석에는 반대하지만, 니체가 형이상학에

---

32) Walter Schulz, *Philosophie in der veränderten Welt* (Pfullingen, 1976), 408~418쪽.
33) E. Fink, *Nietzsches Philosophie* (Stuttgart, 1986), 179쪽 이하 참조.

대한 공격을 확실하게 수행하지도 않고 논리적인 일관성을 보이지도 않는다고 본다.[34] 그는 니체가 형이상학 전통과 철저히 단절하지 않음으로써 형이상학적 범주의 마술에서 해방되는 데 완전히 성공하지 못했다고 보면서, 형이상학에 대한 니체 철학의 태도에는 모호함이 있다는 사실을 강조한다.[35]

뮐러 라우터 역시 니체의 형이상학에 대한 태도가 모호하다는 점에서 출발한다. 그의 해석의 출발 지점 역시 하이데거다.[36] 그는 하이데거가 형이상학의 역사 안에서 니체 철학에 특별한 의미를 부여했지만, 니체의 철학은 형이상학의 완성이 아니며, 그 자체 안에 형이상학을 파괴하는 요소가 있다고 본다.[37] 그는 니체가 형이상학자이면서 동시에 형이상학을 파괴하고 있는데, 니체의 철학에서 더 본질적인 요소는 형이상학에 대한 귀속성이라기보다는 형이상학을 넘어서는 것이라고 강조한다. 그에 따르면 니체의 철학적 사유는 실제적 생기 사건을 묻는 중요한 물음으로서 전통 형이상학에서 본 존재자의 근거에 대한 물음을 배제하고 있다.[38] 들뢰즈의 차이의 철학에 주목하며, 그는 힘에의 의지의

---

34) M. Djurić, *Nietzsche und die Metaphysik*, 15쪽.
35) M. Djurić, "Das nihilistische Gedankenexperiment mit Handeln", *Nietzsche Studien*, Bd. 9(1980), 172쪽.
36) W. Müller-Lauter, "Das Willenswesen und der Übermensch : Ein Beitrag zu Heideggers Nietzsche-Interpretationen", *Nietzsche Studien*, Bd. 10/11(1981/82), 132 ~192쪽 참조 ; 니체의 힘에의 의지 개념에 대한 하이데거적 논의에 대한 그의 반론으로는 W. Müller-Lauter, *Nietzsche. Seine Philosophie der Gegensätze und die Gegensätze seiner Philosophie*(Berlin, 1971), 30~33쪽 ; W. Müller-Lauter, *Heidegger und Nietzsche*(Berlin · New York, 2000) 참조.
37) W. Müller-Lauter, "Nietzsches Lehre vom Willen zur Macht", *Nietzsche Studien*, Bd. 3(1974), 1~2쪽.

응집과 이산(離散)이라는 대립적 작용, '일(一)Einheit'과 '다(多)Vielheit'의 투쟁적 작용(놀이) 속에서 관점주의적 다원성과 해석의 문제를 중요시한다. 핑크의 구속과 해방의 테제, 듀리치의 모호성의 규정, 뮐러 라우터의 형이상학 파괴와 극복의 논의 등은 니체 텍스트에 대한 진지한 해석학적 논의를 통해 니체 형이상학의 파괴와 극복이라는 양면성(반형이상학)을 주목한 것이다.

(3) 탈형이상학적 니체 읽기 : 형이상학의 해체와 차이의 사상

하이데거의 형이상학적 니체 해석은 영미권에는 비교적 크게 영향을 미치지 못했다. 그러나 카우프만의 심리학적 니체 해석은 하이데거와의 전면적인 대결 속에서 나온 것이다. 그는 니체의 '힘에의 의지' 개념이 하이데거적 의미의 형이상학적인 것이 아니라고 말한다. 인간의 영역에서 우주로 힘에의 의지를 투사하는 것은 이차적인 착상일 뿐, 우리는 니체의 '힘에의 의지' 개념을 먼저 심리학적 가설을 설명하기 위한 열쇠 개념으로 이해해야 한다는 것이다.[39] 나와 타자를 발견하는 철학정신을 구현하는 데 니체 철학의 진정한 가치가 있다고 보는 카우프만은 니체의 힘에의 의지 개념을 심층심리학적 개념으로 환원하여 설명함으로써 존재론사의 지평 위에서 귀결되어 나오는 하이데거적 권력의지나 현대 기술 문명의 옹호에서 자유로워지고 있다. 그는 니체 사상을 비합리주의로 보는 견해에도 반대하며, 니체가 의식의 이차적 위치를 주장했다고 해서 이성의 기능을 평가절하하거나 무시하고 있는 것이 아니라고 해석한다. 니체의 '몸이성Leibvernunft'이란 인간의 몸(이

---

38) W. Müller-Lauter, "Nietzsches Lehre vom Willen zur Macht", 60쪽.
39) W. Kaufmann, *Nietzsche*(Princeton : Princeton Univ. Press, 1974), 204·420쪽.

성, 의지, 정서)의 승화된 합리성의 실현을 지향하고 있다는 것이다. 이러한 카우프만의 니체 해석은 정신분석학적 니체 해석의 길을 열어놓는 중요한 역할을 한다. 오늘날 니체를 읽는 데 카우프만은 하이데거보다 더 많은 해석학적 참조의 길을 열어놓고 있다.

니체를 읽는 또 하나의 방식은 니체를 통해 근대적 합리성의 기획을 다시 묻고, 주체, 이성, 역사, 차이, 언어, 진리, 형이상학, 미학 등 다양한 물음을 주제화하는 푸코, 데리다, 들뢰즈 등 이른바 포스트모더니즘 진영의 읽기다. 이성중심주의의 한계를 지적하며, 형이상학의 종언, 주체의 죽음, 역사의 종말 등을 선언하는 이들의 작업은 니체라는 등대의 빛을 받으며 탈형이상학적 세계관을 형성하고 있다.

특히 데리다는 하이데거의 해석을 염두에 두며 그에 대한 비판적 작업을 통해 니체의 진리, 형이상학 담론에서 새로운 사유 문법의 가능성을 모색해나간다. 데리다는 니체가 존재 망각의 극단이 아니라, 오히려 형이상학의 이성중심주의를 빠져나오는 형이상학의 해체적 극복을 성공적으로 수행했다고, 즉 하이데거가 사로잡혀 있던 형이상학을 진정으로 극복했다고 본다.[40] 그가 "해석학적 몽유병의 기념물un monument de somnambulisme herméneutique"이라고 칭하는, 1881년 가을에 씌어진 니체의 유고 단편 〈나는 내 우산을 잊어버렸다〉[41]라는 글을 이용해 그는 이를 비틀어 정신분석학적으로 해석함으로써 하이데거의 니체 해석을 비웃는다. 데리다에 의하면 이는 하이데거의 존재 망각의 테제에 대한 하나의 조소로 읽을 수 있다. 정신분석학적으로 남근의 상징

---

40) H.-G. Gadamer, "Text und Interpretation", Ph. Forget (Hrsg.), *Text und Interpretation*(München, 1984), 27쪽.
41) F. Nietzsche, N12(62), KSA 9, 587쪽.

으로 읽을 수 있는 우산을 망각함으로써, 니체의 사유는 남근중심주의 또는 이성중심주의를 벗어나고 있으며, 니체 텍스트 전부는 "나는 내 우산을 잊어버렸다"라는 존재 사유의 망각으로, 즉 형이상학의 해체로 읽을 수 있다는 것이 데리다의 해석이다.[42]

데리다의 니체 읽기는 이렇듯 니체를 형이상학의 역사에서 존재 망각의 정점에 놓는 하이데거적 독해에서 출발한다. 그는 형이상학 비판과 철학의 자기 비판이란 힘에의 의지의 마지막 형이상학자이자 철학자로 니체를 보는 하이데거의 해석과 분리할 수 없게 연결되어 있다고 보고 있다. 그러나 데리다가 중요하다고 주목하고 있는 것은 '힘에의 의지'의 학설이 아니라, '이질적 텍스트heterogener Text', 오류나 진리나 근원이 없는 기호의 자유로운 놀이다.[43]

그가 두 번째로 주목하는 것은 형이상학의 문제와 연결되어 있는 니체의 여성성의 진리 담론이다.[44] 니체는 스스로를 "영원한 여성적인 것을 밝히는 최초의 심리학자"[45]라고 표현하고 있으며, 《즐거운 학문》과 《선악의 저편Jenseits von Gut und Böse》에서 "진리는 여성"이라고 말한

---

42) J. Derrida, "La question du style", *Nietzsche aujourd'hui? I*(Paris : Union Géné-rale d'Éditions, 1973), 280~285쪽(우리말 번역서는 자크 데리다, 《에쁘롱 : 니체의 문체들》, 김다운·황순희 옮김(동문선, 1988)).
43) Ernst Behler, "Selbstkritik der Philosophie in der dekonstruktiven Nietzschelektüre", G. Abel·J. Salaquarda (Hrsg.), *Krisis der Metaphysik*(Berlin·New York, 1989), 283쪽.
44) 니체의 여성성의 진리 담론을 데리다의 존재론적인 담론 그리고 코프만Sarah Kofman의 정신분석학적 담론과 연관해 다루면서 이를 '포스트페미니즘'과 연관시켜 설명한 글로, 김정현, 〈니체와 페미니즘—데리다와 코프만의 진리담론을 중심으로〉, 《철학》 제67집(한국철학회, 2001년 여름), 79~102쪽 참조.
45) F. Nietzsche, EH, Warum ich so gute Bücher schreibe 5, KSA 6, 305쪽.

다.⁴⁶⁾ 니체는 또한 진리를 '디오니소스', '아리아드네', '스핑크스', '바우보' 라는 비유적 언어로 표현했는데, 이는 이성의 개념 작용에 의해 논리화, 합리화, 체계화, 범주화될 수 없는 생성의 세계이자 생명의 세계를 나타내는 비유적 기호다. 데리다는 이러한 니체의 여성적 진리관과 연관해 기호, 해석, 놀이, 문체 등의 문제들을 주제화한다. 데리다에 따르면 니체는 진리의 결정 불가능성을 여성의 진리 작용, 즉 은폐하고 드러내는 장막(가면) 효과를 사용함으로써 진리의 물신화를 해체하고, 진리란 진리에 대한 간격이 빚어낸 비진리의 이름임을 밝혀내는 여성성의 존재론적 진리 담론을 시도한 철학자다. 에른스트 벨러는 니체의 사상을 새로운 사유의 글쓰기로 보는 데리다를 따라 니체 안에서 형이상학을 극복하고 기호의 놀이에 주목하는 니체 읽기를 "새로운 니체" 또는 "하이데거 이후의 니체"라고 부른다.⁴⁷⁾

들뢰즈 또한 니체에 의존해 지금까지 서양 철학사에서 적자로 여겨져온 거대한 이성중심주의를 비판하며, 총체적, 보편적, 객관적, 재현적 진리관을 전복하고 차이의 철학을 내세운다. 그는 니체의 '힘에의 의지' 개념에 주목하며, 힘들 사이의 차이와 관계에서 가치의 가치, 즉 가치들의 발생 과정에 관한 징후학과 기호학, 계보학을 이끌어낸다. 여기에서 더 나아가 그는 힘의 유형학에 근거한 차이의 철학과 복수적 사유를 문제시함으로써, 힘들의 양과 성질의 차이(적극적인 힘과 반응적인 힘, 작용과 반작용, 긍정과 부정)에 기초하여 지금까지 서양 사상의 의미와 가치의 근거를 제공해주던 인식, 도덕, 종교, 문화 등의 정신적

---

46) F. Nietzsche, FW, Vorrede zur zweiten Ausgabe, KSA 3, 352쪽 ; JGB, Vorrede, KSA 5, 12쪽.
47) E. Behler, *Derrida-Nietzsche, Nietzsche-Derrida*(München · Paderborn, 1988), 160쪽.

숙주의 생성 변화 과정을 비판적으로 분석하고 있다. 들뢰즈에게 니체 철학은 형이상학의 완성도 아니고 현대 기술 문명의 이론적 옹호도 아니며, 오히려 허무주의를 극복하고 현존재의 진정한 의미와 디오니소스적 세계에 대한 미학적 인식으로서 '세계 긍정의 해석학'을 제공해주는 탈형이상학의 대표적인 사상으로 읽히고 있다.[48] 이러한 탈형이상학적 니체 해석의 기반 위에서 그는 '리좀rhizom', '고원plateaux' 등의 개념을 생산적으로 복제해 자본주의와 인간의 사유를 분석해 들어간다.

탈형이상학적 니체 해석은 니체 철학을 주관성 형이상학의 완성, 인간중심주의, 현대 기술 문명의 옹호로 보는 하이데거의 해석에 대한 반박에서 출발하며, 더 나아가 니체 철학을 이성중심주의를 넘어서는 새로운 사유의 출구로 여긴다. 물론 이들의 개별적인 논의 가운데도 니체 텍스트에 의존해서 보면 다소 과도하거나 자의적으로 해석하지 않는 것은 아니지만, 이들의 입장은 니체 철학을 미래 철학의 사유 문법을 여는 단서로 삼는다는 점에서 우리가 참조해야 할 많은 긍정적인 독해를 담고 있다.

4 니체와 탈형이상학과 탈근대

하버마스는 니체를 포스트모더니즘으로 진입하는 전환대로 평가했

---

48) 들뢰즈의 니체 논의로는, G. Deleuze, *Nietzsche und die Philosophie*, B. Schwibs (übers.)(Frankfurt a.M., 1985)를 참조. 그 밖에 들뢰즈의 이 책의 전체적인 내용 소개와 분석에 관해서는 김정현, 〈질 들뢰즈의 《니체와 철학》〉, 《미메시스》 창간호(열린책들, 1999), 326~328쪽 참조.

다.[49] 니체의 형이상학 비판과 그 극복에 대한 논의는 단순히 철학사에 대한 논의만이 아니다. 형이상학의 문제는 이성, 도덕, 주체성, 진리 담론 등의 논의를 내장하고 있고, 더 나아가 근대성 극복의 문제와도 깊이 연관되어 있다. 니체 철학을 하이데거식 형이상학의 완성으로 해석하면, 니체는 근대의 정점에 서서 철저히 인간중심주의와 현대 기술 문명을 옹호하며 그가 비판하고 극복하려 한 근대성의 옹호자가 되어버린다. 그러나 니체 철학이 비록 부분적으로 형이상학에 사로잡혀 있고, 그 비판에도 모호함이 있다고 하더라도, 서양 근대성에 대한 철저한 대결과 비판적 태도를 견지하고 있고 그것을 넘어서는 탈형이상학적 사유를 담고 있다고 보면, 니체는 탈근대성을 여는 아침놀의 철학자로 읽힌다. 나는 니체가 생성의 철학, 생명의 철학, 관계의 철학, 미학적 세계관을 통해 근대성을 넘어서는 출구를 이미 충분히 제시하고 있다고 본다.

니체의 이성중심주의에 대한 비판과 몸이성의 개념, "하나의 주체란 픽션일 뿐이다"[50]라는 명제로 대변되는 의식적 주체의 부정과 심리학적 탈중심적 주체성에 대한 논의, "진리란 존재하지 않는다", [51] "오직 해석만이 있을 뿐이다"[52]라는 명제로 표현되는 관점주의적 해석학과 다원주의적 함의는 확실히 전통적 이성 형이상학을 넘어서는 탈형이상학의 사유를 보여주고 있다. 이러한 니체의 탈형이상학적 사유를 구체적으로 알아보기 위해서는 논의의 장이 별도로 마련돼야 하므로, 여기

---

49) J. Habermas, *Der philosophische Diskurs der Moderne*, 104~129쪽 참조.
50) F. Nietzsche, N 40〔42〕, KSA 11, 650쪽.
51) F. Nietzsche, N 2〔108〕, KSA 12, 114쪽 ; Za IV, KSA 4, 340쪽.
52) F. Nietzsche, N 7〔60〕, KSA 12, 315쪽.

서는 이 문제를 다루기 위해 먼저 필요하다고 여겨지는 니체의 형이상학적 담론을 보는 세 가지 입장을 정리하는 데 논의를 한정했다.

서양의 근대성과 탈근대성의 문제는 니체의 형이상학에 관한 문제의식 안에 중첩되어 담겨 있는 또 다른 철학적 주제다. 호르크하이머와 아도르노는 니체의 근대성 비판을 이어받아 계몽의 변증법을 "슬픈 학문"으로 구성한 반면, 포스트모더니즘은 탈근대성을 "즐거운 학문"으로 구성하고 있는데, 그 슬프고 즐거운 경계선에 서 있는 니체를 어떻게 평가할 것인가는 아마 우리의 몫일 것이다.[53] 우리는 니체가 자신의 저서를 고트하르트 터널 공사에 사용한 다이너마이트로 평가한 〈스위스 신문〉의 글을 즐겨 인용하면서 스스로를 다이너마이트로 표현한 것이나, 고트하르트 터널의 완성이 단순히 형이상학의 역사와 대결함으로써 형이상학을 파괴하고 근대성의 위기를 첨예화하는 작업으로만 평가될 수 없다는 내용을 통해, 그의 철학에는 확실히 건설적이고 능동적인 건축 작업이 내장되어 있다고 말할 수 있다. 이러한 면에서 니체의 탈형이상학적 사유는 근대성에서 나오는 출구이자 동시에 미래적 사유 문법을 여는 귀중한 입구로 평가될 수 있을 것이다. 이러한 출구와 입구를 하나의 철학적 몸에 지니고 있는 니체 사상에서 우리는 어떠한 문을 사용할 것인가? 이제 우리에게는 파괴자로서의 니체보다는 새로운 건설자로서의 니체의 모습이 더 친근해 보인다. 고트하르트 터널의 사용은 니체 이후의 미래를 살아가는 우리 자신의 몫이 아닐까? 니체의 파괴의 철학이 미래를 여는 내생(內生)적 힘을 중심에 내장하고 있는 건설의 철학으로 보이는 것은 그의 작업이 단순히 형이상학을 파괴하고

---

53) 김정현, 〈니체와 계몽의 변증법〉, 《니체 이해의 새로운 지평》, 266쪽.

그 자리에 새로운 형이상학을 건설하는 것이 아니라, 탈형이상학적 미래 문명의 사유 문법을 개발하고 있기 때문이다. 생성의 철학, 디오니소스의 철학, 생명의 철학은 형이상학과 탈형이상학, 근대성과 탈근대성의 경계에 서서 전자의 영토에서 탈주하려는 니체적 사유의 시도로 읽을 수 있을 것이다.

제2장
니체의 소크라테스적 합리주의 비판과 몸이성 찾기

지식으로 넓게 아는 것이 반드시 아는 것은 아니며, 말을 잘하는 것이 반드시 지혜로움은 아니다. 이치에 밝고 지혜로운 사람은 이것들을 끊어버린다.[1]

이성과 감성 사이에서 일어나는 인간의 내면적 투쟁.
만일 인간이 감성을 소유하지 않고 이성만 소유하고 있다면.
만일 그가 이성을 소유하지 않고 감성만 소유하고 있다면.
그러나 인간은 그 양자를 모두 소유하고 있기 때문에 내면적 투쟁으로부터 벗어날 수 없는 것이다. 인간은 그중 한쪽과 싸우지 않고서는 다른 쪽과 화해할 수 없기 때문이다.
그리하여 인간은 언제나 내적 분열과 모순에 의해 찢기는 것이다.[2]

---

1) 《莊子》, 外篇 〈知北遊〉. "且夫博之不必知, 辯之不必慧, 聖人以斷之矣."
2) 파스칼, 《팡세》, 정봉구 옮김(육문사, 1991), 210쪽, 단편 412번.

1 삶의 해석학과 탈이성의 계보학

니체는 1960년대 중반 이후 프랑스에서 들뢰즈, 푸코, 리쾨르에 의해 새롭게 논의되기 시작하고, 그리고 1968년에 독일의 사회 비판이론가인 하버마스에 의해 더 이상 전염될 염려가 없다는 사상보건학적 혐의 면제를 받을 때까지 야스퍼스, 하이데거, 핑크, 뢰비트Karl Löwith 등 여러 사상가의 노력이 있었음에도 비합리주의적 파시즘의 역사적인 굴레에서 벗어나기 힘들다는 혐의를 받고 있었다. 그러나 1970년대 이후 프랑스에서 이른바 니체 르네상스라고 할 수 있는 새로운 시각의 해석이 나타나면서, 즉 니체가 포스트모더니즘의 이론적 선구자로 부각되면서 그의 사상은 이성, 언어, 권력, 주체, 자아, 몸, 무의식, 형이상학, 역사 등의 다양한 개념축을 중심으로 현재까지 전면적으로 재조명되고 있다.[3] 여기에서 우리는 니체의 사상사적인 복권이 어떠한 의미를 지니는지를 진지하게 생각해봐야만 한다. 나는 그의 사상에 대한 이러한 새로운 해석의 조류가 단지 한번 스쳐 가는 철학적 유행이 아닌, 현대 우리의 사상적인 기호, 또는 삶의 코드를 해독할 수 있는 '몸의 담론'으로서의 '삶의 해석학Hermeneutik des Lebens' 또는 '생명 의미론Biosemantik'과 밀접한 연관이 있다고 생각한다.

니체는 합리주의의 전통을 잇고 있는 서양 정신사의 흐름에서 보면 방계에 속하는 이른바 '비합리주의'의 개척자다. 그는 이성중심주의에 대한 철저한 비판적 사유와 해체 작업 속에서 '큰 이성'이라고 하는 '몸' 또는 '생명'의 전일성Holismus에 주목한다. 이것은 이성과 언어,

---

[3] 1890년 이후 현재까지 니체 사상의 수용사적인 흐름의 구체적인 내용은 김정현, 《니체의 몸 철학》, 25~34쪽 참조.

몸의 회복
차라투스트라는 "얼룩소"라는 도시를 떠날 때 제자들에게 태양을 휘감고 있는 뱀의 모습이 새겨진 지팡이를 받으며, "베푸는 덕이야말로 금빛으로 빛나고 이때 몸은 고양되고 소생된다"라고 말한다.

논리와 의식 중심의 서양의 합리주의적인 정신사에 대한 정면 도전이자 새로운 사상사적 패러다임의 시발점이기도 하다. 즉 그는 소크라테스의 합리주의, 플라톤의 이원론, 그리스도교의 목적론적 사유에 의한 서양 역사의 지배에 대한 극단적인 회의 속에서 유럽의 종교, 과학, 도덕, 문화 비판의 철학적 활동을 전개하면서 각질화된 존재의 사유틀을 끊임없이 문제시한다.

그는 절대 정신의 자기 전개 과정으로 진행되는 헤겔Georg Wilhelm Friedrich Hegel의 역사 발전에 대한 낙관주의와는 반대로, 서양의 역사를 오류의 역사로 보고, 기존의 형이상학에 대한 철학적 반성 앞에서 해머를 들고 해체적 파괴 작업을 수행한다. 그러나 서양의 형이상학사를 '존재 은폐의 역사' 또는 '기술 지배로 인한 존재자의 성장의 역사'로 보는 하이데거의 난파 선언과는 달리, '탈이성의 계보학'을 역사 속에 정초하며 새로운 문명의 가능성을 타진한다. 이러한 그의 작업은 이성중심주의의 도식과 신과 이데아의 환영 속에서 대지의 방관자로 전락하고 만 서양의 역사, 특히 이신론Deismus과 형이상학의 내재적 작용의 상실과 그에 기반을 둔 도덕적 가치 목록들의 탈가치화로 등장한 허무주의의 현상을 지적하며, 대지와 현실, 몸과 경험으로 육화된 또 다른 의미의 미래적 허무주의 건설로 이어진다. 그는 데카당한 근대의 삶의 흔적으로서의 허무주의를 극복하면서, 절대 진리, 실체, 고정된 이념, 이즘Ismus, 이데올로기 등과 같은 '존재'라는 절대자에 고착됨이 없는, 끊임없이 유동하고 생성되는 개방적 사유를 제시한다.

소크라테스와 플라톤의 합리주의 전통에 대한 비판에서 시작하는 그의 초기 문화 비판은 허무주의에 대한 철학적인 전지 작업이자 후기 사상의 맥을 발아시키는 초석으로 나타난다. 이러한 맥락에서 소크라테스에 대한 니체의 비판적인 시각을 조명하는 작업은 합리주의의 전통이 생산해온 이성의 주조물들, 즉 실체, 진리, 목적, 통일, 주체와 객체, 이성적 자아, 도덕, 역사, 형이상학 등 다양한 서구적 이념에 대한 해체적 비판의 시발점이 될 것이다.

이러한 니체적인 사유는 비록 그 표현 방식과 문제의식, 또는 철학적 소재의 서구적 취합과 동양적 사유에 대한 오해 또는 무지에도 불구하고 다양한 관점에서 동양의 사유와 접목될 수 있는 점이 많다.[4] 동양에서는 이미 의식 중심의 실체적 진리를 부정하고 경계하는 '생성론'의 사유 방식이 심층적으로 발달해왔다. 귀신을 부정한 공자에게서 볼 수 있는 초월적 인식의 한계에 대한 지적과 경험적 현실주의의 가치론, 노자의 《도덕경》 첫머리에 나오는 "길을 길이라고 말할 때 길은 이미 길이 아니고, 이름을 이름이라고 명명할 때 이름은 더 이상 그 이름이 아니다(道可道 非常道, 名可名 非常名)"라는 자기 동일적 진리 언설의 불가능성에 대한 지적이나, 장자의 꿈과 나비의 비유에서 나타나는 상대주의적 사유와 심미적인 인식관, 또는 나가르주나Nāgārjuna의 탈이분법적 중도관에서 볼 수 있듯 불교에서의 고정된 실체로서의 자아를 부정하는 무아(無我)의 자아관 등이 그러하다. 이성중심주의에 기초한 사유의 패러다임에 대한 근본적인 회의가 증대하고 새로운 사유의 패러다임에 대한 지적 모색이 다양한 형태로 시도되는 현대의 세계 해석은 확

---

4) 이에 대한 대표적인 논문 몇 편을 소개하면 다음과 같다. Glen T. Martin, "Deconstruction and Breakthrough in Nietzsche and Nāgārjuna", Graham Parkes (ed.), *Nietzsche and Asian Thought*(Chicago · London : The Univ. of Chicago Press, 1991), 91~111쪽 ; Chen Guying, "Zhuang Zi and Nietzsche : Plays of Perspectives", *Nietzsche and Asian Thought*, 115~129쪽 ; Roger T. Ames, "Nietzsche's 'Will to Power' and Chinese 'Virtuality' (De) : A Comparative Study", *Nietzsche and Asian Thought*, 130~150쪽.

실히 동양의 세계관을 재해석할 것을 요구한다.[5]

그러나 여기에서는 서양 안에서 자기 비판으로 나온 니체의 합리주의의 원조에 대한 비판에 국한하여 논의를 진행할 것이다. 이미 카우프만이 지적했듯이, 소크라테스에 대한 니체의 평가와 태도는 이후 니체 사상의 중심축이 되는 인간관, 이성관, 도덕관의 토대 형성에 중요한 역할을 할 뿐 아니라,[6] 서구 사상의 설계도에 대한 전면적인 재검토를 촉진시키는 촉매 역할을 한다. 이러한 맥락에서 니체는 그의 초기 저작인 《비극의 탄생 Die Geburt der Tragödie》과 후기 저작인 《우상의 황혼 Götzen-Dämmerung》의 두 번째 장인 〈소크라테스의 문제〉를 현대의 위기와 연관해 기술했다. 그의 근대성 비판은 소크라테스의 합리주의 비판과 맞닿아 있음을 알 수 있다.

나는 소크라테스에 대한 니체의 문제의식은 그의 사상의 발단이자 후기 사상까지 이어지는 중요한 철학적 과제일 뿐 아니라, 현대의 이성 중심주의적 사유를 비판하는 중요한 단초가 될 수 있다고 생각한다. 따라서 니체의 소크라테스 비판은 단순히 그의 비판적 시각을 고고학적으로 복원하는 작업이 아니고, 그의 시각을 빌려 오늘날의 영향사적인 문제의식을 해체적으로 반성하는 작업이 될 것이다. 비록 니체에게서 소크라테스적인 삶이 커다란 유혹인 동시에 거부해야 할 무엇으로 나타나고, 그리고 전체적으로 그의 소크라테스에 대한 이미지가 매우 모

---

5) 포스트모더니즘을 동양적인 사유로 이해한 예로 성중영, 〈데리다의 차연에 대한 도가(道家)철학적 해석〉, 마단 사럽 외, 《데리다와 푸코, 그리고 포스트모더니즘》, 임헌규 옮기고 엮음(인간사랑, 1995), 181~196쪽 ; 송두율, 《현대와 사상》(한길사, 1992), 179~198쪽 참조.

6) W. Kaufmann, *Nietzsche — Philosopher, Psychologist, Antichrist* (Princeton · London : Princeton Univ. Press, 1974), 391쪽.

호하게 나타난다 할지라도, 여기에서는 니체의 전체 사상과의 연관 속에서, 특히 이성 비판과 '탈이성의 계보학'을 정초하는 출발점으로서 니체의 소크라테스 비판을 다룰 것이다.

2 합리주의와 비합리주의를 넘어서

니체는 문헌학 교수로서 고대 그리스 사상에 몰두하면서 이러한 사상적인 토대 위에서 문화 비판과 근대 이념 비판을 한다. 인간 이성과 그것의 발전 가능성에 대한 믿음, 자연과학적 발전과 더불어 팽창한 역사 발전에 대한 낙관주의, 신 중심적 사유에서 독립해 획득한 데카르트적인 자기 동일적 자아에 기초한 확실한 인간 자신의 자아 발견 등, 계몽주의적 근대의 이념이 이미 자신의 시대에 난파되어 표류하고 있음을 직시한 그는 고대 그리스, 또는 르네상스 사상에서 좌초된 시대적인 암호를 풀 수 있는 열쇠를 발견한다. 역동하는 그리스적인 삶의 기호는 비극적 세계관, 또는 생성의 세계관이었다. 이성에 의해 추상화되고, 박제화되고, 그래서 공허해지는 근대적 삶의 방식에 구체적 질료를 부여해 삶의 무한한 놀이를, 생명의 자가 발전적인 성장의 유희를 긍정하면서 그는 근대를 탈출할 수 있는 출구를 발견한 것이다. 이러한 면에서 그의 그리스 사상에 대한 탐구는 현재적 시대 의식에 맞닿아 있다.

초기 니체의 그리스 비극에 대한 탐구, 즉 아폴론과 디오니소스 개념에 대한 연구는 문화사적으로는 음악가 바그너Richard Wagner와 바젤 대학의 문화사가인 부르크하르트Jacob Burckhardt의 영향을 받은 것이었지만, 철학적으로는 소크라테스의 합리주의에 대항하며 진행된 것이었다. 니체의 스승인 리츨Friedrich Wilhelm Ritschl에게서 "기지가 넘치는 주정뱅이의 비틀거림"이라는 조소를 받고, 니체의 후배인 묄렌도르프Wilamowitz Moellendorff에게서 문헌학자적인 자질이 의심스럽다는 혹평을 받은 초기의 저작《비극의 탄생》은 비록 역사의 연대 표기와 문헌학적인 텍스트 고증에서 사실상 니체의 완전한 패배로 끝났지만, 사상사적으로는 근대의 왜곡되어가는 거대한 생리학적 삶의 에너지의 위험 수위를 예감하고 그 비극의 단초를 계보학적으로 추적하는 첫 시도로서, 후기 사상에서 문제시되는 근대성 비판의 중요한 실마리를 제공한다. 그는 헤겔과 마찬가지로 소크라테스를 세계사의 전환점이 된 전기적(轉機的) 사건으로 생각하고《비극의 탄생》을 저술했다.[7] 나는 이 작품이 지니는 세계관은 이성중심주의의 편협성과 단편성을 비판하며 등장하는 그의 후기 '몸이성'의 사상과 내재적으로 연결되어 있다고 생각한다. 이러한 문제는 소크라테스의 로고스관과 니체의 소크라테스에 대한 입장을 차례로 살펴보면서 제5장에서 더욱 구체적으로 논의할 것이다.

초기 그리스의 자연physis에 대한 물음에서 인간 자체(인간의 본질적 이해와 자각)에 대한 물음으로 철학적인 물음을 전향시킨 소크라테스의 물음의 방식은 이후 이성주의, 합리주의, 계몽주의, 근대성 등 다양한 철학적 외투를 입고 서구 정신사의 주류를 형성하게 된다. 우리는 인간의 문제를 자신의 철학적 문제의식의 중심에 놓는 니체 역시 이러한 소크라테스의 후예라고 말할 수도 있다. 그러나 그는 이성의 한계와

---

7) W. Kaufmann, *Nietzsche—Philosopher, Psychologist, Antichrist*, 395쪽 ; Werner J. Dannhauser, *Nietzsche's View of Socrates*(Ithaca · London : Cornell Univ. Press, 1974), 46쪽.

단편성을 지적하고 그러한 사유 방식을 해체하는 방식으로 인간뿐 아니라 언어, 진리, 욕망, 권력 등의 문제를 재구성한다는 점에서 소크라테스적 사유 방식과 근대를 넘어서고, 한편으로는 현대의 포스트모더니즘의 이론적인 선구자로 여겨진다.

인류 역사의 전환점이 된 소크라테스의 로고스에 대한 추구가 서양의 정신사에서 주류로 자리 잡으면서, 정서, 감정, 본능, 충동, 무의식과 삶의 문제를 중요시하는 낭만주의나 심리학 또는 실존주의의 시각은 루카치가 비판하는 식의 비합리주의Irrationalismus로 평가절하된다. 그러나 우리는 논리로 규정할 수 없는 비합리성으로서의 내면적 신앙을 역설한 루터Martin Luther에게서 가톨릭 신학의 형식성 극복과 근대의 여명을 볼 수 있고, 감정을 강조함으로써 봉건적, 절대주의적 도덕 체계를 극복하고 근대성의 토대를 구축한 루소Jean-Jacques Rousseau에게서 이른바 비합리주의의 근대적 형식을 볼 수 있듯이, 그리고 더 나아가 오성적, 추상적, 분석적 세계 해석에 반대해 동질적 인식으로서 표상적 인식 이전의 '생'의 인식에 주목하는 쇼펜하우어Arthur Schopenhauer, 니체, 베르그송Henri Bergson, 딜타이Wilhelm Dilthey의 철학에서 드러나듯이, 비합리주의를 단순히 맹목적이고 충동적인 그리고 의식의 반성 없는 삶의 추동으로 이해해서는 안 될 것이다. '생'의 강조는 이미 아도르노의 '차이' 철학에서 보이듯 동질화할 수 없는 지속과 차이와 생성을 '생'이라는 토대 위에서 경험하고 이해하는 해석학으로 생각할 수 있을 것이다. 이러한 면에서 파시즘의 역사적인 체험을 철학적인 비합리주의와 연계시키는 루카치의 비합리주의에 대한 경고와 혹독한 비판은 현대의 역사성을 감안한다 할지라도 지나친 편협성과 단견을 드러내고 있다. 한 예로, 많은 사람들이 니체 철학을 세속적인 정치 권력의 철학, 또는 더 나아가 파시즘의 이론적 선구로 이해하는 데는 이러한 루카치의 잘못된 니체 해석이 암암리에 아직도 영향을 미치고 있다는 사실을 지적할 수 있다.

소크라테스를 어떻게 평가하는가는 로고스의 문제를 어떻게 평가하고 이해하느냐에 달려 있다. 즉 후기 니체, 후기 하이데거나 호르크하이머 또는 아도르노와 같이 학문과 로고스를 향한 사고의 걸음을 퇴보의 걸음으로 보면 소크라테스는 사도(邪道)의 원조나 몰락의 시조가 되고, 플라톤, 아리스토텔레스, 데카르트René Descartes, 라이프니츠Gottfried Wilhelm Leibniz, 칸트Immanuel Kant, 헤겔과 같이 학문과 로고스에 인간의 최대 가능성이 포함되어 있다고 보면 소크라테스야말로 인간의 최대 가능성을 제시한 원조가 된다. 이러한 면에서 소크라테스는 긍정적, 부정적 평가에도 불구하고 니체가 말한 대로 하나의 세계사적인 사건으로 이해될 수 있을 것이다. 이제 소크라테스의 '로고스'의 개념을 살펴보자.

3 소크라테스의 합리주의와 비극의 해체

니체는 주로 오늘날에도 소크라테스 상을 이해하는 데 많은 참조가 되는 아리스토파네스와 플라톤의 《변명Apologia》, 《향연Symposion》, 《파이돈Phaedon》을 통해 소크라테스에게 접근했다.[8] 그렇기에 그의 소크라테스 비판의 배후에는 언제나 플라톤이 서 있으며, 이로부터 더 나아

---

8) W. J. Dannhauser, *Nietzsche's View of Socrates*, 93~100쪽.

가 플라톤의 이원론을 이어받고 있는 그리스도교의 형이상학에 대한 비판에서 그는 현대성의 문제의식을 찾는 실마리를 발견한다. 소크라테스의 합리주의와 서양의 근대성의 연결 고리를 논의하기에 앞서 먼저 소크라테스 사상의 중추라 할 수 있는 '로고스' 개념을 살펴보자.

소크라테스를 근본적으로 규정하는 로고스λόγος의 개념은 분별적인 이성과 대화(담론)의 존재론적인 구조물인 언어를 사용하는 능력이라고 해석할 수 있다. 로고스는 본래 뒤죽박죽 뒤섞여 있는 것을 질서 정연하게 모으고 정돈하는 행위zusammensammeln, 말하는 언술 행위sprechen, 계산하는 추론적 기능rechen, 그리고 의미를 설명하고 해석하는 사유 행위denken를 나타내는 동사형 '레고λέγω'에서 온 것이다. 즉 로고스는 언어를 사용하여 사유하는 능력, 논리적 추론과 연관된 인식적 탐구에 대한 것이다. 따라서 로고스는 '존재자를 있는 그대로 말하는 능력', 즉 보편자의 정의 또는 합리적인 진리 규정과도 연관된다.[9] 이를 위해 소크라테스는 귀납법이라는 체계적인 탐구 방식을 사용한다. 이러한 면에서 로고스는 추론하는 과정으로서의 이성을 사용하는 합리성을 지시한다.

그러나 로고스는 또한 근본적으로 공동체의 인간 삶과 연관되어 있다. 묻고 대답하는 그의 문답법은 이성logos이라는 인간의 천부적인 능력과 언어logos라는 수단에 의해 상호적으로 매개되는 담론dialogos 형식이다. 즉 이는 이성과 언어를 통해dia, 인간 상호간에dia 주고받는 진리에 대한 공동 탐구의 담론을 말하는 것이다. 그러나 이성에 의해 이른 결론이 모두 합리적인 지식이 되는 것은 아니다. 서로 자신의 생

---

9) Platon, *Kratylos*, *Sämtliche Dialoge*, Bd. II, O. Apelt (übers.)(Hamburg, 1993), 385쪽.

각과 의견을 교환함으로써 '참된 의견alēthēs doxa'을 형성하지만, 사건의 우연성이나 인과성은 엄밀한 사유 과정을 거쳐야 참된 지식 epistēmē이 된다. 그렇기에 소크라테스는 《파이돈》에서 자신의 언술 행위를 "법적인 기록문을 작성할 때의 세밀한 엄밀성"으로 비유하며 사유 과정과 담론의 논리적 엄밀성을 강조한 바 있다.[10] 이러한 이성적인 사유의 논리적 엄밀성의 강조는 학문의 기초를 성립시키게 되었고, 이성 중심의 합리주의가 정신사의 전면에 등장하는 계기가 되었다.

이제 왜 그리고 어떻게 니체가 이러한 소크라테스의 합리주의 정신을 비판하는지를 살펴보자. 니체의 소크라테스 비판은 일의적으로 말하기는 곤란하다. 이를 위해서는 니체의 사상 편력에 수반되는 변화에 대한 면밀한 고찰이 필요하다. 결론부터 말하자면, 초기의 《비극의 탄생》에서는 소크라테스에 대한 비판과 동의의 입장이 비교적 균형을 이루며 나타난다. 소크라테스는 한편으로는 고대 그리스적 세계의 파괴자로서, 또 다른 한편으로는 새로운 세계의 가능성과 학문의 위대한 개척자로서 등장한다. 그러나 우리는 이러한 균형 잡힌 비판의 입장이 니체가 실증주의적인 학문을 존중하던 중기에는 전적으로 긍정하고 찬미하는 쪽으로 변화하지만, 합리주의 비판을 수행하는 후기에 가서는 점차 부정적인 쪽으로 강화되고 있음을 볼 수 있다. 그의 마지막 저작의 하나인 《우상의 황혼》의 두 번째 장인 〈소크라테스의 문제〉에서 그는 소크라테스를 천민 출신으로 보고, "외모도 괴물, 영혼도 괴물 monstrum in fronte, monstrum in animo"[11]이라는 관상학적인 혐오감을 표시할 정도다. 소크라테스야말로 서양의 정신사에서 이성의 가

---

10) Platon, *Phaidon*, *Sämtliche Dialoge*, Bd. II, O. Apelt (übers.)(Hamburg, 1993), 102쪽.
11) F. Nietzsche, GD, Das Problem des Sokrates 3, KSA 6, 69쪽.

치에 주도권을 부여한 최초의 추악한 이론가라고 보는 것이다.

그러나 다른 한편 소크라테스에 대한 이러한 부정적인 평가와는 달리 니체는 인간 소크라테스에 대해서는 상당한 경의를 보인다. 니체는 역사적 인간 소크라테스, 그 인간과 유형을 증오하지는 않았다.[12] 소크라테스는 비록 합리주의의 완성자로 그 역사적인 모습을 드러냈지만, 이성을 사용해 자신의 시대에 대한 급진적 투쟁을 수행했으며, 더욱이 죽음에 임하는 초연한 태도를 통해 인간의 원초적인 본능조차 극복함으로써 플라톤마저 무릎을 꿇고 그의 제자가 될 정도로 현자의 유형을 보여주었다.

그의 초기 사상에서 소크라테스는 어떻게 평가되고 있는가? 왜 니체는 자연에 대한 신화적 해석을 벗어나 인간에게 합리성의 토대를 제공한 소크라테스를 비판하는가? 이에 대한 하나의 대답을 우리는 《비극의 탄생》에서 찾을 수 있을 것이다. 1870년 1월 18일에 한 강연 〈그리스의 음악 드라마Das griechische Musikdrama〉와 같은 해 7월에 쓴 〈디오니소스적 세계관Die dionysische Weltanschauung〉이 정리되면서 《비극의 탄생》의 1~7장이 되고, 1870년 2월 1일의 공식 강연 〈소크라테스와 그리스 비극Sokrates und die griechische Tragödie〉이 《비극의 탄생》의 8~15장으로 정리된 데서 알 수 있듯이, 이 작품은 소크라테스와 그리스 비극의 세계관, 음악과 디오니소스의 본질을 다루고 있다. 예술이 탄생할 수 있는 조건, 즉 삶의 고통과 기쁨이, 모순과 조화, 부조리와 의미가 착종되어 빛과 어둠의 광학으로 빛을 비추는 현장은 여기에서 비극의 세계로, 후기 사상에서는 생성이라는 존재론적인 디오니소

---

12) Kurt Hildebrandt, *Nietzsches Wettkampf mit Sokrates und Plato*(Dresden, 1922), 28쪽.

스의 세계로 정립된다. 《비극의 탄생》은 후에 《차라투스트라는 이렇게 말했다》에서 '삶의 심층적인 의미'라는 새로운 의상을 입고 나타난다.[13]

과학의 문제에 대해 '예술가 형이상학Artisten-Metaphysik'을 옹호하는 《비극의 탄생》은 삶의 가상과 오류, 허구와 망상, 구토와 권태에 대한 예술적인 건강의 회복을 모색하고 있다. 그는 삶의 본능과 현존의 미적 가치를 가상과 모순의 세계 속에서 건강하게 시인한 비극 속에서 그리스적 예술의 비밀을 찾는다. 비극이란 두 개의 아폴론적인 그리고 디오니소스적인 예술적 충동들의 결합태로 이루어진다. 여기에서 아폴론적인 것은 빛, 척도, 절제, 형식의 상징이며, 쇼펜하우어의 용어로 표현하면 개체화의 원리에 의해 지배되는 표상으로서의 세계에 해당하고, 미술, 서사시와 같은 조형 예술의 모체가 된다. 이에 반해 디오니소스적인 것은 세계의 가상이 찢기고 내면적인 괴로움과 고뇌가 약동할 때 근원적인 생명과 합일되는 도취의 체험으로서 생명의 능동적인 흐름의 상징이며, 원시 공동체의 원리이자, 쇼펜하우어의 의지로서의 세계에 해당하고, 음악, 무용, 서정시와 같은 비조형 예술의 모체가 된다.

그는 《비극의 탄생》의 16장에서 음악과 비극적 신화의 관계를 언급하면서 이 양자를 개념과 멜로디의 보편성의 종합에 빗대어 말한다. 여기에서 개념이란 최초의 직관에서 추상화된 형식, 즉 사물의 벗겨진 껍질이며, 멜로디란 모든 형식에 앞선 사물의 가장 내면적인 형식, 즉 사물의 심장부를 의미한다. 그는 이를 스콜라 철학의 용어를 사용해 개념은 '사물 이후의 보편universalia post rem'으로, 음악은 '사물 이전의 보편universalia ante rem'으로, 현실은 '사물 속의 보편universalia in

---

13) S. de Bleeckere, "'Also sprach Zarathustra' : Die Neugestaltung der 'Geburt der Tragödie'", *Nietzsche Studien*, Bd. 8(1979), 270~290쪽 참조.

rem'으로 표현하며, 구상화된 음악으로서의 세계가 현실을 비극적으로 구현한다고 본다. 개념적인 이성과 음악적인 리듬이 융화된 현실과 아폴론적인 명석성과 디오니소스적인 의지와 충동이 결합된 역동적인 삶의 세계를 재구성하고자 한 것이다.

그러나 소크라테스는 어떤 의미에서 아폴론적이며, 따라서 니체는 이성적인 방법을 사용한, 비극을 이해하지 못한 미적 소크라테스주의의 첫 주자로 에우리피데스를 꼽으며, 그에 의해 처음으로 고대 그리스 비극 시대의 삶에 대한 긍정과 생동감이 유린당했다고 보고 있다. 소크라테스는 경향상 에우리피데스와 밀접한 관계에 있으며, 이성주의의 최초의 완성자였다.

> 에우리피데스 역시 어떤 의미에서는 가면에 지나지 않았다. 그의 입에서 나온 신은 디오니소스도 아폴론도 아니었고, 소크라테스라고 불리는 완전히 새로 태어난 데몬이었다. 디오니소스적인 것과 소크라테스적인 것―이것은 새로운 대립이다. 그리스 비극의 예술 작품은 이로 인해 붕괴되었다.[14]

디오니소스적인 것과 아폴론적인 것이 어우러진 비극 속에서 이제는 아폴론적인 질서만을 갈구하는 '미적 소크라테스주의'에 의해 현상 이면의 맥동하는 생명의 힘에서 현상의 표피만을 논리적으로 조립하는 무미건조한 인간이 생겨난다. 디오니소스적인 것과 아폴론적인 것의 대립적 결합이 해체되고, 이제 디오니소스적인 것과 소크라테스적인

---

14) F. Nietzsche, GT 12, KSA 1, 83쪽.

것의 대립이 새롭게 탄생함으로써 합리주의가 서양 역사의 전면에 등장하게 된다. 니체는 소크라테스를 그리스적 비극과 본질의 부정자로, 사색의 마력에 의해 존재의 가장 깊은 심연을 합리적으로 인식하고 논리적으로 설명할 수 있는 '이론적 인간'의 전형적인 고안자로 보고 있으며, 그에 의해 그리스적 본질이 부정되었음을 괴테의 《파우스트 Faust》의 제1부 〈서재〉에 나오는 정령들의 합창을 통해 다음과 같이 토로하고 있다. "슬프도다! 슬프도다! 그대가 이 아름다운 세계를 억센 주먹으로 파괴했노니, 무너져가는 세계여, 쓰러져가는 세계여!"[15] 디오니소스적인 것과 아폴론적인 것이 착종되어 세계의 심연을 그려내던 그리스 비극의 세계가 소크라테스주의에 의해 파괴됨으로써, 이제 세계는 논리적 지식의 집합체 또는 합리적 사유의 폐쇄적 공간이 되어버린다. 그렇다면 이제 이론적 소크라테스주의와 근대 세계관은 어떠한 연관성이 있는가를 살펴보자.

4 이성중심주의와 근대성

논리적인 천성이 이상 발육을 보이는 소크라테스는 모든 생산적인 인간에게서 보이는 창조적인 힘으로서의 본능과 비판적인 역할을 하는 의식의 위계를 전도시키고 만다. 프로이트적 용어로 말하자면 소크라테스는 이드id 또는 에로스eros라 할 수 있는 무의식의 총체적인 에너지가 창조의 원형 또는 저장고임에도 불구하고, 본능을 내부적으로 황

---

15) F. Nietzsche, GT 13, KSA 1, 90쪽.

폐화하고 의식이 창조자가 되는 '논리적 소크라테스주의'를 주창하게 된다. 프로이트 이론에 따르면 본능은 유아기 시절에 부모와의 관계에서 성립되는 그리고 인간의 이후의 삶을 지배하게 되는 성적 에너지의 원형이자 '승화Sublimierung'라는 정신적 메커니즘에 의해 문화로 전이되는 삶의 창조성의 근원이다. 융 역시 '집단 무의식', 즉 인간이 가지는 '원형 의식'이라는 상징 코드의 전승을 통해 종교적 또는 문화적인 창의성이 가능하다는 사실에 주목했다. 이러한 계통발생학적인 박물관으로서의 무의식의 원형적 기능에 대해서는 이미 니체 역시 《인간적인 너무나 인간적인*Menschliches, Allzumenschliches*》에서 꿈과 이성적 활동의 연관성의 문제로 언급했다.[16]

소크라테스의 "아는 자만이 유덕하다"라는 명제 역시 삶의 격정과 고통, 존재의 내면적인 흐름을 단순히 논리적인 형식주의 틀 안에서 해석하는 주지주의적 인간학의 단초를 보여준다. 고대 그리스 비극 시대의 실존 예술을 실험하던 역동하는 삶의 세계가 소크라테스에게서 시작하는 변증법적인 이성주의에 의해, 즉 현상의 표피만을 논리적 절차를 밟아 해석하는 사유 체계에 의해 붕괴되기 시작했으며, 이러한 지식과 인식의 만병통치를 인정하는 이론적인 낙관주의는 이후 플라톤으로 연결됨으로써 '이성의 낙관주의'라는 서양 정신사의 신화를 낳게 된다. 오늘날 포스트모더니즘의 대표적인 주자 가운데 한 사람인 리오타르Jean-François Lyotard가 투명한 이성을 매개로 나타나는 전체적 진리, 역사의 발전, 보편적인 인간 해방이라는 근대의 계몽주의적 이념을 '거대한 이야기grand récit'라고 비판하는 토대도 이성중심주의라는

---

16) 이에 대해서는 김정현, 《니체의 몸 철학》, 190쪽 참조.

서구적 사유 원형의 근대적인 변형과 연관되어 있다. 니체의 소크라테스 비판이 합리주의에 의해 진행된 문명의 양적 팽창과 피 흐르지 않는 무감각한 인간성 창출이라는 근대성 비판에 있다고 볼 때, 리오타르의 사변적인 거대한 이야기에 대한 비판은 니체적인 문제의식을 이어받은 것이다.

니체는 소크라테스를 이론적 인간의 전형으로 보며, 또 그에게서 세계사를 전환시킨 거대한 소용돌이를 보고 있다. 그에 의하면 소크라테스는 서양 문화의 고삐를 쥔 마부의 지위에 알맞은 인간이었다.[17] 즉 소크라테스가 쥔 문화의 고삐에 의해 역사는 알렉산드리아니즘으로 흘러가고, 인간의 이성적 사유의 전능이라는 망상이 시작되고, 이성에 의한 학적 낙관주의가 서양 역사의 주도권을 차지하게 되며 그 중심에 놓이게 된다. 니체는 《비극의 탄생》 제15장에서 변증법적 이성과 관련하여 소크라테스에 의해 사유가 인과율을 실마리로 존재의 가장 깊은 심연에까지 이를 수 있을 뿐 아니라, 존재를 인식하고 또 수정할 수도 있다는 확고부동한 신념이 등장했고, 이러한 숭고한 형이상학적인 망상이 학적 본능으로 부과되었음을 지적한다. 과학이라는 신화를 만들어낸 '밀의의 전교자Mystagoge'로 등장하는 소크라테스에 대한 니체의 비판적 언급을 들어보자.

근거를 철저히 하고, 진정한 인식을 가상과 오류에서 구분하는 것이 소크라테스적인 인간에게는 가장 고귀한 사명, 유일하고 참된 인간적인 사명이라고까지 생각되었을 것이다. 개념, 판단, 추리의 메커니즘은 소크라테스 이

---

17) F. Nietzsche, GT 15, KSA 1, 98쪽.

래로 자연의 최고의 활동, 자연의 가장 경탄할 만한 선물로서 다른 모든 능력보다 높게 평가되었다. 가장 숭고한 윤리적인 행위, 동정과 희생, 영웅 정신의 감동, 그리고 아폴론적인 그리스인이 사려Sophrosyne라고 불렀던 저 얻기 힘든 바다와 같은 영혼의 고요함마저도 소크라테스와 그와 뜻을 함께하는 후계자들로부터 오늘에 이르기까지 지적 변증법Dialektik des Wissens에서 연역되어 이에 따라 가르쳐질 수 있다고 여겨져왔다.[18]

개념과 논증적 인식을 통해, 즉 지적 변증법에 의해 세계와 존재를 파악하고자 하는 과학적 인식의 메커니즘은 한계를 지니고 있는데도, 알렉산드리아적인 문화의 그물 속에 사로잡혀 있는 서양의 근대 세계 전체는 고도의 정밀한 인식 능력을 구비하고, 과학을 위해 일하는 이론적인 인간의 산출을 근대 교육의 이상으로 갖게 되면서, 과학적인 세계관과 이론적인 인간이라는 근대의 신화를 만들어낸다. 세계를 이성에 의해 해부하고 재구성함으로써 생명성을 무생물화한 근대의 계몽적 이성은 '이성의 신화'에 불과하다는 호르크하이머와 아도르노의 지적 역시 이러한 이론적인 세계관의 오만을 고발하는 것이었다. 니체는 모든 세계 현상을 공간, 시간, 인과율의 법칙으로, 즉 뉴턴Isaac Newton의 기하학적 공간성의 양적인 개념으로 환산할 수 있다는 법칙에 대한 신념은 꿈꾸는 사람을 더욱 깊은 잠에 들게 한다는 쇼펜하우어의 《의지와 표상으로서의 세계Die Welt als Wille und Vorstellung》에 나오는 말을 인용하면서, 과학에 의해 절대적인 진리에 도달할 가능성에 대한 환상에서 깨어날 것을 경고한다.

---

18) F. Nietzsche, GT 15, KSA 1, 100~101쪽.

이러한 과학적 세계관의 한계를 비판하면서 니체는 비극적 문화의 가장 중요한 특징의 하나인 지혜Weisheit를 내세운다. 이성에 의해 얻은 박학다식함이나 사물을 구분하고 해체하고 조립하며 설명하는 인식의 기능도 궁극적인 깨달음으로서의 지혜가 아니라고 말하는 장자의 이성적인 인식의 한계에 대한 지적은 무엇보다 합리적, 과학적 세계관이 지닌 단편성을 선취해 고발한다. 하이데거 또한 철학의 종말을 선언하며, 미래적 사유의 과제로서 지혜를 향한 사랑Liebe zur Weisheit에 기초한 존재의 사유Denken des Seins를 말한 바 있다.[19] 니체에게 지혜란 세계의 전체상을 응시하는, 고뇌와 사랑, 생명으로 가득 찬 삶과 세계의 '관계Zwischen'에 눈길을 주는 근원적 관심이다. 지혜는 이성적 인식의 한계와 경계선에서 논리적 언어의 자폐증을 열고 나와 은유로 세계를 바라본다. 세계는 무생명의 등질화된 공간성이 아니라, 교감하는 생명의 관계성이기에, 고뇌와 환희라는 생명이 나누는 대화의 마당이다. 이성적 사고 뒤의 문자화되지 않은 비결정의 글씨들——생명, 관계, 세계, 숨쉬는 존재의 운동——을 니체는 심미적 인식을 통해 읽고자 한다. 니체 이후 이성중심주의의 한계를 지적하고 나오는 하이데거의 '시적 존재론', 데리다의 '텍스트 이론'이나 로티Richard Rorty의 '문학정치론'은 은유의 복합체로서의 세계라는 텍스트 해독의 예들이다.

개념과 논증적 지식을 강조하는 소크라테스 문화의 영향은 현대의 이론적인 인간의 생리학적 불안과 결합해 백과사전적 지식의 문명, 영혼의 울림이 없는 기계적인 인간형을 양출한다. 니체의 소크라테스에 대한 비판은 이러한 그의 근대성 비판과 맥을 같이한다.

---

19) M. Heidegger, *Brief über den "Humanismus"*, M. Heidegger, *Gesamtausgabe*, Bd. 9, F.-W. von Herrmann (Hrsg.)(Frankfurt a.M., 1976), 364쪽.

이론적인 인간은 자신의 말로에 공포를 느끼고, 불만족스러워하며 감히 생존의 두려운 빙류(氷流)에 몸을 맡기지도 못하고, 불안스럽게 강가를 이리저리 왔다 갔다 할 뿐이다. 이것이 현대 문명의 근원적인 고뇌로서 사람들이 말하는 저 "붕괴"의 징조다.[20]

이러한 니체의 말은 현대 문명의 현상을 어느 정도 설득력 있게 지적해준다. 그래서 그는 "소크라테스적, 알렉산드리아적 문화라는 일종의 문화는······이미 그 생명을 마쳤다고 할 수 있는 것은 아닐까?"[21]라는 반문을 통해 근대의 합리주의의 철학적 기능이 이미 한계에 이르렀음을 선언한다. 그의 합리주의 비판은 현대 문명의 병리 현상으로 나타난 부정적인 의미의 허무주의뿐 아니라, 더 나아가 이를 넘어선 긍정적인 허무주의 속에서도 새로운 탈이성적 사유의 지평을 실험한다. 이러한 후자의 의미에서 우리는 니체를 탈현대를 여는 실험적 사상가로 평가할 수 있을 것이다.

니체의 이성 비판은 단순히 이성의 논리성과 합리성에 대한 비판이 아니다. 초기의 아폴론적인 것과 디오니소스적인 것이 종합되어 나오는 그리스 비극의 복권 작업은 에우리피데스에서 시작되어 소크라테스에 의해 체계화되고 이후 플라톤을 거치며 완성되는 서양의 합리주의, 그리고 근대 이후의 이성 중심적 사유가 빚어낸 사유 구성물들에 대한 비판 작업과 맥을 같이한다. 니체의 이성 및 근대성 비판에는 주로 논리와 개념을 통해 세계를 인식하고 인간과 세계의 관계를 설정하는 지식의 문명사에 대한 고발이 담겨 있다. 후에 니체의 문제의식을 이어받

---

20) F. Nietzsche, GT 18, KSA 1, 119쪽.
21) F. Nietzsche, GT 20, KSA 1, 131쪽.

고 있는 데리다는 이러한 지식의 문명사를 논리적 진술을 통해 언어화되는 진리(의미)의 진열대로 조직되고 지식이 결정화되는 '책의 문명으로서의 서양'과 '책의 종교로서의 그리스도교'로 묘사한 바 있다. 이에 대한 데리다의 해체적 전략은 문자화(결정화)되지 않은 진리(의미)의 비결정적 논리에 대한 새로운 시선 주기다. 니체가 보기에는 이제 서양의 정신사는 아폴론적인 경향이 논리적 형식주의logischer Schematismus의 껍질 속에서 경화되어 번데기로 변함으로써, 존재의 심연(생명)은 논리적 개념의 절차나 형식에 따라 학적 인식을 할 수 있다는 '이론의 시대'를 열게 된다.

모든 자연의 대상과 현상도 인과성이라는 도식으로 설명할 수 있다는 이론의 전제에 대해 그는 이것이 인간의 이성이 가지는 망상이라고 단언하며, 이는 단지 인간이 세계를 해석하기 위해 요청하는 다양한 시각 중 하나일 뿐이라고 말한다. 우리는 하이젠베르크Werner Heisenberg의 불확정성 원리, 리만Bernard Riemann의 비유클리드 기하학, 카오스Chaos 이론 등 현대의 다양한 자연과학적 성과가 보여주는 경향과 확률, 관계와 생명의 운동이라는 상대주의에 주목할 필요가 있을 것이다. 도가적인 심미적 세계관, 불교의 화엄적 회통(會通)의 세계관은 문학적(은유적), 종교적 세계 해석이지만 또한 이러한 인간의 개념적 세계 인식의 경계를 넘어서 세계 관찰자로서 인간의 자아가 세계에 참여하여 함께 춤추는 '춤(유희)의 인식'을 보여준다. 니체의 인식론이라 할 수 있는 관점주의Perspektivismus 역시 이러한 세계에 참여하여 세계와 함께 회통하는 상대주의적 다관점의 시각을 허용한다. 세계는 흑백(참/거짓, 선/악)의 이원색(이원론)으로만 해석될 수 있는 단색의 흑백 작품이 아니라, 참여하는 인간 자아의 내면적인 의도와 시각에 따라 다양한 스펙트럼의 색조가 어울려 이루어지는 다차원적인 화상(畵像)이다. 다양한 관점에서 어떻게 세계 인식이 가능한가? 어떻게 인간은 탈이성의 은유적인 놀이를 통해 세계를 인식할 수 있을까? 이성중심주의에 대한 해체적 저항은 그의 몸이성과 연관해 좀더 구체적인 논의에 들어갈 수 있을 것이다.

5 탈이성과 몸이성

이제 니체의 탈이성의 전략이 궁극적으로 무엇을 의도하고 있는지, 그리고 탈이성이 그의 '몸이성' 개념과 어떠한 연관이 있는지 살펴보자. 니체의 탈이성의 계보학은 소크라테스와 플라톤으로 대표되는 서구의 전통적인 합리주의에 반기를 드는 동시에 그 사유의 부권화(父權化)된 중심 공간을 해체한다. 대상을 개념화, 범주화, 체계화, 논리화의 작용에 의해 의식의 언어로 바꾸고 이를 인간적 지평의 의미 연관적 언어로 이해하는 것이 이성이라 할 때, 니체는 이러한 의식 중심의 세계 이해를 '작은 이성'이라고 명명한다. 의미로 환원되기 이전의 유동하는 욕망의 기호로서 무의식(충동, 본능)이 개념적인 인식 작용을 하는 '작은 이성'과 함께 연동적 작동을 하는 텍스트가 그의 몸이성이다. 우리는 기존의 이성 개념을 실마리로 하여 원인-결과라는 인과율에 의해 실체 중심의 형이상학이 작동되었고, 하나의 움직일 수 없는 절대적인 진리관(일원론), 하나의 참된 목적을 향하는 묵시록적인 역사관과 이성적인 자아관이 형성되어왔음을 볼 수 있다. 탈이성의 전략은 이러한 이성 중심적 기호 공간의 의미론이 사실은 하나의 허구이며, 그리스도교에서 '신'(절대자)이라는 부권적 권위를 절대화시켜 초월적인 존재를 만들어내듯이, 유동하는 존재의 세계를 논리와 개념의 형식으로 각인하고 권위화한 인간의 환상임을 고발한다. 여기에서 우리는 그의 탈이성의 계보학이 의도하는 몇 가지 함의를 이끌어낼 수 있다.

첫째, 그의 초기의 비극적 세계관, 또는 후기의 디오니소스 철학은 대지의 철학이나 여성주의Feminismus와 연계하여 해석할 수 있다. 물론 초기의 비극의 철학이나 후기의 디오니소스 철학이 함의하는 예술 철학적 세계관은 '예술가 형이상학'이나 '예술 생리학'과 같이 구분 지어 논의할 수 있지만, 그 바탕에는 현실이나 대지, 디오니소스나 생성, 인간의 삶과 세계의 긍정이라는 근본적으로 유사한 존재론적 세계관이 깔려 있다. 니체는 생명, 고뇌, 쾌락의 한가운데서 숭고하고 황홀한 경지에 젖어 앉아 있는 것이 '비극'이라고 정의하면서, 괴테의 《파우스트》 제2부 제1막 중 파우스트와 메피스토펠레스의 대화에 나오는 '존재의 어머니들die Mütter des Seins'을 언급한다. 또한 《비극의 탄생》에 대한 '자기 비판의 한 시도'라는 명칭으로 쓴 1886년의 글에서도 '이편 세계의 위로의 기술die Kunst des diesseitigen Trostes'을 배워야 한다고 말한다.

그의 존재를 설명하는 '디오니소스' 개념은 아폴론적인 것과 대비되는 예술의 형식과 원리뿐 아니라, 보다 높은 힘감정Machtgefühl으로서의 도취의 느낌, 세계 놀이로서의 생성, 현실 속에서 인간 자신의 건강함을 실현하는 대지 등 다양한 의미를 함축한다.[22] 여기에서 '비극', '존재의 어머니', '디오니소스', '대지' 등은 존재로 각인되지 않은 텍

---

22) 이에 대해서는 김정현, 《니체의 몸 철학》, 154~155쪽 참조.

스트로서의 생성과 그 개방된 유희를 말한다. 이것은 피안으로 도피하지 않고 이편 세계(현실)에 정위(定位)함으로써 생명의 유희라는 숭고의 파도를 즐기는 태도이기도 하다. 대지(현실)의 철학은 하늘(초월)이라는 부권적 질서에 대한 해체의 새로운 방식을 보여준다.

둘째, 탈이성의 계보학은 이성에 의해 성층화된 일원론에 대해 다원주의의 세계관을 함축한다. 이는 '존재의 어머니들'에서 볼 수 있듯이 하나의 중심이 아닌 다중심적 중심을, 즉 세계와 관계하고 참여하는 관점주의의 인식론을 용인함으로써 절대적 진리에 대한 정신병리학적인 강박관념에서 벗어나, 정주적인 사유의 고정성과 한계를 지적한다.

그는 《즐거운 학문》에서 '하나의 정상적인 인간'의 자기 투영에서 귀결된 일신론Monotheismus에 대한 믿음, 즉 자기의 신 말고는 모두 '거짓된 신들'이라는 신념이 지금까지 인류의 가장 큰 위험이었다고 지적하며 '다신론의 더 큰 유용성'에 대해 언급한다.[23] 이러한 사유는 다양한 개체를 상호 존중하고 용인하며, 그것의 자주성과 자유를 인정하게 한다. 그 안에서 자유 정신은 독자적인 새로운 눈을 창조하는 힘을 획득할 수 있다. 이는 초월적 세계 속에 하나의 규준을 정위함으로써 진리와 비진리, 정상과 비정상을 가르거나 그 중심에서 벗어나는 주변적인 것을 배제하는 것이 아니라, 여러 규준을 용인함으로써 다양한 가치를 승인하는 다원주의의 길을 열고 있다. 우리는 욕망, 문화, 종교, 가치관 등 무수한 삶의 모습들이 이른바 보편주의라는 서구의 이념에 의해 식민지화되는 과정을 보아왔고, 지금도 절대적인 일신교를 믿는 그리스도교와 이슬람교 세계의 충돌(전쟁)을 보고 있다. 이제 세계는

---

23) F. Nietzsche, FW III, 143, KSA 3, 490~491쪽.

다양한 가치관과 관점주의 아래 각자의 리좀적인 운동을 허용하고 진작시켜야 한다.

셋째, 탈이성의 전략은 탈이분적 사고를 함축한다. 이성적 사유는 진리/비진리, 논리/비논리, 긍정/부정, 합리성/비합리성, 말할 수 있는 것/말할 수 없는 것, 선/악, 미/추, 남성/여성, 안/밖, 문명/야만을 이분법적으로 구분한다. 프로이트는 《토템과 터부 Totem und Tabu》에서 한 종교의 왜곡된 상이 강박 노이로제이며, 하나의 진리를 고집하는 학문하는 사람의 심리 상태, 즉 하나의 철학적인 체계의 왜곡된 상이 정신분석학적으로 '편집증'이라고 분석했다.[24]

인간은 왜 하나의 체계, 하나의 목적, 하나의 의미를 추구하며 고집하는가? 이러한 고착 현상은 어디서 유래하는가? 호르크하이머와 아도르노는 《계몽의 변증법 Dialektik der Aufklärung》에서 인간의 자기 보존 원리를 논의하면서, 인간 종의 생존을 위해 인간 이성이 자연을 지배하는 운명사에 대해 말했다. 인간은 세계와 그곳에서 진행되는 사건들을 파악하기 위해 개념과 논리의 언어적 형식을 통해 사유하고, 이에 따라 새로운 이름과 범주를 만들고 법칙화해 삶에 유용한 기준을 제공하기도 한다. 인간이 대상이나 세계와 만나 이를 개념적으로 확인(인식)하는 장소는 의식의 영역이다. 의식에서 범주화, 체계화, 법칙화, 논리화 등의 인식 작용이 일어난다. 이러한 인식 작용을 주재하는 이성은 언어적 형식에 따라 진/위, 의미/무의미, 가치/무가치를 이분법적으로 구분함으로써, 삶에 확실한 기반을 제공한다.

그러나 이성이 포착하는 세계 인식은 단편적이고 제한적일 수밖에

---

24) S. Freud, *Totem und Tabu*, Sigmund Freud Studienausgabe, Bd. IX(Frankfurt a.M., 1974), 363쪽.

없다. 의미와 의미 사이를 유동하는, 기호화되지 않고 결정화되지 않는 텍스트는 그물망을 빠져나가는 물처럼 무의미로 배제되거나 주변화되고 만다. '이것이냐, 아니면 저것이냐entweder, oder'라는 이성의 이분법적 사유는 기호화되지 않은 텍스트들을 '이성의 타자'로 밀어내거나, 고정된 사유의 중심 공간(남근 중심적 사유)을 고집함으로써 진리, 목적, 통일성, 체계성, 전체성의 이념에 고착되고 만다. 탈이성은 이러한 이분법적인 사유를 지향함으로써 '이것과 저것sowohl als auch'의 동시성에, 뫼비우스의 띠와 같은 안과 밖의 비동일적인 동일성에, 의미와 무의미의 경계를 넘어서는 탈의미의 기호에 주목한다. 이러한 맥락에서 탈이성은 이분법적 사유를 뛰어넘는 은유(수사)의 전략일 것이다. 힌두교에서 시바 신의 춤이 삶과 죽음, 생성과 파괴, 윤회와 탈속(열반), 우주와 자아의 경계를 포섭하고 동시에 넘어서는 종교적인 은유이듯, 은유는 이성의 자폐성을 벗어나고, 언어의 사다리를 버릴 때 가능한 몸이성의 놀이가 될 것이다.

  넷째, 탈이성은 몸이성의 개방성과 연관되어 있다. 니체에게 몸이성은 머리의 이성이 아니라, 살아 있는 '몸'의 이성이다. 우리의 몸Leib은 생물학적인 기능을 유지하는 정신과 분리된 데카르트적인 신체Körper가 아니라, 외부의 자극에 생각을 통해 반응하고, 이를 느끼고 감응하며, 또 욕구하는 해석의 기능체다. 몸은 생물학적인 에너지를 정신적인 에너지로 환원함으로써 세계와 교감하는 인간의 자연이다. 이성을 도덕화(가치화)함으로써 인간의 육체를 병리화하고 인간의 근원적인 자연을 탈가치화했던 서양의 합리주의 전통과 그리스도교적 세계관에 저항하면서, 그는 건강한 몸의 현재성(현실, 대지)을 서양의 정신사에서 복권시키고자 한다.

몸은 의식의 언어 활동(의미의 기층)과 충동, 본능 또는 무의식이라는 의미 이전의 기층이 상호 교직된 텍스트다. 니체는 의식 활동의 이면에 무의식이라는 또 하나의 거대한 이성이 작동하고 있다고 본다. 사유와 사유 사이에서 여러 충동들이 상호 투쟁하는 중간 세계Zwischenwelt가 있기에 우리는 생각의 노예가 되기도 하고, 때로는 감정의 노예가 되기도 한다. 우리 자신의 자아 역시 단순히 이성에 의해 획득될 수 있는 고정된 실체가 아니라, 내면의 충동에 의해 끊임없이 변형되고 무너지고 재구성되는 투쟁의 한 형태일 뿐이다. 그렇기에 진정한 자아도, 절대적 자아도 있을 수 없으며, 자아란 자기 몸의 수없이 많은 충동들이 빚어내는 투쟁의 잠정적인 형태일 뿐이다.[25] 몸이성은 그렇기에 수많은 욕망의 투쟁에서 성립되는 텍스트이자, 성립된 텍스트를 해체하는 또 다른 텍스트다. 《차라투스트라는 이렇게 말했다》의 서문에서 하늘을 날고 있는 독수리와 뱀의 비유는 관점주의라는 인식론의 기반 위에서 끊임없이 우리의 텍스트를 해체하는 지혜의 상징이다.

니체의 탈자아, 탈이성의 계보학은 '몸'이라는 텍스트에 대한 현실적 긍정에서 출발하여 그 텍스트를 끊임없이 해체하는 지난한 지혜(깨달음)의 놀이(유희)다. 그의 몸이성이 삶의 예술과 연계되는 이유가 여기에 있다. 그의 '몸의 정치학'은 해체적 긴장 속에 나타나는 '힘에의 의지'의 균형과 건강의 완숙미라는 미학으로 나타난다. 이러한 맥락에서 그의 '힘에의 의지' 개념은 탈정치적인 '몸의 담론'에서 읽을 수 있을 것이다. 몸이성은 스스로 자유롭게 유희함으로써 살아 있는 몸의 텍스트를 긍정하고 동시에 이를 넘어서는 자기 개방성이다.

---

[25] 니체의 자아 문제에 대해서는 김정현, 〈니체에 있어서의 주체, 자아와 자기의 문제〉, 《철학》 제44집(한국철학회, 1995년 12월), 163~185쪽 참조.

이제 우리는 내 안의 어느 한 구석에서 스핑크스처럼 나에게 시선을 던지고 있는 그 시선의 절박함과 진지함에 주목해야 하지 않을까? 이성과 논리의 명철함이 아니라, 몸이성의 진실함으로 합리주의의 이면에 숨겨져왔던 우리 '몸'의 텍스트를 긍정하고 또 동시에 해체하는 끊임없는 해독의 담론을 생각해보아야만 하지 않을까? 이것은 이성적 사유를 무조건 반대하는 것이 아니라, 그것을 포섭해 넘어서는 탈이성의 담론이어야 할 것이다. 탈이성의 담론은 몸의 텍스트에 대한 해석학에서 출발해야 할 것이다. 몸이성은 나와 세계, 나와 자연, 나와 타자를 새롭게 이어주고 소통시켜주는 철학적 언어가 될 수 있다.

제3장
니체, 루카치
그리고 정치적 미학주의의 담론

1 니체 오독의 담론사

　니체만큼 현대에서 많이 읽히는 사상가도 드물다. 그러나 또한 니체의 사상만큼 많은 오해를 야기하는 사상도 드물다. 니체가 서거한 지 약 1세기가 지나면서 다양한 니체 독해의 흐름이 있었지만, 니체는 오늘날에도 여전히 해석학적인 지평 위에 새롭게 살아 움직이면서 재해석되고 있다. 모든 사상들이 해석학적으로 새롭게 해석되고 철학적인 언어의 재단에 힘입어 새로운 사상의 옷을 입고 정신사의 무대 위에 나타나는 것은 어찌 보면 너무도 당연한 철학적 작업 가운데 하나라 할 때, 니체 또한 예외가 아니다. 그러나 니체는 인간의 정신사에 등장했던 무수히 많은 사상가들 가운데 오늘날 가장 활발하게 논의되면서 현대의 정신 세계에 가장 커다란 영향을 주는 사상가 가운데 한 사람으로 설 수 있을 것이다. 이 글은 니체 사상의 본령이 현대적 정신 지평 위에서 어떻게 활성화되고 생명력을 얻을 수 있는가를 조명하기 위한 전지 작업으로, 해석학적인 지평 위에서 이미 담론화되었던 마르크스주의적인 니체 해석이, 특히 루카치의 니체 비판이 어떻게 잘못 구성되었고 논의되었는지를 밝히며, 계급투쟁적이고 이데올로기적인 니체 해석과 비판의 왜곡된 껍질을 벗겨내는 데 초점을 둔다.

니체가 서거한 지 한 세기가 지나고, 그의 사상이 덴마크의 문화사가였던 브란데스Georg Brandes에 의해 '귀족적 급진주의Aristokratischer Radikalismus'의 형태로 1888년에 처음 유럽의 대학 강단에 소개된 지도 벌써 117년이 흘렀다. 니체의 사상은 세월의 흐름만큼이나 다양한 해석의 의상을 입고 여러 가지 모습으로 등장했다. 시대적 상황에 따라 니체의 사상은 때로는 심하게 왜곡되고 오해되기도 했으며, 또 경우에 따라서는 여러 사상적 거장들에 의해 자의적으로 각색되고 그들 자신의 사상적인 틀 안에서 새롭게 주조되면서 그들의 철학적인 언어로 해석되기도 했다.

이러한 오독의 부분적인 책임은 물론 니체 텍스트 안에 잠재해 있는 불명료한 철학적 체계나 문제 또는 잠언 형식이나 비유적 글쓰기에 있다. 왜냐하면 니체는 데카르트나 칸트, 또는 헤겔이나 후설Edmund Husserl과 같이 형식적인 학적 체계의 방식으로 저술 활동을 하지 않았을 뿐 아니라, 오히려 그러한 체계나 글쓰기 방식을 철학적 이유로 배제하고 거부하는 비체계적 수사학의 전략을 글쓰기에 구사했기 때문이다. 《도덕의 계보Zur Genealogie der Moral》나 초기의 몇 편의 논문들을 제외하고 그의 텍스트는 잠언, 단편, 은유의 그물망으로 구성되어 있어, 통일적이고 체계적인 해석을 불가능하게 했다. 그는 체계를 해체하는 수사학적 글쓰기 방식을 전략적으로 사용하고 있어 그의 사상의 전모를 파악하고 이를 체계적으로 이해하는 문제가 이미 니체 해석사 초

진리와 나눔
진리는 고독 가운데 만들어진다. 그러나 진리는 사람들과 나눌 때 참된 생명의 빛을 발한다.
"모든 글 가운데 나는 피로 쓴 것만을 사랑한다. 피로 글을 써라. 그러면 너는 피가 정신이라는 것을 알게 될 것이다." (Za I, KSA 4, 48쪽)

기에 뜨거운 논쟁거리로 떠올랐다. 1894년에 나온 살로메Lou Andreas-Salomé의 《작품으로 본 프리드리히 니체Friedrich Nietzsche in seinen Werken》[1]나 야스퍼스, 하이데거, 뢰비트, 올머, 핑크 등의 1930년대 이후의 니체 사상 해석은 주로 체계성과 근본 모티프의 재구성 문제에 관심이 집중되어 있었다.

니체의 사상과 텍스트는 니체가 1889년에 광기로 쓰러진 이후, 사실상 그의 사상에 대한 세간의 해석에 그가 전혀 반응하지 못하면서 오늘날에 이르기까지 거대한 오독의 산실이 되었다. 니체를 자본주의, 제국주의의 옹호자로 해석하는 아들러Georg Adler, 퇴니스Ferdinand Tönnies, 메링Franz Mehring, 듀복Julius Duboc, 귄터Hans Günther 등과 후에 이러한 해석의 토대 위에서 파시즘적인 미학의 옹호자로 니체를 잘못 해석하는 루카치, 그리고 니체 전설을 파급하고 정치화하려는 경향 속에서 그를 국가사회주의적 이데올로기의 이론적 선구자로 해석하는, 나치 시절 점령 동유럽제국장관이었던 로젠베르크Alfred Rosenberg와 그 해석의 기조 위에서 2차 세계대전 이후 파시즘과 국가사회주의의 이데올로기적인 책임을 니체에게 전가하며 사상적인 책임을 묻는 알거미센Konrad Algermissen, 바르텔Ernst Barthel, 괴츠Karl August Götz 등이 대표적인 예다.

이에 반해 시대 비판적인 가치이론(슈타이너Rudolf Steiner, 지멜 Georg Simmel, 리케르트Heinrich Rickert)과 탈정치적인 또는 실존주

---

1) 니체 사상을 그의 생애, 특히 그의 광기 병력과 연관해 심리학적으로 해석한 《작품으로 본 프리드리히 니체》에서 살로메는 니체 해석사에서 처음으로 니체 사상의 체계 문제를 언급했다. Lou Andreas-Salomé, *Friedrich Nietzsche in seinen Werken*, Ernst Pfeiffer (Hrsg.)(Frankfurt a.M., 1983), 특히 183~296쪽 참조.

의적인 해석(토마스 만Thomas Mann, 아도르노, 바타유Georges Bataille, 카뮈Albert Camus, 야스퍼스, 하이데거, 뢰비트) 및 심리학적, 미학적, 언어분석적인 니체 연구(카우프만, 핑크, 단토) 등은 니체 해석의 또 다른 새 지평을 제시해주었다.[2]

루카치로 대표되는 이데올로기적, 정치적인 니체 해석은 이미 대표적인 오독의 예로 예증되며 사장되었고, 이를 하버마스는 1968년에 쓴 〈니체의 인식이론Zu Nietzsches Erkenntnistheorie〉에서 "니체는 더 이상 전염될 것이 없다"라는 말로 표현했다.[3] 오늘날 니체 사상의 주제 연구는 그의 사상에 내재되어 있는 근대성, 형이상학, 이성, 역사, 권력, 주체성, 생명 등에 초점을 맞추고 있다. 오늘날의 니체 담론은 하이데거적 실존 해석의 전경에서 출발하면서도 또 동시에 니체 사상을 주관성 형이상학의 완성으로 해석하는 하이데거적인 독해의 폭력을 제거하고자 노력하며 논의와 해석의 풍요로운 다산성을 지향해가고 있다.

---

[2] 니체 사상의 사회철학적인 해석사에 대해서는 김정현, 《니체의 몸 철학》, 25~34쪽. 타우레크Bernhard H. F. Taureck가 분석한 니체와 파시즘의 영향 관계에 대한 학자들의 입장과 논의를 간략히 소개하면 다음과 같다. 보임러Alfred Baeumler와 욀러 Richard Oehler는 파시즘적인 입장에서, 루카치는 마르크스주의적인 입장에서, 알거미셴, 바르텔, 잔트보스Ernst Sandvoss 등은 보수주의적인 입장에서, 그리고 놀테 Ernst Nolte는 시대 비판적인 입장에서 니체를 파시즘에 대한 공동 책임자 및 긍정적 몽상가로 보고 있다. 이에 반해 아도르노는 철학적, 마르크스주의적인 시각에서, 윙거는 보수주의적인 시각에서, 토마스 만은 시대 비판적인 시각에서, 하이데거는 철학적인 관점에서 니체를 파시즘에 이르는 발달 과정을 분석하고 진단한 진단자로 본다. 또 다른 한편 새로운 니체전집의 편집자인 몬티나리Mazzino Montinari는 좌익자유주의의 관점에서, 바타유는 시대 비판적인 관점에서, 카우프만과 들뢰즈, 가타리Felix Guattari는 철학적인 관점에서 니체를 파시즘의 잠재적인 반대자로 파악한다. Bernhard H. F. Taureck, *Nietzsche und der Faschismus*(Hamburg, 1989), 85쪽 참조.

[3] J. Habermas, "Ein Nachwort(1968) : Zu Nietzsches Erkenntnistheorie", J. Habermas, *Zur Logik der Sozialwissenschaften*(Frankfurt a.M., 1985), 505쪽.

이 글은 루카치로 대표되는 니체 사상의 대표적인 오독의 내용이나 논의의 편협성과 한계를 지적함으로써, 이를 넘어서 하나의 새로운 니체 해독 방식과 가능성의 방향을 제시해보고자 한다. 우리 철학계에서도 부분적으로는 지금까지 루카치적인 또는 마르크스주의적인 전형적인 오독의 예를 답습하는 경우가 일부 있었으며, 또 대부분의 경우에 하이데거적인 독해 방식에 사로잡혀 있었던 것이 사실이다. 니체를 해석하는 데 있어서 루카치처럼 오독하거나 하이데거처럼 독단적으로 독해한 것을 철학적으로 정리하고 그 한계를 진지하게 논의함으로써 우리는 니체 해석의 새로운 해석학적인 공간을 확보할 수 있으리라 생각한다. 이 글은 니체 해석의 담론사에서 제기되는 마르크스주의적 담론과 실존주의적 담론의 한계를 지적하기 하기 위한 작업 중 그 첫 번째 작업에 해당한다. 지금까지 수많은 니체 해석이 있었지만 루카치의 니체 오독의 담론사는 아직까지 우리 학계에서는 거의 논의되지 않은 영역이기에, 여기에서는 이를 정리함으로써 니체 사상의 일반적인 오해를 불식시키고 새로운 해석 지평의 니체의 모습을 제시할 것이다. 이제 우리는 니체 텍스트의 열린 해석 공간으로 들어가는 전지 작업을 하기 위해, 루카치의 니체 해석을 조명해 들어갈 것이다. 루카치의 니체 비판을 다루기에 앞서 나는 먼저 그의 비합리주의에 대한 내용적인 규정과 이성 파괴의 계보학을 살펴보고자 한다.

2 루카치의 비합리주의 개념 : 이성 파괴의 철학과 부르주아 반동 철학

루카치는 '반동 철학', '부르주아 철학', '비합리주의'를 동일 궤도에 놓으면서, 이를 제국주의 시기의 철학적 비합리주의인 국가사회주의와 파시즘의 파생적 원류로 파악한다. 즉 독일 파시즘과 히틀러의 제3제국의 정치적 이데올로기가 서양의 근대 낭만주의적 비합리주의에서 자생적으로 성장하여 마침내 근대의 종말, 즉 거대한 역사의 퇴보와 몰락을 야기했다는 것이다. 이러한 의미에서 비합리주의적인 철학을 함축하고 있는 부르주아 철학은 역사를 퇴보시킨 반동적 성격을 지니고 있다는 것이 루카치의 주장이다. 그는 주저인 《이성의 파괴 *Die Zerstörung der Vernunft*》(1962)의 과제가 '국가사회주의 세계관'을 준비한 모든 사상적인 전초 작업들을 폭로하기 위해 비합리주의의 사회적 발생사와 사회적인 기능을 다루는 데 있다고 말한다.[4] 여기에서 우리는 셸링Friedrich Wilhelm Joseph von Schelling, 쇼펜하우어, 키르케고르Søren Aabye Kierkegaard, 니체 등 서양의 비합리주의적 철학이 독일 제3제국의 국가사회주의나 히틀러의 파시즘으로 계승 발전된다는 루카치의 견해를 과연 어떻게 받아들여야만 하는가? 우리는 과연 루카치의 이러한 주장을 정당하게 수용할 수 있는가?

루카치와 마찬가지로 마르크스주의에 기초해 사회 비판이론을 발전시키고 있는 호르크하이머와 아도르노는 자신들의 공저 《계몽의 변증

---

4) G. Lukács, "Nietzsche als Begründer des Irrationalismus der imperialistischen Periode", G. Lukács, *Werke*, Bd. 9, *Die Zerstörung der Vernunft*(이하 ZV로 줄여 씀) (Neuwied · Berlin, 1962), 10쪽(우리말 번역본은 지외르지 루카치, 《이성의 파괴》 I · II, 변상출 옮김(백의, 1996)).

법》에서 자본주의의 경제 체제와 전체주의적 국가주의, 관료주의적 효율성과 자연 지배의 문명사 문제 등을 도구적 이성의 헤게모니 장악 과정에서 찾는다. 즉 이성의 사회 비판 기능을 말소하고 인간의 내면성에만 관심을 가진 비합리주의 철학에 20세기 초 역사적 파국의 원인이 있다는 루카치의 분석과는 달리, 초기의 비판이론가들은 "계몽의 신화"에 의해, 즉 베이컨Francis Bacon과 데카르트적인 자연 지배의 인간제국주의가 발전되는 과정에서 나타난 합리화의 역설에 의해 개인의 사회적 무력감과 인간의 야만화라는 문명의 역설이 진행되었다고 본다. 계몽과 합리성의 원리 그 자체가 총체적 원리가 되고(이성의 전체화와 전제적 지배), 도구적 이성에 의해 기술적 진보와 문명 발전의 유토피아적인 믿음이 재생산되는 과정에서 합리성은 인간의 외적인 자연(환경적인 자연 지배)과 내면적인 자연(자아의 억압)을 동시에 희생양으로 삼았다는 것이 그들의 결론이고 보면, 서양 근대성의 종말의 책임이 이성의 왜곡 과정, 즉 과도한 이성의 헤게모니 장악 또는 이성 만능적 계몽의 신화에 있다고 말할 수 있다.[5]

그러나 루카치는 이와는 반대로 서양 근대의 낭만주의적인 비합리주의에서 제국주의 시대의 국제적인 현상인 비합리주의가 발원했으며, 이는 곧 파시즘의 이데올로기로 계승된다고 말한다. 이러한 파시즘의 야만성으로 폭발해버리는 서양 근대성의 종말에 대한 루카치의 분석을 이해하기 위해서 우리는 먼저 그가 생각하는 철학의 내용과 비합리주

---

5) 루카치, 호르크하이머와 아도르노의 사상적인 영향 관계와 자본주의 비판 및 도구이성 비판, 자연 지배와 개인의 억압, 계몽의 신화, 사물화 현상 등의 비판에 대해서는 김정현, 〈루카치, 호르크하이머, 아도르노의 합리화와 사물화의 문제〉, 최동희 외, 《이성과 반이성》(지성의샘, 1995), 253~283쪽 참조.

의에 대한 규정을 조명할 필요가 있다. 루카치에게 철학의 역사란 단순한 철학 이념의 역사가 아니며, 철학의 문제의식은 생산력의 발전, 계급투쟁의 전개에 의해 규정된다.[6] 즉 철학에서 중요한 점은 사회적인 삶의 맥락과 이성의 내용과 형식들에 의해 규정되는 역사적 발전, 즉 역사의 진보 운동이다. 철학에서 계급투쟁, 즉 당파성이 본질적인 요소라는 루카치의 철학관은 마르크스의 유명한 포이어바흐Ludwig Feuerbach의 열한 번째 테제에서 표현된 세계 해석으로서가 아닌, 세계 개혁으로서의 철학에 대한 초기 마르크스주의의 견해를 넘어서,[7] 철학적 허위와 진실성의 문제를 계급의 성격, 사회적 폭로 및 당파성 여부로 파악하는 레닌적인 견해와 동일 맥락에 있다. 이러한 맥락에서 루카치는 부르주아 이데올로기의 대립과 모순, 투쟁 과정에서 나타난 계급투쟁의 성격으로 철학의 일반적인 역할과 반동 철학의 성격을 규정하고 낙인을 찍어간다. 철학의 역할 가운데 하나가 인간의 사회적, 역사적인 삶의 맥락과 연관된 모순과 문제의식들에 대한 사회 비판 및 역사 비판에 있다는 사실을 인정한다고 해도, 우리는 철학을 계급투쟁이나 당파성으로 규정하려는 마르크스주의적인 왜곡된 성격 규정과 그 편협성에 대해서는 수긍하기 어렵다.

이제 우리는 이러한 루카치의 철학관을 토대로 그가 규정하는 비합리주의란 어떻게 정의되는가를 살펴볼 필요가 있다. 그가 문제시하는 비합리주의가 오늘날 포스트모더니즘에서는 중요한 철학적인 문제들

---

[6] G. Lukács, ZV, 9쪽.
[7] Karl Marx, "Thesen über Feuerbach", *Karl Marx Friedrich Engels Werke*, Bd. 3(Berlin, 1969), 7쪽 참조. "철학자들은 세계를 단지 다양하게 해석만 해왔다. 중요한 문제는 세계를 변혁시키는 일이다."

에 대한 담론의 토대로, 환경(생태)철학에서는 새로운 자연철학 또는 생명 사상을 퍼 올리는 인간 사유의 두레박으로,[8] 정신분석학적 인간학에서는 데카르트적인 합리적 인간 주체를 해체하고 무의식과 연관해 인간 주체를 재발굴하려는 문제의식의 산실로 자리 잡고 있기에,[9] 파시즘의 이론적 토대로서의 그의 비합리주의에 대한 규정은 다시 한번 철학적으로 반추되고 비판될 필요가 있다. 19세기 중반 이후 합리적인 이성으로는 설명하거나 파악할 수 없는 인식 영역에 대한 주목이 생철학적 조류로 이어지면서 비합리주의는 합리주의의 대칭 개념으로 나타난다. 합리주의의 한계 개념에 대한 반성을 통해 나타난 반응적이고 수동적인 비합리주의의 규정은 루카치에 와서 다시 부정적으로 규정된다.[10]

루카치는 비합리주의의 철학적인 특징으로 "오성과 이성의 경시, 직관의 무비판적인 찬양, 귀족주의적 인식론, 사회적, 역사적 진보의 거부, 신화의 창출" 등을 들고 있다.[11] 변증법적인 유물론과 사적 유물론에 의해, 즉 끊임없는 계급투쟁의 과정을 통해 사회적, 역사적인 모순들을 극복하려 했던 마르크스주의자 루카치의 시각에서 보면 인간의 무지와 미신을 극복할 수 있는 이성에 대한 신뢰 부족, 과학적, 역사적

---

[8] 김정현, 〈니체의 생명사상—21세기 '생명문화'를 정초하기 위한 한 시도〉, 41~72쪽 참조.

[9] 니체의 무의식 개념과 이성적 주체의 해체에 관해서는 김정현, 〈니체의 심층심리학—무의식의 개념을 중심으로〉, 《철학》 제49집(한국철학회, 1996년 겨울), 151~180쪽 참조.

[10] 처음에 기하학의 문제로 시작하여 칸트의 물자체Ding an sich 논쟁과 연관된 인식론의 문제로 이어지고, 더 나아가 삶의 체험의 문제나 정신과학과 사회과학의 방법론 논의로 이어지는 비합리주의의 역사에 대해서는 S. Rücker, "Irrational, das Irrationale, Irrationalismus", J. Ritter · K. Gründer (Hrsg.), *Historisches Wörterbuch der Philosophie*, Bd. 4(Basel, 1976), 583~588쪽 참조.

[11] G. Lukács, ZV, 15쪽.

지식에 대한 믿음 결여, 역사적 진보의 무한한 가능성 거부, 현실을 반영하지 않는 직관에 단순히 의존하거나 무의미한 세계에 의미를 주기 위한 신화 창조 행위 등은 '비합리주의 발전의 특징'으로 나타나는 총체적인 '철학의 수준 저하'였다.[12] 예를 들어 루카치에 따르면 베르그송은 직관이라는 개념으로 외부적으로는 자연과학적인 인식의 객관성과 진리를 파괴하고, 내부적으로는 사회적인 삶에서 분리된 제국주의 시대의 기생적 개인주의의 내적 성찰을 드러내주고 있으며, 비합리주의적 신화 창조와 반동적 세계관의 기초를 제공해주고 있다는 것이다.

루카치는 니체를 이성을 배제하고 진보를 거부하며, 현실 분석 능력도 없으면서 프롤레타리아에 대한 적개심으로 부르주아를 옹호하며, 저속한 철학의 수준으로 비합리주의의 이론적인 기초를 세운 대표적 창립자로 보고 있다. 그에게 니체는 자본주의의 발전 과정에서 나타나는 사물화Verdinglichung 현상과 비인간화를 야기하는 자본주의 사회 질서와 그 결과물로서의 프롤레타리아의 생존 형식에 대한 내재적인 비판도 없이, 진보 관념에 맞서 싸운 저속한 수준의 반동 철학자로 보인 것이다. 19세기와 20세기의 반동 철학의 주류로 나타난 비합리주의는 셸링, 쇼펜하우어, 키르케고르[13]를 거쳐 니체에 이르러 철학적으로 정초되었고, 이로 말미암아 비로소 파시즘의 이데올로기 정립과 히틀러의 국가사회주의에 이르는 역사적인 파국의 문을 열게 된다는 것이다.

---

12) G. Lukács, ZV, 13쪽.
13) 루카치의 키르케고르 비판에 대해서는 표재명, 〈루카치의 키에르케고어 비판〉, 《철학연구》 제13집(고려대학교 철학회, 1998년 12월), 221~230쪽 참조.

3 루카치의 니체 비판

(1) 파시즘적인 미학의 선구자와 독일 파시즘의 안내자로서의 니체

루카치는 주로 〈파시즘적인 미학의 선구자로서의 니체Nietzsche als Vorläufer der faschistischen Ästhetik〉(1934)와 〈독일 파시즘과 니체 Der deutsche Faschismus und Nietzsche〉(1943), 〈제국주의 시기의 비합리주의의 정초자로서의 니체Nietzsche als Begründer des Irrationalismus der imperialistischen Periode〉(1962)라는 세 편의 논문에서 니체에 대한 비판적인 논의를 진행하고 있다. 이 중 〈파시즘적인 미학의 선구자로서의 니체〉에서 루카치는 니체의 사상을 자본주의, 낭만주의, 미학의 문제와 연계하며 신랄하게 비판하고 있다. 그에 의하면 니체는 부르주아와 프롤레타리아 사이의 계급투쟁이 첨예화된, 고도로 발달된 자본주의 시대에 살면서 낭만주의적 반(反)자본주의의 가장 중요한 대표자가 되었다.[14]

루카치는 니체의 시대 비판을 먼저 바그너의 예술, 즉 미학적 세계관과 연계시켜 논의한다. 예술에서 당대의 데카당스에 대한 니체의 투쟁의 초점은 그 시대의 예술, 특히 바그너로 대표되는 예술의 민주적이며 천민적인 경향에 대한 공격에 맞추어져 있다.[15] 예술사적으로 니체는 바그너를 프랑스 낭만주의 계통에 놓으면서, 그에게서 천민적 취미의 반응을 읽어냈다는 것이다.[16] 니체는 바그너의 예술이 독일 민족을 위

---

14) G. Lukács, "Nietzsche als Vorläufer der faschistischen Ästhetik", Georg Lukács, Werke, Bd. 10(이하 NV로 줄여 씀)(Neuwied · Berlin, 1969), 331쪽.
15) G. Lukács, NV, 312쪽.
16) G. Lukács, NV, 313쪽.

한 선동적인 예술로서의 대중예술의 성격을 지니고, 천민적 취향의 데카당스를 담고 있다고 보았다. 니체는 바그너적 예술 스타일을 비판하면서, 다시 말해 데카당스 현상의 미적 표현을 비판하면서 자신의 시대에 대한 문화 읽기 작업을 수행해간다.

루카치에 따르면 니체의 문화 비판과 시대 비판은 이러한 대중적인 미학적 세계관에 대한 투쟁적인 논의에서 출발한다. 그러나 루카치의 시각에서 보면 니체 역시 자신의 시대의 문화, 예술, 또는 예술 이론에 대한 투쟁에서 자본주의에 대한 낭만주의적 비판가들의 전통을 충실히 계승하여 발전시키는 계승자였다.[17] 자기 시대의 자본주의적인 문명을 증오했던 니체는 자본주의자들의 무교양과 프롤레타리아들의 욕망이라는 두 가지 축을 모두 비판했다.[18] 자본주의적 문명에 대한 낭만주의적인 비판은 니체 철학의 중심이자 그의 미학의 중심이 된다. 이러한 의미에서 니체는 자본주의의 발달 과정을, 즉 자본주의적인 문화를 초기 자본주의적 과거의 측면과 다가오는 제국주의적 발달의 측면이라는 두 가지 관점에서 비판했다.[19] 자본주의적 사물화 현상에 의해 야기되는 인간의 품위 저하와 타락을 경험한 니체는 자본주의에 대한 낭만주의적인 비판의 전통을 계승하면서, 낭만적으로 이상화된 전기자본주의 Vorkapitalismus와 제국주의적인 유토피아의 관점에서 자본주의 문명을 동시에 비판하고 제국주의의 전야를 준비해갔다는 것이다.

여기에서 루카치는 자본주의 문명과 데카당스, 제국주의의 관계를 설명하기 위해 바그너 외에도 쇼펜하우어의 니체에 대한 영향 관계를

---

17) G. Lukács, NV, 316쪽.
18) G. Lukács, NV, 317쪽.
19) G. Lukács, NV, 319쪽.

중점적으로 논의해간다. 루카치에 따르면 쇼펜하우어의 철학은 유럽의 데카당스의 징후로서 염세주의Pessimismus를 드러내고 있는 데 반해, 니체는 쇼펜하우어와의 대결 속에서 염세주의에 투쟁하는, 즉 염세주의로부터 삶을 긍정하는 역설적인 이중적 형식을 보여주고 있다. 쇼펜하우어는 철저한 염세주의자로서 삶을 기피하는 형식으로 예술을 파악한 반면에, 니체는 이러한 예술의 기능을 염세주의적 삶을 긍정하는 수단으로 만드는 역설을 시도했다. 루카치에 의하면 이러한 염세주의적인 삶의 긍정은 파시즘의 숭배자들이 찬양하는 니체의 '영웅적인 현실주의'의 근원인 것이다.[20] 쇼펜하우어의 영향 아래서 나온 초기 작품인 《비극의 탄생》이 이러한 문제를 중점적으로 다루고 있으며, 이러한 문제의식이 니체의 예술관의 중심에 남아 있다는 것이다. 즉 니체에게 예술의 본질을 철학적으로 규정하는 작업은 그가 쇼펜하우어의 철학과 데카당트적인 염세주의를 완전히 극복했다고 말한 뒤에도 여전히 쇼펜하우어의 문제로써 염세주의적으로 남아 있다는 것이다.[21]

루카치는 쇼펜하우어가 자본주의의 변론에 이르는 새로운 길을 시작했다면서 그의 사상을 정치철학적인 시각으로 해석해 들어가는 한편, 니체는 자본주의의 부정적인 측면으로 나타나는 염세주의를 삶을 긍정하는 형식이라는 낭만주의적 예술관을 통해 역설적으로 극복하려 했다고 말한다. 쇼펜하우어가 독일 지성사에서 염세주의로 인간의 진보에 대한 믿음을 파괴하고, 독일의 자본주의 발달 과정에서 정치적인 수동성과 무관심을 야기하는 데 일조했다면, 니체는 자본주의 문화를 비판하면서 동시에 발생하고 있는 독점자본주의를 적극적으로 옹호하는 데

---

20) G. Lukács, NV, 325쪽.
21) G. Lukács, NV, 326쪽.

중심 역할을 했다는 것이다.[22] 즉 니체가 예민한 감성과 히스테리한 야수성 사이를 동요하며 움직이는 데카당스의 야만적인 충동을 신비화하여 '자본주의적 경쟁을 신화화' 했다는 것이다.[23] 루카치에 의하면 독일 철학사에서 니체는 시대에 적합하게 독점자본주의에 상응하는 쇼펜하우어 학설을 새롭게 만든 갱신자였으며, 동시에 제국주의 시대의 주도적인 철학적인 흐름과 생철학을 준비한 근본적인 사상가였다.[24]

루카치에 따르면 니체는 한편으로는 자본주의의 문화적 모순들을 폭로하며, 다른 한편으로는 '금발의 야수Blonde Bestie'라는 생물학적인 개념으로 몰락해가는 자본주의의 야만성의 신화를 만들고자 했다. 또한 니체는 자연과 생물학에서 '힘에의 의지'의 원리, '생'의 원리로서의 착취가 발견된다고 보고, 이러한 '생물학적인 법칙성'을 사회에 적용할 수 있다는 조야한 생물학적인 신화화 작업을 수행했다. 그리고 이를 통해 제국주의에 이상적인 인간상인 '초인Übermensch'을 고안했다. '금발의 야수'는 '대지의 지배자', '초인'과 동일한 의미를 함축하고 있다.[25] 루카치는 니체의 인간관을 '생물학주의적 귀족주의'라고 표현하면서, 니체가 이 토대 위에서 데카당트한 당시의 문화를 비판하고 또 동시에 모든 가치의 전도와 '초인'의 미래 전망에 대한 철학적인 작업을 수행했다고 본다. 즉 인간의 본능을 야만화하는 이상은 니체의 전체 사상의 발달 과정에서 주요 실마리로 등장하고 있다고 본 것이

---

22) G. Lukács, "Der deutsche Faschismus und Nietzsche"(1943), G. Lukács, *Schicksalswende : Beiträge zu einer neuen deutschen Ideologie*(이하 FN으로 줄여 씀)(Berlin, 1948), 11~14쪽 참조.
23) G. Lukács, ZV, 287쪽.
24) G. Lukács, FN, 15쪽.
25) G. Lukács, ZV, 310쪽.

다.²⁶⁾ 그에 따르면 이러한 야만성의 변호가 니체에게서 마침내 위대한 미학적, 역사철학적 신화의 형태로 나타난 것이다.²⁷⁾

　니체가 채택한 예술적, 미학적 출구는 그리스적인 강인함의 정치철학화를, 즉 자기 시대의 문화적 위기로부터, 독일과 국제적인 제국주의의 산고로부터 군사적, 제국주의적 출구를 제시하는 데 적합한 야만성의 정점을 보여준다. 쇼펜하우어가 부르주아적인 데카당스의 선구자로서 최초로 부르주아적인 반동적 세계관을 보여주고 있다면, 니체는 시대적인 경향을 문화 비판과 예술 비판 그리고 힘에의 의지의 신화라는 형태로 표현하는, 질적으로 성장한 제국주의 시기의 반동의 경향을 보인다.²⁸⁾ 루카치는 니체를 이러한 의미에서 '제국주의적 야만성의 최초의 철학적인 전달자'²⁹⁾로, '제국주의 시기의 군사주의에 대한 고무된 예언자'³⁰⁾로, '히틀러주의의 예언자'³¹⁾로 해석하고 있다. 이러한 맥락에서 루카치는 니체를 파시즘의 가장 중요한 시조 중의 한 사람으로 보게 된다.³²⁾ 루카치에 의하면 이후로 인상주의에서 표현주의에 이르기까지, 사회사상가 지멜에서 문예사가인 군돌프Friedrich Gundolf와 문화철학자 슈펭글러Oswald Spengler, 반 덴 브루크Moeller van den Bruck, 윙거, 나치 이론가인 로젠베르크와 괴벨스Paul Joseph Goebbels에 이르기까지 모든 사조와 사상가는 니체가 의식적으로 걸어간 파시즘에

---

26) G. Lukács, FN, 26~33쪽 참조.
27) G. Lukács, FN, 34쪽.
28) G. Lukács, ZV, 271~283쪽 참조.
29) G. Lukács, NV, 338쪽.
30) G. Lukács, FN, 34쪽.
31) G. Lukács, FN, 33쪽.
32) G. Lukács, NV, 339쪽.

이르는 길을 밟게 된다.

(2) 제국주의 시대 비합리주의의 정초자로서의 니체

루카치에 의하면 니체는 퇴폐적인 자본주의를 비판하며, 생철학적인 신비화 작업에 의해 독점자본주의를 옹호하는 철학자일 뿐 아니라, 사회주의를 방어하면서 제국주의적인 독일의 생성을 준비하기 위해 투쟁한 투쟁가이기도 하다. 니체는 노동자 계급과 사회주의를 공개적으로 거부하는 세계관을 피력하면서, 자본주의적 발전 과정에서 오는 제국주의 시기를 예감하는 사상적인 선구자가 되었다는 것이다.[33] 그는 자유주의와 민주주의에는 귀족적 문화의 품격이 결여되어 있다는 이유로 이를 신랄하게 비판할 뿐 아니라, 귀족적 형식의 결핍에서 생겨난 사회주의 역시 이들과 친족 관계에 있다고 진단한다. 루카치에 따르면 니체 철학의 전체 내용은 "프롤레타리아적인 세계관에 대항하는 투쟁"으로 표현할 수 있다.[34] 니체의 철학은 사회주의적 인간주의에 대한 제국주의적인 대응 신화의 성격을 지닌다는 것이다.[35]

루카치는 니체의 이러한 당대 정치 이념들에 대한 비판이 제국주의의 맹아로 연결되는 합류점을 두 가지 관점에서 부각시켜간다. 첫째는 노동자 문제를 객관적인 경제적 토대와 연관해서 보지 못하고 이데올로기적인 문제로 보고 있다는 점이다. 즉 이러한 문제를 지배 계급의 이데올로그들에 의해 결정되는 문제로 보고 그들의 단호한 행동이 중요하다는 것을 강조한다는 점에서 니체는 히틀러적인 견해의 직접적인

---

33) G. Lukács, ZV, 299쪽.
34) M. Montinari, *Nietzsche lesen*(Berlin, 1982), 200쪽.
35) G. Lukács, ZV, 350쪽.

선구자가 된다는 것이다. 둘째는 대중 무리들을 다스릴 '대지의 주인들', '새로운 야만인들'이 필요하다는 것을 강조함으로써, 사회주의의 위기 이후에 비로소 나타날 제국주의를 준비하고 있다는 것이다.[36]

루카치는 《이성의 파괴 I》에서 니체 사상이 어떻게 제국주의로 이행해갔는가를 니체의 윤리학, 종교철학, 인식론의 관점에서 더욱 상세히 논의해 들어간다. 그에 따르면 니체의 윤리학, 심리학, 사회철학이 합류하면서 형성된 그의 '인간 행위에 관한 철학die Philosophie des menschlichen Verhaltens'[37]은 자본주의적인 개인의 이기주의를 윤리적으로 옹호하며, 제국주의 시기의 몰락해가는 부르주아의 이기적인 경향을 이념화했다. 니체는 프롤레타리아에 대항하며 인간 안에 있는 야만적인 본능을 동원해 그 위에 윤리학을 세우고 있는 역사로부터 몰락을 선고받은 부르주아 계급의 이기주의를 문제시하며, 심리학과 생리학에 기초한 새로운 이기주의 윤리학을 세우고자 했다.[38] 니체의 윤리학은 강한 새로운 인간을 양육하기 위한 본능 해방의 반자연적인 도덕을 내세운다는 것이다. 루카치는 니체의 반자연적인 도덕이란, 인간 안에 있는 모든 악과 야수성의 고삐가 풀린 인간 유형의 변형으로서의 범죄자 유형을 새로운 엘리트로 삼는 도덕 체계라고 해석한다. 즉 니체가 말하는 "맹수의 악의는 사악한 본능을 제국주의적으로 찬양하는 신화와 다름없다"[39]는 것이다. 니체는 근대의 혼돈에서 벗어나고 데카당스를 극복하는 방법으로 제국주의적인 야만성의 르네상스를 제시하고

---

36) G. Lukács, ZV, 295~296쪽 참조.
37) G. Lukács, ZV, 301쪽.
38) G. Lukács, ZV, 304쪽.
39) G. Lukács, ZV, 307쪽.

있다는 것이다. 초인의 야만성과 잔인성, 야수성을 강조함으로써 니체는 '계급투쟁적인 부르주아와 제국주의의 시민적 지성인들을 위한 윤리학'[40]을, '지배하고 억압하며 착취하는 계급의 윤리학', [41] '야만성의 윤리학'[42]을 제시하고 있다는 것이다.

니체는 루카치의 관점에서 보면 윤리학적인 관점에서뿐 아니라 종교철학적인 관점에서도 독점자본주의와 제국주의 시기의 반동 이데올로기를 창출하는 역할을 한 것이다. 신의 죽음을 선언함으로써, 즉 도덕적인 신의 죽음이라는 윤리학적 문제를 제기함으로써 그는 '종교적인 무신론'을 심화시켰는데, 이 문제는 역사철학인 동시에 사회철학이기도 한 그의 윤리학과도 깊이 연관되어 있다. 그의 무신론은 "모든 것이 허용되는", 즉 대중 무리를 지배하게 될 미래의 독재적인 지배 계층을 위한 비도덕주의Immoralismus라는 새로운 윤리학으로 통하는 길을 열어주었다는 것이다. 또한 니체가 그리스도교 투쟁의 새로운 십자군으로 제시하는 '디오니소스' 개념은 '급진적인 무신론'으로서 생성 개념과 연관되어 제국주의 시기의 반동적인 경향을 위한 이데올로기를 정당화해주고 있다. '생성의 무죄'라는 개념은 행동주의, 니체의 전투적인 반동적 세계와 쇼펜하우어적인 수동성을 극복하기 위한 직접적인 전제로, 지구를 지배하기 위한 투쟁의 원리, 즉 '위대한 정치'의 원리가 된다는 것이다. 이러한 사상 체계의 방법론적인 구조는 영원회귀 대신에 체임벌린Houston Stewart Chamberlain의 인종이론이 새로운 등가물로 자리 잡고 있는 히틀러적인 사상 체계와 상응하는 것이다.[43]

---

40) G. Lukács, ZV, 311쪽.
41) G. Lukács, ZV, 312쪽.
42) G. Lukács, ZV, 315쪽.

루카치에 따르면 다른 한편 니체는 변증법적, 역사적 유물론의 철학적인 문제들에는 무지한 채 자신의 인식론을 사회주의적 세계관 그리고 과학적인 세계관과 투쟁하는 도구로 삼는다. 그는 객관적인 현실의 인식 가능성을 부정하며, 헤라클레이토스의 생성론으로부터 이성에 대한 직관의 우위성을 인식론적으로 확보하고 있다. 니체의 생성 인식론은 현실의 객관적인 인식 가능성을 파괴하고, 시민적인 진보 개념의 최고 형식인 관념론적인 변증법 및 존재의 변증법적인 자기 운동과 싸우면서 오직 직관을 통해서만 이해할 수 있는 신화적인 존재로 귀향하고 있다. 니체는 진리를 허구로 봄으로써 그리고 힘에의 의지의 산물로 파악함으로써 사이비 객관성을 표현하고 있고, 역사에서의 생성은 자본주의를 능가하는 어떠한 새로운 것도 산출할 수 없다는 식으로 사이비 역사성을 변호하는 데 기여하고 있다. 니체는 인식론으로 전체 제국주의 시대에 자본주의를 간접적으로 변호하는 방법론적인 모델을 만들어냈으며, 극단적인 불가지론적인 인식론과 허무주의 이론으로부터 매혹적인 제국주의 신화의 상징 영역을 발전시킬 수 있는 길을 제시했다고 루카치는 결론적으로 말한다.[44]

즉 루카치의 니체 비판의 결론은 니체 철학이 그 윤리학, 종교철학, 인식론의 함의적 내용에 있어서 제국주의 시기의 비합리주의를 정초하기 위해 투쟁하는 세계관을 담고 있다는 것이다.

---

43) G. Lukács, ZV, 334~336쪽 참조.
44) G. Lukács, ZV, 349쪽.

4 루카치의 니체 비판에 대한 비판적 논의

우리는 지금까지 루카치의 니체 비판에 대한 논의들을 비교적 자세히 살펴보았다. 니체는 과연 루카치가 비판하듯이 파시즘적인 미학의 선구자이며, 제국주의 시기 비합리주의의 정초자인가? 니체의 사상은 자본주의의 모순을 폭로하면서, 다른 한편으로는 데카당스적인 본능을 신비화하여 독점자본주의를 옹호하는 이른바 부르주아적인 반동 철학인가?

루카치의 해석은 독일에서 국가사회주의라는 정치적 이념이 등장하는 시대상에 대한 마르크스주의적 시대 비판적인 세계관을 반영한다. 그는 니체의 주된 철학적 모티프로 나타나는 이성의 독점에 대한 비판 작업과 생성론에 대한 인식론적인 작업, 인간의 내면적 강인함의 찬미와 윤리적 세계관의 재정립 등의 문제를 가지고 니체에게 비합리주의의 원류 그리고 제국주의와 국가사회주의 발생의 책임을 물어갔다. 여기에서 우리는 과연 루카치가 합리주의와 비합리주의를 구분하는 경계선은 무엇인가를 물어보아야 한다. 그는 역사 속에서의 이성의 길을 프롤레타리아적인 계급 의식의 합리주의로 재구성한 반면에, 역사 속에서의 비이성의 논리를 부르주아적 계급 의식의 비합리성으로 생각했던 것이다.[45] 계급투쟁적인 사회 의식의 역사적 발현 여부가 과연 합리성과 비합리성을 구분하는 기준이 될 수 있는 것인가? 합리성/비합리성의 경계를 계급 의식에 따라 구분하는 루카치적인 또는 마르크스주의적인 해석은 그 사고의 단순함과 편협성을 넘어서서 이데올로기에 매

---

45) Werner Jung, "Das Nietzsche-Bild von Georg Lukács", *Nietzsche Studien*, Bd. 19(1990), 429쪽.

몰된 왜곡된 억지 주장을 담고 있는 듯 보인다.

니체는 확실히 국가사회주의적 이데올로기의 선구자로 파악될 수 없으며, 그의 미학이 파시즘적인 이데올로기를 선취하고 있다고 묘사하기는 어려울 것이다.[46] 예를 들어 니체의 예술과 미학이 자본주의 문명을 비판하고 있지만 그럼에도 독점자본주의와 제국주의적 야만성을 합리화하는 데 기여했다고 보는 루카치에 대해, 오트만Henning Ottmann은 초기의 '예술가 형이상학'에서부터 후기의 '힘에의 의지로서의 예술'에 이르기까지 니체의 미학은 예술의 민족적, 국가적, 정치적, 사회적, 도덕적 채용을 거부한다는 점에서 공통점이 있다고 주장한다. 니체가 예술을 '힘의 문제'로, 또는 강하고 약한 삶의 표현으로 파악하고 있다는 사실과 이것이 응용되어 인간의 '양육'을 위한 목적이나 어떠한 정치의 목적을 위한 도구화로 사용되는 것은 혼동될 수 없다는 것이다.[47] 니체는 '좌', '우', 또는 '중도'와 같은 정치적 모토로는 결코 범주화될 수 없으며, 니체의 사상은 비정치적인 문화의 범주 안에서 이해되어야 한다는 것이다.[48]

니체의 민주주의나 사회주의에 대한 비판 또는 자본주의에 대한 비판 또한 '대중', '무리동물' 등으로 표현되는 근대 집단주의에 대한 비판적 언설로 이해될 수 있으며, 이는 집단화되고 수평화되면서 동시에 자기 소외되어가는 인간의 근대적인 삶의 모습에 대한 비판을 동시에

---

46) Henning Ottmann, "Anti-Lukács. Eine Kritik der Nietzsche-Kritik von Georg Lukács", *Nietzsche Studien*, Bd. 13(1984), 580쪽.
47) H. Ottmann, "Anti-Lukács. Eine Kritik der Nietzsche-Kritik von Georg Lukács", 581~582쪽.
48) H. Ottmann, "Anti-Lukács. Eine Kritik der Nietzsche-Kritik von Georg Lukács", 576~577쪽 ; B. H. F. Taureck, *Nietzsche und der Faschismus*, 205쪽 참조.

함축하고 있다. '귀족적 급진주의'라고 표현되는 그의 사상은 분명 지배하고 억압하고 착취하는 파시즘적인 야만적 엘리트주의를 함축하고 있지 않다. 그의 사상은 외형화, 형식화되어가면서 자기 소외를 겪는 고통스러운 근대적 삶에 대한 자신의 휴머니즘적인 치유의 메시지를 담고 있다. 루카치가 니체의 '영웅적 현실주의'의 사상적인 근원으로 지적하는 쇼펜하우어의 염세주의와 자본주의 변호론 역시 그 텍스트의 본래적 의미 맥락은 정치철학에 있는 것이 아니라, 욕망과 자아 상실, 세속화와 의미 상실 사이에서 침식되어간 근대인의 삶의 고통에 대한 심층 철학적이며 존재론적인 고통의 치유술에 있다.[49] 19세기를 지배하고 있었던 집단적 주체의 자기 소외라는 고통에서 인간을 해방시키고 치유하기 위해 니체가 택한 귀족주의란 정치적이고 세속적인 힘을 야만적으로 발현하는 착취적 영웅주의가 아니라, 개별적인 자기 지배와 자기 극복의 귀족주의적인 도덕이었던 것이다.[50] 이는 사회적 현실을 직시하면서 동시에 자신의 참된 내면성으로 되돌아가 자기 자신을 진정으로 극복하고 지배할 수 있는 실천적인 정신의 내적인 태도를 의미하는 것이었다.

그의 사상은 세속적이고 착취적인 영웅주의의 정치철학적 성격을 지니고 있는 것이 아니라, 생명성과 현실성, 사회성과 내면성의 코드가 끊임없이 서로 균형 있게 순환하며 평화적으로 공명하는 평화주의와 휴머니즘의 사회철학적인 성격을 지니고 있다. 자신의 현실을 외면하거나

---

49) 쇼펜하우어의 의지의 형이상학과 고통의 치료술에 대해서는 김정현, 〈고통의 심층철학―쇼펜하우어의 의지의 형이상학을 중심으로〉, 《철학연구》 제68집(대한철학회, 1998년 11월), 119~145쪽 참조.

50) R. Maurer, "Nietzsche und die kritische Theorie", *Nietzsche Studien*, Bd. 10/11 (1981/1982), 51쪽 ; W. Kaufmann, "7. Morality and Sublimation", *Nietzsche* 참조.

내면의 독선에 빠지지 않고, 사회적 현실의 코드를 내면화하고 이를 다시 사회로 반영하는 순환 과정 속에서 인간 정신의 내면적 조화와 균형을, 그리고 진정한 의미의 자유를 찾고자 하는 니체 사상은 생명주의와 심리주의가 공명하는 실천적 사회철학의 모습을 우리에게 제시해준다.

오늘날 동유럽 국가에서조차 니체를 파시즘과 동일시하는 것은 더 이상 언급할 수 없는, 또는 언급할 가치도 없는 것으로 간주된다.[51] 1968년 11월에 유고슬라비아의 베오그라드에서 "마르크스와 니체"라는 제목으로 열린 심포지엄에서도 니체를 '변증법적 유물론의 해석 Diamat-Interpretation'에서 정화하려는 경향이 나타났으며, 니체를 순수하게 '인간적인 자유에 대한 진정한 변호자'로 제시하는 시도들이 있었다.[52] 루카치에 의해 전개된 니체 비판은 오늘날 동유럽에서조차

---

51) Ernst Behler, "Nietzsche in der marxistischen Kritik Osteuropas", *Nietzsche Studien*, Bd. 10/11(1981/1982), 88쪽 ; H. Ottmann, "Anti-Lukács. Eine Kritik der Nietzsche-Kritik von Georg Lukács", 572쪽.

52) E. Behler, "Nietzsche in der marxistischen Kritik Osteuropas", 87쪽 ; 그러나 이에 반해 1988년 4월에 독일의 부퍼탈에서 "니체의 형제인가?—마르크스주의적 니체상은 오늘날 어떻게 보여야 하는가?Bruder Nietzsche—Wie muß ein marxistisches Nietzsche-bild heute aussehen?"라는 제목으로 열린 심포지엄은 마르크스주의적 니체 비판에 대한 메타 비판적인 입장과 마르크스주의적 입장을 호의적인 관점에서 변호하는 입장의 마지막 충돌을 보여주고 있다(Marx-Engels-Stiftung e. V. (Hrsg.), Bruder Nietzsche—*Wie muß ein marxistisches Nietzsche-bild heute aussehen?* (Düsseldorf, 1988)). 여기에서 게되András Gedő는 마르크스와 니체의 공통점을 확인하고 마르크스적으로 해석된 니체 또는 니체적으로 해석된 마르크스와 같이 양자를 화해시키려는 프랑스 포스트모더니즘 사상가들의 논의들을 소개하면서, 그럼에도 유물론적 변증법으로서의 마르크스주의가 인간의 사회적 현실에 대한 객관적인 법칙의 인식과 그 휴머니즘적인 성격 때문에 니체 사상의 대안이 될 수 있다고 강조한다("Warum Marx oder Nietzsche?", *Nietzsche Studien*, Bd. 10/11, 28~44쪽). 이에 반해 융Werner Jung은 마르크스적인 니체 해석, 특히 루카치의 니체 해석에 대한 메타 비판적인 입장에서 루카치의 초기 철학과 미학이 지멜적인 생철학에 의해 고무되었

무시되고 있으며,[53] 현대의 니체 해석사에서 더 이상 의미 있는 해석으로 간주되지 않는다.

이제 니체 사상은 더 이상 마르크스주의가 읽는 그러한 비합리주의나 이데올로기적, 정치적인 시각에서 담론화되지 않는다. 루카치의 해석처럼 니체 사상을 정치적 미학주의로 읽을 때 니체는 파시즘의 이론적인 선구자가 된다고 오독될 수도 있음을 살펴보았듯이, 우리는 하나의 사상이 역사적 현실 속에서 잘못 해석되거나 왜곡되거나 오용될 때 인간의 역사적 현실이 파국으로 치달을 수도 있음을 성찰하게 된다. 나는 이에 대한 부분적인 책임이, 앞에서 지적했듯이 니체의 문체와도 관련 있다고 생각한다. 잠언의 형태로, 때로는 은유와 비유의 형식으로, 그리고 또 때로는 역설과 조소의 문체로 글을 쓰는 니체의 문학적 글쓰기 방식을 문학적 수사학적 독해 방식으로 읽지 못하고, 체계적, 직설적, 표피적으로 읽을 때 그의 텍스트들은 새로운 사유를 건져 올리는 사상의 황금어장이 아니라 거대한 오독의 산실이 될 수도 있다. 이러한 점에 유념하면서 니체의 텍스트에 접근할 때 우리는 이데올로기에 독화(毒化)된 니체의 이지러진 모습에서 해방되어 그가 진정 말하고자 한 사상의 본령에 다가갈 수 있을 것이다. 니체 자신이 문체란 텍스트의 기호와 그 기호의 템포, 건강한 몸짓이 조화롭게 배합되고 역동적으로 진행되는 '위대한 리듬의 예술'이라고 말한 바 있듯이,[54] 우리 스스로

음을 밝히고, 루카치의 관심사 또한 니체와 마찬가지로 인간을 소외시키는 근대 시민 문화를 극복하는 데 있었으며 니체는 자명하게 파시스트가 아니라고 주장한다 ("Das Nietzsche-Bild von Georg Lukács", *Nietzsche Studien*, Bd. 10/11, 45~55쪽).

53) E. Behler, "Nietzsche in der marxistischen Kritik Osteuropas", 94쪽.
54) F. Nietzsche, EH, Warum ich so gute Bücher schreibe 4, KSA 6, 304~305쪽.

건강한 인식의 눈을 가지고 그의 문체와 글쓰기 방식을 진지하게 이해하면서 문학적 글쓰기와 은유의 수수께끼로 이루어진 그의 텍스트를 읽어갈 때,[55] 비로소 미래의 인류와 문화를 위한 풍부한 정신 자원을 새롭게 발굴해나갈 수 있을 것이다.

---

55) 니체의 철학적 글쓰기의 문제를 데리다의 "문자론"과 비교하면서 '새로운 니체' 읽기를 시도한 논문으로, 이진우, 〈글쓰기와 지우기의 해석학—데리다의 "문자론"과 니이체의 "증후론"을 중심으로〉, 한국니체학회, 《니체와 현대의 만남》(세종출판사, 2001), 29~59쪽 참조.

제2부

근대성 비판과 역사적 치료제 찾기

제4장

니체와 비판이론, 그리고 근대성 비판

유럽은 항상 정신적인 곳의 형상을 자신에게 부여했던 지형적인 곳만이 아니다. 자신에 대한 기억을 재집결시키고 축적하며, 자기 안에, 자기 자체로, 자기를 위해 자본화하는 끝없는, 다시 말해 보편적인 과업 또는 이념을 가진 기획이라는 의미에서 지형적인 곳만은 아니다. 유럽은 또한 자신의 이미지와 얼굴과 형상과 심지어는 장소와 자신의 소유지를 모습이 바뀐 돌출 지점의 형상과, 이렇게 말해도 좋다면 남근의 표현과, 즉 다시 말하자면 세계를 포섭하고 있는 문명 또는 보편적인 인류 문화를 위한 하나의 곳과 혼동시켜놓았다……늙은 유럽은 유럽 특유의 동일화에 대한 모든 담론과 반(反)담론을 생산할 수 있는 모든 가능성을 이미 다 소진해버린 것 같다.[1]

---

1) J. Derrida, *Das andere Kap*, A. G. Düttmann (übers.)(Frankfurt a.M., 1992), 22~23쪽.

1 서양 근대성의 문화적 파장

　서양의 근대성에 관한 담론은 현대의 가장 중요한 철학적 화두다. 20세기 사상사에서 가장 중요한 위치를 차지하고 있는 포스트모더니즘이 이미 근대성, 탈근대성의 문제를 핵심적인 주제로 다루었으며, 최근에는 세계화 담론과 더불어 기든스Anthony Giddens와 베크Ulrich Beck를 중심으로 근대성, 성찰적 근대성의 문제가 논의되었다. 왜 오늘날 우리는 이렇게 서양의 근대성 문제에 철학적인 초점을 맞추고 있는가? 이는 서양의 근대성에 대한 근원적인 성찰, 즉 서양 근대 문명의 설계 오류나 운영의 잘못을 비판적으로 검토하면서, 격변하는 21세기를 희망으로 준비하려는 염원 때문일 것이다. 서양의 근대성 문제는 이제 단순히 서양만의 지엽적이고 지역적인 문제가 아니라, 그 이념의 모델에 따라 근대화, 산업화, 자본주의화를 추진했던 지구촌의 문제이기도 하다. 자연과학적인 기술공학의 발전에 기반을 둔 물질 문명의 편향된 발전을 맹목적으로 믿는 진보의 신화, 경제 성장과 역사의 발전에 관한 유토피아적 환상, 전체주의 권력의 등장, 자연 정복과 생태계의 파괴, 생명 의식의 파손과 인간의 내적인 자연성 억압, 삶에 관한 실천적이고 윤리적인 성찰 능력의 부식과 인간 자아의 공동화 현상 등, 근대성의 유산과 연관된 많은 문제들이 우리뿐 아니라 지구촌 문화에 직간접적으로 거대한 영향을 주고 있다.

　2000년을 넘어서면서 전 세계는 밀레니엄의 담론을 다루며 20세기를 반성적으로 논의했다. 우리의 20세기는 전체주의와 파시즘의 등장, 두 차례에 걸친 세계 전쟁의 발발, 이데올로기의 명분 아래 자행된 수천만 명의 살상, 전 지구적 차원으로 진행된 자본주의화와 동시에 이루

1999. 12. 16.

원 안의 나
진리 안에서 웃을 수 있는 사람이 자유로운 인간이다. "위대한 영혼에게는 아직도 자유로운 삶이 열려 있다. 진정, 적게 소유하는 자는 소유되는 일도 그만큼 적을 것이다." (Za I, KSA 4, 63쪽)

어진 자연 환경의 급속한 파괴, 기후와 환경 변화로 인한 기아와 빈곤 확산, 빈부 격차의 심화와 대중 소비 문화의 확산 등으로 점철되었는데, 이러한 역사의 문맥은 '사물화'의 언어에 의해 지배되는 '폭력의 시대'(모랭Edgar Morin, 아렌트Hannah Arendt)[2], '극단의 시대'(홉스봄Eric Hobsbawm)[3]로 정의되었다. 그러나 오늘날 우리에게 다가오는 더욱 큰 문제는 삶의 가치와 의미를 생산하는 인간성 함양의 문제보다는 물질적 풍요와 경제적이며 부가가치적인 생산성만을 새로운 지식인의 이념으로 설정하는 이른바 '신자유주의'라는 편향된 이념의 등장이라고 할 수 있다. 왜냐하면 포퍼Karl Popper가 지적했듯이, 인간의 성찰적 비판 능력이 없는 기술 문명의 도래는 인간의 도덕감 상실과 내적 자아의 공황을 초래할 수 있기 때문이다.[4] 인간의 자아 성찰이 결여된 무한한 경제적 가치의 재생산만을 강조하는 것은 인류 문명을 더욱 위태롭게 할 수 있다. 인간의 자아 문제는 앞으로도 여전히 우리가 깊이 있게 논의해야 할 철학적인 주제로 남게 될 것이다. 마르크스와 루카치 등이 자본주의 위기 문제와 더불어 제기한 인간 자신의 사물화 문제는 후기 자본주의로 들어가는 현대 문명에서도 더욱 극단적인 형식으로 변형되어 나타날 듯하다.

서양의 근대성에 관한 논의는 단순히 과거로 되돌아가 그것의 역사적 의식 지층을 분석한다는 차원에서 제기되는 것이 아니다. 우리가 문

---

2) 에드가 모랭, 《20세기를 벗어나기 위하여》, 고재정·심재상 옮김(문학과지성사, 1996) ; 한나 아렌트, 《폭력의 세기》, 김정한 옮김(이후, 1999) 참조.
3) 에릭 홉스봄·안토니오 폴리토, 《새로운 세기와의 대화》, 강주헌 옮김(끌리오, 2000) 참조.
4) 카를 포퍼, 《우리는 20세기에서 무엇을 배울 수 있는가?》, 이성헌 옮김(생각의나무, 2000) 참조.

제의 시계 방향을 과거로 돌리는 것은 근대성에 관한 반성적 반추를 통해 미래 창발적인 문명의 바람직한 방향타를 점검해보려는 의도에서다. 탈근대성 또는 성찰적 근대성에 대한 논의가 나오고는 있지만, 아직 우리 지구촌은 그 어느 곳도 이 문제에서 자유롭지 못한 것이 현실이다. 탈근대성의 담론은 '이성의 과잉'을 문제시하고 있지만, 우리의 경우에는 '이성(합리성)의 결핍'이 문제시된다는 점에서 다르게 바라볼 수 있다. 시민 의식이 충분히 성숙되지 못하고, 아직 합리성의 훈련이 미숙한 우리의 경우에도 한편으로는 성급한 탈근대성을 지향하고 있지만, 다른 한편으로는 여전히 근대성의 문제에 발목이 잡혀 있는 형편이다. 전근대성, 근대성, 탈근대성이 혼란스럽게 뒤엉켜 있는 우리의 현실에서 이러한 근대성의 담론을 고찰하고 그것이 담고 있는 역설과 위기를 전체적으로 조망하는 것은 우리의 미래적 삶의 지도를 그리는 데 또 하나의 참조가 될 것이다.

  데리다가 지적하듯이 보편성과 합리성의 이념을 토대로 한 서양 문명은 세계 문명을 자신의 형상과 소유지로 이미지화하고 동일시하며 문화적 다원성을 파괴해왔지만, 이제 서양 문명은 자가 발전적인 문화적 에너지의 소진 현상을 드러내고 있는 듯하다. 서양 근대성의 동일한 문화적 파장에 구속되어 있는 지구촌의 문화가 오늘날 어떻게 이를 넘어 인류 문화의 미래에 향진적으로 기여할 수 있는지 우리는 깊이 생각해봐야 할 것이다. 이 글의 문제의식은 서양 근대 문명의 위기를 니체와 호르크하이머, 아도르노의 입장에서 철학적으로 진단하며, 더 나아가 이를 '철학적 근대성'의 개념으로 주제화하며 비판적으로 고찰하는 데 있다. 서양 근대성 또는 근대 문명에 대한 비판은 현대로 들어오면서 합리적 이성의 허구성과 인간성의 균열에 주목하는 니체, 계몽 자체가 또 하나의 신화였음을 고발하며 문명화된 현대의 야만성을 다루는 호르크하이머와 아도르노, 기술 문명의 지배 과정을 존재의 은폐 과정으로, 즉 존재론사의 지평에서 다루는 하이데거, 보편성과 합리성의 근대적 담론을 상대화하고 해체하는 푸코, 들뢰즈, 데리다 등의 포스트모더니즘 또는 해체주의, 이성적 담론과 가부장적 남성중심주의 철학을 고발하는 이리가레Luce Irigaray 등의 페미니즘 등 다양한 담론의 지평 위에서 전개되고 있다. 그러나 여기에서는 논의의 지평을 주로 니체와 비판이론, 특히 호르크하이머와 아도르노의 사상에 한정하고자 한다. 니체와 비판이론의 연관성은 ① 근대 문명과 자아(주체)의 상실, ② 칸트, 사드, 니체로 이어지는 도덕의 근대적 변증법의 문제, ③ 이성 및 진리 담론에 대한 분석(비동일성의 문제와 차이의 재사유), ④ 대중문화 비판, ⑤ 예술 및 미학이론 등 여러 가지 철학적인 주제로 다루어질 수 있는데, 이 글은 이 가운데 첫 번째 문제에 국한해 논의를 진행하고자 한다. 왜냐하면 이 개별적인 주제들은 하나하나 심층적으로 분석되어야 할 수많은 복잡한 철학적인 논의들을 함유하고 있기 때문이다. 이러한 논의들은 니체 사상과 연관해 앞으로 더욱 심도 있게 다루어야 할 과제이기도 하다.

2 근대의 두 얼굴 : 삶의 희망과 상처받은 삶

우리는 서양의 근대 문명을 어떻게 이해해야만 하는가? 서양의 근대 문명은 서양 근대의 이념적 설계도인 근대성과 계몽주의를 어떻게 이해하는가의 문제에 맞닿아 있다. 현대의 많은 사상가들은 현대의 문제를 해결하기 위해 자신의 철학적인 성찰을 이 근대성의 문제 지점에서 발원시키고 있다. 이러한 점에서 근대성과의 논쟁은 현대 철학이 넘어야 할 거대한 철학적 산맥이기도 하다. 푸코, 리쾨르, 들뢰즈가 현대 사상으로 넘어가기 위해서 마르크스, 니체, 프로이트라는 정신사적 산봉우리를 넘어야 한다고 말하고 있는 것도,[5] 프롬Erich Fromm이 '사회적 성격'의 현대적 지층 변동을 계보학적으로 밝힌 것도,[6] 한나 아렌트가 '악의 평범성'을 고찰하면서 현대 대중인의 실존 방식에 침투되어 있는 무반성적 삶의 태도(실존적 주체성의 부재)가 인간성을 박탈하고 사물화하는 전체주의에 인간을 예속시킨다는 사실을 고발하는 것도, 테일러Charles Taylor가 '의미와 도덕 지평의 소실', '도구적 이성에 의한 목적의 부식', 그리고 '자유의 상실' 등 근대성의 세 가지 불안을 지적하며 근대성 자체와 연관해 자아 실현 가능성을 타진하는 것도 바로 이러한 이유 때문이다.[7]

우리는 어떤 의미에서, 근대성에 관한 논쟁을 하며 한 세기를 보냈는지도 모른다. 20세기 초반에는 전쟁과 살상, 폭력과 억압, 전체주의와 식민지주의 체험과 이에 대한 저항이 인류의 삶을 지배했다고 한다면, 20세기 후반에 와서는 인류는 이데올로기의 해빙과 더불어 근대성의 계획 자체에 대한 근본적인 회의와 그 원인 분석에 몰두하며 새로운 삶의 방향을 모색했다. 현대 사상이 풀어야 할 철학적인 화두의 하나인

---

5) 김정현, 《니체의 몸 철학》, 18~19쪽 참조.
6) 김정현, 〈현대의 자아지리학 : 프롬의 자유의 인간학〉, 《사회비평》 제18호(나남출판, 1998), 241~266쪽. 특히 소유적 사회 성격의 근대 계보학에 대해서는, 251~258쪽 참조.
7) Ch. Taylor, *The Ethics of Authenticity*(Cambridge : Harvard Univ. Press, 1999), 1~12쪽 참조.

근대성의 명암을 우리는 어떻게 이해해야만 하는가? 우리는 그 빛과 그림자의 경계선에 서서 "신은 죽었다"라는 유명한 명제로 서양의 합리주의의 설계도가 빚은 오류를 고발한 니체를 시발점으로, 비판이론가들의 서양 근대 문명에 대한 이해를 매개 삼아 이 문제를 다루고자 한다.

서양의 근대성은 중세의 신(神) 중심적 사유와 봉건적 억압 질서로부터의 해방으로 시작된다. 자연의 빛으로서의 인간의 이성에 대한 믿음은 인간을 해방시키면서 인간중심주의로 전환하는 코페르니쿠스적 혁명을 이루게 된다. 이제 서양의 근대적 사유는 종교에서 인간과 이성으로, 신에서 인간의 세속적인 세계로 거대한 방향 전환을 하게 된 것이다. 인간의 이성에 대한 믿음은 인간의 자아를 추상적 사유 능력을 통해 발견하게끔 하고, 더 나아가 자연을 설명 가능한 이성의 기호, 즉 수학과 물리학의 언어로 바꿈으로써, 자연과학의 발전을 추동하는 힘을 제공하게 된다. 즉 자연은 베이컨이 말하고 있듯이 인간에 의해 설명되고 지배될 수 있는 거대한 인간적 유용성의 실험장이 된 것이다. 인간은 이러한 실험장에서 기술공학에 의해 생산되는 생산물 덕에 물질적 풍요를 구가하게 되고, 기아와 빈곤에서 벗어나 역사가 끊임없이 발전해 간다는 희망을 가지게 된 것이다. 인간 이성에 기초한 자아의 발견, 해방과 자유의 이념, 지식의 객관성과 (자연)과학적 학문의 절대성, 역사적 진보에 대한 믿음은 근대인들의 삶의 희망을 나타내는 지표로 설정된 것이었다. 즉 근대를 표기하는 이성중심주의와 인간중심주의, 역사주의는 근대인들의 삶의 희망을 철학적으로 증좌하는 것이었다. 계몽주의는 이성에 기초한 근대인의 삶의 희망을 철학적으로 표기한 것이다. 이러한 면에서 근대성은 희망의 철학으로 그 모습을 드러내고 있다.

이렇듯 희망에 찬 근대의 기획은 그러나 이성의 부식과 도구적 이성에 의한 생활 세계의 식민지화, 인간의 사물화와 윤리적 자아의 무력화 및 실존적 위기와 함께, 전체주의의 등장, 인간성의 말살, 자연 지배와 생태계 위기 등과 같은 인간의 삶을 손상시키는 역설을 낳게 된다. 니체와 호르크하이머, 아도르노, 마르쿠제Herbert Marcuse 등의 비판이론가들이 만나는 지점이 바로 여기다. 그들은 이 지점에서 이성의 과잉과 독단, 전제적 폭력이 함축하는 이성의 부식이 인간의 역사를 파괴할 수 있다고 경고한다. 그들은 계몽이 하나의 신화에 불과하다는 점에 동의한다. 즉 그들은 이성의 절대성에 대한 맹목적인 신념이 어떻게 타락해가는지를 근대성과 연관해 분석해 들어가며, 이러한 믿음이 하나의 메타 이야기임을 드러낸다. 객관성, 전체성, 체계성 등을 추구하는 이성의 절대성에 대한 믿음은 곧 타자성을 배제하고 부분적이고 지엽적인 것을 억압함으로써 스스로 타락하게 된다는 것이다. 그들은 이성의 절대성에 대한 믿음에 기초한 역사의 형성 논리가 역사와 문명의 파괴 논리로 변하는 역설에 주목하고 있다. 니체의 허무주의 분석과 호르크하이머, 아도르노의 계몽의 타락 과정에 대한 분석은 우리가 삶의 희망으로 읽어왔던 근대의 기호가 우리의 삶을 왜소하게 만들고 희생시키며 상처 받게 만든다는 사실을 보여준다. 근대의 삶에서 희망의 기호였던 이성중심주의와 인간중심주의가 삶에 상처를 입히는 기호로 변하는 과정에 대한 분석은 아래에서 더 구체적으로 논의할 것이다.

니체가 계몽, 이성, 발전, 진보, 해방, 자기 보존 등을 함축하고 있는 근대성이 '신의 죽음'으로 대변되는 허무주의로 귀결되고 있음을 밝혀냈다면, "아우슈비츠 이후에 시인이 시를 쓴다는 것은 불가능하다"라는 아도르노의 말이 대변하고 있듯이 호르크하이머와 아도르노는 계몽의 귀결을 우울하게 묘사한다. 즉 그들은 인류의 해방이라는 과제를 안고 출발한 계몽이 왜 새로운 종류의 야만 상태에 빠지게 되었는가를 절망적으로 물으며 《계몽의 변증법》을 어둡게 시작한다. 그들의 문제의식은 구체적인 역사적 형태나 사회 제도뿐 아니라 이 계몽 개념 자체에 퇴보의 싹이 함유되고 있다는 사실, 즉 계몽 안에 퇴행의 요인과 자기 파괴의 속성이 담겨 있다는 사실에서 시작하고 있다. 자연에서 일탈하여 자연 정복의 토대 위에 세워진 경제적 생산성의 증가는 사회적 진보의 환상을 인간에게 심어주었지만, 이는 동시에 자연으로부터의 소외(생태계 파괴)와 인간 자신으로부터의 소외라는 퇴보의 싹을 키우는 토양이 되기도 한다.

이성에 대한 믿음은 세계를 탈마술화하며 합리적으로 인식하지만, 동시에 자연을 계산 가능한 추상적인 숫자의 세계로 환원시키고, 더 나아가 기술공학에 힘입어 인간 세계의 유용성의 객체(대상)로 변화시키게 된다. 자연의 개발(착취)을 토대로 물질적인 풍요를 성취하며 인간의 행복과 역사의 발전을 추구하는 근대는 그러나 거대한 경제적 세력 앞에서 개인이 무기력해지고, 정신이 문화 상품으로 소비되는 '인간의 소멸'을 야기한다. 푸코가 니체의 신의 죽음, 즉 서양 근대의 허무주의의 도래를 '인간의 죽음'으로 환원하여 설명하고 있는 이유도 같은 맥락이다.[8] 인간의 가치와 세계 인식의 중추 역할을 했던 신, 또는 형이상학, 절대적 진리의 소실은 곧 인간이라는 중력의 상실을 의미한다는 것이다. 인간 자신의 상실은 기술 문명과 체계에 의해 조종당하는 무기력하고 주체성 없는 대중적 삶의 등장을 의미한다. 호르크하이머와 아도

---

8) Michel Foucault, *Die Ordnung der Dinge*, U. Köppen (übers.)(Frankfurt a.M., 1989), 412쪽 참조.

르노는 사물화에 대한 부정과 비판을 담고 있어야 하는 정신이 현대에 어떻게 부식되어버리는가를 다음과 같이 고발한다. "정신이 문화 상품으로 굳어버리고 소비를 위한 목적으로 팔리게 될 때, 정신은 소멸할 수밖에 없다. 상세한 정보와 유치한 오락의 범람은 인간을 영리하게 만들지만 동시에 바보로 만든다."[9] 근대는 폐병 환자와 같은 창백한 이성을 지니고 지식의 더미에 묻혀 인간의 역사가 발전되어간다고 믿는 인간(니체), 사물화된 사유로 무기력한 불안 속에서 오락과 정보의 범람을 진보로 믿는 '똑똑한 바보'(호르크하이머, 아도르노)를 산출하고 있다는 것이다. 사유 자체가 사유 자체에 대해 비판하는 비판적 사유를 포기하고 자연 지배의 도구로서의 도구적 이성으로 변형될 때, 계몽은 삶과 세계를 해방시키는 해방의 이념이 아니라 오히려 삶을 고통스럽게 만드는 퇴행으로 치닫게 된다. 즉 도구적 이성에 의한 자연의 지배는 동시에 인간의 내면적 자연의 억압을, 즉 인간의 자기 소외를 재생산해간다는 것이다. 니체와 비판이론가들이 이성(합리성), 계몽, 자아, 도덕, 소외의 문제를 근대성의 문제와 더불어 중심 주제로 다루는 이유가 여기에 있다.

3 니체와 호르크하이머, 니체와 아도르노의 사상적 만남

니체와 호르크하이머, 아도르노는 직접 만난 적이 없다. 시기적으로 호르크하이머는 니체가 정신병을 앓던 1895년에, 그리고 아도르노는

---

[9] M. Horkheimer · Th. W. Adorno, *Dialektik der Aufklärung*(이하 DA로 줄여 씀)(Frankfurt a.M., 1989), 5쪽.

니체가 죽은 지 3년 뒤에(1903년) 태어났기 때문이다. 그러나 그들의 사상적 만남은 계몽의 변증법에 대한 공통된 사유에서 이루어지게 된다. 비판이론의 대표적인 사상가들로 언급되는 호르크하이머와 아도르노의 사상에 영향을 주고 있고 수많은 철학적 주제의 분석에서 그들보다 앞선 니체는 비판이론의 선구자로 불리기도 한다.[10]

호르크하이머와 아도르노의 견해에 따르면 니체는 헤겔 이후 '계몽의 변증법'을 인식한 철학자들 가운데 한 사람이다.[11] 그러나 하버마스는 여기에서 더 나아가 니체를 부단한 폭로의 이론가들 가운데 반(反)계몽을 철저하게 수행한 사상가로 해석한다.[12] 이때 계몽의 변증법 또는 반계몽의 철저화란 무엇을 의미하는가? 전자는 니체가 계몽을 지고한 정신의 보편적인 운동이라고 본 동시에 그 운동에는 삶과는 적대적인 허무주의적인 힘이 담겨 있다는 이중적 시각을 가졌다고 해석하고 있으며, 후자는 니체가 총체화된 이데올로기 비판을 예술 개념에 의해 극복하려는 시도를 하고 있다고 본다. 전자는 계몽의 진단과 분석에 초점을 맞추고 있는 반면에, 후자는 근대성을 극복하려는 니체의 시도와 전략에 관심을 보인다.

호르크하이머와 아도르노의 《계몽의 변증법》은 니체적 영감이 곳곳에 살아 숨 쉬고 있으며, 내용상으로도 놀랄 정도로 일치한다. 니체는 비판이론이 발생하기 반세기 전에 이미 역사적인 계몽의 변증법을 인

---

10) P. Pütz, "Nietzsche im Lichte der kritischen Theorie", *Nietzsche Studien*, Bd. 3(1974), 175~191쪽 ; R. Maurer, "Nietzsche und die kritische Theorie", *Nietzsche Studien*, Bd. 10/11(1981/82), 34~58쪽 참조.
11) M. Horkheimer · Th. W. Adorno, DA, 50쪽.
12) J. Habermas, *Der philosophische Diskurs der Moderne*, 145쪽.

식하고 있었다.[13] 하버마스는 이를 두 가지로 요약한다.[14] 첫째, '주체성의 근원사'의 구성 과정에 관한 견해, 즉 인간 본능의 억압 과정에서 의식에 의존하게 되고, 이는 동시에 내면적인 자연성을 억압하게 된다는 것이다. 두 번째로는 인식과 도덕에 대한 니체의 비판은 호르크하이머와 아도르노의 도구이성 비판 사상보다 앞선다. 객관성의 이상과 실증주의적 진리 주장의 배후에 금욕주의의 이상이, 그리고 보편주의적 도덕의 정당성을 주장하는 배후에 자기 보존의 명법과 지배의 명법이 은폐되어 있다는 것이다. 여기에서 과학적 진리의 타당성을 주장하는 실증주의와 역사를 의미와 가치의 진보적 전개 과정으로 기술하는 역사주의에 대한 양자의 비판적 견해가 일치한다. 전자가 자연 지배와 인간의 내적 자연성의 억압 과정을 분석하고 있다면, 후자는 도구이성의 개념과 실증주의 및 역사주의에 대한 비판을 함축한다.

그러나 우리는 여기서 이러한 하버마스의 논의를 좀더 세분화해 세 번째로 자기 보존의 원리가 함축하고 있는 자기 유지의 근대적 전략과 자기 파괴라는 역설에 대한 비판적 논의를 덧붙일 수 있을 것이다. 그리고 네 번째로는 근대 문명이 표현하고 있는 퇴행적 리비도의 경배 및 형식화로서 사도마조히스트적 경향성에 대한 비판적 고찰 등을 들 수 있다.

여기에서 우리는 근대성에 관한 니체와 호르크하이머, 아도르노의 입장을 두 가지 핵심 명제에 한정하여 논의하려 한다. 즉 ① 이성에 대한 맹목적 믿음과 자연 지배를 기반으로 한 근대 문명의 발전 과정은 이성의 부식과 문명 속의 야만이라는 역사적 퇴보를 함축한다. ② 자연

---

13) P. Pütz, "Nietzsche im Lichte der kritischen Theorie", 183쪽.
14) J. Habermas, *Der philosophische Diskurs der Moderne*, 146~147쪽.

의 지배와 억압은 동시에 인간의 내면적 자연성의 억압을 수반하며, 자아 균열과 주체성 상실을 야기한다. 이제 니체와 호르크하이머, 아도르노가 비판하고 있는 근대성과 계몽주의의 성격을 분석하고, 이와 연관이 있는 자기 보존 원리를 통해 근대의 자아가 어떻게 균열되어가는가를 살펴보자.

4 니체가 본 근대의 변증법 : 근대성과 인간성의 부식

니체에 따르면 근대의 정신은 소크라테스 이래로 형성되어온 서양 합리주의의 거대한 정신적 지층의 표피적인 지각 운동이다. 이성중심주의, 합리성, 객관성, 보편성, 진리, 주객 이분법, 인과성, 과학성, 진보 등의 이념은 이러한 지각 운동의 표면적 효과로서 근대의 정신을 구성하고 조소(彫塑)하는 개념적인 틀이다. 그러나 이성과 합리성에 의해 세계와 인간을 재구성하는 이러한 근대의 정신은 종교적 독단과 마술적 신비주의의 사유를 풀어헤치며 인간의 해방과 자유를 주창하고, 자연과학의 발전과 물질적 풍요를 기반으로 하는 보편사적인 역사의 진보를 추구했지만, 오히려 그 이성의 과잉과 독단의 그물에 걸려 인간이 왜소화되고 역사가 퇴보하는 역설을 드러내게 된다. 니체에 따르면 근대 이후에 인류가 믿고 있는 방식에 의존해, 즉 자연의 지배와 과학성에 의존해 추구하는 진보라고 하는 근대의 이념은 잘못된 이념이다.[15] 합리성, 객관성, 지식, 과학, 자연, 문명, 진보는 역사 발전이라는 유토

---

15) F. Nietzsche, AC 4, KSA 6, 171쪽.

피아를 건져 올리기 위해 근대라는 바다에서 사용하는 한 뭉치의 이념적 도구들이다. 그러나 그 이념적 기호들이 내포하고 지시하고 있는 사용 문법의 잘못은 근대의 진보라는 이념 자체를 문제시하게 만든다. 역사의 진보와 문명의 발전을 성취하는 잘못된 이념을 니체는 자연의 억압, 과학적 지식(진리의 객관성과 절대성)의 오만, 실증주의, 역사주의, 인간의 왜소화(인격의 부식) 등의 문제와 연관해 비판하며 해체해 들어간다.

그가 첫째 문제시하고 있는 것은 자연과학적 지식의 절대성과 그에 대한 맹목적 믿음, 자연의 억압에 기초해 기술적, 물질적인 문명을 추진해나가는 문명의 발전에 대한 유토피아적 환상이다. 자연을 인간과 대립해 있는 물질적 영역으로 설정하고, 이를 수량화하고 양화된 기호로 환원하여 설명하면서 이해하고자 하는 수학, 물리학 등 자연과학에 대한 학적 탐구는 자연을 인간의 이성 능력에 의해 완전히 파악할 수 있다고 보는 오만한 태도를 낳게 된다. 이는 더 나아가 자연과학적 진리, 객관적 학문을 토대로 해서 자연을 인간 삶의 유용성을 위해 마음대로 사용할 수 있다는 인간중심주의적 자연관 및 자연이 인간 세계에 편입됨에 따라 나타난 물질적 생산력의 증대 및 풍요를 인간의 행복 증진과 인간성 향상 및 역사가 발전해나간다는 진보의 역사관과 동일시하게 되는 이성의 어리석음을 낳았다. 자연을 인간과 대립시키며, 이성, 지식, 객관성을 추구하는 근대성의 정상을 니체는 다음과 같이 묘사한다.

19세기의 지나치게 오만한 유럽인이여, 그대는 미쳤구나! 너의 지식이란 자연을 완성하는 것이 아니라, 오히려 너 자신의 자연을 죽여버린다……물론 너는 지식의 햇빛을 타고 위로는 하늘을 향해 기어오르고 있지만, 아래쪽으로는 혼돈으로 떨어지고 있다.[16]

이성에 의해 찾게 된 객관적 지식은 우리의 자연을 완성하는 것이 아니라, 오히려 자연을 죽이고 무질서와 혼돈으로 빠져버리는 역설에 이르게 된다. 자연에 대한 객관적이고 절대적인 지식을 통해 자연을 완전히 해명하고 지배할 수 있다는 이성의 오만은 이제 자연을 인간과 대립적인 것으로 놓고, 자연을 이성의 눈금에 맞춰 새롭게 재단함으로써 인간의 내면적인 자연도 통제할 수 있다고 믿는다. 그러나 서양의 근대적 세계관의 핵심을 구성하는 근대 주관주의 인식론은 주체와 객체, 자아와 타자, 인간과 자연, 내면과 외면을 구분하고, 이를 이성에 의해 통제할 수 있다고 생각함으로써 이성의 독단에 빠지게 된다. 이성의 절대성에 대한 믿음은 타자를 배제하고 자아의 영역으로 동화시킴으로써, 즉 동일성의 논리에 의해 동질화시킴으로써, 이성 자체가 물화되는 이성의 전제(專制)로 빠지게 된다. 니체는 서양 합리주의의 결과가 낳은 이성의 오만과 독단의 정신사를 근대성의 문제 지평에서 고발하고 있는 것이다.

자연을 억압하고 내면과 외면을 구분하는 이러한 근대성의 진행 과정, 즉 근대 문명의 과정은 나아가 인간의 내면 세계를 인격 박약성으로, 야만 상태로 몰아가게 되는 것이다.[17] 자연의 구성원인 인간이 자연에서 분리되고 과학적 지식으로 무장한 채 자신의 자연을 지배할 때, 이와 더불어 자신의 내적인 자연성도 동시에 억압되고 퇴화되는 현상

---

16) F. Nietzsche, HL 9, KSA 1, 313쪽.
17) F. Nietzsche, HL 4, KSA 1, 271~278쪽 참조.

이, 즉 인간 자신이 고통 받고 그 상처가 공격적이고 폭력적으로 표출 되는 야만성이 나타나게 되는 것이다. 서양의 근대는 자연을 억압하고 지배함으로써 역사와 문명이 발전할 것이라고 기대했다. 그리고 그에 대한 대가로 인간은 물질적 풍요를 누리게 되었지만 동시에 삶이 균열 되고 희생되는 또 다른 대가를 치러야만 했다. 니체는 이를 인간의 상실로 본 것이다. 신의 죽음이란 서양의 거대한 이성의 제국이 붕괴하고 인간의 삶이 무기력하고 퇴행적인 본능의 상태로 빠져 들어가는, 인간 (성)의 상실을 의미한다. 니체는 이러한 근대성 비판으로, 근대 문명의 발전 과정이 곧 역사의 타락과 몰락의 과정임을 고발한다. 이는 인간 자신에 대한, 인간의 내면적 세계의 상실 과정에 대한 비판이면서 동시에 호르크하이머와 아도르노가 명료하게 주제로 삼았듯이 인간 문명의 과정이 새로운 야만성에 빠진다는 문명 비판의 내용을 담고 있다.

근대 문명의 야만성 또는 쇠락은 인간성의 피폐, 즉 인간성의 부식 현상을 의미한다. 니체는 인간이 점차 왜소해지고, 인간의 내면적 인격이 쇠약해지는 근대 문명의 사회적 성격을 고발한다. 객관적 정신을 찬미하며 객관적 인간이 되어가는 근대인은 '자기가 없는 인간'으로 변해가는 것이다.[18] 니체는 이성에 의해 객관성, 과학성, 진리를 찾으며 이를 토대로 자기 보존을 하려는 근대의 생존 전략이 반대로 자기 부정과 평균성에 기초한 대중화로 진행된다고 분석하고 있다. 의식에 의해 인간의 본능(자연성)을 억압하며 주체성을 확보하려는 전략이 인간을 차디차고 폐쇄적인 존재로, 즉 인간성 상실로 이끌게 되는 역설을 고발하고 있는 것이다.

---

18) F. Nietzsche, JGB 207, KSA 5, 137쪽.

평균성의 본능에 사로잡혀 주체성을 망각하고 평균인으로, 대중인으로, 무리로 살아가는 인간은 이제 자신에게서 소외된 존재가 되어버린다. 인간은 경제적 부의 소비 기호 앞에서 부유하며 "향락하면서 방황하며 떠돌아다니는 구경꾼"[19]이 되어버린 것이다. 소비하는 존재, 향락하는 존재, 방황하는 존재, 부유하는 존재, 자신을 상실한 존재로서 인간은 자신의 삶을 평균적으로 유지하는 퇴행적인 삶을 살아가게 된다. 이것을 니체는 유럽 전체에 만연한 '유럽의 병'[20]이라고 부른다. 사람들은 자신을 잃어버리고, 평균성에 매몰되어 자기 도피의 삶을 살아가는 것이다. 프롬이 '자유로부터의 도피'라고 말한 것도 곧 자기로부터의 도피라는 근대의 삶의 양식에 대한 분석이다. 니체는 자기를 상실하고 경제적인 소비 기호로 부유하는 인간의 모습을 다음과 같이 묘사한다. "사람들은 오늘을 위해 살고, 현기증 나게, 매우 무책임하게 살아간다. 바로 이것을 사람들은 '자유'라고 부른다."[21] 자기로부터 도피하면서 평균성의 본능에 안주하여 존재의 안정을 찾는 부정적 자기 유지 전략을 그는 '본능의 퇴화'라고 부르며, 이를 자아 상실의 시대, 나약한 시대의 특징으로 보고 있다. 그에게는 따라서 자기 성찰적 이성에 의존해 자유와 인간 해방을 추구한 근대성이 자아 상실과 인간성의 부식을 드러내고 자기 도피적 삶의 양식을 확산시키고 있다는 점에서 '생리학적 자기 모순'을 드러내고 있다고 본다.[22] 의식을 기반으로 하는 자기 보존 전략은 생리학적 자기 모순을 드러내며 인간의 자기 희생과 본능

---

19) F. Nietzsche, HL 5, KSA 1, 279쪽.
20) F. Nietzsche, JGB 208, KSA 5, 139쪽.
21) F. Nietzsche, GD, Streifzüge eines Unzeitgemässen 39, KSA 6, 141쪽.
22) F. Nietzsche, GD, Streifzüge eines Unzeitgemässen 41, KSA 6, 143쪽.

의 퇴행으로 귀결된다는 것이 니체의 허무주의 비판인 동시에 근대성 비판의 결론이다. 인간의 진정한 자기 성장은 본능과 자연을 긍정하고 또 생명을 긍정하는 데서부터 시작한다.[23] 그는 '몸이성'이라는 개념을 근대성을 넘어서는 탈근대적 철학적 중심 개념으로 제시한다. 그가 근대성 비판을 하며 본능 긍정의 도덕, 자연성 긍정의 사상, 몸의 철학을 제시하고 있는 것은 인간의 자기 극복을 통해 근대적 사유의 한계를 넘어서고자 하는 시도이자 생명 긍정에 기초한 새로운 문명의 방향을 제시하려는 시도다.

5 호르크하이머와 아도르노의 계몽의 변증법 : 유럽 문명의 발전사와 주체의 형성사 및 인간의 사물화

호르크하이머와 아도르노의 역사철학적, 사회철학적 저작인《계몽의 변증법》은 주체성의 고고학으로 인간의 주체 형성 과정을 추적한다. 하이데거가 존재론사의 입장에서 서양 역사의 내재적 논리가 존재의 망각의 역사로 진행되어가고 있음을 밝히고 있다면, 호르크하이머와 아도르노는 기술 문명과 역사의 발전 과정에서 인간 내면의 자아가 어떻게 형성되고 위기를 맞게 되는가를 주체성의 발원과 형성, 변형과 파손의 과정 등을 통해 고찰한다. 서양 철학 전체를 문제시하며 근대에 이성과 인간 자신이 부식되고 있음을 고발한 니체의 영향을 받으며, 전자는 '존재' 개념으로 형이상학의 역사를, 그리고 후자는 '자연' 개념

---

23) 니체의 자연, 본능, 몸, 생명의 긍정에 관한 탈근대적 생명 사상에 대해서는 김정현, 〈니체의 생명사상—21세기 '생명문화'를 정초하기 위한 한 시도〉, 41~72쪽 참조.

으로 주체성의 역사를 시추해 들어가고 있다. 자연, 인간, 이성의 개념을 매개로 자아의 생성사를 그려내는 호르크하이머와 아도르노의 작업은 역사철학적 성격을 지닌다.[24]

호르크하이머와 아도르노의 문제의식은 분명 그들이 살던 시대에서 시작한다. 그들의《계몽의 변증법》은 이성과 비이성, 발전과 퇴보, 행복(희망)과 불행(불안), 경제적 생산력 증가와 개인의 무력화 등의 문제의식과 역설을 우울하고 절망적인 음조로 그려내고 있다. 그들은《계몽의 변증법》머리말에서 자신들의 문제의식이 "왜 인류가 진정한 인간적인 상태에 들어서기보다는 새로운 종류의 야만 상태에 빠졌는가?"라는 물음에 있음을 밝히고 있다. 그들은 근대 문명의 추진력이 되었던 계몽이 '계몽의 자기 파괴'로 변해버리고 만다는 사실, 즉 자유와 해방과 발전을 지향했던 계몽 자체 안에 이미 퇴보의 싹이 함축되어 있다는 사실을 통찰하고 있었던 것이다. 합리성 안에 이미 계몽된 문명의 자기 파괴로의 경향이, 즉 비합리성의 속성이 내재해 있다는 그들의 고발은 근대성의 역설을 말하는 니체의 목소리와 닮았다.

여기에서 그들이 근대성 분석의 중심 개념축으로 설정하고 있는 것은 자연 지배와 자기 보존의 원리다. 유럽 문명의 발전사와 주체의 형성사 문제는 이 문제와 연관해 논의된다. 그들은 이를 주체와 객체, 인간과 자연의 분리 과정과 동일시하며 설명한다. 즉 인류의 문명사는 주

---

24) 아도르노의 역사철학에 관해 비교적 평이하게 소개한 논의로는 김유동,《아도르노 사상》(문예출판사, 1994), 30~69쪽 참조. 이와 연관해, 호르크하이머와 아도르노의 도구이성 비판에 대한 논의로는 김정현, 〈루카치, 호르크하이머, 아도르노의 합리화와 사물화의 문제〉, 267~279쪽 참조. 계몽의 변증법을 과학기술의 문제와 연관해 논의한 글로는 양해림,《디오니소스와 오디세우스의 변증법》(철학과현실사, 2000), 215~239쪽 참조.

체(체험)와 객체(대상)를 유사성의 원리에 의해 연관짓는 주객 미분의 신화적 단계에서부터 학적인 인식을 통해 주객을 분리하고 신화적 과정을 탈피하는 과정('세계의 탈마술화die Entzauberung der Welt')으로, 다시 말해 지식과 기술을 통해 자연을 지배하며 인간을 지구의 주인으로 세우는 과정으로 진행된다는 것이다. 이러한 과정에서 "신화는 계몽으로 넘어가며 자연은 단순한 객체로 떨어지게 된다".[25] 후자의 과정이 바로 계몽의 과정이며, 이는 세계 또는 자연을 계산 가능성과 인간의 유용성의 척도에 따라 파악하고 재편성한다. 계몽은 모든 것을 전체성으로 체계화하고, 논리적 형식성에 따라 통일하며, 수적인 도식으로 환원하며, 비동일적인 것을 동질화하는 동일성의 원리를 그 경전의 기본 원리로 삼는다. 이는 인간의 자기 보존과 유지를 위해 자연과 생명의 세계를 인간 이성을 체계화하는 힘에 굴복시키고, 동일하지 않은 것, 추상적인 크기나 숫자로 환원되지 않는 것, 체계화되지 않는 것, 인간의 이성에 의해 포착되지 않는 것 등은 가상으로 여기고 배제하는 논리를 함축하고 있는 것이다. 즉 동일성의 원리는 동시에 이타성 그 자체를 억압하고 배제하는 논리를 함축하고 있다. 근대의 이성주의는 주체와 객체, 인간과 자연을 분리하며, 인간이 자신의 힘을 증가시키기 위해 자연에 가하는 이성의 폭력은 자연을 인간을 위한 사물로, 즉 지배의 대상으로 전락시켜버린다. 계몽은 자연을 객관적인 과학과 보편적인 학문, 추상적이고 절대적인 지식을 통해, 즉 이성의 사유 형식에 침전된 인간화된 자연으로 파악함으로써, 인간의 자연 지배를 정당화하는 물화된 사유를 진행시킨다. 계몽은 "사유를 사유하라"라는 피히

---

25) M. Horkheimer · Th. W. Adorno, DA, 15쪽.

테적인 요구를 무시하고, 사유를 수학적 장치로 환원하여 세계를 분류하고 증류하고 추상화하면서 그리고 동시에 세계를 전체성과 총체성, 통일성, 체계성의 기호로 파악함으로써 스스로 형식화되고 물화되며 도구화되어간다. 그들의 도구이성 비판은 이성의 전체주의적 속성으로 인해 부식되어가는 이성과 정신의 물화에 대한 비판이다.

인간의 자연 지배는 단순히 사물화되어버린 대상에 대한 인간의 억압만을 함축하는 것이 아니다. 자연의 억압과 지배는 더 나아가 인간의 억압과 지배로 귀결된다.[26] 우리는 여기에서 외적 자연의 억압이 어떻게 내적인 자연성인 인간의 본성을 억압하게 되는가라는 물음을 던질 수 있을 것이다. 왜 자연의 억압과 지배가 인간을 억압하게 되고 퇴행시키는가? 근대 자연과학의 성과에서 비롯된 물질적인 풍요에도 불구하고 자연 지배의 이념은 왜 인류의 문명과 역사를 퇴보하게 만드는가? 우리는 기술적, 경제적 진보와 인류의 진보를 어떻게 상관 지어 설명할 수 있을 것인가? 비판이론은 물질적인 풍요와 역사적 진보, 인간의 행복을 동일시하는 근대 이념을 비판한다. 자연이 단순히 인간의 도구로, 총체적인 착취의 대상으로 파악됨으로써 인간은 자연(성)으로부터 소외되어간다. 자기 보존이라는 목적 의식과 결합된 이성은 세계를 객관적, 체계적, 도구적으로 파악하며 통일적 자아의 상관자, 즉 인간의 지배 대상으로 파악함으로써 물화된 정신으로 변질되고, 더 나아가 인간 자신의 자연성은 동시에 억압되는 것이다. 즉 인간의 자연 지배가 진행됨에 따라 이러한 자연에 대한 지배는 인간 자신에게로 방향을 틀게 되고, 이는 주체의 자연성을 억압하게 되고 점차적으로 지배의 메커

---

26) M. Horkheimer, *Zur Kritik der instrumentellen Vernunft* (Frankfurt a.M., 1986), 94 · 165쪽 참조.

니즘을 증대시키게 된다. 자연 지배의 지적 체계는 지배의 권력으로 변해 자연과 인간을 억압하는 지배의 도구가 된다.

자연과학에 의해 자연에 군림하는 지구의 주인을 주창하는 베이컨적인 유토피아는 이제 반대로 인간 자신이 그 지배의 대상이 되는 니토피아로 변하게 되는 것이다. 근대의 지식은 권력 및 지배와 연계되어 있다. 진보의 힘은 힘의 진보를 의미하며, 이는 권력과 지배의 메커니즘 발전 과정과 일치한다. 자연의 지배는 인간이 자기 보존을 위해 도구적 이성을 발전시켜나가고 그러면서 인간 자신이 스스로 사물화되고 소외되어가는 현상으로 나타난다는 것이다. 만족할 줄 모르는, 무제한적인 인간의 자연 지배의 욕망은 인간의 내적 자연성을 말살하고 도구적 이성의 생산물인 상품을 소비하는 인간 자신의 욕망을 더불어 증대시키며 인간 자신을 거대한 욕망의 기계로 만들어나간다. 이와 유사한 맥락에서 프롬은 근대인의 존재 양식을 소비와 자신의 존재를 동일시하는 소유 지향적 존재 양식이라고 불렀다.

자연 지배는 "인간의 제한 없는 제국주의"[27]를 의미하며, 이는 동시에 인간의 자기 상실 과정이기도 하다. 왜냐하면 자연이 물화되고 기술에 의해 생활이 편리해지면서 인간의 내면은 더욱 억압되고 상상력은 위축되며 육체적 감각은 불구화되어가기 때문이다. 뿐만 아니라 도구적 이성이 인간의 생활 세계와 다양한 사회 체계들을 식민지화함으로써 한 개체로서의 인간은 마치 대기업에 대비되는 연금 생활자의 무력한 처지와 유사하게 무력한 존재가 된다. 이성이 자연을 지배함으로써 인간의 생활 세계가 재편되고 조정되며 물질적으로 보상받고, 이와 동

---

27) M. Horkheimer, *Zur Kritik der instrumentellen Vernunft*, 107쪽.

시에 개체는 무력화되고 주체성은 불구가 되어버리는 과정은 근대 유럽 문명이 걸어온 궤도다. 사회적 자연 지배의 진보 과정은 자기 자신의 자연으로부터 항상 좀더 강력하게 소외되어가는 인간의 동시적인 타락 과정의 앞면이다.[28] 이러한 맥락에서 호르크하이머와 아도르노는 "끊임없는 진보가 내리는 저주는 끊임없는 퇴행이다"[29]라고 우울하게 말한다. 자연 지배에 기초해 물질적, 경제적 토대를 향상시키고 해방의 내용을 주장하는 문명의 발전 과정은 충동역학적인 측면에서 보면 인간의 자기 부정을 담지하고 있다는, 즉 퇴행의 과정이라는 것이다. 근대의 계몽이란 이러한 면에서 보면 또 하나의 신화일 뿐이며, 신화적 불안을 담고 있다. 이성의 비이성, 또는 합리성의 비합리성이란 이러한 유럽 문명에서 나타나는 계몽의 역설을 보여준다. 유럽 문명이 걸어온 합리주의의 근대적 결산은 문명의 발전이 실천적 자기 반성의 이성이 결여된 이성의 광기로 전락하고, 자아가 해체되는 위기를 느끼게 하며, 자신의 이름을 잃어버릴지 모른다는 주체성의 불안으로 드러나게 된다는 것이다.

여기에서 그들은 근대의 자아(주체)가 겪는 자기 상실과 균열의 과정을 호메로스의 〈오디세이아〉에 나오는 신화의 내용으로 설명한다. 이 신화는 오디세우스가 간계를 통해 트로이에서 이타카로 귀향하는 모험의 과정을 그리고 있는데, 이를 호르크하이머와 아도르노는 '유럽 문명의 근본 텍스트'이자 '자아 의식의 형성사'로 비유하며 설명한다. 그중 하나가 세이렌과 만나는 이야기며, 다른 하나는 키클롭스족 폴리페모스의 이야기다. 여기에서 인간이 이성의 책략을 통해 자기를 유지하고

---

28) A. Honneth, *Kritik der Macht* (Frankfurt a.M., 1989), 60쪽.
29) M. Horkheimer · Th. W. Adorno, DA, 42쪽.

개체성을 확보하고 자연과 교환하는 선물은 자기 희생과 체념으로 묘사된다. 항해 중에 오디세우스는 세이렌이 부르는 아름다운 노래의 유혹을 피하기 위해 자신을 배의 기둥에 묶고, 부하들의 귀를 밀랍으로 막아 그들이 노만 젓도록 만드는데, 이러한 행위를 호르크하이머와 아도르노는 노동(합리적 이성의 경제 원칙)과 유희(쾌락 원칙)의 분열의 증후로 읽어낸다. 아무런 노동도 하지 않고 배의 기둥에 묶여 노래를 감상하며 즐기는 오디세우스와 어떠한 삶의 기쁨이나 유희의 즐거움도 알지 못한 채 귀를 밀랍으로 막고 오직 노동만을 하는 그의 부하의 이야기는 근대 문명 안에서 일어나는 노동과 유희의 분열, 즉 삶의 근원적인 균열과 고통을 의미하는 것이다. 이와 동일한 맥락에서 마르쿠제 역시 자신의 주저인 《일차원적 인간 The One-Dimensional Man》과 《에로스와 문명 Eros and Civilization》에서 수행 원리 performance principle에 의해 작동되는 현대 산업 사회에서 노동과 여가(놀이)의 분리가 일어나고 현실 원칙과 쾌락 원칙이 균열된다는 사실을 밝히면서, 현대 문명에서 삶의 본능이 점진적으로 부식된다고 비판하고 있다.[30]

이와 동시에 호르크하이머와 아도르노는 바퀴만 한 눈 하나를 지닌 거인 폴리페모스한테서 벗어나기 위해 "아무도 아니다 Niemand"라는 이름을 사용하는 오디세우스의 간지를 주체인 오디세우스가 자신을 주체로 만들어주는 자신의 고유한 동일성을 부정하며 자신의 삶을 구하고 자기를 보존하는 과정으로 읽고 있다. 즉 자기 유지를 위해 자아를 확립하고 자연과 대립하여 동일적 자아를 주장하는 문명화의 과정은 자기 부정이라는 역설적인 과정을 겪게 된다. 쾌락을 체념하고 차가운

---

30) 김정현, 〈에로스의 유토피스틱스―마르쿠제의 신문명론〉, 《철학연구》 제73호(대한철학회, 2000년 2월), 47~52쪽 참조.

합리성 또는 수행 원리에 몸을 맡기는 자기 희생을 통해, 즉 자기 부정을 통해 주체로서의 자아를 유지하려는 근대의 전략은 '모든 사람이면서도 아무도 아닌' 인간의 주체성 상실로 이어지게 된다는 것이다. "문명의 역사는 희생이 내면화되는 역사다. 다른 말로 하면 체념의 역사이기도 하다."[31] 자신의 자연스러운 쾌락과 본능을 포기하고 억압하며, 자연의 생명성을 거세하고 부정함으로써 이루어진 현대 문명의 번창을 그들은 합리적 이성의 비합리성, 문명화된 야만성이라고 비판한다. 그들은 자기 부정과 주체성의 상실 속에서 자아 균열의 고통을 받으며 대중으로 도피하는 현대인의 모습을 '대중'이라고 불렀으며, 마르쿠제는 '일차원적인 인간'이라고, 니체는 '마지막 인간der letzte Mensch'이라고 불렀다.[32] 현대의 병리 현상은 자기에게서 도피하며 물화된 일차원적 사유로 자연과 인간을 지배하고 소유하고자 하는 지배의 욕망, 소유의 욕망의 노예가 되어가는 데 있다. 인간이 자기 자신의 주인이 되고자 한다면, 이러한 근대의 차가운 합리성과 사물화에서 벗어나 자연성과 생명성을 자각하는 노력을 해야 할 것이다.

6 탈근대적 휴머니즘 : 서양 근대성의 치유

하버마스에 따르면 니체는 주체 중심적 이성의 기획을 전체적으로 포기하고, 계몽의 변증법과 결별한다.[33] 그는 서양 합리주의의 근대적

---

31) M. Horkheimer · Th. W. Adorno, DA, 62쪽.
32) R. Maurer, "Nietzsche und die Kritische Theorie", 45쪽.
33) J. Habermas, *Der philosophische Diskurs der Moderne*, 106~107쪽.

표피 효과와 운동으로 나타난 근대의 변증법을 비판하며, 더 나아가 이를 극복할 수 있는 치유적 사유의 언어 문법을 모색한다. 그는 형이상학, 진리, 주체성, 자기 보존의 원리, 문명의 몰락 과정과 인간 본능의 퇴행 과정을 비판적으로 고찰하며 디오니소스의 원리, 즉 예술을 통해 탈중심적인 주체성의 자기 관계로 접근해 들어간다. 그는 주객 이분법의 허구를 지적하며, 인간이란 자연과 하나이며, 인간의 삶은 거대한 우주적 삶과 다르지 않다는 사실을 자각할 것을 요청한다. 자연의 세계는 이성에 의해 형식화, 체계화, 범주화, 논리화할 수 없는 생명의 세계이며, 인간의 내면적 본능의 세계도 끊임없이 유동하며 움직이는 살아 있는 다양한 모습을 지닌 세계다. 자연, 세계, 우주란 이성의 형식에 의해 각인할 수 있는 수량적이고 기계적인 고정된 타자가 아니라, 시바 신의 춤추는 모습처럼 다양하고 유동하며 움직이는 생성의 제2의 자아다. 인간이란 의식의 개별화 작용에 의해 구현되는 개체적 자아가 아니라, 생명의 자연과 생성의 우주가 내면화되는 자아다. 니체가 자연적 인간이라는 텍스트로 되돌아갈 것을, 인간으로 하여금 인간 자체 앞에 서 있게 할 것을 요청하는 것은[34] 근대의 의식에 의해 구성되는 개별화와 주체성의 형성에서 벗어나 탈개별화, 탈중심적 주체화를 통해 생명적 자아를, 자연과 화해하는 인간을 철학적으로 제시하기 위해서다.

의식적 자아의 자기 동일적 정립(주체성, 개체성), 자연의 지배를 통한 기술 문명의 발전, 물질의 풍요로움을 통한 인간 역사의 진보, 인간성의 향상과 행복의 보장 등, 많은 근대성의 희망적 기호들은 이성의 이론적 활동을 매개로 제시되었다. 그런데 니체는 처음으로 근대성이

---

34) F. Nietzsche, JGB 230, KSA 5, 169쪽.

가지고 있는 이러한 해방주의적 내용의 보존을 포기하면서,[35] 탈근대적 휴머니즘의 가능성을 예술과 미학에서 찾는다. 니체의 미학은 진리를 인간이 삶을 유지하기 위해 불가피하게 필요한 일종의 가상 놀이로 본다. 따라서 진리란 끊임없는 동일적인 것과 비동일적인 것의 놀이이자 이성과 논리의 형식으로 체계화할 수 없는 것 사이의 놀이이며 디오니소스의 놀이다. 디오니소스란 생성과 생명의 기호이며 다른 한편으로는 예술의 원리이기도 하다. 이는 또한 예술 속에서 탈개별화되며 주체와 객체가, 인간과 자연이, 외면과 내면이 융합하는 도취의 경험이기도 하다. 더 나아가 그는 인간의 내면 세계를 심리학적으로 고찰하며, 의식 중심의 '작은 이성'이 아니라, '큰 이성(몸이성)'이라는 개념을 통해 인간의 삶 자체를 예술 작품화할 수 있는 가능성을 타진하기도 한다. 이는 서양 근대의 자아를 유지하며 동시에 자기 부정에 이르게 한 자기 보존의 원리가 아니라, 힘의 증대와 성장에 기여할 수 있는 자기 성장의 원리를 내세우게 된다. 자기 성장의 원리란 자연성과 생명성을 자기 안에 받아들이고 자신을 승화시키는 자신에 대한 진정한 사랑을 의미한다. 예술은 삶의 자극제이며, 삶은 예술의 구성물이다. 예술 작품으로서의 삶은 디오니소스, 생성, 자연, 생명, 몸, 본능의 자연적 긍정과 그것이 승화되는 과정에서 형성된다. 근대성의 극복과 대안을 예술과 미학에서 찾고 있는 니체의 사상은 이러한 면에서 낭만주의적 성격을 지닌다.

오늘날 포스트모더니즘은 이러한 니체 사상에 지대한 영향을 받고 있는데, 이성중심주의에 대한 비판, 형이상학과 주체의 해체, 비동일성

---

35) J. Habermas, *Der philosophische Diskurs der Moderne*, 117쪽.

과 차이의 사유, 예술적 치유 가능성, 무의식적 주체의 형성 등 탈근대성의 담론은 어떠한 의미에서 니체적 낭만주의에 커다란 빚을 지고 있는 셈이다. 그러나 니체만이 예술과 미학으로 근대성을 극복하려 한 것이 아니다. 니체의 심리학적 합리주의 비판이 근대성을 비판하고 그의 미학이론이 그것을 극복하기 위한 철학적 대안을 제시하는 비판이론이라면, 아도르노의 미학이론은 근대의 이데올로기 비판과 주체성 형성의 역사 비판을 함축하는 역사철학적 대안을 제시하고 있는 비판이론이다. 아도르노의 미학이론은 비판이론의 사회이론적 성찰의 결과로 고찰되어야 한다.36) 니체, 아도르노, 마르쿠제 등의 미학이론은 단순히 예술 작품에 대한 미학적 평가만이 아니라, 이데올로기 비판, 사회 비판, 형이상학 비판, 이성 비판 및 주체성 비판 등을 함축하는 포괄적인 근대성 비판에 대한 대안적 이론의 성격을 지닌다.

　니체에게서 나타난 심리학적 합리주의 비판의 급진화는 아도르노와 호르크하이머를 거쳐 프랑스의 후기구조주의(포스트모더니즘)에 지속적으로 작용했다.37) 호르크하이머와 아도르노는 니체의 근대성 비판을 이어받아 계몽의 변증법을 '슬픈 학문'으로 구성한 반면, 포스트모더니즘은 탈근대성을 '즐거운 학문'으로 구성하고 있다. 그 슬프고 즐거운 학문의 경계선에 니체가 서 있다. 니체는 서양 사유의 역사 전체를 문제시하며, 더 나아가 근대성의 오류를 지적하고 있다. 비판이론과 포

---

36) B. Lindner · W. M. Lüdke, "Kritische Theorie und ästhetisches Interesse : Notwendige Hinweise zur Adorno-Diskussion", B. Lindner · W. M. Lüdke (Hrsg.), *Materialien zur ästhetischen Theorie Th. W. Adornos Konstruktion der Moderne*(Frankfurt a.M., 1980), 17쪽.
37) A. Wellmer, *Zur Dialektik von Moderne und Postmoderne*(Frankfurt a.M., 1985), 72쪽.

스트모더니즘이 공동의 이론적 지반으로 삼고 있는 지점은 바로 니체의 근대성 비판이다. 니체와 비판이론, 더 나아가 포스트모더니즘이 주제화하고 있는 근대의 변증법은 숙성되지 않은 미완의 근대성과 동시에 탈근대성을 추진하고 있는 우리에게 중요한 참조가 될 수 있을 것이다. 세계 문명의 중심적 지배권을 장악했던 유럽의 근대적 이념이 빈곤과 개인의 해방 및 자유의 확장에 크게 기여를 한 것도 사실이지만, 서양의 물질적 근대 문명이 자연 지배를 기반으로 이루어진 것도 사실이다. 자연의 지배가 인간의 억압과 문명의 파괴를 야기한다는 이들의 지적은 근대화, 산업화, 자본주의화의 과정 속에서 환경의 파괴와 생명 의식의 부식 및 인간성의 상실을 극단적으로 체험하고 있는 우리에게 중요한 자아 성찰의 메시지로 다가올 수 있을 것이다.

제5장
니체의 역사치료학

1 역사적 사유의 필요성

 "우리는 삶과 행동을 위해 역사를 필요로 하지, 삶과 행동을 편안하게 포기하기 위해서 또는 이기적인 삶이나 비겁하고 나쁜 행동을 미화하기 위해서 그것을 필요로 하는 것은 아니다. 역사가 삶에 이바지하는 한, 우리는 역사에 이바지하려 한다 : 그러나 역사를 추동하는 데는 일정한 한계가 있으며, 그것을 평가하는 데도 삶을 위축시키고 변질시키는 평가가 있다. 우리 시대의 주목할 만한 증후로서 몸소 체험하는 이러한 현상은 고통스럽더라도 현재 반드시 필요한 것이다."[1] 니체는 《반시대적 고찰 _Unzeitgemäße Betrachtungen_》의 제2부 논문인 〈삶에 대한 역사의 공과 Vom Nutzen und Nachteil der Historie für das Leben〉(1874)에서 역사 평가의 문제를 이렇게 말하고 있다. 니체의 이 말은 세

---

1) F. Nietzsche, HL, Vorwort, KSA 1, 245~246쪽.

가지 사실, 즉 역사는 삶에 이바지할 때만이 진정 의미가 있다는 것과 역사 평가에는 일정한 한계가 있다는 것, 그리고 그 평가 작업은 고통을 수반하더라도 현재의 삶에 기여하는 한 반드시 필요하다는 것을 말해준다. 이는 삶이 역사에 이바지하는 것이 아니라, 즉 역사를 위해 우리가 살아가는 것이 아니라, 역사가 인간의 삶에 기여할 때 의미가 있다는 것과 역사의 평가가 일정한 한계를 넘어 삶 자체를 위축시키고 질식시켜서는 안 된다는 것, 그리고 현재 삶의 올바른 정초를 위해 역사 평가 작업은 고통이 따라도 진행되어야 한다는 것을 의미한다.

약 130년 전 니체가 쓴 이 글은 19세기 유럽의 현실뿐 아니라, 역사 평가 문제로 뜨겁게 달아오른 현재의 우리 현실 또한 성찰할 수 있는 시의성 있는 주제가 틀림없다. 니체는 '역사 만능의 시대 풍조'에 '역사 비대증' 또는 '역사라는 소모병적인 열병'에 걸려 있던 유럽의 19세기에 나타난 역사주의와 동시에 데카당스의 문화적 분위기가 팽배한 유럽의 문화적 분위기를 진단하고 비판한다. 어느 면에서는 가치 혼란과 역사의 정치적 정통성 문제를 정리하는 작업에 몰두하는 21세기의 우리 현실은 니체가 기반을 둔 유럽의 19세기 현실과는 다를 수 있다. 그러나 역사를 정리하고 평가하는 데는 분명 한계가 있을 수밖에 없으며, 역사가 삶과 현실에 이바지하는 한 인간의 삶은 의미가 있다는 니체의 말은 오늘날 역사 문제로 나라 안팎에서 큰 진통을 겪고 있는 한국의 현실에 비추어 볼 때 오늘날 역사 문제에 접근하는 하나의 귀중한 참조가 될 수 있다.

요즘 우리의 현실을 보면 마치 '역사 전쟁'을 치르고 있는 듯하다. 최근 중국의 동북공정이나 그 일환으로 나타난 고구려사 왜곡과 간도 문제, 그리고 일본의 역사 교과서 왜곡 등이 우리 외부에서 일어나는 역

과거, 현재, 미래 속의 삶

현재는 과거와 미래 사이에 놓여 있는 의미 놀이이다. 인간은 시간 속에 떠 있으며, 시간 속에서 의미를 만들어내고 동시에 무화되어간다. 니체에 따르면 인간의 삶은 생성의 놀이 속에 있다.

사 문제라고 한다면, 일제 청산, 6·25를 전후한 좌우 이념과 그 행적의 평가, 박정희 시대에 일어난 여러 사건들의 평가 등, 과거사 정리 문제는 국내에서 일어나는 역사 평가 작업이 틀림없다. 우리의 근현대사에는 어두운 역사의 그림자가 많이 드리워져 있다. 개인의 경우도 삶의 어두운 상처와 고통의 흔적이 각인되어 지워지지 않을 때는 과거가 현재의 삶에 지대한 영향을 미치며 현재의 삶에 커다란 장애를 일으키듯이, 국가나 민족, 공동체의 경우에도 과거 삶의 흔적이나 상흔이 정리되지 않을 때는 건강한 현재도, 창의적인 미래도 있을 수 없다. 그러나 또한 개인이나 민족, 국가도 과거의 평가에 발목이 잡혀 현재나 미래를 잃어버릴 때는 삶의 건강 전체를 잃어버릴 수 있다. 니체는 그래서 역사 평가 작업은 고통을 수반할지라도 진행해야만 하지만 그 역사 평가에는 일정한 한계가 있어야만 하며, 그 한계의 기준은 삶의 건강성, 현실의 생명성에 있다고 말하고 있는 것이다. 역사 평가는 이념으로 구분되는 나와 너, 동지와 적의 이분법적인 사고를 가지고는 할 수 없다. 역사를 정치화하거나 무역사화할 때 그것은 단순히 정치의 도구가 되거나 과거의 의미를 묻지 않는 무미건조하고 뿌리가 말라버린 고목 같은 삶의 흔적으로 남기도 한다. 우리에게 역사가 필요하고 또 우리가 역사의 의미를 묻는 것도 우리의 삶이 살아 있는 하나의 나무처럼 생명력 있게 그리고 창발력 있게 미래로 뻗어나가야 하기 때문이다.

 역사학자 카Edward Hallett Carr는 "역사는 움직이고 있다"[2]고 말한다. 그러나 과연 역사로 하여금 생명력 있게 살아 움직이게 하는 조건은 무엇일까? 역사의 의미란 무엇이며 그 해석이란 과연 무엇일까? 왜

---

2) E. H. Carr, *What is History?*(London : Penguin Books, 1970), 156쪽.

역사의 의미에 대한 물음이나 그것을 평가하는 작업은 그토록 어려운 것일까? 역사란 무엇이며, 왜 우리에게는 역사적 사유가 필요한 것일까? 역사란 과거, 현재, 미래와 어떤 연관성이 있는 것일까? 현실에서 일어나는 많은 역사 평가 작업들은 우리에게 이러한 질문을 하게 한다. 이 글은 주로 니체의 역사관을 대표할 수 있는 그의 논문 〈삶에 대한 역사의 공과〉를 중심으로 이러한 물음을 살펴봄으로써 현실의 생명력 및 삶의 건강성과 역사의 관계를 논의해보고자 한다.

2 니체의 역사의 의미 : 역사는 과거와 현재, 그리고 미래의 대화다

역사란 무엇인가? 왜 우리는 역사를 연구하는 것일까? 역사는 과연 인간의 삶에 어떤 의미가 있는 것일까? 현대의 저명한 역사학자 카는 주저 《역사란 무엇인가?*What is History?*》에서 "역사란 역사가와 그가 바라본 사실 간의 지속적인 상호작용의 과정이며, 현재와 과거의 끊임없는 대화다"[3]라고 정의했다. 역사란 역사가와 사실의 상호작용에, 즉 역사가가 역사를 기술할 때의 역사 의식에 영향을 받으며, 이는 현재와 과거의 대화를 통해 구성된다는 것이다. 역사는 과거의 사건과 그것을 기술하는 역사가가 서로 나누는 대화이며, 따라서 과거와 현재, 또는 과거의 삶의 흔적이나 사건에 대한 기록적 사실과 역사가의 현재적 의식의 구성물이라는 것이다. 역사의 생명은 현재의 정체성 확보에 있으며, 이를 위해 과거의 삶의 자취나 그에 대해 의미를 부여하는 대화 작

---

3) E. H. Carr, *What is History?*, 30쪽.

업이 필요하다. 역사에서 과거 없는 현재란 맹목적이며, 현재 없는 과거 역시 무의미하다. 과거 없는 현재란 뿌리 없이 부유하는 순간의 마당이며, 현재 없는 과거란 생명력이 공급되지 않는 각질화된 고목처럼 삶의 단순한 흔적이기 때문이다.

이탈리아의 역사철학자인 크로체Benedetto Croce 역시 이와 같은 맥락에서 모든 역사는 '현재의 역사'라고 말했다. 역사는 현재의 눈을 통해 현재라는 문제의 시각으로 과거를 보는 데 있으며, 따라서 역사가의 주요 작업은 과거의 사실을 단순히 기록하거나 기록된 것을 정리하는 것이 아니라 가치를 평가하는 것이라고 그는 말한다.[4] 역사는 분명 과거의 인간의 행위와 사건 그 자체res gestae와 그 기록historia rerum gestarum을 현재화하는 작업과 연관되어 있으므로 이는 현재의 문제의식과 떨어질 수 없으며, 또한 가치 평가 문제와도 분리될 수 없다. 역사는 과거의 사실 자체에 대한 진술이나 탐구가 아니라 가치 평가의 문제와 관련된다는 크로체의 주장은 20세기 영국의 뛰어난 역사철학자 콜링우드Robin George Collingwood에게 전승된다. 역사는 인간의 이념과 떨어질 수 없으며, 따라서 역사는 이념의 역사로서 역사철학과 연관되어 있다는 것이다. 그에 따르면 역사철학은 '과거 자체'에 대해서나, '과거에 대한 역사가의 사상 자체'에 대해 관심을 갖는 것이 아니라, 서로 관련되어 있는 두 가지 모두에 관심을 갖는 것이다.[5]

크로체, 콜링우드, 카의 이러한 역사에 대한 규정은 역사란 과거와 대화함으로써 현재가 될 수 있으며, 또한 그것은 단순한 사건의 기록이

---

4) E. H. Carr, *What is History?*, 21쪽 참조.
5) E. H. Carr, *What is History?*, 21쪽 ; R. G. Collingwood, *The Idea of History*(Oxford : Oxford Univ. Press, 1978), 2쪽.

나 사료적 자료의 탐구로서의 역사가 아니라, 삶의 가치 평가로서의 이념 문제와 밀접하게 연관되어 있음을 말한다. 역사란 이러한 측면에서 보면 역사의 의미, 즉 역사의 가치라는 역사철학적 물음을 담고 있다. 그러나 '현재와 과거의 대화', '가치', '이념'으로서의 역사를 규정하는 이들의 역사관은 과거와 현재의 상호작용만을 강조함으로써, 역사의 의미란 과거와 현재뿐 아니라 미래의 지평도 함께 포함하여 가치 평가를 해야 한다는 시각을 결여하고 있다.

그러나 니체는 과거, 현재, 미래의 흐름을 다시 현재로 돌려 역사의 가치나 의미를 근본적으로 묻는다. 과거를 동화하는 깊이란 니체에게 미래를 여는 근본적인 자원이다. 니체의 견해에 따르면 과거를 수태하고 미래를 생산하는 것이 바로 현재다. 역사란 과거의 인간 행위와 그 궤적에 대한 물음에서 출발하지만, 이것은 현재의 문제의식이나 시각을 통해 미래적 삶의 지평에서 다시 그 물음을 제기할 때 비로소 의미 있는 역사로 되살아날 수 있다. 미래란 인간이 현재에서 행위할 수 있는 삶의 조건이라는 겔렌Arnold Gehlen의 인간학적인 명제에서도 볼 수 있듯이,[6] 미래의 의미 지평은 니체에게는 역사를 평가하는 중요한 요소가 된다. 과거는 현재를 매개로 해서 의미 있는 삶의 가치로 재단될 때 오늘의 과거가 될 수 있으며, 미래는 현재를 매개로 발전적 생명력을 담보할 때 오늘의 미래가 될 수 있을 것이다. 역사는 이중적 의미에서 쌍방향적이다. 역사는 과거와 현재의 대화인 동시에, 현재와 미래

---

[6] Arnold Gehlen, *Der Mensch : seine Natur und seine Stellung in der Welt*(Wiesbaden, 1986), 50쪽. "인간은 상황의 한계를 완전히 뛰어넘을 수 있고, 미래와 현존하는 것에 기초해 그러한 방향으로 행위할 수 있는 능력을 가져야만 하며, 미래적 사태에 대한 수단으로 그 비축물을 부가하면서 그것으로부터 이차적으로 현재에 관심을 기울일 수 있는 능력을 가져야만 한다."

의 대화이기도 하다. 즉 역사는 과거와 미래가 오늘이라는 삶의 장에서 만나 삶에 이바지할 때 그 의미를 지닌다. 과거와 미래가 오늘이라는 시간의 흐름 속에서 가치론적으로 통합되어 해석될 때 진정 우리의 현실적 삶에 공헌하는 역사가 살아 움직이게 된다. 역사가 살아 움직이는 동적인 현실의 연속이자 그에 대한 의미체라고 할 때, 과거와 미래는 현재라는 관점에서 창발적으로 현실에 용융되어 해석될 때 의미를 갖게 된다. 이렇게 볼 때 역사란 끊임없이 일어나는 생기적 사건과 삶의 의미가 시간 속에서 수렴되고 발산되며, 또한 겹쳐지고 펼쳐지며 주름지며 전개되는 의미 공간이기도 하다.

 니체는 이러한 의미 공간으로서의 역사에 대한 사유가 왜 필요한지를 인간학적인 관점에서 해명하며, 그리고 그 의미의 과잉으로 말미암아 발생되는 역사 비대증으로서의 역사주의를 어떻게 치료할 수 있는지를 비판적 시각으로 제시한다. 따라서 우리는 기억과 망각이라는 인간학적 또는 심리학적 개념들을 기초로 역사적 사유의 필요성과 역사란 치료의 문제와 연관되어 있다는 니체의 '역사치료학'의 문제를 살펴보고자 한다.

3 역사적 사유의 필요성과 역사주의 비판

(1) 역사적 사유의 필요성과 역사 치료의 문제
 인간은 동물과 분명히 구분된다. 즉 인간의 삶은 동물의 본능적 삶과는 구분된다. 이성을 가지고 있거나(호모사피엔스) 도구를 사용하거나(호모파베르) 놀이를 하거나(호모루덴스) 상징을 사용하기도 한다는 점

(animal symbolicum)에서 인간은 동물들과 구별될 수 있을 것이다. 그러나 쇼펜하우어가 말하듯이, 인간은 또한 동물과는 달리 죽음에 대한 의식을 가지고 있을 뿐 아니라 역사적 사유를 한다는 점에서도 동물과 구분된다. 쇼펜하우어는 광인과 동물은 사실과 사물의 인식에서 현재에만 제약되어 있다고 보면서, 동물은 본래 과거 자체에 대한 관념을 전혀 가지지 못하는 데 반해, "광인은 자신의 이성을 사용하면서 또한 언제나 추상적으로 과거만을 마음속에 간직한다. 그러나 오직 자신에게만 존재하는 잘못된 과거만을 간직하는데, 이것은 언제나 존재하거나 아니면 또한 오직 지금만 존재한다"[7]라고 말한다. 즉 그에 따르면 동물과 인간의 차이가 과거에 대한 관념의 소유와 그 기억 능력에 있다면, 정상적인 인간과 비정상인의 차이는 자기 안에 있는 현재화된 과거에 대한 왜곡, 즉 잘못된 과거를 현재화하는 정도에 있다는 것이다. 심리적인 고통의 원인을 개인의 생애사, 특히 과거사에 두고 치료하는 정신분석의 방법에 하나의 모델을 제공하는 쇼펜하우어의 이러한 예리한 통찰은 더 나아가 역사의 고통을 치유하는 니체의 역사 치료술에 하나의 철학적 가교 역할을 한다. 역사의 평가나 해석의 문제는 정신분석뿐 아니라 정신치료의 영역과 많이 닮아 있다. 과거와 현재, 기억과 망각, 객관적 사실과 사실에 대한 해석으로서의 의미 등의 문제는 역사 연구의 영역이나 정신분석의 영역에서 유사하게 제기될 수 있는 문제다.[8]

---

7) A. Schopenhauer, *Die Welt als Wille und Vorstellung I*, A. Schopenhauer, *Sämtliche Werke*, Bd. I, Wolfgang Frhr. von Löhneysen (Hrsg.)(Frankfurt a.M., 1960), 276쪽.
8) 분석적 역사이론과 정신분석에서의 역사성의 문제, 즉 과거의 인식과 해석의 문제를 논의한 글로 Tai-Kyung Jeung, *Sinn und Faktum : Geschichtlichkeit in der psychoanalytischen Hermeneutik*(Würzburg, 2003) 참조.

니체 역시 쇼펜하우어와 마찬가지로 역사적 사유를 한다는 점에서 인간은 동물과 구분될 수 있다고 본다. 그는 "동물은 비역사적으로 살아간다"[9]고 말한다. 동물은 가장할 줄도 모르고, 숨길 줄도 모르며 있는 그대로의 모습으로 현재 속에서 살아가는 반면, 인간은 커다랗고 더욱더 커져가는 과거라는 무거운 짐을 지며 또 때로는 이에 저항하며 살아간다. 인간에게 과거란 자신이 성장하고 삶의 자양분을 받아온 고향이자 또 다른 한편으로는 《차라투스트라는 이렇게 말했다》의 머리말에서 보여주고 있듯이 자신의 독립적인 삶을 이루기 위해 떠나야 하는 고향이기도 하다.[10] 인간만이 과거라는 짐을 짊어지고 살아간다. 그것은 인간이 단순히 동물처럼 정해진 본능에 따라 살아가지 않고, 삶의 의미를 구성하며 역사적으로 살아가기 때문이다. 그러나 의미 있게 역사적으로 살아간다는 것은 인간이 문화적으로, 역사적으로 살아간다는 것을 의미하는 동시에 인간에게는 엄청난 삶의 무게이기도 하다. 왜냐하면 이 과거라는 짐이 인간의 삶을 향상시키기도 하지만 때로는 인간을 질식시키고 억압하기도 하기 때문이다. 니체에 따르면 기억, 망각, 역사의 문제는 인간이 동물과 구별되는 일차적인 특성이다. 인간은 기억과 망각, 과거와 현재와 미래, 비역사적인 것과 역사적인 것이 착종된 그물망 속에서 살아가며, 이를 통해 기억과 망각의 문화로서, 과거와 현재와 미래의 의미 터전으로서, 비역사적인것과 역사적인 것의 직물

---

9) F. Nietzsche, HL 1, KSA 1, 249쪽.
10) 융은 니체의 《차라투스트라는 이렇게 말했다》를 인간이 '자기'를 찾는 대여정의 심리 드라마로 읽는다. 차라투스트라가 고향의 호수를 떠나 산으로 들어가는 과정을 융은 '개인의 가족 무의식과의 대면', 즉 자신의 과거사와의 대면 과정으로 해석한다. 이에 대한 구체적인 논의로 김정현, 〈니체와 융 사상에서의 '자기' 찾기〉, 《철학》 제77집(한국철학회, 2003년 겨울), 262쪽 참조.

로서 역사를 만들어간다.

니체의 사유는 철저히 역사적 사유에 기초해 있다. 그의 사유는 사유의 역사를 문제시할 뿐 아니라, 인간의 구체적인 삶의 역사를 철학적 성찰의 기초로 삼는다. 그는 모든 철학자에게는 유전적 결함이 있는데, 그것은 바로 역사적 감각이 없는 것이라며 철학에도 역사적 사유가 필요하다고 강조한다. "절대적 진리가 없는 것과 마찬가지로 **영원한 사실도 없다.**──따라서 지금부터는 **역사적으로 철학하는** 일이 필요하며, 그와 동시에 겸양의 덕이 필요하다."[11] 니체는 역사적 감각은 철학의 조건이며, 이제 철학은 역사적 사유에서 출발해야 한다고 역설한다. 그는 삶(생명)의 개념을 기초로 하여 인간의 삶의 퇴적물(과거)과 그 운동 작용(현재)을 해석함으로써 그 작용의 가치를 미래 지평 위에서 문제시한다. 다시 말해 이것은 그가 미래의 지평 위에서 과거를 해석함으로써 역사가 현재한다는 것을, 즉 역사는 살아 있는 현재적 삶의 과정이라는 것을 의미한다. 이러한 니체의 역사적 사유의 토대를 드러내는 가장 중심적인 글이 《반시대적 고찰》의 제2부 논문인 〈삶에 대한 역사의 공과〉다. 이 글은 니체 자신이 서문에서 밝히고 있듯이 "역사의 가치와 무가치에 대한 고찰"을 다룬 것이다. 이 글은 니체의 근대 문화 비판의 내용을 담고 있을 뿐 아니라, 역사를 보는 그의 역사철학적 내용과 역사 비만증을 치유하는 역사 치유술을 함께 제시하고 있다.

여기에서 그는 역사란 보편적인 사상 속에서 그 의미를 인식하는 것이 아니라고 보며, 역사의 가치란 "보통의 주제, 일상의 선율을 풍부한 정신으로 고쳐 쓰고, 끌어올리고, 포괄적인 상징으로 높이고, 그리하여

---

11) F. Nietzsche, MA I 2, KSA 2, 25쪽〔니체, 《인간적인 너무나 인간적인 I》, 김미기 옮김(책세상, 2001), 25쪽〕.

그 원(原)주제 속에서 심오한 의미와 힘과 아름다움의 세계 전체를 예감케 하는 데" 있다고 본다.[12] 니체가 말하는 역사적 사유란 과거와 현재의 인간의 삶의 흔적이나 활동이 빚어놓은 일상적 선율을 이해하는 능력과, 동시에 이를 의미 있는 세계로 구성하는 해석 능력을 말한다. 인간에게 역사적 사유가 필요한 이유는 세계를 의미와 힘과 아름다움으로 고쳐 쓰려는 데 있다. 역사의 의미란 일상적 삶의 선율을 풍부한 정신으로 고양하고, 세계 전체를 생명감 있게 예감하고 이끌어가는 데 있기에, 니체에게 역사의 의미란 인간 삶의 자취로서의 과거를 단순히 발굴하고 박물학적으로 전시하는 데 있는 것도 아니고, 그것의 객관적 법칙성을 인간의 살아 있는 삶에 덮어씌워 인간의 삶을 정형화하는 데 있는 것도 아니다. 칸트는 인간이란 본능적으로 행동하는 것도 아니고, 세계시민의 계획에 따라 행동하는 것도 아니며, 전체적으로 보면 어리석음이나 허영심, 사악함이나 파괴욕이 뒤얽힌 세계 무대에서 인간의 역사가 진행된다고 말했다. 그렇기에 그는 자연이 인간에게 보편적인 법이 지배하는 시민 사회의 건설, 즉 인류의 모든 자연적 소질이 계발되는 보편적인 세계 시민 상태(보편사)를 강요하고 있다고 생각한다.[13] 니체는 인간의 역사적 사유란 우연과 의도, 부조리와 의지, 모순과 이성이 종횡으로 빚어놓은 역사적 사건 속에서 삶의 세계를 해석함으로써 인간을 인간답게 살 수 있도록 해주고, 인간이 역사적 세계 속에서 좀더 풍부한 삶을 살 수 있도록 해준다고 본다. 니체에 따르면 역사는 과거와 현재와 미래의 끊임없는 대화 가운데 인간의 삶을 풍요롭게 고

---

12) F. Nietzsche, HL 6, KSA 1, 292쪽.
13) I. Kant, "Idee zu einer allgemeinen Geschichte in weltbürgerlicher Absicht(1784)",
   I. Kant, *Was ist Aufklärung?*(Göttingen, 1985), 41 · 45 · 51쪽.

양하는 데 의미가 있는 것이다.

  니체는 인간의 삶에서의 역사적 사유의 필요성을 언급하면서, 더 나아가 하나의 질병을 치료하는 치료학으로서의 역사학의 문제를 제시한다. 그는 그것이 역사적 사유의 결여에서 비롯되었든, 아니면 역사적 사유의 과잉에서 야기되었든 문화와 삶의 퇴화 현상을 야기하는 것을 하나의 질병으로 진단하며, 그 처방전으로 역사학의 문제를 언급해 들어간다.

> 전체로서의 역사학, 즉 다양한 문화에 대한 지식으로서의 역사학은 치료법 이론이기는 하지만 치료 기술의 학문 자체는 아니다……정신의 치료와 대비될 만한 일로서, 육체적인 관점에서 볼 때 지구의 각 지방이 어떠한 퇴화 현상과 질병을 야기하고 있는지 또 반대로 어떠한 치료 요인을 제공하고 있는지를 인류는 의학적 지리학을 통해 규명하도록 노력해야 한다.[14]

  니체에 따르면 역사학은 치료의 기술에 대한, 즉 치료의 방법론에 관한 이론이 아니라 치료법 자체에 대한 이론이다. 역사학은 다양한 문화와 상이한 정신적 풍토를 연구함으로써, 지구의 각 지방이 어떤 퇴화 현상과 질병을 야기하고 있는지, 어떤 생리적 결함이나 문제를 담고 있는지를 연구함으로써 인간이 진정 건강하게 호흡할 수 있는 조건을 찾아내고, 그러한 문제를 치유하는 '의학적 지리학medicinische Geographie'의 성격을 가져야 한다는 것이다. 따라서 역사학은 활력과 무력, 고양과 붕괴, 독약과 해독제를 구별하는 지식으로서 하나의 치료과학적

---

14) F. Nietzsche, MA II, 2, Der Wanderer und sein Schatten 189, KSA 2, 635쪽〔니체,《인간적인 너무나 인간적인 II》, 김미기 옮김(책세상, 2002), 340~341쪽〕.

성격을 지니고 있다.[15] 니체에게서 '철학적 의사ein philosophischer Arzt'란 "민족, 시대, 인종, 인류의 총체적 건강 문제를 추적해야 하는 사람"이라고 규정되듯이,[16] 그는 역사 문제에서는 병과 건강, 진단과 치료의 문제로 접근하며, 자신의 과제를 의사의 과제로 이해한다.[17] 그에게 철학의 작업은 바로 시대, 역사, 문명, 인류의 고통과 병을 치유하는 것이기 때문이다. 이제 우리는 니체가 역사의 병으로 규정하며 비판했던 서양 근대의 역사주의에 대한 비판적 논의를 살펴보자.

(2) 역사주의 비판

니체는 "내 활동을 증진시키거나 직접적으로 활력을 주지 않고, 단순히 나를 가르치려고만 하는 모든 것을 나는 증오한다"라는 괴테의 말을 인용하며, 생기가 없는 교훈, 활동을 둔탁하게 하는 지식, 귀중한 인식의 과잉이나 사치로서의 역사를 왜 싫어하는지에 대해 해명한다. 그는 역사적 사유가 필요하다는 것을 인정하면서도 역사적 사유가 과잉되어 역사 자체가 비만 상태에 빠져버릴 때 오히려 역사는 활력을 잃고 삶 역시 생명력을 상실한다고 본다. 이를 니체는 '역사적 병die historische Krankheit'이라고 명명한다. 그에 따르면 "역사의 과잉은 삶의 조형력을 좀먹었고, 그 삶은 더 이상 과거를 활력을 주는 자양분처럼 사용할 줄 모른다".[18] 역사적 인식의 과잉이나 역사적 사유의 과도함은 현실의

---

15) Michel Foucault, "Nietzsche, die Genealogie, die Historie", Michel Foucault, *Von der Subversion des Wissens*, Walter Seitter (übers.)(Frankfurt a.M., 1991), 82쪽.
16) F. Nietzsche, FW, Vorrede zur zweiten Ausgabe 2, KSA 3, 349쪽.
17) W. Kaufmann, *Nietzsche*, 145~146쪽.
18) F. Nietzsche, HL 10, KSA 1, 329쪽.

문제를 건강하게 해결할 수 있는 것이 아니라 오히려 삶과 현실을 경직시키며 병들게 만들고 만다. 이는 마치 이상적인 자아의 모습을 지니고 있는 초자아가 과도하게 팽창될 때 현실적인 자아 전체를 죄악시하며 억압함으로써 자아의 건강을 빼앗는 것과 마찬가지다. 이상과 도덕에 의해 과도하게 팽창된 초자아는 결벽증적인 이상 세계에 몰입되어 독선적인 모습을 취하며 현실을 공격하는데, 이와 마찬가지로 역사적 사유의 과잉 역시 삶의 활력과 조형력을 빼앗아가는 것이다. 그는 과학적 지식으로서의 역사가 왜 문제가 되는지, 역사가 삶과 행동에 어떤 영향을 주는지를 알기 위해 '역사의 가치와 무가치'에 대해 고찰한다. 역사와 삶은 서로 대립하면서 동시에 보완적 관계에 있기에, '역사의 가치와 무가치'에 대한 물음은 동시에 삶의 가치에 대한 물음이기도 하다. 여기에서 니체가 특히 주목하는 것은 역사를 학문화하여 파악했던 역사주의Historismus[19]다.

니체는 역사주의의 시대라 불렸던 19세기의 역사의 학문화, 즉 역사에 대한 지식의 체계화로서의 역사학에 대해 비판한다. 19세기의 의식

---

19) 슈네델바흐Herbert Schnädelbach에 따르면, 역사주의란 ① 역사에 대한 과학적 탐구가 따라야 하는 규약과 규범들의 총체로서의 특정한 학문적 활동을 지칭하는 것으로, 역사 연구에서의 정신과학적 실증주의(역사주의 1)와 그에 반해 ② 과학적, 철학적 세계 해석에서 보편적이고 초시대적으로 타당한 체계를 거부하고, 개념과 규범의 타당성 자체를 역사적으로 주어진 것으로 보는 역사상대주의(역사주의 2), 그리고 ③ 보편적 인간 본성을 역사 변화의 불변 조건으로 보는 역사적 계몽주의에 반해, 모든 문화적 현상은 역사적인 것으로 취급되고 이해되고 설명되어야 한다는 문화적 역사주의(역사주의 3)를 포함한다[H. Schnädelbach, *Philosophie in Deutschland 1831~1933*(Frankfurt a.M., 1991), 51~54쪽]. 슈네델바흐에 따르면 여기에서 니체가 주로 비판한 것은 역사주의 1이다[헤르베르트 슈네델바흐, 《헤겔 이후의 역사철학》, 이한우 옮김(문예출판사, 1986), 23쪽].

전체는 과학과 역사의 이름으로 관념론에서부터의 해방을 성취하고 있었는데, 이러한 변화는 '철학 체계 대신에 과학', '역사철학 대신에 역사학'이라는 슬로건을 통해 표현될 수 있는 것이었다.[20] 물론 니체가 역사주의에 대한 비판적 논증을 구체적으로 수행한 것은 아니지만, 그의 논의는 어느 정도 당시 진행되고 있었던 역사철학에 대한 비판 작업, 역사 인식 이론 및 역사 기술 방법론, 객관적 '역사'에서 '역사적인 것'으로, 정치사에서 문화사로의 역사 이해의 변화 등, 역사학적인 논의를 담고 있었기에, 우리는 이러한 니체적 논의의 과정을 추론적으로 추적해볼 수 있을 것이다.

니체가 역사주의를 비판적으로 논의할 때 염두에 두고 있었던 것은 랑케Leopold von Ranke, 하우스라트Adolf Hausrath와 몸젠Theodor Mommsen 같은 그 시대의 역사가들이며,[21] 다른 한편으로는 시대 정신이 되어버린 헤겔 철학 또는 그것의 영향을 받은 헤겔 이후의 철학이었다.[22] 여기에서 우리는 이를 니체의 헤겔 철학과 이른바 '포스트헤겔주의'에 대한 비판, 그리고 랑케와 부르크하르트에 대한 비판적 평가라

---

20) H. Schnädelbach, *Philosophie in Deutschland 1831~1933*, 51쪽.
21) 랑케는 간행된 니체 저서에서 세 번, 유고에서 일곱 번 언급되었으며, 네 권으로 된 그의 저서 《주로 16~17세기의 프랑스 역사*Französische Geschichte vornehmlich im 16. und 17. Jahrhundert*》는 니체 도서관에 보관되어 있다. 개신교도협회의 공동 창립자이자 《다비트 프리드리히 슈트라우스와 그의 시대의 신학*David Friedrich Strauss und die Theologie seiner Zeit*》의 저자인 신학자 아돌프 하우스라트는 슈트라우스에 대한 문제를 제기하는 니체에 의해 논의된다. 몸젠의 경우 《반시대적 고찰》의 제2부 외에 1970년대의 유고에서, 그가 묘사한 키케로 부분이 니체에 의해 언급되었다. 니부어Georg Niebuhr는 니체가 위의 책을 준비하며 몰두한 유일한 역사가인데, 니체는 그의 《혁명 시대의 역사*Geschichte des Zeitalters der Revolution*》를 읽었으리라 추정된다(Volker Gerhardt, "Leben und Geschichte", *Pathos und Distanz*(Stuttgart, 1988), 161쪽).
22) Volker Gerhardt, "Leben und Geschichte", 144쪽.

는 두 가지 논의로 대별해 살펴볼 것이다.

니체의 포스트헤겔주의에 대한 비판은 역사를 철학으로 설명하고자 한 서양 근대의 역사철학에 대한 비판이다. 고대의 신화적 또는 순환론적 역사 이해나 중세의 신의 의지와 목적의 실현 과정으로서의 신학적 역사 이해와 달리 근대에 와서는 역사를 세계 내적 사건으로 파악하며 인간들을 역사를 변형시키는 의식적 행위자로 이해하기 시작했다. 그중에 대표적인 학자가 18세기에 와서 '역사철학historia philosophica'이라는 개념을 만든 볼테르François Marie Voltaire였다. 그는 역사에서 신의 개입을 배제하고 기적이나 우화로 역사를 설명하던 방식을 이성적으로 설명하는 방식으로 바꾸어 역사를 '철학의 역사philosophische Geschichte'로 만들었다.[23] 헤르더Johann Gottfried von Herder 역시 《인류 육성을 위한 또 하나의 역사철학Auch eine Philosophie der Geschichte zur Bildung der Menschheit》(1774)에서 역사 자체를 역사의 계획과 과정에 대한 반성으로 해석하며, 이를 인간의 이성과 의지로 만들어갈 수 있다는 자신감을 드러냈는데, 이는 다름 아닌 '인간 행위에 의한 변화로서의 역사'를 의미하는 것이었다.[24] 역사란 인간성Humanität의 끝없는 실현 과정이자 진보의 과정이라고 본 그의 역사관은 "세계사란 자유 의식에 있어서의 진보"[25]라고 보는 헤겔의 역사관으로 이어지게 된다. 헤겔에 따르면 세계사의 진행 과정에서 이성이 지배하고 있으므로 역

---

23) U. Dierse · G. Scholtz, "Geschichtsphilosophie", J. Ritter (Hrsg.), *Historisches Wörterbuch der Philosophie*, Bd. 3(Basel · Stuttgart, 1974), 417쪽.
24) U. Dierse · G. Scholtz, "Geschichtsphilosophie", 420쪽 ; 라이너 로테르문트, 《모든 종말은 시작이다》, 김경수 옮김(문예출판사, 1999), 75~76쪽.
25) 헤겔, 《역사철학강의 I》, 김종호 옮김(삼성출판사, 1981), 53쪽.

사란 곧 '이성의 역사'인 것이다. 그는 세계사를 세계 정신 또는 절대 정신의 자기 실현 과정으로 보았는데, 이 과정은 곧 자유 의식의 진보 과정을 의미하는 것이었다. 이것은 역사를 정신의 구현 과정으로 보는 정신철학적 역사 해석을 뜻하는 것이다. 그러나 니체는 역사를 정신화하고 철학화하는 관념론적인 역사철학에 대해 그것이 삶의 역동성을 담아내지 못한다고 비판한다. 니체는 헤겔이 역사를 '자기 자신을 실현하는 개념', '민족 정신의 변증법', '세계 심판'이라고 설명하면서, 세계의 진행 과정에서 예술과 종교라는 다른 정신적인 힘 대신에 역사를 유일한 주권적 자리에 앉혔다고 보았으며, 따라서 이를 '역사적 권력의 종교'라고 비판한다.[26] 니체는 더 나아가 하르트만Eduard von Hartmann의 철학에 헤겔과 쇼펜하우어가 혼합되어 있다고 보며, 한 손에는 '세계 과정'이라는 용어를 그리고 다른 한 손에는 '무의식'이라는 용어를 동시에 들고 이를 인간의 역사에 적용해 인류의 역사가 이제 장년기에 이르렀다고 보는 하르트만의 철학을 하나의 '철학적 희극'이라고 비판한다.[27] 니체는 세계 과정의 목적을 위해, 즉 세계 구원을 위해 인격Persönlichkeit이 역사에 완전히 헌신해야 한다고 본 하르트만의 무의식적 인격의 세계 과정으로서의 역사관이 다름 아닌 역사의 궁극적 목표를 설정하는 포스트헤겔주의라고 본다.

역사철학적 사유의 비판 과정에서 역사철학뿐 아니라 역사문화 자체 전반을 문제시하는 니체는 랑케와 부르크하르트를 수용하며 동시에 이

---

26) F. Nietzsche, HL 8, KSA 1, 308~309쪽.
27) F. Nietzsche, HL 9, KSA 1, 313쪽 이하 참조 ; 니체의 하르트만에 대한 구체적인 논의에 대해서는 Jörg Salaquarda, "Studien zur Zweiten Unzeitgemäßen Betrachtung", *Nietzsche Studien*, Bd. 13(1984), 30~45쪽 참조.

들을 넘어선다. 랑케는 칸트와 헤겔의 영향 아래 있었던 진보 사상을 거부하며, 또한 역사 연구에서 역사 법칙을 추구하는 연구 방법이나 목적론적 관찰 방법을 비판했다. 역사를 이론적 고찰이나 철학적 체계를 통해 이해해서는 안 된다고 보는 랑케는 모든 시대, 문화, 제도가 그 시대의 역사적 조건에서 해명되어야 한다고 말하며, 역사 세계에서 스스로 발전하는 개별적인 것에 주목했고, 이를 또한 세계사라는 전체와의 관련 속에서 파악하고자 했다. 랑케의 영향을 받은 부르크하르트 역시 그와 마찬가지로 역사철학에 대해 거리를 두며 역사의 추상성에 반대하고 역사의 구체성을 강조했지만, 그러나 사료의 정확성을 중시하던 랑케와는 달리 역사의 관점과 비체계적인 것을 중시했다. 그는 사건이나 인물, 인물의 내적, 심리적 상태 등을 역사심리학적으로 재구성함으로써 역사를 세계와 인간을 발견하는 장소로 여겼다. 니체는 문화를 권력(국가), 종교와 함께 역사를 움직이는 주요한 3대 형성력으로 보는 부르크하르트 문화사관의 영향을 받았다. 정치사 중심의 랑케적 역사관이 아니라 문화사 중심의 부르크하르트의 역사관이 니체의 역사관에 중요한 영향을 미쳤다. 그가 종교, 예술과 같은 초역사적인 것을 통해 역사를 치유하는 힘을 찾은 것은 부르크하르트의 영향이라고 볼 수 있을 것이다. 부르크하르트의 르네상스관과 자신의 시대를 형성하는 문화인이자 개인의 완성으로서의 인간관 역시 니체에게 지대한 영향을 미쳤다.[28] 그러나 니체는 '역사적인 것의 고유한 가치'를 내세운 부르

---

[28] 부르크하르트와 니체는 다음과 같은 점에서 사상적으로 공명하고 있었다. ① 쇼펜하우어 철학의 영향, ② 고대 그리스와 르네상스에 대한 우호적인 평가, ③ 국가지상주의에 대한 비판, ④정치, 권력, 국가 대신에 문화를 역사의 동력으로 보는 문화사관, ⑤ 위대한 인간이나 천재에 대한 찬미 등이 그것이다. 이에 대한 구체적인 논의로는 차하순·정동호, 《부르크하르트와 니이체》(서강대학교출판부, 1986), 172~255쪽.

크하르트한테서 방향을 돌려 삶을 역사 위에 다시 서게 한다.[29] 랑케가 "역사에 대해 인간이 무엇을 의미하는가"를 물었고, 부르크하르트가 "인간에 대해 역사는 무엇을 의미하는가"를 물었다면,[30] 니체는 "삶에 대해 역사는 무엇을 의미하는가"를 물은 것이다.

니체의 역사주의에 대한 비판과 역사의 문제를 삶과 연관해 설명하는 그의 문제의식은 다음과 같이 정리할 수 있을 것이다. 첫째, 역사적 현상이란 순수하고 완전하게 인식되어 인식 현상 속으로 해소되어버리면, 인식하는 자에게는 죽은 것이다. 니체에 따르면 역사란 단순히 과거나 죽은 자의 시체를 정리하는 과거사를 객관적으로 인식하고 정리하는 작업만을 의미하지 않는다. 둘째, 역사가 순수과학으로 생각되고 주권화되면 인류에게는 일종의 삶의 종점이자 결산이 될 것이다. 역사의 과학화, 즉 역사적 지식의 자연과학적 방식의 체계화로 인해 역사가 삶의 우위를 차지하게 되면 삶은 경직되고 생명력을 잃게 된다는 것이다. 그는 자연과학적 객관성의 이상에 따라 나타나는 역사적 객관성의 개념을 (아리스토텔레스적인 의미의) 시적 객관성의 개념으로 바꾸어 해석한다.[31] 셋째, 역사는 삶에 이바지하는 한 비역사적인 것에 봉사한다. 즉 역사는 삶에 봉사하는 한 역사적인 것뿐만 아니라 비역사적인 것을 필요로 한다. 니체는 삶과 역사의 문제를 건강과 병이라는 역사생리학적 지평에서 문제시한다. "그러나 삶이 보통 어느 정도까지 역사

그리고 부르크하르트가 니체에 미친 영향에 대해서는 같은 책, 50·249쪽 참조. 양자의 시대 비판 및 역사상에 대한 비교 논의로는 Alfred von Martin, *Nietzsche und Burckhardt*(München, 1942) 참조.
29) 에밀 앙게른, 《역사철학》, 유헌식 옮김(민음사, 1997), 191~192쪽.
30) 차하순·정동호, 《부르크하르트와 니이체》, 53쪽.
31) H. Schnädelbach, *Philsophie in Deutschland 1831~1933*, 85쪽.

의 봉사가 필요한가 하는 문제는 한 인간, 한 민족, 한 문화의 건강에 관한 최고의 문제나 관심사의 하나다. 왜냐하면 역사가 어느 정도 과잉 상태에 이르게 되면 삶은 분해되고 변질되며, 마침내는 또다시 이러한 변질에 의해 역사 자체가 변질되기 때문이다."[32] 삶이란 역사의 병과 건강을 구분하는 기준이 될 뿐 아니라, 동시에 우리가 역사와 관계할 때의 규범과 목적이 되는 것이다.[33] 슈네델바흐Herbert Schnädelbach에 따르면 니체는 역사주의의 주도적인 문제를 인식의 문제가 아니라 삶의 문제로 제기하여 이를 실천적 차원으로 전치시킴으로써 역사주의에서 벗어나고 있다. 즉 니체의 이론은 삶의 형이상학에 근거를 둔 실천적 의도의 역사철학이라고 볼 수 있을 것이다.[34]

4 니체의 역사관

(1) 역사적 비만증후

니체에 따르면 서양의 근대는 역사의 과잉으로 인한 커다란 '역사병'에 걸려 있다. 그는 역사의 과잉 속에서 근대뿐 아니라 자신의 시대의 병을 진단하며, 그것을 통해 자신의 시대를 치유하고자 한다. 그의 역사주의 비판은 언제나 모든 것을 역사적으로만 평가하려는 역사 의식의 비만증에 대한 비판이기도 하다. 그는 역사의 비만증후Hypertropie der Historie를 시대의 병리 현상으로 읽으면서 이것이 역사주의와 밀

---

32) F. Nietzsche, HL 1, KSA 1, 257쪽.
33) H. Schnädelbach, *Philsophie in Deutschland 1831~1933*, 84쪽.
34) 헤르베르트 슈네델바흐, 《헤겔 이후의 역사철학》, 109쪽.

접하게 연관되어 있다고 본다. 형이상학적 절대적 진리와 자연과학적 발전 및 물질적 기계 문명의 발전 과정을 역사의 진보로 믿고, 이러한 역사의 과정은 이성적 지식의 교육을 통해 이루어질 수 있으며, 이와 더불어 인간성 향상과 인간의 행복 증진이 가능하다는 서양 근대의 이념은 역사의 발전에 대한 과도한 신념을 근대인에게 부과한다. 서양의 근대에서 인간은 객관성과 보편성을 실현하는 세계 정신의 과정에 참여하기 위해 단순한 역사적 지식을 교육받고, 역사의 발전을 맹목적으로 믿으며 소화시킬 수 없는 지나친 지식을 습득해가는데, 이는 결국 '걷고 있는 백과사전'의 인간만을 양산시킬 뿐이다. 인간은 진정한 삶과 역사적 의미에 대한 성찰 없이 단순히 지식을 과식하는 가운데 마침내 내용과 형식의 모순, 즉 인격 박약성에 빠지게 되는 것이다. 객관성과 보편적 인간의 산출이라는 근대적 지식 교육은 내면과 외면의 대립뿐 아니라 인간의 범용화에도 기여하게 된다. 니체는 역사가 과잉 상태에 빠져 있을 때 재앙이 될 수 있으며, 인간을 타락시킬 수 있음을 알고 있었다.

    니체는 역사의 과식에서 오는 삶의 위험성을 다음과 같이 분석한다.[35] 첫째, 역사의 과잉에서 내면과 외면의 대립이 생겨 인격이 나약해진다. 둘째, 이는 다른 시대보다 공정이라는 덕을 더 많이 소유하고 있다는 망상에 빠지게 한다. 셋째, 역사의 과잉은 민족의 본능을 파괴하게 되고, 개개인도 성숙을 저해받게 된다. 넷째, 이로 인해 인류의 노년기에 대한 해로운 신앙이 싹튼다. 다섯째, 이는 한 시대를 자기 아이러니의 위험한 기분에 빠뜨리고, 조소적인 분위기 속에 빠뜨리게 된다.

---

35) F. Nietzsche, HL 5, KSA 1, 279쪽.

객관성, 과학성, 진리, 이성에 대한 믿음과 역사의 발전에 대한 믿음은 근대인들에게 가능한 한 많은 지식을 빨리 주입하는 교육을 추진했으나, 이는 인간의 내면 세계를 황폐하게 만들고 더 나아가 인간을 자신을 상실하고 혼란스러운 지식 더미에서 '향락하며 돌아다니는 구경꾼'으로 만든다는 것이다. 내면과 외면, 이론과 실천, 삶과 지식의 분열이 일어나며 인간의 왜소화, 범용화, 획일화, 평준화로 점철된 인간의 자기 상실의 역사가 진행되는 것이다.

(2) 역사의 유형학 : 골동품적 역사, 기념비적 역사, 비판적 역사

니체는 역사적 비만증후 또는 역사병에 대해 논하면서 다른 한편 역사와 삶의 대립적이면서 동시에 보완적인 관계를 논한다. 역사와 삶의 관계를 설명하는 니체의 역사관은 역사의 유용성에 관한 세 가지 역사의 유형을 제시한다. 먼저 삶과 역사가 어떤 관계에 있는지를 밝히는 니체의 역사관을 다음의 두 명제로 파악해보자. ① 삶은 역사의 봉사가 필요하다. ② 역사의 과잉은 살아 있는 사람에게 해를 끼친다. 첫 번째 명제가 역사는 삶에 봉사할 때 의미가 있다는 뜻으로 풀이될 수 있다면, 두 번째 명제는 역사에 대한 균형 감각이 인간의 삶의 건강에 필요하다는 의미로 환원될 수 있다. 이러한 맥락에서 니체는 역사를 다음의 세 가지 종류로 구분한다. 첫째는 활동하고 무엇인가를 추구하는 사람들에게 필요한 '기념비적 역사die monumentalische Historie'이고, 둘째는 보존하고 존경심을 가진 사람들에게 필요한 '골동품적 역사die antiquarische Historie'이고, 세 번째는 고통을 느끼고 해방이 필요한 사람들에게 필요한 '비판적 역사die kritische Historie'다. 첫째는 위대한 것에 대한 기억과 이를 고무하는 것이며, 둘째는 현재의 자기 확

실성의 보존적 연속성이며, 셋째는 과거에 대한 비판적 재판(裁判)이다.[36] 이 세 종류의 역사에는 각각 위에서 두 가지 명제로 표현된 니체의 역사관이 적용될 수 있다.

기념비적 역사는 헤로도토스와 투키디데스의 역사관에서 볼 수 있듯이 위대한 것, 힘 있는 것, 명예로운 것을 서술함으로써 그것들의 지속을 보장하고 모든 위대한 것과의 연관 안에서 역사의 통일성을 찾는다.[37] 이는 과거의 텍스트 가운데 현재를 넘어설 수 있는 역사 이해의 단서를 발견한다. 역사를 위해 위대한 싸움을 하는 사람들은 동시대적 현대에 발견할 수 없는 역사의 모범자, 스승, 위안자를 과거의 텍스트 안에서 길어 올린다. 이는 과거의 위대한 자들에게 눈길을 돌려, 이들이 이룩해놓은 인류의 위대성의 산맥은 수천 년을 꿰뚫어 서로 연결되어 있다는 사실을 간파하며 각 개인들의 활동에 새로운 생명을 부여한다. 모든 시대의 위대한 것은 서로 상관성과 지속성이 있다는 신념은 고전적인 인물이나 사건을 연구해 과거에 존재했던 위대성이 미래에도 가능할 것이라는 믿음을 배양시킨다. 즉 이것이 관심을 보이는 것은 과거의 영웅이나 위인이며, 그의 시대의 범용성에도 불구하고 인간이 위대해질 수 있다는 가능성이다. 이러한 역사는 위대성의 전승과 배양이라는 점에서는 긍정적인 면이 있지만, 이러한 역사가 과잉되면 과거가 단순히 모방되어야 할 것으로 기술되거나 왜곡되어 아름다운 것으로만 해석되기도 하고, 자의적인 창작에 가까워지는 위험을 피할 수 없게 된다. 과거의 위대한 행동적 인물이 제공하는 역사의 자극이 아니라 과거의 왜곡된 해석에 매몰되면 이는 하나의 신화적 허구에 빠지게 되고 오

---

36) 헤르베르트 슈네델바흐, 《헤겔 이후의 역사철학》, 102쪽.
37) 에밀 앙게른, 《역사철학》, 194쪽.

히려 삶을 훼손하게 되는 것이다.

이에 반해 골동품적인 역사는 진실성과 사랑으로 자신이 유래한 곳, 자라난 곳을 회고하며 이를 보존하고 존경하려는 사람들에게 필요하다. 이러한 역사관에서 보자면 과거가 단지 오래되었다는 이유로 과거에 대한 우리의 지식은 경건하게 보존될 필요가 있다. 이들은 예로부터 존재해온 것을 애호하며 자신을 발생시킨 조건을 미래에 다가오는 사람들을 위해 보존하고자 한다. 골동품적 역사는 조상들이 남긴 유물들을 보존하고 이를 통해 자신의 가계와 민족의 계보를, 즉 자기 정체성을 확보하는 기반을 제공한다. 기록된 과거의 흔적들을 수집하고 이를 올바로 읽는 역사 읽기는 한 개인이나 한 민족의 삶의 정향성을 정립하는 기초를 제공할 수 있는 것이다. 그러나 이러한 역사에도 위험성은 도사리고 있다. 옛것을 지나치게 숭배하게 되면 새로운 것의 출현을 억제하거나 방해할 위험성이 있으며, 과거에 안주함으로써 과거 지향적인 성향을 띠게 된다. 만일 역사가 과거의 삶에만 봉사하고 미라화되어 미래의 삶에 봉사하는 힘을 잃어버린다면, 마치 나무가 위로부터 뿌리쪽으로 메말라가다 마침내는 뿌리 자체가 죽어버리듯 역사 자체는 생명력을 잃어버리게 되는 것이다. "골동품적 역사는 현대의 신선한 생명이 그것에 정신을 불어넣거나 활기를 넣지 못하는 순간에 스스로 퇴화되고 만다."[38] 맹목적인 수집 취미나 호고심(好古心)에 빠져 생성되어가는 역사의 역동성을 망각하게 되면, 이는 새로운 것의 창출을 저해하는 독으로 변하게 되는 것이다. 삶을 보존하는 것만을 알 뿐, 새로운 것, 생성되는 것을 배척하고 적대시하며 생산하는 것을 이해하지 못하면

---

38) F. Nietzsche, HL 3, KSA 1, 268쪽.

자기 정체성은 오히려 또 다른 자기 폐쇄성으로 변질되는 것이다. 맹목적인 수집이나 보존은 인간을 곰팡내 나는 분위기 속에 가두게 되고, 과거의 호고적 보존에 가치를 둠으로써 삶을 손상시킬 위험이 있다.

니체가 주목하는 또 하나의 역사는 비판적 역사다. 이는 인간이 살기 위해 과거를 파괴하고 해체하는 힘을 지니고 그 힘을 실제적으로 행사하는 가운데 역사가 삶에 봉사하게끔 한다. 이는 과거의 텍스트에서 인간적 폭력과 죄악, 불의를 역사의 법정으로 끄집어내어 단죄함으로써 비판적으로 역사를 읽고 과거를 현재의 삶의 반성으로 삼는다. 니체는 특권, 계급, 왕조에서 발생하는 불공정한 문제들과 그 몰락의 과정을 예로 들면서, 이러한 과거의 텍스트를 비판적으로 해석함으로써 역사가 현재의 인간적인 삶에 기여해야 한다고 본다. 비판적 해석 없이 과거와 살아 있는 교류를 하는 것은 불가능하다. 그러나 과거의 기념비적 숭배나 광적인 골동품 수집만큼이나 과거 역사에 대한 무조건적 파괴 역시 인간의 삶 자체를 손상시킨다. 과거에는 인간 삶의 위대함도 있지만 동시에 약점이나 실수도 있다. 그러나 과거를 비판하고 평가할 때 과거의 뿌리를 모두 잘라내게 되면 삶의 정체성을 손상시키거나 위협할 소지가 있다. 과거를 역사의 심판대로 끌어내기 위해서는 미래를 창출하려는 열정과 사랑이 있어야 하며, 역사를 읽는 사람의 성숙한 의식이 전제되어야만 하는 것이다.

기념비적 역사, 골동품적 역사, 비판적 역사가 역사적 균형 감각 위에서 조율될 때 역사는 인간의 삶을 건강하게 증진시키게 되는 것이다. 역사는 과거에 대한 맹목적 숭배나 수집, 또는 뿌리의 단절을 의미하는 것이 아니라, 삶을 긍정적으로 재창조할 수 있는 힘의 해석을 의미한다. 니체는 아무런 생각 없이 식물을 이식할 때 그것이 말라 죽어버리듯이, 고난을 모르는 비판가, 경건함이 없는 유물 연구가, 위대한 것을 할 능력이 없는 위인 전문가는 자연의 원산지에서 멀리 떨어져 퇴화된 식물이 되거나 잡초가 되어버린다고 경고하고 있다.[39] 그러나 니체의 역사에 대한 연구에서 핵심 개념은 '기념비적 역사', '골동품적 역사', '비판적 역사'라는 잘 알려진 범주가 아니라, '역사적인 것', '비역사적인 것', '초역사적인 것'이다.[40]

(3) 역사의 치료학 : 역사적인 것, 비역사적인 것, 초역사적인 것의 종합

니체가 염두에 둔 것은 '역사적인 것의 평가'[41]이며, '현재의 최고의 힘으로부터' 미래를 지향하는 과거의 해석이다.[42] 역사학이라는 학문이 과거를 평가하는 유일한 심판자가 된 이후로 역사의 유용성은 인간의 삶을 오히려 위협하고 있다고 니체는 보았다. 역사적 지식은 미래를 조형해나가는 현재에 도움이 될 때 가치가 있는 것으로, 적극적으로 삶을 조형하는 관심 속에서만 역사학은 진정한 의미를 획득한다. 즉 니체의 테제는 역사가 살아 있는 순간에 기여할 때에만 유용성을 갖는다는 것이다.[43] 역사에서 과거와 현재, 미래의 문제는 역사 해석의 기준 문제를 야기한다. 니체는 이를 다음과 같이 말한다.

---

39) F. Nietzsche, HL 2, KSA 1, 264~265쪽.
40) W. Kaufmann, *Nietzsche*, 144쪽.
41) F. Nietzsche, HL 1, KSA 1, 256쪽.
42) F. Nietzsche, HL 6, KSA 1, 293쪽 이하.
43) Volker Gerhardt, *Friedrich Nietzsche*(München, 1992), 103쪽.

현재의 최고의 힘에서만 그대들은 과거를 해석할 수 있을 것이다. 그대들이 가지고 있는 가장 고귀한 속성을 최고로 강하게 긴장시켰을 경우에만 그대들은 무엇이 과거에서 알 만한 가치가 있으며 보존할 가치가 있으며 위대한 것인지를 알아내게 될 것이다.[44]

미래를 세우는 자만이 과거를 심판할 권리를 가진다.[45]

지나간 모든 과거는 백 가지 감각으로 쓴 저서이고 해석들이며, 진실로 여러 가지 미래에 이르는 길이다! 그러나 미래에 하나의 의미를 부여하는 사람은 또한 과거에 대해 한 가지 해석을 규정한다.[46]

니체는 현재와 미래의 관점에서 과거와 역사가 해석되어야 한다고 보는 한편 역사의 과잉에서 오는 역사병을 진단하고 처방하기 위해 역사를 역사적인 것, 비역사적인 것, 초역사적인 것으로 구분한다. 여기에서 우리가 주목해야 하는 사실은 니체가 역사의 문제에서 역사적인 것을 비역사적인 것이나 초역사적인 것과 마찬가지로 중요하게 여긴다는 것이며, 역사의 과잉에서 비롯되는 역사적인 것의 치료를 위해 비역사적인 것과 초역사적인 것을 항체적 수단으로 활용하고 있다는 것이다.

역사 문제에서 니체가 중요한 척도로 삼고 있는 것은 삶의 건강성이다. 그의 역사관은 '삶의 건강이론eine Gesundheitslehre des Lebens'[47]

---

44) F. Nietzsche, HL 6, KSA 1, 293~294쪽.
45) F. Nietzsche, HL 6, KSA 1, 294쪽.
46) F. Nietzsche, N 22(3), KSA 10, 624쪽.
47) 여기에서 니체가 사용하고 있는 '건강이론Gesundheitslehre'이란 심신의 섭생, 관

에 기초해 있다. 즉 역사란 삶의 건강성을 회복하고 유지하는 삶의 건강이론과 연관되어 설명될 수 있는 것이다. 한 인간, 한 민족, 한 문화의 조형력은 "자기 안에서 독자적으로 성장하여 과거의 것이나 이질적인 것을 개조하거나 동화시키고, 상처를 치유하고, 잃어버린 것을 보상하고, 이지러진 형식을 자기 안에서 보충해가는 힘"[48]에 달려 있기에, 건강한 역사를 유지하기 위해서는 역사적 감각의 한계 규정과 균형적 유지가 반드시 필요하게 된다. 역사의 과잉은 오히려 삶의 조형력을 공격하게 되고, 삶의 건강을 파괴한다. 따라서 그는 객관적인 역사의 세계 진행이라는 역사병에 대한 치료제를, 즉 역사의 과잉을 치유하는 특효약을 비역사적인 것과 초역사적인 것이라는 독으로 처방한다. 독으로 병을 치유한다는 이 역설적 사고는 역사병을 치유하기 위한 니체의 상대주의적 사유를 보여준다.

  니체는 인간의 삶에서 역사적인 것만이 필요한 것이 아니라, 비역사적인 것도 동일하게 필요하다는 사실을 강조한다. 그는 "비역사적인 것과 역사적인 것은 개인이나 민족이나 문화의 건강에 대해 똑같이 필요하다"[49]고 말한다. 역사적인 것과 비역사적인 것의 긴장감 있는 균형을 통해 역사의 조형력을 회복하는 것은 인간 삶의 건강을 회복시키는 치유 가운데 하나다. 그러나 역사의 건강을 되찾는 니체의 건강이론에는 비역사적인 것과 함께 또 하나의 처방전으로서 '초역사적인 것' 이 제

    리, 균형 유지 등 건강한 삶을 유지하기 위해 필요한 '위생학Hygiene' 을 의미하는데, 그는 이 용어를 개인적 삶의 영역뿐만 아니라 역사, 사회, 정신적 수양의 영역까지 확장하여 사용한다. 니체가 불교를 설명할 때는(제11장) '위생학' 이라는 용어를 따로 사용하므로 여기에서는 '건강이론' 으로 번역하여 사용하고자 한다.
48) F. Nietzsche, HL 1, KSA 1, 251쪽.
49) F. Nietzsche, HL 1, KSA 1, 252쪽.

시된다. "비역사적인 것과 초역사적인 것은 역사적인 것이 너무 무성해져 삶을 뒤덮는 것, 즉 역사병에 대한 자연적 치료제다."[50] 니체는 사료(史料) 비평 방법으로 근대의 역사 연구에 길을 연 독일의 역사학자 니부어Barthold Georg Niebuhr에 따라 비역사적인 것과 초역사적인 것이라는 두 가지 해독제를 병든 역사를 치유할 수 있는 처방전으로 제시한다.[51] 그러면 여기에서 역사의 병을 치유할 수 있는 비역사적인 것과 초역사적인 것이란 무엇을 의미하는가?

비역사적인 것은 "망각할 수 있는, 그리고 스스로를 제한된 지평 속에 포괄시킬 수 있는 힘과 기술"[52]을 말한다. 인간은 동물과 구별해주는 기억 외에도 동물과 공유할 수 있는 망각의 능력이 필요하다. 망각할 수 있는 힘은 기억하는 힘과 더불어 삶의 건강을 위해 필요할 뿐 아니라, 지구를 둘러싸고 있는 대기와 마찬가지로 삶이 새롭게 태어날 수 있는 조건이기도 하다.

우리는 따라서 일정한 한도 내에서 비역사적으로 느낄 수 있는 능력을 더욱 중요하고 근본적인 능력이라고 보지 않을 수 없다. 물론 그 능력 안에 대체로 정당한 것, 건강하고 위대한 것, 진실로 인간적인 것이 성장할 수 있는 기반이 있는 한 말이다. 비역사적인 것이란 생명 자체가 태어나도록 둘러싸고 있는 대기와 흡사한데, 이 대기가 파괴되면 다시 그 생명은 소멸된다. 이것은 진리다 : 인간이 사고하고, 숙고하고, 비교하고, 분리하고, 종합하면서

---

50) F. Nietzsche, HL 10, KSA 1, 331쪽.
51) F. Nietzsche, HL 1, KSA 1, 254쪽. 니체와 니부어의 관계에 대해서는 Hartmut Schröter, *Historische Theorie und geschichtliches Handeln*(Mittenwald, 1982), 281쪽 참조.
52) F. Nietzsche, HL 10, KSA 1, 330쪽.

저 비역사적 요소들을 제한함으로써 비로소, 저 휩싸여 있는 자욱한 구름 속에서 한 줄기 밝은 섬광이 발생함으로써 비로소, 즉 과거의 것을 삶을 위해 사용하고 이미 일어난 일에서 다시 역사를 만드는 힘을 통해 비로소 인간은 인간이 되는 것이다 : 그러나 역사가 과잉되면 인간은 다시 멈추게 되며, 비역사적인 것이라는 저 외피가 없다면 그는 시작하지도 시작할 용기를 갖지도 못했을 것이다.[53]

니체는 모든 유기체의 삶에 빛과 어둠이 필요하듯이, 인간의 삶에도 기억의 의미로서의 역사적인 것뿐 아니라 잊어버릴 수 있는 능력, 즉 비역사적으로 느끼는 능력도 필요하다고 본다. 그래서 니체는 "철저하게 오직 역사적으로만 느끼려고 하는 인간은 강제로 잠을 못 이루도록 강요받는 인간, 또는 단지 반추하며, 언제나 반복해서 반추하며 살아야만 하는 동물을 닮았을 것이다"[54]라고 말한다. 니체에 따르면 기억(회상)을 하지 않고 동물처럼 행복하게 사는 것은 가능하지만, 망각 없이 산다는 것은 전혀 불가능하다. 잠을 자지 않고 깨어서만 사는 것이 불가능하듯이, 망각 없이 항상 기억 속에서만 사는 것 역시 고통과 불행을 가져다준다. 그는 '역사적인 것'과 '비역사적인 것'의 가치를 분석하면서 이러한 맥락에서 행복과 고통의 관계를 문제시한다.[55] 기억이나 망각, 또는 역사적 감각 역시 행복과 고통, 즉 삶의 건강성에 관련된 것이다. "불면에도, 반추에도, 역사적 감각에도 일정한 한계가 있으며, 그 한도에 이르면 인간이든, 민족이든, 문화든 살아 있는 것은 해를 입게

---

53) F. Nietzsche, HL 1, KSA 1, 252~253쪽.
54) F. Nietzsche, HL 1, KSA 1, 250쪽.
55) W. Kaufmann, *Nietzsche*, 144쪽.

되며 마침내는 몰락한다."[56]

니체는 현재의 묘를 파는 과거 평가에 대해서 일정한 한도의 역사적 감각이 필요하며, 이는 미래의 조형이라는 조건에서만 가능하다고 본다. 역사적인 과거는 그에 대한 해석과 더불어 현재와 미래의 삶을 건강하게 만들고 풍요롭게 만들 때 의미가 있는 것이지, 과거의 무게에 짓눌려 질식하거나 그것을 유지하는 데 의미가 있는 것이 아니다. 개인이 과거에 사로잡혀 과거에서 벗어나지 못할 때 정신병적 증상인 자폐증에 걸리는 것과 마찬가지로, 역사도 과거의 의미를 현재화하고 삶에 건강하게 봉사하지 못할 때 병에 걸리는 것이다.

역사의 병을 치유하기 위해서는 역사에도 망각이 필요하다는 니체의 테제는 프로이트의 정신분석학의 전제를 상기시킨다. 정신분석에서는 사람이 어떤 체험을 망각할 수 없을 때 병들게 되며, 반면 그러한 체험을 더 이상 기억하지 않게 될 때 건강하게 된다고 본다. 정신분석에 따르면 삶의 건강이란 망각의 기술ars oblivionis과 기억의 기술ars memoriae에 연관되어 있는 것이다. 역사적 의식의 정신병리학을 통해 니체는 프로이트의 근본 테제를 예고하고 있는데, 그것은 억압된 것을 다시 상기해내고, 잊어버릴 수 없는 것을 마침내 망각하게 만듦으로써 치료한다는 정신분석학적 가정이다.[57] 프로이트의 정신분석은 잊을 수 없는 것에서 오는 위협을 극복하기 위해 주체가 건강한 망각을 하게끔 도와주

---

56) F. Nietzsche, HL 1, KSA 1, 250쪽.
57) 과거 해석의 문제를 기억과 망각의 개념에 의존해 다루면서 특히 니체의 역사관과 프로이트의 정신분석학적 가정을 비교한 논문으로 Jacques Le Rider, "Erinnern, Vergessen und Vergangenheitsbewältigung", Renate Reschke (Hrsg.), *Zeitwende-Wertewende*(Berlin, 2001), 98·103쪽 참조.

는 것을 치료 목적으로 한다.

삶의 건강을 위해 역사적인 것과 비역사적인 것이 모두 필요하다. 니체는 기억과 망각이라는 두 가지 힘들을 인간 안의 역사적인 것과 비역사적인 것이라고 부른다.[58] 비역사적인 것이란 의미와 가치가 그 위에서 기술되는 전체 삶의 지평, 의미와 역사가 영원히 다시 기술될 수 있는 또 다른 삶의 텍스트이기도 하다. 니체는 위대한 것, 자연적인 것, 인간적인 것을 지닌 고대 그리스 세계 가운데서 비역사적이면서도 풍요로운 삶의 한 전형을 찾고 있다.[59]

이에 반해 초역사적인 것이란 "시선을 생성으로부터 돌려서 현 존재에다 영원한 것의 성격과 그와 동일한 의미를 부여하는 것, 즉 예술과 종교로 향하게 하는 여러 힘들"[60]을 의미한다. 그는 생성하고 변화하는 것을 넘어서 영원한 것, 즉 종교와 예술에서 역사를 넘어서는 치료제를 처방한다. 니체는 후에 트뢸치Ernst Troeltsch, 크로체, 마이네케 Friedrich Meinecke 등이 전개했던 역사주의 문제[61]보다 더욱 중요한 것으로 '초역사적인 것'을 논의했다.[62] 역사가 생성하는 세계와 사건에

---

58) K. Jaspers, *Nietzsche*, 243쪽.
59) F. Nietzsche, HL 8, KSA 1, 307쪽.
60) F. Nietzsche, HL 10, KSA 1, 330쪽.
61) 1차 세계대전 이후 19세기의 지배적인 정신 형태로서의 역사주의가 위기에 처했고, 이를 극복해야만 한다는 트뢸치나 마이네케 등의 비판적 역사 의식이 재등장했는데, 이는 19세기의 역사에 대한 반성의 결과로 나온 또 하나의 역사주의의 사고 실험이었다. 역사주의는 역사 진행의 과정과 학문화를 통해 역사 이해와 연구가 더욱 철저해지는 것(역사의 학문화)에 기여했으나, 모든 개체의 다양성과 고유성의 강조는 학문적으로는 상대주의로, 역사성 강조는 정치적으로는 체제 옹호적인 보수주의로, 민족 국가의 역사적 권리에 대한 강조는 세계시민주의의 포기로 나가는 등 그 한계를 드러내고 있다. 역사주의의 문제점과 트뢸치와 마이네케에 대해서는 이상신, 《역사학 개론》(신서원, 1994), 286~293쪽 참조.

대한 의미 부여 작업이라면, 이 가운데 초역사적인 것은 현존재의 삶의 지평 위에 영원한 의미를 각인하는 예술과 종교를 통해 삶의 또 다른 조형력을 확보하는 것이다. 이러한 의미에서 니체는 역사를 하나의 예술 작품으로 파악한다.[63] 니체에게 역사란 삶에 봉사하고 삶을 건강하게 창조해가는 예술적 삶의 건강술이다.

5 역사의 건강성

니체의 사유는 인간의 구체적이고 현실적인 삶에서 출발한다. 그는 또한 지금까지의 독단적 철학자들이 철학을 단순한 관념에서 시작하는 것을 비판하며, 자신의 철학적 사유는 역사화된 사유라고 표명한다. 니체에게 역사란 인간의 일상적 삶의 선율이 빚어내는 텍스트일 뿐 아니라 예술, 종교, 철학이 만들어내는 하나의 작품, 즉 삶의 고양된 의미를 담고 있는 텍스트이기도 하다. 역사는 삶에 기여할 때 의미가 있는 것처럼, 삶은 건강하게 역사화될 때 현장성을 가지게 된다.

따라서 니체에게 역사는 기억과 망각의 터이기도 하다. 니체는 보편사라는 강고한 질서에 편입되어 민족, 국가, 계급과 같은 집단적 정체성을 제공하는 근대적 의미의 거대한 역사와 그와 같은 역사가 통치하는 진보의 역사 의식이나 역사 교양에 대해 비판하며 이를 인간의 삶과 건강성의 기준에서 다시 문제시한다. 이때 그는 역사를 평가하는 작업

---

[62] W. Kaufmann, *Nietzsche*, 147쪽.
[63] W. Kaufmann, *Nietzsche*, 148쪽. 니체의 예술적 역사관에 대한 논의는 이상엽, 〈니체의 역사〉, 《철학》 제69집(한국철학회, 2001년 겨울), 154쪽.

에 기억의 능력뿐 아니라 망각의 능력도 필요하다는 사실을 역설한다. 왜냐하면 역사의 병을 치유하는 데는 개인의 병과 마찬가지로 망각의 기술과 기억의 기술이 동시에 필요하기 때문이다. 니체는 역사를 과거와 현재의 대화가 아니라 과거와 현재, 미래의 대화라고 보고 있기에, 미래의 지평 위에서 현재의 생명력을 과거로부터 되살리는 기억과 망각의 터를 역사로 보고 있는 것이다. 이는 역사가 삶에 기여할 때, 즉 삶을 건강하게 만들 때 의미가 있다는 역사의 건강이론을 의미하는 것이다.

니체가 역사주의를 비판한 것은 역사 의식이 도덕적 결벽증처럼 팽창하고 현재의 삶 전체를 지배하게 될 때 오히려 현재의 뿌리를 되살리는 것이 아니라 현실을 경화하고 질식시키는 힘으로 작용하기 때문이다. 오늘날에도 역사적인 것만을 강조하는 사고는 다름 아닌 '역사 만능주의' 또는 '역사라는 소모병적인 열병'에 걸려 있는 역사주의 시대의 집단 기억에 대한 현대의 진부한 반복이다. 지나친 도덕주의가 삶을 창백하게 만들듯이, 과잉된 역사 의식이나 선악의 이분법적인 구도에서 과거를 재단하거나 평가하는 역사관은 우리의 현실을 과거 속에 매몰시켜버릴 위험이 있다. 역사란 과거와 현재 그리고 미래의 대화라는 니체의 역사관은 이러한 맥락에서 오늘날 우리 사회에서 전개되고 있는 과거사 평가 등의 역사 논의에 역사의 건강을 찾는 하나의 지표를 제공해줄 수 있을 것이다.

니체의 역사관이 제시하는 바는 역사 평가 자체가 정치화되거나 정치적 도구로 사용되어서는 안 되고, 역사란 일상과 현실을 치유하는 삶의 터이며, 이는 인간의 성숙을 장려해야 한다는 것이다. 이는 삶을 치유하고 현실에 생명력을 불어넣으며 인간을 성숙시키는 문화의 터전이기도 하다. 니체의 역사치료학이 시사하는 바는 과거와 현재, 미래의 대화를 통해 역사가 스스로 치유될 수 있는 건강한 문화의 터를 가꾸는 것이다. 역사의 건강은 역사를 생명력 있게 평가하고 가꿀 수 있는 건강한 문화와 성숙한 인간에 의해 유지될 수 있을 것이다. 우리가 니체의 역사 인식의 유산에서 오늘날 중요하게 참조할 수 있는 것은 건강한 문화의 발효와 인간 성숙이라는 예술적 치유 언어의 육화 문제일 것이다.

제3부

종교 비판과 자기 찾기

제6장
니체의 원시 그리스도교 비판

1 니체의 그리스도교 비판에 대한 담론

　니체가 그의 두 저서 《즐거운 학문》과 《차라투스트라는 이렇게 말했다》에서 '신의 죽음'을 선언한 것은 20세기 서양 정신사의 지축에 변화를 몰고 온 대지진과 같은 사건이었으며, 철학뿐 아니라 종교, 문학, 예술, 문화 영역에까지 지대한 영향을 끼쳤다. 지금까지 인간이 믿어왔던 '신', '절대자', '완전자', 또는 철학적으로 표현되는 '이데아 세계', '저편 세계', '물자체', '절대 정신', '절대 진리'와 같은 하나의 절대적 중심이 존재한다는 믿음은 니체에 의해 정신사에서 고발되고 파산 선고를 받았다. 신의 죽음에 대한 그의 선언이 직간접적으로 현대 정신사의 동력에 지대한 영향을 미쳤다는 것은 의심의 여지가 없다. 인간의 본질을 '무Nichts'로 보는 실존주의나, 인간을 언어나 역사의 담론으로 보는 구조주의, 또는 이성중심주의적 사유 방식을 해체하며 새로운 사유를 실험하는 해체주의, 신학에서의 사신신학Gott-ist-tot-Theologie,

문학에서의 카뮈Albert Camus의 실존주의 문학이나 카프카Franz Kafka의 부조리 문학, 체계와 방법을 거부하고 디오니소스적인 메타포를 사용하여 생성의 무용을 보여준 이사도라 덩컨Isadora Duncan이 그 예가 될 수 있을 것이다. 그러면 20세기 초에 종교 비판의 파장이 어떻게 진행되었는지 간단히 살펴보자.

러시아의 종교철학자 솔로비예프Wladimir Szylkarski Solowjew가 니체가 사망하던 해이자 자기 생애의 마지막 해인 1900년에 니체의 반그리스도교적인 도발에 격렬하게 반응한 이래, 니체의 종교 비판이 불러온 파장과 영향은 거의 유럽 문화 전 영역에 걸쳐 거대한 반향을 일으키며 퍼져나갔다.[1] 이로부터 1년 뒤인 1901년 여름 학기에 자신의 개혁 가톨릭 이념 때문에 나중에 격렬한 비난을 받게 되는 독일 뷔르츠부르크의 신학자 셸Hermann Schell은 "니체와 그리스도교"라는 테마로 강의를 시작했다. 그는 처음으로 편견 없는 입장에서 그리스도교 문제가 니체의 사상에서 중요한 위치를 차지하고 있음을 밝혔다. 그 후 현상학자인 후설의 스승이자 뷔르츠부르크 대학과 빈 대학의 철학 교수였던 브렌타노Franz Brentano는 《예수의 교설과 그 남은 의미*Die Lehre Jesu und ihre bleibende Bedeutung*》라는 책에서 니체를 예수의 모방자로 봄으로써 그리스도교적 니체 수용의 길을 열어놓았다. 여기에서 그는 비록 예수와 니체는 저편 세계와 이편 세계, 투쟁과 평화의 세계

---

1) E. Biser, *Gottsucher oder Antichrist?*(Salzburg, 1982), 19 · 72~73쪽. 솔로비예프의 전일All-Einheit 사상은 플라톤, 플로티노스, 오리게네스, 아우구스티누스와 독일 신비주의의 대표자인 뵈메J. Boehme에 힘입은 종교철학적 사유 관념을 보여준다. 솔로비예프가 니체와 벌인 논쟁에 대해서는 L. Müller, "Nietzsche und Solovjev", *Zeitschrift für philosophische Forschung I*(1946), 499~520쪽 참조.

사랑과 희망

마음속의 사랑과 희망, 순수성과 기쁨, 이것이 하늘나라의 복음이다. 그러나 이 복음을 실천하는 것, 이것이야말로 참된 종교적 행위다.

관적 토대와 그 방법의 정초가 다르지만, 예수가 신의 이름을 부르듯 니체는 디오니소스의 이름에 권위를 부여했고, 인간의 저열한 충동과 행복 사이에 정초된 가치 체계의 전도, 즉 모든 가치의 전도를 심층적으로 주장하고 있다고 보았다.[2] 그러나 이러한 니체 해석 이후에도 열광적인 동의와 급진적인 배격 사이의 논쟁적인 평가 작업은 계속 진행되었다.[3]

오늘날에도 사람들은 여전히 니체의 그리스도교에 대한 투쟁의 의미를 그가 반그리스도교인이냐 아니면 신의 추구자이냐 하는 방식으로 제기하곤 한다. 그러나 나는 니체의 종교관에 대한 비상한 관심과 더 나아가 니체의 유년기와 생애에 대한 정신분석학적 고찰에도 불구하고 이러한 방식의 문제 제기에는 니체의 종교 비판 내용을 유신론이나 무신론의 흑백 논리로 갈라 그의 사상을 이해하기 위한 기초로 삼거나 자신의 종교관을 합리화하려는 소모적이고 배타적인 사유 방식이 배어 있다고 생각한다. 나는 니체가 《안티크리스트Antichrist》를 저술했거나, 그의 사상이 격렬한 그리스도교 비판적 내용을 담고 있다고 해서 그의 종교철학적 견해를 무신론으로 보거나 그리스도교 비판의 배후에 은밀하게 그리스도교를 옹호하는 내용이 있다고 해서 그의 사상을 유신론으로 해석하는 것은 배중률(排中律)적인 단순 논리에 빠지기 쉽다고 생각한다. 우리는 신의 추구자 또는 반그리스도교, 유신론 또는 무신론, 합리화 또는 배타성이라는 이중항의 사유를 넘어 니체의 종교에 대한

---

2) Franz Brentano, *Die Lehre Jesu und ihre bleibende Bedeutung*, Alfred Kastil (Hrsg.) (Leipzig, 1922), 129~132쪽.
3) 이에 대해서는 Eugen Biser, *Gottsucher oder Antichrist?*, 21~24쪽〔오이겐 비저, 《신의 추구자이냐 반그리스도이냐》, 정영도 옮김(이문출판사, 1990), 25~31쪽〕 참조.

물음을 근원적으로 조명하면서 그 물음의 의미를 우리의 현재적 삶의 맥박 위에서 되새겨 가늠해볼 필요가 있다. 니체의 종교에 대한 물음은 서양 정신사의 맥락과 밀접한 관계에 있는 그의 사상의 기초 위에서 이해해야 할 것이다.

이 글에서는 니체가 원시 그리스도교의 본질을 어떻게 바라보고 예수와 바울을 어떻게 평가하는지, 그러한 평가와 이후의 역사적 현상으로서의 초기 그리스도교의 형성과 발전은 어떠한 상관 관계가 있는지, 그러한 평가가 오늘날 종교의 본질에 대한 물음과 관련하여 어떠한 의미를 가질 수 있는지를 살펴볼 것이다. 이러한 문제에 접근하기에 앞서 먼저 니체가 살았고 그가 영향을 받은 19세기 말까지의 신학적 분위기를 살펴보는 것이 필요할 것이다.

2 니체와 19세기의 신학

니체가 직간접적으로 영향을 받은 복음신학의 근본 방향들은 대체로 다음의 세 가지 구도로 정리될 수 있을 것이다. 그것은 ① 슐로트만 Constantin Schlottmann, 크라프트Johannes Wilhelm Ludwig Krafft 등의 초자연주의적 관점을 규정하는 보수주의적 신학, ② 하제Karl August von Hase, 울만Karl Ullmann, 셴켈Daniel Schenkel로 대표되는 매개신학, ③ 바우어Ferdinand Christian Bauer, 슈트라우스David Friedrich Strauss, 첼러Eduard Zeller 등의 자유주의적 급진적 역사신학이다.[4)]

니체는 본 대학 신학과의 "요한복음" 강의에서 콘스탄틴 슐로트만과 교회사에 대한 크라프트의 보수신학의 초자연주의적 입장을 알게 되었다. 이러한 입장은 신경건주의적 매개신학Vermittlungstheologie의 대표자이자 베를린 대학의 교회사 교수인 네안더Johann August Wilhelm Neander에게 영향을 받으며 각인된 것이었다.[5] 슐로트만은 요한의 그리스도 가운데서 그리스도교적인 경건한 자기 의식으로의 인간적인 것과 신적인 것이 결합되어 있음을 보았다. 그는 프리드리히 빌헬름 3세의 생일인 1861년 8월 3일에 출판된 한 간행물에서 가톨릭 교회를 공격하면서 교황제가 그리스도교의 종교의 근원적인 의미와 모순되며, 또 많은 부분에서 가톨릭의 신앙 생활은 그리스도교의 본래 복음과도 일치하지 않는다고 공박했다.[6] 이러한 신학적 입장의 중심 문제는 신학성서 속에 있는 신의 말씀에 대한 믿음에 기초한 특수한 신학적 주장이, 신학성서를 역사문헌학적으로 다루는 학문적 전제들 및 그것의 근원사 그리고 이후의 교회의 발전 과정과 어떻게 일치될 수 있는가 하는 물음이었다. 그럼에도 어느 정도 니체가 이러한 입장의 영향을 받았는지는 불명확하다. 그러나 우리는 그가 그리스도교를 다루는 데, 이러한 입장으로부터 방법적 고찰 방식을 부분적으로 배웠다는 가정을 할 수 있을 것이다.

니체는 이상주의적이자 동시에 합리주의적인 경향성을 가진 19세기의 위대한 매개신학자이자 유명한 교회사가인 하제의 《예수의 생애*Das*

---

4) Johann Figl, *Dialektik der Gewalt*(Düsseldorf, 1984), 71~93쪽. 그 외에 M. Pernet, *Das Christentum im Leben des jungen Friedrich Nietzsche*(Opladen, 1989), 85~104쪽 참조.
5) J. Figl, *Dialektik der Gewalt*, 72쪽 ; C. P. Janz, *F. Nietzsche. Biographie*, Bd. 1, (München, 1981), 142쪽.
6) M. Pernet, *Das Christentum im Leben des jungen Friedrich Nietzsche*, 90쪽.

Leben Jesu》와 《교회사*Kirchengeschichte*》라는 작품들에 관심을 가졌다.[7] 그는 1861년 11월 말경에 나움부르크에 있는 자신의 여동생에게 보내는 편지에서 하제를 가리켜 이상적인 합리주의의 명민한 옹호자라고 불렀다.[8] 그러나 이러한 하제의 합리주의적인 예수상은 니체의 가족 내에서(삼촌이자 목사인 욀러Edmund Oehler) 거부에 부딪힌다. 그럼에도 우리는 그의 작품들과 유고들에서 예수의 생애, 활동과 기적에 대한 물음이 고등학교 시절부터 그의 생애 마지막에 이르기까지 그의 관심의 중심부에서 떠나지 않았음을 어렵지 않게 발견할 수 있다. 또한 그는 1864년 여름에 예수의 인간적인 현실을 그리며, 신성과 인간성이 합일이 된 인간 그 자체를 고찰한 울만의 《예수의 무죄*Die Sündlosigkeit Jesu*》(1863)라는 책을 소장했다. 그는 어머니와 여동생에게 보내는 편지에서 목사 클레치케에게서 받은 이 울만의 저서에 대해 '흥미로운 책'이라고 말하고 있다.[9] 그러나 니체는 이후에는 더 이상 울만에 대해 언급하지 않았다. 그리고 그는 1864년 2월에 출간된 셴켈의 《공동체를 위한 예수의 성격상*Das Charakterbild Jesu für die Gemeinde*》에 주목하며 그 해 부활절 기간을 이 책을 읽으며 지냈다. 셴켈은 19세기 중반까지 제기된 예수의 모습을 반성적으로 기술하며, 예수를 '사회의 구원자' 또는 '유대적 개혁가'로 묘사하여 이른바 '셴켈 논쟁Schenkelstreit'을 야기했다. 그러나 니체는 셴켈이 그의 책 서문에서 언급한 르낭Ernest Renan의 《예수의 생애*Vie de Jesus*》(1863)를 접하면서 르낭이 묘사하는, 도그마와 의식에 사로잡히지 않고 사랑으로 충일한 종교 창시자의 온

---

7) J. Figl, *Dialektik der Gewalt*, 74~75쪽.
8) F. Nietzsche, KSB 1, 188쪽.
9) F. Nietzsche, KSB 2, 15~16쪽.

화하고 부드러운 모습에 매료된다. 예수는 하느님의 아들로서가 아니라 한 인간으로서 하느님의 사랑과 자비와 용서를 신앙하는 마음의 종교를 구현하며 세계를 얻기 위해 세계를 버려야 한다는 절대적인 이상주의의 정신을 실현한다고 본 르낭의 이 책은 당시 무신론의 탄핵을 받았음에도 종교 사상사에 거대한 파장을 일으킨 기념비적 작품이었다. 르낭은 이 책에서 지정학적, 민족학적, 문화적, 심리학적 관점으로 그리스도의 신적 속성을 인간화하고, 그리스도교의 사회적, 도덕적 측면을 그리스도교 역사의 전경에 세웠다. 르낭의 역사심리적인 예수 묘사는 종교를 유한한 존재로서의 인간의 자기 분열, 즉 인간 유한성의 전도된 환상으로서의 인간학의 비밀로 보는 포이어바흐의 무신론과 더불어 자유주의 신학의 극점에 해당하는 것이었다. 그러나 니체는 후에 르낭을 '심리학의 어릿광대'로 칭하면서 그에게서도 상당한 거리를 두게 된다.

 그 외에도 니체가 본 대학에 들어간 첫 학기에 출간되어 그의 친구였던 도이센Paul Deussen과 함께 접하게 된 슈트라우스의 《독일 민족을 위해 쓴 예수의 생애 Das Leben Jesu für das deutsche Volk bearbeitet》와의 만남은 니체에게 깊은 인상을 남겼다. 슈트라우스는 우리가 더 이상 그리스도교인이 아니라고 보면서, 범신론Pantheismus의 종교관과 자연과학적이고 경험적이며 귀납적인 방법에 의해 세계를 파악하는 세계관을 제시했고, 복음서 보고의 역사성을 포기하고 이것을 신화 형성의 결과로 보았다. 그는 예수의 생애에 대한 신약성서의 모든 설명이 역사적인 보고의 형식이 아니라 신화의 형식이라고 주장했다. 니체가 《반시대적 고찰》의 제1부에서 슈트라우스를 속물 교양의 대표적인 작가로 비판했음에도 우리는 니체가 예수의 생애에 관해 여러 곳에서 그와 공명하고 있음을 알 수 있다. 우리는 니체가 대학 공부를 시작할 때부터 급진적인 역사 비판적 신학의 영향을 받으며 신학에 몰두한 것이 그로 하여금 예수의 생애와 공헌과 행위에 대한 물음을 철학적인 방식으로 제기하게 했고, 그의 이후의 그리스도교 비판에서 신학적 문제 설정과 방법론적인 고찰 방식에 영향을 주었음을 간과해서는 안 될 것이다.[10] 이제 니체가 비판하고 있는 허무주의의 종교로서의 원시 그리스도교의 성격을 살펴보자.

---

10) 그 일례로 우리는 슐라이어마허Friedrich Schleiermacher, 딜타이Wilhelm Dilthey의 해석학적 방법론과 하이데거의 실존철학적 인간학의 영향을 받아 '실존론적 해석학'으로 신약성서를 '비신화화Entmythologisierung' 할 것을 주창한 불트만Rudolf Bultmann을 들 수 있다. 그는 주저의 하나인 《신약성서와 신화론Neues Testament und Mythologie》(이 논문 형식의 짧은 글이 1941년 처음 발표되었을 때의 제목은 "계시와 구원의 사건Offenbarung und Heilsgeschehen"이었다)에서 지옥, 땅, 천당과 같은 삼층 건물로 이루어진 신약성서의 세계관과 신약성서의 핵심인 성육신 사건, 십자가에서의 그리스도의 죽음, 대속의 사건, 부활, 승천, 재림을 신화적이라고 규정하며, 이것은 자연과학적, 인과적인 세계관을 가진 현대인에게는 이해할 수 없는 사건이라고 말한다. 그는 이러한 신화론적 세계상을 비신화화함으로써 그 신화를 제거하지 않고 실존적으로 해석하여, 비신앙인에 대립되는 본래적인 의미의 신앙인을 하이데거적 의미의 '본래적 인간'에 대응시키고 인간의 자기 물음, 즉 현존재의 본래성에 대한 물음이 곧 신과의 관계에 대한 물음이라고 새롭게 해석한다. 여기서 그는 "본래적인 자기 자신이 되라"라는 니체의 말과 '무' 속에 던져진 존재로서의 실존적 결단을 말하는 하이데거의 실존주의적 언어가 성서의 인간 이해와 맥이 닿는다고 주장한다. 이러한 의미에서 그는 하이데거의 존재의 존재론적 구조에 대한 실존론적 분석은 신약성서의 인간관에 대한 세속적, 철학적 서술에 불과하다고 본다. 우리말 번역으로 R. 불트만, 《성서의 실존론적 이해》, 유동식·허담 옮김(대한기독교서회, 1982), 7~67쪽 참조. 그리고 이에 대한 논의로는 김영한, 《하이데거에서 리꾀르까지》(박영사, 1987), 87~119쪽 참조.

3 허무주의 종교로서의 원시 그리스도교

　니체는 근본적으로 그리스도교를 허무주의적 종교로 여긴다.[11] 그는 고대의 그리스도교가 거대한 허무주의적 운동이었음을 시사하며 그리스도교 비판을 시작한다.[12] 이것은 그가 그리스도교의 기원과 그 필연적인 운명 및 서양 형이상학의 근본 사상을 연결하여 설명하고자 했던 허무주의 현상과 밀접하게 연관되어 있다. 이러한 니체의 문제의식에서 기인하여 왜 그리고 어떻게 그리스도교가 발생할 수 있었는가, 즉 종교발생학의 관점에서 보면 그리스도교 발생의 원인이 무엇이었는가 하는 물음이 제기될 수 있을 것이다. 왜 그리스도교는 원한 정신에서 발생했어야만 했는가? 도대체 그리스도교 발생의 정신적 토대였던 원한 정신이란 무엇을 의미하는가?

　그리스도교에 대한 니체의 논의의 출발점은 유대교의 역사적 기원 속에서 발견된다. 그리스도교는 그 궁극적 동기에서 완전히 유대적 현상이다. 니체는 그리스도교의 발생 문제를 이해하기 위해 다음과 같은 두 가지 방식의 전망을 제시한다. ① 그리스도교는 유대적 본능의 논리적 결과에서, "구원은 유대인에게서 온다"는 구세주의 형식으로부터, 즉 당시의 유대교의 성장 기반에서 이해될 수 있다. ② 예수의 심리학적 유형이 완전히 퇴화됨으로써 그는 인류의 구세주라는 유형에 종사할 수 있었다.

　"구세주의 유형"이라는 두 번째 명제의 내용에 대해서는 다음 장에서 더 구체적으로 다루기로 하고, 여기서는 그리스도교 성장의 기반으

---

11) F. Nietzsche, N 17〔4〕 3, KSA 13, 524~525쪽 ; AC 20, KSA 6, 186쪽.
12) F. Nietzsche, N 11〔372〕, KSA 13, 165쪽.

로서의 유대교에 대한 니체의 진술을 고찰해보자.

　유대인은 세계 역사에서 가장 주목할 만한 민족이다. 왜냐하면 그들은 존재하느냐 존재하지 못하느냐의 물음 앞에 서서, 완전하고 섬뜩한 의식으로 어떤 대가를 지불해서라도 존재하는 것을 선택했기 때문이다. 이러한 대가는 모든 자연, 모든 자연성, 모든 현실, 모든 내적, 또는 외적 세계를 근본적으로 위조하는 것이었다.[13]

　존재하느냐 존재하지 못하느냐의 물음 앞에서, 역사 속에서의 인간 실존의 쓰디쓴 논리 앞에서 생존하기 위하여 유대인들은 신 개념과 도덕 개념이라는 두 가지 종류의 개념들을 위조했다.[14] 그들은 데카당스한 자기 보존 본능을 가지고 자연적인 것, 현실적인 것을 부정하고 위조하여 자연적 조건에 반대되는 개념을 창출했다. 그들은 현실에 대한 본능적 증오로 종교적 의미에서 규정되는 신, 도덕, 선, 진실 등 현실을 부정하고 세계를 비방하는 개념들을 만들어내고 '도덕적 세계 질서'라는, 즉 구원과 행복, 죄와 처벌의 역사 논리를 구상했던 것이다. 윤리적 세계 질서를 규정하는 도덕적인 신은 유대적인 사제 계층의 위조의 산물이다. '여러 민족들 가운데 도덕적인 천재'로서, '뛰어난 적응 기술을 가진 민족'으로서, '사제적인 민족'으로서 유대인들은 힘을 행사하기 위해 신국, 신의 의지, 원죄, 계시, 신의 아들, 부활과 같은 여러 가지 개념들을 고안해냈다. 죽은 후에 받는 최후의 심판에서 선악에 대한 상벌이 이루어진다는 관념, 저승과 타계의 관념과 종말에 대한 관념을 가

---

13) F. Nietzsche, AC 24, KSA 6, 191쪽.
14) F. Nietzsche, AC 26, KSA 6, 194쪽.

지고 있던 페르시아의 조로아스터교의 영향을 받았던 유대인들은 종말론적인 위기 의식과 메시아에 대한 기대로 종교적인 생존의 토대를 확보했다. 계보학적인 고찰 방식을 통해 니체는 유대인 사제 계층에 의한 신 개념의 고안이란, 실상 역사에서 권력의 장악과 행사에 관련된다는 사실을 의심의 여지가 없는 것으로 보았다. 현실에 대한 무력감과 좌절에서 태어난 증오는 현실을 부정하고 세계사에 유례 없는 가치 변조를 은밀히 수행한다. 무력감과 사제적인 복수심에서 유대인들은 이 지상 세계의 가치를 변조했다. 그들은 우리의 삶, 우리의 실제적인 현실성을 악으로 표현하며 이상적이고 도덕적인 세계로서 저편의 다른 참된 세계를 고안했다. 그들은 그 또한 힘에의 의지이기도 한 힘에의 무력감으로 다른 세계를, 피안의 세계를 창출했다. 유대인들은 현실에 대한 극도의 증오에서 원한 정신을 가지고 귀족적인 가치 평가 방식을 다음과 같이 가치절하한다.

비참한 자만이 오작 착한 자다. 가난한 자, 무력한 자, 비천한 자만이 오직 착한 자다. 고통 받는 자, 궁핍한 자, 병든 자, 추한 자 또한 유일하게 경건한 자이며, 신에 귀의한 자이고, 오직 그들에게만 축복이 있다. ──이에 대해 그대, 고귀하고 강력한 자들, 그대들은 영원히 사악한 자, 잔인한 자, 음란한 자, 탐욕스러운 자, 무신론자이며, 그대들이야말로 또한 영원히 축복받지 못할 자, 저주받을 자, 망할 자가 될 것이다![15]

유대인들은 불량한 자, 실패한 자, 모든 억압받는 자와 천한 자, 범용

---

15) F. Nietzsche, GM I 7, KSA 5, 265쪽(니체, 《선악의 저편 · 도덕의 계보》, 363쪽).

한 자와 평균적인 자들의 원한 의식으로 인간의 도덕적인 태도를 삶에 적대적인 것으로 재해석했다. 역사 속에서의 실존 형식의 심리적 무력감으로부터 그들은 도덕에서 니체가 노예 도덕이라 명명하는 새로운 삶의 태도와 방식을 창출했다. 노예 도덕은 인간을 원죄를 지은 죄 있는 존재로 만들었다. 이러한 삶의 태도를 지닌 인간은 적극적인 활동에 의해서가 아니라 반작용Reaktion에 의해서, 현실 속에서의 자율적인 활동성에 의해서가 아니라 천국 또는 피안과 허구의 메커니즘에서 기인한 수동성에 의해서 반응한다. 니체에 의하면 유대인들과 더불어 도덕에서의 노예 반란이 시작되었다. "도덕에서의 노예 반란은 원한 의식 자체가 창조적이 되고 가치들을 생산함으로써 시작되었다."[16] 그러나 실상 유대인 자체는 "모든 데카당스한 인간들의 대립물이다……데카당스는 유대교와 그리스도교에서 권력을 추구하는 인간의 종, 즉 사제적인 종에게는 단지 수단일 뿐이다".[17] 이러한 가치 평가 방식과 세계 해석은 로마에서 승리했고 결과적으로 '세계사적인 아이러니'로서 2,000년 이상의 서양의 역사 속에서 인간의 도덕적인 태도를 지배했다. 그리스도교적인 도덕의 존경할 만한 외형 뒤에 숨겨진 의식 태도에 대한 니체의 비판 의도를 이해한다면, 우리는 니체의 그리스도교 비판을 다음과 같이 정리하는 야스퍼스의 결론에 쉽게 동의할 수 있을 것이다. "(예수가 아니고) 그리스도교는 니체에게 유대교의 마지막 귀결이다."[18] 예수의 복음을 바울의 그리스도교와 구분하여 서술하려는 니체의 작업은 그리스도교의 근원과 역사를 고고학적으로 탐구하는 문제와

---

16) F. Nietzsche, GM I 10, KSA 5, 270쪽.
17) F. Nietzsche, AC 24, KSA 6, 193쪽.
18) K. Jaspers, *Nietzsche und das Christentum* (München, 1985), 28쪽.

더불어 그리스도교의 본질 또는 더 나아가 종교의 본질에 대한 물음의 맥락 속에서 해석될 수 있을 것이다.

4 예수와 바울의 그리스도교에 대한 니체의 평가

본 대학 시절에 예수의 삶에 대한 19세기의 여러 신학자들의 이론을 공부한 이후, 니체는 예수상과 그리스도교의 본질에 대해 지대한 관심을 가졌다. 19세기에는 이미 앞에서 언급한 바와 같이 르낭, 하제, 슈트라우스 등이 쓴 《예수의 생애》와 울만의 《예수의 무죄》, 그리고 셴켈의 《공동체를 위한 예수의 성격상》 등 예수의 생애와 성격, 그 역사적 의미 등에 대한 연구가 다각도로 진행되었다. 이는 그리스도교의 근원을 역사학적, 문헌고고학적 차원 또는 민속학적, 문화사적 차원에서 재분석함으로써 그리스도교의 본질을 재규정하려는 시도와 관련되어 있다. 잘라크바르다Jörg Salaquarda의 연구 보고를 보면 우선 우리는 톨스토이, 도스토예프스키, 벨하우젠Julius Wellhausen과 르낭이 그리스도교에 대한 니체의 비판적인 입장에, 무엇보다 그의 "예수와 바울"에 대한 테마 설정에 많은 영향을 주어왔음을 확인할 수 있다.[19] 무엇보다 우

---

[19] J. Salaquarda, "Dionysos gegen den Gekreuzigten. Nietzsches Verständnis des Apostels Paulus", J. Salaquarda (Hrsg.), *Nietzsche*(Darmstadt, 1980), 292쪽. 그 외에도 많은 학자들은 신의 존재와 미친 인간에 대한 니체의 사유가 시인 하이네의 영향을 받았다고 본다. E. Biser, *Gottsucher oder Antichrist?*, 32 · 63~65쪽 ; E. Biser, "Nietzsches Kritik des christlichen Gottesbegriffs und ihre theologischen Konsequenzen", *Philosophisches Jahrbuch* 78(1971), 56~58쪽 ; H. Spencer, "Heine und Nietzsche", *Heine-Jahrbuch* 11(1972), 126~161쪽 ; Henri de Lubac, *Die Tragödie*

리의 관심을 끄는 것은 니체가 후기 저작들에서 예수를 영웅이나 천재로 취급하는 르낭의 테제를 배척하고, 도스토예프스키의 심리학적 고찰 방식을 받아들인다는 사실이다.[20]

우리는 그가 말년에 상당히 꼼꼼히 신약성서를 읽으며 예수상과 예수가 말하고 있는 "신의 나라"라는 개념의 해석에 몰두한 흔적을 찾을 수 있다.[21] 그의 예수관에 대해서는 아래에서 자세히 논의할 것이다. 니체는 그리스도교에 대한 연구에서 심리학적, 계보학적, 문헌학적 고찰 방식으로 예수를 그리스도교의 근원사와, 즉 예수의 그리스도교를 바울의 그리스도교와 구분한다. 여기에서 니체가 예수를 두 가지 관점에서 고찰하며, 따라서 자연히 바울의 그리스도교, 즉 제도화된 그리스도교의 역사와 구분하여 기술했음을 밝히는 것은 중요한 의미가 있을 것이다. 이 사실은 우리에게 한편으로는 니체가 예수를 그리스도교의 발생과 성장에 대한 책임에서 벗어나게 했고 또 동시에 예수의 역사적 '위대성' 역시 니체 자신에게서 상실되었음을, 그리고 다른 한편으로는 바울이 이러한 책임과 직접적으로 관계있음을 함축하는 중요한 단서를 전해준다.

이제 야스퍼스가 자신의 책 《니체와 그리스도교 Nietzsche und das Christentum》에서 제기한 "예수는 누구였던가?"라는 물음으로 들어가 보자.

---

des Humanismus ohne Gott (Salzburg, 1966), 44 · 336쪽.
20) F. Nietzsche, AC 31, KSA 6, 201~203쪽 ; J. Salaquarda, "Dionysos gegen den Gekreuzigten. Nietzsches Verständnis des Apostels Paulus", 293쪽 ; C. P. Janz, *Friedrich Nietzsche Biographie*, Bd. 2, 651쪽 참조.
21) F. Würzbach, *Nietzsche* (München, 1967), 392쪽.

(1) 예수의 그리스도교

ㄱ. 예수의 유형 : 백치

우리는 두 가지 서로 다른 예수에 대한 니체의 평가, 즉 한편으로는 심리학적으로 특징지을 수 있는 인간 유형으로서의 예수와 다른 한편으로는 삶의 진정한 실천가로서의 예수에 접근할 수 있다. 전자는 예수의 인성에 관한 것이고, 후자는 예수의 삶의 실천의 성격에 관한 것이다. 이제 우리는 예수의 인간 유형에 대한 니체의 심리학적 발굴 작업에서 시작해보자.

그는 예수를 "모욕적이지 않은 그리고 매우 진지한 의미에서" 하나의 '백치Idiot'라고 명명한다.[22] 비저Eugen Biser는 니체의 이러한 표현이 증오와 거부를 암시하는 것으로 평가되어서는 안 된다고 말한다.[23]

원래 라틴어의 '백치idiota'라는 단어의 의미는 국가의 공무를 보는 정치인과 대립되는 사적인 개인, 또는 예술가에 대립되는 범인, 또는 식자에 대립되는 무지한 사람들을 함축했다. 그러나 이후 이러한 '백치'라는 단어는 18세기와 19세기에는 문화 없이 사는 인간들을 지칭하는 말로 사용된다. 그 당시 독일의 경건주의자였던 멘켄Gottfried Menken 역시 이러한 맥락에서 스스로 '성스러운 백치ein heiliger Idiot'가 되고자 했다.[24] 따라서 백치라는 용어는 한 인간을 비웃거나 평가절하하

---

22) Uwe Kühneweg, "Nietzsche und Jesus-Jesus bei Nietzsche", *Nietzsche Studien* 15 (1986), 384쪽 ; M. Dibelius, "Der 'psychologische Typus des Erlösers' bei Friedrich Nietzsche", *Deutsche Vierteljahrschrift für Literaturwissenschaft und Geistesgeschichte* 22 (1944), 73쪽.
23) E. Biser, *Gottsucher oder Antichrist?*, 76쪽.
24) M. Dibelius, "Der 'psychologische Typus des Erlösers' bei Friedrich Nietzsche",

는 일상적인 언어 사용 맥락에서 파악되어서는 안 되며, 그 용어가 사용된 정신사적 또는 문화사적 맥락 위에서 이해되어야 할 것이다. 니체가 예수를 평가하는 단어로 사용한 '백치'라는 용어 역시 이러한 정신사의 흐름에서 이해될 수 있을 것이다.

그러나 이때 니체는 예수를 도스토예프스키의 '백치'의 전범에 따라 파악하고 있다.[25] 그가 예수를 백치로 부른 이유를 니체는 《안티크리스트》에서 다음과 같이 제시한다.

> 더욱이 '천재'라는 말은 얼마만한 오해인가! '정신'이라는 우리의 모든 개념, 우리의 문화 개념은 예수가 살던 세계에는 전혀 의미가 없다. 생리학자의 엄밀함으로 말하자면, 여기에는 완전히 다른 단어가, 백치라는 단어가 자리해야 했을 것이다.[26]

니체는 예수를 영웅과 천재라는 두 가지 범주로 규정한 르낭의 예수관을 거부하며, 당시 정신사적으로 사용되던 '백치' 개념을 심리학적으로 범주화한다. 니체는 백치로서의 예수의 근본 성격을 예수가 오로지 내면적인 것과 체험한 것들에 대해서만 이야기하고, 화내거나 질책하거나 벌하거나 자기 방어를 하지 않는다는 의미에서 '어린아이의 천진난만성'과 '병적인 것'이라는 두 가지 성향으로 묘사한다. "그는 모든 형이상학, 종교, 역사, 자연과학, 심리학, 윤리학의 밖에 서 있다.──: 그는 그러한 것이 존재하는지 알지 못했다."[27] 그는 정치와 사

65~67쪽.
25) W. Kaufmann, *Nietzsche*, 340~341쪽.
26) F. Nietzsche, AC 29, KSA 6, 200쪽.

회, 종교와 문화의 밖에 서서 병적인 천진난만함으로 자신의 삶과 세계 인식의 통일을 그대로 실천한 실천가였다.

예수는 르낭이 자신의 저서 《예수의 생애》에서 묘사했듯이 한 시대 또는 한 문화 안에서 생겨난 문화적 천재도 영웅도 아니었다. 그는 자신의 삶의 경험에 대해서만 이야기했던 천진무구한 백치였다. "'삶', '진리' 또는 '빛'은 가장 내면적인 것을 나타내는 그의 언어다."[28] 진리는 마음의 언어다. 진리는 내면성의 기호로 삶을 드러낸다. 그러므로 하늘나라는 사람이 죽은 후에 가는 사후 세계도 아니며 인간 위에서 인간을 감시하고 주재하는 저편 세계도 아닌, 마음속에 순수 내면적으로 존재하며, 언제나 올 수 있다. 그것은 도처에 존재하며 또 동시에 어디에도 존재하지 않는 마음의 한 경험이다. "그리스도교는 어느 순간에나 여전히 가능하다."[29] 신국(神國)은 연대기적, 역사적으로 오는 종말론적인 사건도 대지 위에 존재하는 무엇도 아닌 "각 개인에게 있는 감성의 변화"이며, "하늘나라는 마음의 한 상태다"[30] 그러므로 복음이란 마음속에서 모순과 대립이 없는, 편견과 선입견과 이항대립적 가치 판단이 지양된 자유 정신의 지평이며, 그러한 의식의 유동적 중심 상태다. "하늘나라는 어린아이에 속해 있다."[31] "마치 정신적으로 퇴행한 어린아이 같은 상태"를 니체는 《차라투스트라는 이렇게 말했다》에서 인간 정신의 (낙타에서 사자 단계를 거쳐 어린아이 단계로 가는) 세 단계의 발전

---

27) F. Nietzsche, N 11(368), KSA 13, 164쪽. 니체는 여기에서 르낭의 테제에 대한 자신의 입장을 밝힌다.
28) F. Nietzsche, AC 36, KSA 6, 204쪽.
29) F. Nietzsche, N 11(365), KSA 13, 162쪽.
30) F. Nietzsche, N 11(354), KSA 13, 154쪽.
31) F. Nietzsche, AC 33, KSA 6, 205쪽.

과정 중 최고의 경지로 묘사했다. 어린아이와 같이 열려 있는 자유 정신 가운데 있는 하늘나라는 다름 아닌 마음속에서 정화된 순수성이다. 즉 하늘나라는 시간이 정지된 사후 세계의 위안과 영원한 즐거움이 있는 낙원이 아니라, 마음속의 천진난만성, 즉 하느님의 순수성이 실현되는 마음자리일 뿐이다. '자유 정신'으로서의 예수는 오직 이러한 그 자신의 지극한 내면성 속에서 살았다.[32]

여기에서 니체는 르낭의 예수관에 상당한 빚을 지고 있다. 르낭은 어린아이와 같은 하느님이 부여한 천진난만성으로 마음속에 신적 광명과 하느님의 나라를 창조할 수 있으며, 인간이 하느님 속에, 그리고 하느님을 통해 살고 있는 것과 마찬가지로 하느님은 인간 속에, 그리고 인간을 통해 살고 있기에 모든 인간이 하느님의 아들이거나 정도의 차이는 있지만 그러할 가능성이 있다고 본다.[33]

따라서 신국 또는 하늘나라에 대한 신약성서의 사상을 인간의 내면적 현실에 대한 심리학적 상징으로 보지 않고 묵시록적eschatologisch으로 해석하는 것은 니체에 따르면 예수의 죽음 이후에 복수의 감정에서 생겨난 '교회적 조야성'과 다름없다.[34] 비저에 따르면 니체는 전통적인 '상위의 그리스도론'으로도, 또한 예수의 사회 비판적인 행위와 결부된 '하위의 그리스도론'으로도 엄호될 수 없는, 그러나 키르케고르에 의해 기획된 '내면의 그리스도론'을 옹호한다.[35] 니체는 비유적으

---

32) 니체와 예수의 자유 정신에 대하여, 정영도, 〈Nietzsche의 실험철학에 있어서 Jesus와의 동일화〉, 《니체연구》 창간호(한국니체학회, 1995), 75~95쪽 참조.
33) E. 르낭, 《예수의 생애》, 이정 옮김(정음사, 1976), 88~90 · 122~123쪽 참조.
34) F. Nietzsche, AC 34, KSA 6, 206쪽.
35) E. Biser, *Gottsucher oder Antichrist?*, 98쪽.

로 어린아이다운 백치의 세계를 발견할 수 있는 유사한 인물 가운데서 아시시의 프란체스코와 부처를 꼽는다.

니체는 더 나아가 예수의 심리적 태도를 통일적으로 설명하고자 한다. 그는 예수의 심리학적 유형을 물어 들어감으로써 슈트라우스나 바우어Bruno Bauer의 자유주의 신학이나 그들의 입장을 계승한 니체의 동시대적 비판신학의 입장보다도 더욱 긍정적이고 생생한 예수의 상을 그려낸다.[36] 그는 예수가 모든 현실에 대해 본능적인 증오심을 가졌으며, 이로 인해 동시에 내면적이고 참되며 영원한 세계를 추구한다고 생각한다. 감정 속에서 느끼는 모든 혐오와 적대감, 모든 한계와 거리를 본능적으로 배척한 결과, 그는 저항하지 않고 사랑을 마지막 삶의 유일한 가능성으로 느낀다. 이러한 생리학적 인간 유형을 니체는 조심스럽게 생리적 상태의 "데카당스 유형"이라고 부른다.[37]

인간이 자기 안에서 스스로 천국과 구원을 느끼기 위해 어떻게 살아야 하고 어떻게 행위해야 하는지를 보여준 예수의 '구원의 심리학'은 그의 생리학적 언어에서 이해될 수 있다. 그의 이러한 생리학적 기호 언어를 니체는 신약성서의 두 가지 중요한 윤리적 규범 언어와 연결시켜 설명한다. 그 첫째는 〈누가복음〉에 나오는 "신국은 너희 안에 (이미) 있다"(제17장 21절)라는 예수의 말에서 볼 수 있듯이, 예수는 모든 제도, 교회, 윤리, 정치, 문화 등 현실적인 것에 대해 증오하며 오직 인간의 내면적 현실로 되돌아간다. 그리고 또 하나는 〈마태복음〉에 나오는 "악에 저항하지 말라"(제5장 39절)라는, 모든 적대성을 배제하라는 예

---

36) Ernst Benz, "Nietzsches Ideen zur Geschichte des Christentums", *Zeitschrift für Kirchengeschichte*, Dritte Folge VII, Bd. 56(1937), 183쪽.
37) F. Nietzsche, AC 31, KSA 6, 202쪽.

수의 말이다. 적대성을 배제하고 사랑을 실천하는 것을 예수의 가르침으로 이해하고 있듯이, 니체는 더 나아가 "적대는 적대를 통해서는 종결되지 않는다"라는 《법구경Dhammapada》의 구절을 불교의 핵심 내용으로 이해하며, 종교의 본질 문제로 들어간다[적대성의 문제와 불교에 대해서는 이 책의 제7장 3-(2)에서 좀더 구체적으로 논의할 것이다]. 우리에게 나쁜 짓을 하고 우리를 적대하는 사람들에게 행위를 통해서건 마음속으로건 저항하지 말라고 하는 예수의 명령은 무저항과 비폭력의 윤리적 명법으로 이해할 수 있을 것이다. 나를 미워하고 나를 시기 또는 질투하며, 더 나아가 나에게 해를 끼치는 사람에게, 오른뺨을 때리면 왼뺨을 내주고, 나의 겉옷을 원하면 속옷까지 내주라는 예수의 사랑은 보통의 범인이 할 수 없는 위대한 사랑이다.

그러나 니체는 여기에서 구세주의 심리학적 유형을 분석해 들어간다. 그에 따르면 '모든 현실에 대한 본능적 증오'와 '모든 적대성에 대한 본능적 배제'는 예수의 두 가지 생리학적 현실을 이루고 있다. 그는 본능심리학적 관점에서 예수의 '본능으로부터 적대할 수 없음Nicht-fein-sein-können'의 생리학적, 심리학적 현실은 감정 속에 있는 모든 혐오, 적대감을 배제하며, 모든 저항이나 또는 저항하지 않을 수 없는 것을 불쾌로 느끼고 또한 누구에게도 저항하지 않는 것을 열락(쾌)으로 느끼게 된다고 분석하고 있다. 사랑이란 이러한 내면적 현실의 유일하고 마지막 삶의 가능성으로서의 열락Seligkeit의 상태인 것이다. 구원의 교리 역시 다름 아닌 이러한 생리학적 현실의 병적인 기반 위에서 성장한 쾌락주의Hedonismus의 숭고한 발전이다.[38] 사랑과 구원의 종

---

38) F. Nietzsche, AC 30, KSA 6, 201쪽.

교는 이렇게 발원되었다.

이와 관련해 우리는 예수가 그에게 믿음을 통해서가 아니라 실천을 통해서 인간 실존의 가능성을 보여준 하나의 전범으로 이해되고 있다는 사실을 또한 발견할 수 있다. 가장 내면적인 세계에 더 이상 모순이 없으므로 예수는——비록 그것이 니체에 따르면 (생리학적 관점에서) 병리적인 사랑일지언정——자신의 내면성의 사랑을 자신의 삶에서 실천함으로써 실현할 수 있었다. 예수가 보여준 전범적인 삶은 사랑과 겸손에서 나오고, 가장 낮은 사람들도 배척하지 않는 마음의 충일Herzens-Füll에서 실천된 삶이었다.

ㄴ. 실천가 예수

예수가 스스로 실천을 통해 인간 실존의 가능성을 완성했다는 점에서 니체는 예외적으로 예수를 칭송한다. 그는 예수에게서 믿음이 중시되기보다는 내면적인 삶의 실천이 중시되었다고 확신한다. 오직 그리스도적인 실천만이, 십자가에서 죽었고 그 삶을 살았던 사람과 같은 삶만이 그리스도적이며, 예수만이 그러한 진정한 그리스도인이었다. 니체는 "근본적으로 오직 한 사람의 그리스도인이 있었다. 그리고 그는 십자가에서 죽었다"[39]고 선언한다. 신과 인간의 거리 관계가 없어진 그의 심리적 상태 속에서 예수는 삶의 실천을 통해, 즉 복음적 실천을 통해 스스로를 신적이고 축복받은 것으로 느꼈다. 그의 삶은 그의 실천이며, 그의 실천은 곧 그의 가르침이다.

---

39) F. Nietzsche, AC 39, KSA 6, 211쪽.

구세주의 삶이란 다름 아닌 이러한 실천이다.——그의 죽음 역시 다름 아닌 실천이었다……그는 신과 교통하기 위해 어떤 형식이나 의식이 필요하지 않았다.——기도조차 필요하지 않았다. 그는 유대적인 속죄의 가르침과 화해의 가르침을 모두 청산했다. 그는 사람들 스스로 "신적으로", "축복을 받은 것으로", "복음적으로", 또는 언제나 "신의 아들"로 느끼는 삶의 실천만이 회개와 속죄라는 것을 알고 있었다. "회개"나 "사(赦)함을 구하기 위한 기도"가 신에 이르는 길은 아니다 : 복음적인 실천만이 신에 이르며, 그 실천이 바로 "신"이다.[40]

이 "즐거운 복음의 사자"는 "인간을 구원하기 위해서"가 아니라, 어떻게 우리가 살아야만 하는가를 제시하기 위해, 그가 살아왔던 것처럼, 그가 가르쳤던 것처럼 죽었다. 그가 인류에게 남긴 것은 실천이었다…….[41]

니체는 존경심을 가지고 예수의 실천적인 삶을 기술한다. 그는 십자가에서의, 죽음 앞에서의 예수의 행위가 우리 인류에게 제시한 완전한 복음이라고 생각한다. 그러나 동시에 그는 예수의 삶을 또 다른 시각으로 기술한다. "그는 자신의 죄 때문에 죽었다."[42] 그의 저항은 단지 계급에, 특권에, 질서와 형식에 얽매여 있었던 유대적 교회에 대한 것이었다. 이러한 성스러운 무정부주의자는 부조리하고 비정치적인 공동체 속에서 하나의 '정치적인 범죄자'로 이해되었다. 비정치적인 삶을 산 '성스러운 무정부주의자'로서의 예수는 정치적 반란의 오해 속에 죽었

---

40) F. Nietzsche, AC 33, KSA 6, 205~206쪽.
41) F. Nietzsche, AC 35, KSA 6, 207쪽.
42) F. Nietzsche, AC 27, KSA 6, 198쪽.

다. 그때까지 호전적이고, 부정적으로 말하거나 행위하는 특징을 예수의 모습에서 찾을 수 없었음에도 시간이 흐르면서 유대교의 상위 계층들은 예수를 자신의 기존 질서에 대한 반역으로 느끼게 된다.

니체에 따르면 예수의 사도들은 비복음적인 복수의 감정으로, 즉 '신국'이 그의 적을 심판하기 위해 오는 것과 같은, 보복, 심판, 형벌의 개념을 복음의 전경에 세웠다. 자신의 죽음을 통해 원한 감정을 넘어선 자유와 초탈의 복음, 즉 "모든 사람이 신의 아들"이라는 복음주의적인 평등관을 자신의 내면에서 실천함으로써 '신국'의 현실에서의 성취 가능성을 보여준 예수의 삶과 죽음에서 그들은 신이 인간의 죄를 사하기 위해 자신의 아들을 희생으로 주었다는 부조리한 대답을 찾아냈고, 또 구세주의 전형 속에서 심판과 재림, 희생으로서의 죽음과 부활의 가르침을 강조함으로써 구체적 현실성인 '축복'의 개념을 제거해버렸던 것이다. 염세적인 현실 부정이 아닌 현실 긍정의 실천(八正道)을 통해 "모든 인간이 부처처럼 고귀하다(悉有佛性)"는 평등주의적인 깨달음에 불교의 참된 복음의 내용이 담겨져 있음에도, 즉 구체적인 현실 속에서 감정의 화학 반응이 빚어내는 고통을 넘어서서 자유 정신의 실현을 통해 더욱 어린아이처럼 순수한 내면의 복음을 구할 수 있다는 그 실천적인 가르침에도 불구하고, 이는 번뇌와 탐욕의 불을 끄고 마음속에서 평상심을 찾는 불교의 열반nirvāṇa 개념이 불교의 발전 과정에서 변질되고 극락과 지옥, 심판과 윤회saṃsāra를 강조한 것과 유사하다.

니체는 죄의 희생양, 즉 죄 지은 자의 원죄를 위해 무죄한 자가 희생되는 것을 부조리한 논리로 여긴다. 이에 대해 그는 처음부터 "예수는 '죄'라고 하는 개념 자체를 폐지했고, 신과 인간 사이에 놓인 모든 괴리를 부정했으며, 신과 인간의 통일을 자신의 '즐거운 복음'으로 여기며 살았다"⁴³⁾고 확신한다. 예수는 믿음을 통해서가 아니라, 신성의 감정, 즉 신과 같다는 감정을 통해 죄의 개념을 없앴고, 삶의 실존 방식을 복음으로 제시했다.⁴⁴⁾ 달리 말하자면 니체는 비정치적이고 가장 사적인 실존 형식으로서의 예수의 삶의 방식 속에서 어떻게 인간이 살아야만 하고 살 수 있는가 하는 가능성을 찾는다. 지금까지의 논의를 통해 우리는 예수에 대한 니체의 제한된 긍정이 반그리스도교적인 맥락 속에 있다고 할지라도, 니체가 예수에 대해 거의 경멸 없는 존경의 관계, 즉 실상은 무의식적인 경탄과 결속의 관계에 있다는 결론을 유추할 수 있을 것이다.⁴⁵⁾

(2) 바울의 그리스도교

ㄱ. 바울의 유형 : 종교적 천재

니체에 의하면 그리스도교는 바울에 의해 전도되었다. 그는 예수에 대한 조심스러운 평가와는 달리 바울에 대해서는 분명한 톤으로 날카로운 비판의 메스를 들이댄다. 니체는 바울이 그리스도교 발생에 직접적인 책임이 있으며, 또한 바울이 그리스도교의 실제적인 창건자라고 생각한다. 이제 우리는 바울의 개인적인 성격에 대한 니체의 기술을 살펴보자. 그는 예수를 '백치'라고 부른 것과 정반대로 바울을 '천재'라고 부른다.

---

43) F. Nietzsche, AC 41, KSA 6, 215쪽.
44) F. Nietzsche, N 11[378], KSA 13, 177쪽.
45) E. Biser, *Gottsucher oder Antichrist?*, 81~82쪽.

바울 속에는 "복음자"와는 대립적인 유형이 실현된다. 증오 속에, 증오의 비전 속에, 견딜 수 없는 증오의 논리 속에 있는 천재가 그것이다.[46]

본래적인 그리스도교에 대한 모든 위대한 위조는 바울의 종교적인 천재성에서 나온다. 그와 더불어 예수의 그리스도교는 교회 조직으로서의 그리스도교로 세워지게 되었다. 니체는 바울의 천재적 공헌을 ① 예수상의 전도, ② 예수가 가르치고 제시한 그리스도교적인 가르침의 전도, ③ 교회 조직의 문제라는 세 가지 차원에서 논의했다.

이 문제를 다루기 전에 먼저 "바울이 누구인가?"를 살펴보자.[47] 이스라엘 최초의 왕의 이름을 따라 히브리어로 사울Saul이라는 이름을 가지고 있었던 바울은 고대 킬리키아의 타르수스라는 도시에서 유대인으로 태어났다. 바울이 태어난 타르수스는 거대한 항구 도시이자 중요한 상업 도시로 그 당시 고대 세계에서 유명한 도시였고, 또 그러한 지정학적 위치와 중요성 때문에 아시리아의 셈족과 페르시아인들, 그리스인들, 로마인들에 의해 차례로 정복되었다. 또한 고대의 문화와 종교가 뒤섞이는 거대한 용광로, 즉 동양과 서양이라는 두 세계의 문명이, 그리고 셈족과 그리스의 문화가 만나는 교차점에 해당했다. 그렇기에 토속 신앙과 아시리아적, 페르시아적 또는 그리스적 요소들이 배합된 다양한 종교의 종합적 성격이 이 도시를 지배하고 있었다. 이러한 도시적 분위기에서 태어난 바울의 사상에는 고대 세계의 다양한 문화적, 종교적 세계들이 뒤섞여 있으며, 당시 유대인들의 역사적 운명이 표출되어 있다. 당시 유대 민족은 이집트에서의 유배 생활과 바빌론 유수를 겪은

---

46) F. Nietzsche, AC 42, KSA 6, 215~216쪽.
47) 바울의 생애와 사상에 대해서는 Claude Tresmontant, *Paulus*(Hamburg, 1959) 참조.

뒤 전 그리스·로마 세계에 흩어져 살며, 페르시아의 조로아스터교에서 온, 창조로 시작되고 악의 소멸로 끝나는 세계 드라마를 그리는 종말론Eschatologie과 야훼가 세계 질서를 근본적으로 변화시킬 것이라는 희망, 즉 메시아를 통해 죽은 자와 산 자 가운데서 정의로운 자에게 영원한 축복이 내릴 것이라는 메시아 사상을 믿고 있었다. 고통 속에서 세계 질서를 근원적으로 변혁시킬 힘이 유대인들에게는 없었기에 그들은 세상의 종말과 유대인의 구원을 원한 의식 속에서 끌어내게 된다. 그리스도교는 정치적으로 이미 포기했던, 그리고 로마적 질서 속에서 일종의 기생적인 삶을 살았던 한 민족 내에서, 즉 유대 세계 안에서 성장할 수 있었다. 니체에 따르면 바울은 원한 의식과 무력한 복수심에서 태어난 찬달라 도덕을 지닌 복수의 사제 중에서 가장 위대한 사제였다.

바울, 로마 그리고 "세계"에 대한 찬달라적 증오의 육화이자 천재, 유대인이며, 영원한 유대인의 전형인 바울……그가 알아낸 것은 어떻게 유대교를 떠난 조그마한 종파의 그리스도교 운동에 의해 하나의 "세계적인 불길"이 일어날 수 있었는가, 어떻게 "십자가에 있는 신"이라는 상징으로 제국 안 지하에 잠복해 있는 모든 것, 은밀히 반란을 꾀하는 모든 것, 무정부주의적인 음모의 모든 유산이 하나의 거대한 권력으로 집적될 수 있었는가에 대한 것이었다.[48]

특히 후기 저작들에서 니체가 사도 바울을 가리켜 허무에 대한 강한 의지를 가졌던 한 사람으로, 또는 위대한 반도덕의 한 사람으로, 또는

---

48) F. Nietzsche, AC 58, KSA 6, 246~247쪽.

데카당스 도덕의 중요한 향진자 및 그리스도교의 창건자로 언급하는 몇몇 구절들을 볼 수 있다. 여기에서 그는 바울이 한편으로는 데카당스의 본능에 의해 각인되었고, 다른 한편으로는 데카당스한 '허무의 의지'를 한 시대 동안 다른 방향으로 돌리기에 충분히 강했다는 결론을 이끌어낸다. 다시 말해 바울은 니체의 관점에서 보면 하나의 데카당스한 자였고, 또 동시에 그리스도교 위조를 성공적으로 수행한 실험주의자였다.

ㄴ. 바울의 공헌

바울은 예수상을 가지고 복음의 의미를 재해석하기 시작했다. 그는 구세주에 대한 세간의 기대를 예수에게로, 역사의 전경으로 가져왔다. 그는 예수를 구세주의 유형으로 만들었다. 자신의 가장 깊은 내면에서, 그리고 십자가에서의 행위 속에서 증오하지 않았던 예수를 가지고 그는 복수심에서 예수의 전사(前史)로서의 이스라엘의 역사와 마치 모든 예언가가 그들의 구세주에 대해 말해온 것처럼 다시 부활한 예수를 위조했고, 초기 그리스도교의 한 역사를 발명했다.[49] 예수는 이제 신학적으로 변용되었다. 니체의 입장에서 보면 "심판, 재림의 가르침과 희생의 죽음으로서의 죽음에 대한 가르침, 부활의 가르침"은 당연히 바울의 고안물이다.[50] 예수에게서 신과 인간의 일치, 즉 복음과 축복의 메시지는 제거되고, 죄 있는 자의 죄 때문에 죄 없는 자가 희생된다는 이교주의Heidentum가 종교의 옷을 입고 등장하게 된다. 1887년 11월에서 1888년 3월 사이의 후기 유고는 그가 이러한 문제의식에 사로잡혀 있

---

49) F. Nietzsche, AC 42, KSA 6, 216쪽.
50) F. Nietzsche, N 11(378), KSA 13, 177쪽.

음을 보여준다. "우리의 원죄를 위해 신은 죽지 않았다; 믿음을 통한 구원이란 없다; 죽음 이후에 부활은 없다.——이러한 것은 유해한 심술쟁이[바울]에게 책임을 지울 수밖에 없는 본래의 그리스도교에 대한 모든 위조지폐다."[51]

　원죄란 무엇인가? 왜 바울과 같은 초기 그리스도교의 조직자와 이후 그리스도교의 사제 계층들은 이러한 인간의 원죄 개념을 종교적 가르침의 중심부에 밀폐시키고 자기 불신의 도덕을 심리학화했는가? 왜 사제들은 인간 안에 있는 거대한 욕망과 무의식을 다스리기 위해 죄책과 원죄와 같은 자기 부정과 세계 부정의 금욕주의적 치료법을 사용했는가? 인간의 영혼 안에서 끊임없이 일어나는 우울, 불쾌, 분노, 공포, 음욕, 복수, 희망, 승리, 절망, 잔인성과 같은 영혼의 분열과 오한과 고통을 벗어나고자 하는 목적이 종교적 예술가였던 사제들로 하여금 '양심의 가책', '죄의 감정', '원죄'를 그 고통의 원인으로 제공하게 함으로써 이제 병든 영혼은 마침내 영혼의 죄인으로 전락하고 말았다. 그러나 니체에 따르면 여기에는 간과할 수 없는 거대한 '권력의 심리학'이 작동하고 있다. 그리스도교의 사제들은 인간의 영혼을 형벌 상태의 죄수로 만들고 육체를 죄악시하며, 양심의 가책과 구원을 갈구하게 함으로써, 영혼의 고통을 치유하는 의사로서 인간의 영혼과 사회, 역사를 지배하는 막강한 권력을 행사했다. 그리스도교는 원죄를 심리화하여 인간을 신의 죄인으로 만듦으로써, 즉 인간을 죄의 최면 상태에 감금시킴으로써 거꾸로 자신은 구원받을 수 있는 영혼의 약자, 불구자, 그리고 선한 자라고 착각게 하는 기만의 술책(전략)을 사용했다. 또한 예수처

---

51) F. Nietzsche, N 11 (275), KSA 13, 103쪽.

럼 살기에는 어려움이 있었던 바울은 십자가와 그리스도의 부활을 자신의 문제를 해결하는 길로 이해했다. 더욱 중요한 점은 바울이 예수의 상을 가지고 믿음의 종교적인 가르침을 그리스도교 안으로 밀어 넣어 고정(체계화)시켰다는 사실에 있다.

> 그(바울)는 죄책과 원죄의 개념을, (예수 자신이 보여주었고 가르쳐준) 실천이 아니라 하나의 새로운 예배 의식을, 하나의 새로운 믿음을, 기적과 같은 변용(믿음을 통한 "구원")에 대한 믿음을 전경에 가져올 필요가 있었다.[52]

예수가 삶의 실천을 구현했던 데 반해 바울에게 문제가 된 것은 믿음이었다. 삶의 실천의 종교로서가 아니라 믿음의 종교로서의 그리스도교는 처음부터 바울의 작품에 속한다. 그리스도교에서 모든 데카당스 운동들의 가장 중요한 근본 성향, 즉 고대의 모든 데카당스 운동들의 주요 경향과 "십자가에 걸린 신"이라는 상징을 초점화하고, 또 이를 통해 사회의 하층에 일차적으로 파고들어 이를 정착시킨 것 등은 바울의 공헌이었다. 바울은 구세주의 삶이 필요했던 것이 아니라 단순히 '십자가에서의 죽음'이라는 상징이 필요했다. 이러한 상징을 통해 그는 예수의 삶과 그 실천적 행위를 도그마화했고, 예배와 믿음의 종교로서의 교회적 그리스도교를 정초했다. 이제 그리스도교는 대중운동으로서 그리고 '의식(儀式)과 분위기'의 종교로서 교회 조직에 수용되었다.[53] 행위와 실천을 통해서가 아니라 믿음을 통해서 그리스도교는 성장하게 되었고, 이러한 발전 과정에서 그리스도교인들은 세속과 똑같이 행위하

---

52) F. Nietzsche, N 11(282), KSA 13, 109쪽.
53) F. Nietzsche, N 11(244), KSA 13, 95쪽.

게 된다. 여기에서 우리는 니체의 그리스도교 비판이, 본질적으로 근본 성향이 허무주의적이었던 바울의 그리스도교를 향하고 있음을 알 수 있다.

5 근원적인 그리스도교 정신

우리는 이제까지 왜 니체가 예수의 심리학적인 개인적 인성을 문제시하며 또 바울의 그리스도교를 비판하는지 살펴보았다. 니체는 바울에 의해 성립된 그리스도교를 교회 조직화된 그리스도교로 이해한다. 니체가 그리스도교를 비판할 때, 과연 그는 어떠한 그리스도교의 정신과 교리, 역사적 형태를 염두에 두고 있는 것인가? 왜 그는 반그리스도교의 입장에 설 수밖에 없었는가? 왜 그는 신의 죽음을 선언하며 반그리스도교적 사상을, 디오니소스의 메타포로 지시되는 대지의 사상을 주창했는가? 왜 그는 이성 중심적 기호 공간 속에서 작동하는 신(절대자)의 기호를 해체하며, 탈이성의 계보학을 통해 생명의 질감을 대지 속에 부여하고자 했는가?[54] 이러한 문제는 다양한 시각으로, 복합적으로 논의해야 한다. 여기서는 종교계보학적 시각에서의 종교 발생의 한 지층만을, 즉 원시 그리스도교의 정신 지층만을 한정해 다룰 것이다.

앞에서 우리는 예수의 그리스도교 정신과 바울에 의해 교회 조직화된 그리스도교를 구분했다. 예수가 죽은 이후 그의 십자가에서의 죽음

---

54) 니체의 반그리스도교적 사상의 철학적 토대의 한 단면을 나는 탈이성의 계보학을 통해 고찰했다. 〈니체에 있어서의 소크라테스의 합리주의 비판〉, 최동희 외,《이성과 반이성》, 179~184쪽 참조.

에 대한 상징은 인류에 대한 대속(代贖)으로 교리화되고, 인류는 원죄를 지은 죄 있는 존재가 됨으로써, 예수의 실천적 삶이 보여준 복음은 이미 전도되어버렸다. 그리스도교는 그 창건자가 행했고 의도했던 것과는 근본적으로 다른 것이 되어버렸고, 그것은 그리스도교 창건자의 삶, 교리, 말씀을 사용하여 형식화한 고대의 거대한 교회적 운동이었다. 예수는 고통 받는 인간에게 평화와 행복을 가져다주길 원했으나, 그리스도교는 염세주의의 기원이 되고 말았다.[55] 바울에 의해 제도화되고, 실천보다는 믿음을 통한 구원의 그리스도교가 됨으로써 본래의 그리스도교는 무화되고 본래적 정신은 사라지고 말았다. 그리스도교의 역사에서 교회는 그리스도교를 야만화하는 데 결정적인 역할을 했다.[56] "교회는 예수가 설교했던 것과 정반대"[57]이며, "교회적 의미에서 그리스도교적인 것은 처음부터 반그리스도교적인 것"[58]이기 때문이다. 그리스도교의 본질은 그 첫 세대에서 이미 전도되었고, 처음부터 반그리스도교적 성격을 띠게 된다. 따라서 니체는 그리스도교의 역사를 그리스도교의 근원적 상징성Symbolismus을 점차 오해하는 오해의 역사로 이해한다. 니체의 반그리스도는 예수의 인성과 '참된 그리스도교'를 교회나 도그마, 신앙 고백이나 여러 교파의 교리에 의해 전도된 그리스도교의 역사적 현상에서 해방시키는 투쟁을 한다. 그리스도교적 교회에 대해 투쟁하는 반그리스도는 근원적 그리스도교의 재발견자가 된다. 축복으로서의, 참된 삶의 실현으로서의 근원적인 그리스도교와 이러한

---

55) F. Nietzsche, N 11〔294〕, KSA 13, 114쪽.
56) F. Nietzsche, N 11〔364〕, KSA 13, 161쪽.
57) F. Nietzsche, N 11〔257〕, KSA 13, 98쪽.
58) F. Nietzsche, N 11〔365〕, KSA 13, 162쪽.

참된 삶의 완성자이며 우리 안에 있는 신국을 실천한 실천가로서의 예수의 모습은 니체의 그리스도교관의 내면적 핵심을 이루며 그의 대(對)교회 투쟁의 긍정적인 출발점이 된다.[59] 그리스도교는 인격신, 원죄, 불멸성, 구원, 믿음의 교리나 형이상학, 금욕주의가 필요한 것이 아니라 행위와 실천이 필요한 실천 종교다. "그리스도교는 하나의 실천이지, 믿음의 교리가 아니다. 그것은 우리에게 우리가 무엇을 믿어야만 하는가를 말하는 것이 아니라, 우리가 어떻게 행위해야 하는가를 말하고 있다."[60] 믿음을 통한 구원이 아니라, 마음의 순수성과 지복의 실천이 그리스도교의 본래적 의미를 함축하고 있다.

6 예수의 그리스도교적 정신과 참된 종교

지금까지 우리는 그리스도교의 역사적, 정신사적 발생과 그 본래적인 교리의 형성 과정 그리고 예수의 실천 종교적 함의와 바울에 의해 형성된 초기 그리스도교의 성격 등을 살펴보았다. 니체의 그리스도교관은 바울에 의해 정초된 교회적 그리스도교를 믿는 사람의 입장에서 보면 분명 무신론적 성격을 띠고 있고, 또 예수의 본래적 그리스도교 정신으로 되돌아가려는 사람의 입장에서 보면 유신론의 성격을 지니고 있다고 볼 수 있을 것이다. 그러나 이러한 니체 해석은 이미 앞에서도 밝혔듯이 편협한 자기 정당화의 논리에 사로잡히기 쉽다.

예수의 실천적 삶의 함의에서 살펴보았듯이 니체는 마음속에 어린아

---

59) E. Benz, "Nietzsche Ideen zur Geschichte des Christentums", 187~194쪽 참조.
60) F. Nietzsche, N 11(365), KSA 13, 162쪽.

이와 같은 천진난만함, 즉 하늘나라 같은 순수성을 지니고 자기 충일의 사랑을 나누는 실천 행위 속에서 근원적인 그리스도교의 정신을 발견한다. 자기 안의 내면의 빛 속에서 신을 발견하며, 자유와 초탈의 복음을 실천하는 가운데 신의 구현을 보는 니체의 그리스도교관은 이미 무신론 또는 유신론의 배중률을 넘어서 있다. 니체가 자신의 전(全) 저작을 반추하는 저술 《이 사람을 보라*Ecce homo*》를 "십자가에 못 박힌 자에 대한 디오니소스"라는 말로 끝내고 있듯이, 그의 전 저작은 그리스도교 사상과의 대결 속에서 저술되고 있음을 볼 수 있다. 형태 없는 신, 나타났다 사라지고 끊임없는 변화 속에서 형태화(발현)되었다 무화되는, 그러면서도 영원히 동일한 것으로 반복되는 생성의 신이 디오니소스라는 상징이 아닌가? 디오니소스는 삶의 허무나 데카당스에서 발현되는 것이 아닌, 삶의 충일, 즉 생명성의 발화에서 나오는 긍정의 기호다.

《안티크리스트》에서 원시 그리스도교에 대한 니체의 판단에 상당한 영향을 준 러시아의 대문호 톨스토이는 자신의 《종교론》에서 종교를 맹장과 같이 불필요한 것으로 보려는 당시의 시대적 분위기와 종교 대신 등장하고 있는 과학의 종교화 현상을 비판하며, 종교는 인간 사회의 중요한 원동력, 사회 생활의 심장과 같다고 말한다. 그는 그러나 모든 교회적 권위나 의식(儀式) 형태를 거부하고, "사람의 마음은 신의 불을 켜는 촛대다"라는 히브리 속담을 원용하면서 마음속에서 신의 불이 타는 그리고 그 불빛으로 만인과 인간 생명을 성장시키는 종교가 참된 종교라고 설파한다.[61] 이러한 의미에서 참된 종교는 긍정적인 생명의 불빛이며, 이는 곧 사랑의 실천이다.

---

61) 톨스토이, 《종교론 · 국민교육론》, 김학수 옮김(서문당, 1975) 중 〈종교론〉 참조.

여기에서 우리는 사랑과 종교, 인간의 마음과 사회 구조를 정신분석학적인 관점에서 예리하게 분석한 프롬의 사랑의 규정에 눈을 돌려보자. 그는 자신의 저서 《사랑의 기술 The art of loving》에서 사랑이란 특정한 사람에 대한 결속이 아니라 사람의 태도, 즉 성격 정위라고 정의하면서, 신의 사랑과 신 관념의 성숙도는 개인의 성숙도에 달려 있다고 말한다. 도와주는 절대 부권의 아버지와 동일한 이미지를 지니고 있는 신에 대한 믿음은 어린아이적인 환상이라고 그는 단언하며, 신을 사랑한다는 것은 자기 안에서 신이 의미하는 바를 스스로 실현하는 사랑의 능력을 획득하는 것이며, 신에 대한 자신의 사랑의 방식은 인간에 대한 자신의 사랑의 방식에 대응하며, 이는 궁극적으로 삶에 대한 사랑 Biophilia과 자기 충일에서 비롯한다고 주장한다. 자기 충일이란 생명과 즐거움(사랑)을 나누는 행위에서 비롯한다. 진정으로 성숙한 사랑의 실천은 나눔의 행위에 있다는 프롬의 말은 종교적 심성을 가진 이들에게뿐 아니라, 교환과 물질적 성공에 최고의 가치를 두는 시장 정향적 현대 사회 속에서 불안과 미성숙의 사랑을 극복하고자 하는 이들에게도 공명할 수 있는 내용을 전해주고 있다.

종교가 제 기능을 하지 못하고 과학과 기술이 사회 코드의 중심부를 차지하고 있는 현대에 과연 종교는 우리에게 어떠한 의미가 있는가? 참된 종교란 과연 무엇일까? 홉스Thomas Hobbes는 종교를 삶과 운명 또는 미래에 대한 기대나 근심에서 비롯되는 초월적인 힘에 대한 비합리적인 신앙 감정으로, 칸트는 의무에 대한 윤리적 '신적 명법'으로, 포이어바흐는 '무한성에 대한 유한한 인간의 자기 분열적인 투사'로 정의했고, 또 마르크스는 '민중의 환상적 행복으로서의 아편'으로, 또 프로이트는 '인류의 보편적, 강박적 정신신경성 질환'으로 규정했다.

그러나 포이어바흐, 마르크스, 프로이트와 같이 무신론적 입장에 있는 이들 역시 종교가 긍정적인 삶의 느낌을 영원히 소유하고자 하는 인간의 소망에 대한 사유라는 점에서는 일치된 견해를 보여준다. 인간은 자신의 우연성이나 무Nichtigkeit를 극복하고 존재에 대한 '근본적 신뢰'(에릭슨Erik Homburger Erikson, 부흐털Kurt Wuchterl)로 온전한 실존을 갖고자 하며, 그렇기에 타자를 의미하는 '성스러움'의 체험(오토 Rudolf Otto) 또는 '궁극자에 대한 궁극적인 관심'(틸리히Paul Tillich)으로서의 종교에 끊임없는 관심을 갖는다. 자신의 의미 결핍을 극복하고자 하는 인간의 관심과 노력은 종교적 영성의 물음 또는 철학적 생명성에 대한 물음을 던진다.

신화와 종교를 통해 인간의 영적인 잠재력과 생명력을 일깨워준 비교신화학의 거장인 캠벨Joseph Campbell이 말하는 '영원한 가면'을 가진 진리로서의 신의 메타포는 우리 안에 영성의 몸짓이, 우주의 가락에 맞춰서 춤을 추고자 하는 원초적 자각의 지혜에 대한 욕망이 있음을 보여준다.[62] 종교적 영성은 생명성의 기호로서의 성(聖)스러움에 대한 해석학적 물음과 체화의 몸짓이다. 종교란 포괄적인 의미에서 생명성에 대한 긍정과 모든 것 안에 (영적) 생명이 유기적으로 착종되어 있다는 사실의 깨달음, 또는 자기 내면의 완성으로서의 탈자(자유 정신)의 언어라고 정의할 때, 우리는 종교 없는 허무주의의 시대에 생명의 고귀한 가치를 참된 종교적 언어를 통해 묻고 체화시킬 수 있을 것이다.

우리 인간 안에는 무수히 많은 신의 모습이 들어 있다. 자기가 믿는 신만이 최고의 절대자라고 믿는 독선의 신, 교회 안에만 신이 임재한다

---

[62] 조지프 캠벨·빌 모이어스, 《신화의 힘》, 이윤기 옮김(고려원, 1992) 참조.

는, 건물 주인 같은 교회의 신, 인간의 역사에 마치 영화감독처럼 전권을 가지고 참여하는 역사의 신, 또는 합리적 이성에 의해서 모든 것을 인식하고 파악할 수 있다는 학문의 신, 과학적 언어를 통해 객관적 우주와 세계를 통일적으로 인식할 수 있다는 과학의 신 등 실로 다양한 신들이 우리의 의식 속에 들어 있다. 우리는 각자 자기 의식만큼의 자신의 신을 가지고 있다. 그러나 우리는 최소한 우리 자신의 영성이 환한 생명의 기운으로 차오르는 그러한 정신적 자각과 자유 정신을 가질 필요가 있지 않을까? 니체가 신의 죽음을 선언하고 자신의 반그리스도교적 투쟁에서 "참된 종교란 무엇인가?"라고 물은 것은 본래적인 정신(내면성)의 자각에 대한 영원히 반복되는 화두가 아닌가?

제7장
니체의 불교 이해와 서양적 무아 사상

나는 유럽의 부처가 될 수 있을 것이다. 이는 물론 인도의 부처와는 다른 모습일 것이다.[1]

1 니체와 불교적 사유의 만남

"다른 점들과 관련해 유럽이 많이 진보했을지라도 종교적인 문제와 관련해서 유럽은 아직 고대 브라만들의 자유로운 사고의 소박함에는 이르지 못했다. 이러한 사실은, 4,000년 전의 인도에서 사람들이 지금의 우리보다 더 많은 것을 사유했고 더 많은 사색의 기쁨이 전승되곤 했다는 데서 드러난다……한 걸음 더 나아가 그들은 신을 배제했다. 유럽도 언젠가는 그렇게 해야만 한다! 한 걸음 더 나아가서 그들에게는

---

1) F. Nietzsche, N 4(2), KSA 10, 109쪽.

승려와 〔신과 인간들을〕 매개하는 사람들 역시 더 이상 필요하지 않았다. 그리고 **자기 구원의 종교**를 가르치는 교사, 즉 부처가 출현했다.──아직도 유럽은 이러한 문화적 단계에서 얼마나 멀리 떨어져 있는지!……그러나 이것저것 안일하게 추측하지 말고, 우선은 유럽이 사상가들의 나라인 인도에서 수천 년 전에 사유의 율법으로 행해졌던 것을 따라잡는 것을 주의해서 살펴보도록 하자!"[2]

니체는 자신의 저서《아침놀Morgenröte》에서 유럽과 인도의 종교 문제, 즉 그리스도교와 불교를 비교하면서 자기 구원의 종교를 가르치는 인류의 스승인 부처의 사유를 배워야 한다고 말한다. 신을 배제하며 허무의 한가운데서 자기 스스로 자신의 완성을 찾아나가는 부처의 사유는 유럽이 따라가야 할 문화적 사유 모델인 것이다. 니체의 이러한 관점은 동양의 종교를 '직접적 종교' 또는 '자연 종교'로, 그리고 그리스도교를 절대 정신의 자기 의식을 절대적으로 규정한 '완전 종교' 또는 '계시 종교'로 보는 헤겔의 역사철학적 종교관을 전복하며, 동양적 사유와 서양적 사유에 대한 전통적인 관계를 근본적으로 해체한다. 유럽의 문화가 수천 년 전 인도에서 발생한 정신 문화 및 그 사유 방식을 따라잡아야 한다는 니체의 말은 물질적 우월감을 확보하던 근대 서양이 그 정신 문화의 기반에서는 불교적 사유를 새롭게 배워야 한다는 것을 의미한다. 니체에게 불교적 사유는, 비록 그것이 허무주의적 요소를 함축하고 있지만, 허무주의를 극복하는 미래 철학의 가능성을 타진할 수 있는 사유의 저수지이기도 하다.

니체는 왜 서양이 부처의 사유를 배워야 한다고 말하는 것일까? 그

---

2) F. Nietzsche, M 98, KSA 3, 87쪽〔니체,《아침놀》, 박찬국 옮김(책세상, 2004), 103~104쪽 참조〕.

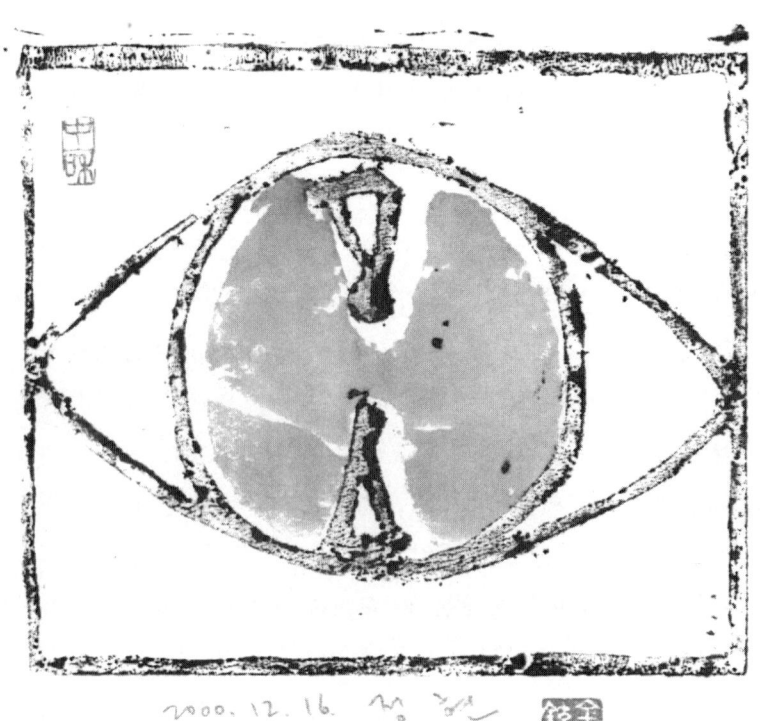

무의식과 무아(無我)
눈과 그 속에서 명상하는 인간은 자신의 무의식과 대면하며 참된 '자기'를 만나려는 모습을 나타낸다. 니체에 따르면 번개를 맞아 세속적인 자신이 몰락할 때 참된 인간이 태어난다.
"네가 마주칠 수 있는 적 가운데 가장 고약한 적은 언제나 너 자신이 될 것이다……너는 너의 불길 가운데 너 스스로를 태워버려야 할 것이다. 먼저 재가 되지 않고서 어떻게 새롭게 될 수 있겠는가!"(Za I, KSA 4, 82쪽)

리스도교에 대해 혹독하게 비판하고 있는 니체가 왜 불교적 사유 가운데 하나인 인간 구원의 가능성을 보고 있는 것일까? 니체는 과연 불교에 대해 호의적이기만 한 것일까? 니체적 사유와 불교는 어떤 관계에 있는 것일까? 니체는 어느 정도 불교 사상의 영향을 받았으며, 어느 정도로 불교를 올바르게 이해한 것일까? 그가 이해한 불교는 유럽의 시대적, 역사적 조건과 어떤 연관성이 있는 것일까? 이러한 물음은 니체의 불교 이해뿐 아니라, 그의 사상의 정수를 이해하고 해명하는 데도 관건이 되는 물음이다.

지금까지 니체와 불교의 관계는 단순히 그 사상의 외형적 적대성 또는 내용적 유사성이나 친화성 차원에서 주로 다루어져왔다.[3] 이러한 논의들은 다른 한편으로 양자의 주제를 비교할 수 있는 가능성, 즉 니체와 불교의 영원회귀 사상과 윤회관,[4] 운명애amor fati와 업(業) 사상,[5]

---

[3] 서양 최초의 '니체와 불교'에 관한 비교 논문을 쓴 라트너Max Ladner처럼 니체 사상에 대해 포괄적으로 이해하려는 의도 없이 노골적인 반감을 가지고 니체가 언급한 불교 관련 문구들을 추적하며 니체의 불교 이해가 근본적으로 잘못되었다는 것을 밝히려는 작업도 있었고(Max Ladner, *Nietzsche und der Buddhismus*(Zürich, 1933)) 파크스Graham Parkes는 바그너 숭배자인 라트너가 근본적으로 니체의 철학적 기획의 성격도 제대로 파악하지 못하고 있다고 말한다(Graham Parkes, "Nietzsche and Early Buddhism", *Philosophy East & West*, Vol. 50, No. 2(2000년 4월), 254쪽) 인도 출신의 니체 연구가로 독일에서 유학하며 니체 사상과 초기 (소승) 불교에 관한 탁월한 이해를 보여주며 양자 사이의 친화성을 검토한 미스트리Freny Mistry의 작업도 있었으며(Freny Mistry, *Nietzsche and Buddhism*(Berlin, 1981)), 모리슨Robert G. Morrison처럼 니체의 불교 이해를 기초로 양자 사이의 아이러니한 유사성에 초점을 맞춘 작업도 있었다(Robert G. Morrison, *Nietzsche and Buddhism*(Oxford : Oxford Univ. Press, 1997)).

[4] Henning Ottmann (Hrsg.), *Nietzsche-Handbuch*(Stuttgart · Weimar, 2000), 206쪽 ; 이서규, 《니체와 전통 해체》(서광사, 1999), 195~208쪽. 그에 따르면 "니체와 불교에서의 탈인간Übermensch의 가능성과 고통으로부터 벗어나는 것으로서의 깨달음의

운명애와 열반,[6] 허무주의와 공(空) 사상,[7] 보살bodhisattva과 극복인[8] 등에 집중되기도 했다. 이러한 창의적이고 계발적인 연구 성과들은 니체 사상을 이해하는 데 일조할 뿐만 아니라, 니체 사상 속에 내재해 있는 불교 사상적 요소를 발굴해냄으로써 니체의 불교적 사유를 밝혀내는 데 귀중한 이론적 실마리를 제공해주었다. 그러나 다른 한편으로 이러한 연구들은 니체가 불교를 이해하고 받아들인 문화사적, 지성사적 맥락을 놓침으로써 그 참신한 아이디어를 바탕으로 한 비교 연구에도 불구하고 다소 임의적이고 단상적인 비교에 머무를 수도 있을 것이다.

니체가 불교를 이해하고 언급하는 맥락이나 문제의식은 우선 서양과 동양의 관계, 즉 서양의 자기 정체성의 이해라는 시대적, 역사적 지평 위에서 움직이고 있다. 니체의 불교에 관한 관심이나 논의는 먼저 이러한 시대적, 지성사적 배경 위에서 논의되어야 할 것이다. 이러한 배경 위에서 니체의 불교 이해가 다루어지고, 더 나아가 니체의 불교적 사유가 논의될 때 유럽의 불교 사상가인 니체의 사유가 다시 인류의 미래적 사유 지평 위에 설 수 있을 것이다. 또한 모더니즘과 포스트모더니즘의 경계선에 서서 해체주의의 새로운 지평을 연 니체 사상은 주체의 해체와 관계성의 인식 등의 문제에서 무아(無我) 사상과 연기(緣起) 사상 또

길은 누구에게나 열려져 있는 가능성이다"(199쪽).
5) 미네시마 히데오, 《서양철학과 불교》, 김승철 옮김(황금두뇌, 2000), 198쪽.
6) 이진우, 〈니체와 아시아적 사유 2—니체의 불교관을 중심으로〉, 《철학연구》 제85집(대한철학회, 2003년 2월), 287~292쪽.
7) 곽만연, 〈불교의 공사상과 니이체의 니힐리즘의 현대적 의의〉, 정영도 외, 《니이체 철학의 현대적 이해와 수용》.
8) Wilhelm Halbfass, *Indien und Europa*(Basel, 1981), 141쪽 ; 김진, 〈니체와 불교적 사유〉, 《철학연구》 제89집(대한철학회, 2004년 2월), 35~42쪽.

는 공 사상과 접맥됨으로써 서양적 사유와 불교적 사유가 만날 수 있는 만남의 광장을 제공하며,[9] 왜 니체가 유럽적 사유의 한계를 극복하는 단서를 불교에서 찾으려 했는지 그 이유를 해명해줄 수 있을 것이다. 니체는 쉼 없이 작업하는 유럽적 경향과 명상하는 아시아적 사유를 함께 지닌 미래의 사상가, 그 성찰적 자유 정신이 앞으로 세계의 수수께끼를 해결할 수 있으리라 보고 있듯이,[10] 니체의 불교 이해와 니체 사상 안에 내재한 불교적 사유를 찾아내는 작업은 그리스도교를 비판하고 해체하는 작업을 통해 그리스도교의 본원적 정신이 무엇인가를 상기시킨 니체의 작업만큼이나 중요한 의미를 갖는 것이다. 왜냐하면 그는 그리스도교의 허무주의 비판과 마찬가지로 불교의 허무주의를 비판함으로써 불교적 사유의 깊이에 접근하며, 이를 통해 인류의 융합을 방해하는 문제를 해결할 수 있는 미래적 사유의 가능성을 탐색하고 있기 때문이다.

이 글은 먼저 19세기 유럽의 불교 연구의 경향과 흐름 속에서 니체가 어떻게 불교를 받아들이고 이해했는가를 다룰 것이며, 제3장에서는 니체가 이해하고 있는 허무주의(수동적 허무주의/능동적 허무주의)와 위생학으로서의 불교의 두 모습을 논의할 것이다. 이러한 니체의 불교 이해 위에서 그가 허무주의를 극복하는 여러 가지 이론적 실마리 가운데 하나로 제시하고 있는 자아의 문제, 즉 서양적 무아 사상을 중심으로 그의 불교적 사유를 논의할 것이다.

---

9) 니체의 불교적 사유와 해체주의를 접맥하려는 흥미로운 시도로 박경일, 〈니체와 불교 그리고 해체주의〉, 《불교평론》 제9호(2002), 42~61쪽 참조.
10) F. Nietzsche, N 17[55], KSA 8, 306쪽.

2 19세기 유럽의 불교 연구와 니체의 불교 연구

(1) 19세기 유럽의 불교 연구

18세기 서양에서는 중국의 정신 문화가 라이프니츠, 볼프Christian Wolff, 볼테르 등에 의해 서양에 소개되고 받아들여져 중국 물건이나 중국식 생활 방식 등 '중국풍chinoiserie'에 대한 관심이 널리 확산되었다. 그러나 18세기 말에 와서 중국에 대한 열광은 점차 줄어들고 경이로운 나라 인도로 그 관심이 바뀌었다.[11]

18세기 말부터 19세기 중반 이후까지 유럽 전역에서는 동양에 대한 관심이 증대했으며, 이러한 동양에 대한 증폭된 분위기를 표현하기 위해 '신 문예 부흥', 또는 '동양 문예 부흥'이라는 용어가 사용되기도 했다.

계몽주의 또는 이성주의에 대항해 헤르더와 슐레겔 형제는 동양으로 관심을 돌려 인도의 상상력과 시를 그 대안으로 제시했다. 서양의 합리주의에 대항하기 위해 독일의 낭만주의자들은 인도를 발견했으며 인도적 사유 안에서 그 대안을 모색했던 것이다.[12] 헤르더는 인도의 성가인 《바가바드기타Bhagavadgītā》를 산스크리트에서 독일어로 번역했고, 슐레겔 형제는 산스크리트를 배우며 인도학에 접근해 들어갔다. 형 아우구스트 빌헬름 폰 슐레겔August Wilhelm von Schlegel은 1808년 최초의 독일 산스크리트 교수가 되었고 동생 프리드리히 폰 슐레겔Friedrich

---

11) Heinrich Dumoulin, "Buddhism and nineteenth-century German philosophy", *Journal of the History of Ideas*, Vol. XLII, No. 3(1981), 457쪽
12) 프레데리크 르누아르, 《불교와 서양의 만남》, 양영란 옮김(세종서적, 2002), 91~98쪽 참조.

von Schlegel은 《인도인의 언어와 지혜에 대해*Über die Sprache und Weisheit der Indier*》를 쓰는 등, 이들의 활동은 유럽에서 인도에 대한 관심을 증폭시키는 데 중요한 역할을 했다.[13] 인도에 대한 유럽 지성들의 관심이 증대되고 이에 대한 학문적 성과들이 나오는 과정에서 프랑스의 문헌학자인 외젠 뷔르누프Eugène Burnouf에 의해, 학계, 문학계, 종교계를 총망라하는 유럽 지식인 사회의 경이로운 사건으로 평가받는 《인도 불교사 입문*Introduction à l'histoire du bouddhisme indien*》(1844)이 나오고, 1,000쪽이 넘는 분량의 옮긴이 서문이 붙은 《묘법연화경(妙法蓮華經)》도 번역·출판(1852)된다.[14] 이러한 연구 성과들이 발표되면서 1840년대 이후 유럽인들은 불교 세계의 방대함을 실제로 인식하기 시작한 것이다.[15]

19세기 중반이 되면서 진행된 유럽 사회의 탈종교화와 반교권주의의 움직임은 지성인들로 하여금 가톨릭과 불교 등 서양과 동양의 두 종교를 비교하게 했고, 이는 유럽에서 새로운 지성적 담론을 만들어냈다. 부처의 가르침에 대한 논쟁은 유럽 사회 내부의 그리스도교 논쟁을 새로운 국면으로 이끄는 불씨가 된 것이다.[16] 즉 불교에 대한 유럽의 이해는 그리스도교를 새롭게 이해하고 논의하는 실마리가 되었던 것이다. 한편으로 유물론이 나오면서 르낭처럼 그리스도교나 예수를 하나의 역사적 사건으로 이해하려는 시도가 일어나고, 다른 한편으로 염세주의

---

13) Heinrich Dumoulin, "Buddhism and nineteenth-century German philosophy", 457쪽.
14) 프레데리크 르누아르, 《불교와 서양의 만남》, 106~107쪽.
15) 프레데리크 르누아르, 《불교와 서양의 만남》, 112~113쪽.
16) 프레데리크 르누아르, 《불교와 서양의 만남》, 120쪽.

와 허무주의적 경향이 유럽에 안개처럼 은밀하게 침투하고 있을 때, 불교에 대한 지성적 담론이 유럽에 확산된 것이다. 유럽에서 19세기에 불교와 아시아, 무(無)의 숭배 등의 주제를 다룬 것은 결국 유럽의 자기 정체성 때문이었다. 불교라는 전혀 새로운 지적 세계의 발견과 유대교, 그리스도교 사상에 근거했던 유럽 사회의 자괴 현상에 대한 인식은 거의 동시대에 이루어졌으며, 유럽은 자신들이 그 무엇보다도 무서워하던 것, 즉 신의 죽음, 소멸, 무의 공포 등을 모두 불교에 투사했던 것이다.[17] 즉 불교는 계몽주의의 한계를 돌파하려는 낭만주의자들의 인도에 대한 관심에 뒤따라 들어와 유럽에 소개되었지만, 유럽의 자기 정체성의 위기에 직면해 유럽 허무주의의 내용을 투사하며 이해되기 시작한 것이다.

이러한 시대적 분위기를 반영하며 나타난 쇼펜하우어의 철학은 유럽 지성사에서 칸트의 도덕적 불교 이해[18]나 헤겔의 세계 도피성의 종교로서의 불교 이해[19]를 비판적으로 계승하며 오늘날까지 영향을 주고 있는 유럽의 불교 이해의 원형을 제공했다. 쇼펜하우어는 1813년 동양학자

---

17) 프레데리크 르누아르, 《불교와 서양의 만남》, 184~185쪽.
18) 칸트는 독일 의사로서 일본을 방문했던 켐퍼Engelbert Kämpfer의 여행 기록을 통해 불교를 알게 되었으며, 불교의 '신(神)' 개념은 불확실하다고 생각했지만 그 이론의 도덕적 성격에 대해서는 강한 인상을 받았다. Heinrich Dumoulin, "Buddhism and nineteenth-century German philosophy", 458~459쪽. 칸트와 불교에 관한 상세한 논의로는 김진, 《새로운 불교해석》(철학과현실사, 1996)이 있다.
19) 헤겔은 세계사는 동양에서 서양으로 움직이는데, 유럽은 종국 지점에, 아시아는 그 처음에 있다고 보았으며, 이때 불교는 '즉자적 종교Religion von Insichsein' 또는 '실체성의 종교'라고 보았다. 그는 불교에는 열반으로 이끄는 명상의 수동성이나 세계 도피성의 측면이 있다고 보았다. Heinrich Dumoulin, "Buddhism and nineteenth-century German philosophy", 460~463쪽.

마이어Friedrich Majer와의 만남을 통해 동양 사상에 접근해 들어가며, 플라톤과 칸트 그리고 우파니샤드와 불교 속에서 자신의 철학의 기본 토대를 확보한다. "쇼펜하우어는 인도 철학을 알게 된 것을, 우리 세기가 다른 세기보다 앞서는 가장 큰 장점의 하나로 간주"[20]하고 있다는 니체의 지적에서 알 수 있듯이, 서양 사상이 본격적으로 동양과 접목되기 시작한 것은 쇼펜하우어를 통해서 이루어졌다고 말할 수 있을 것이다. 쇼펜하우어는 1811년 프랑스인 앙케틸 뒤페롱Abraham-Hyacinthe Anquetil Duperron이 페르시아어로 된 것을 라틴어로 번역한《우파니샤드*Oupnek'hat*》(1801·1802)를 통해 그 사상에 정통하게 되며, 슈미트 Isaac Jakob Schmidt, 하디Spence Hardy, 쾨펜Carl Friedrich Koeppen, 뷔르누프 등의 불교에 관한 저작을 통해 불교로 들어간다.[21] 이들의 영향을 받은 그의 저작들 속에서 불교의 고통의 사상이 울려 퍼지면서, 불교는 이제 그를 통해 유럽에서 '염세주의 종교'로 알려지게 되었다.[22] 세계는 고통이며 이 고통스러운 생존에서 벗어나는 길은 욕망의 소멸(열반)에 있다는 불교의 세계관은 유럽에서 '불교적 염세주의 der buddhistische Pessimismus'라는 용어로 확산된 것이다. 부처의 가르침과 쇼펜하우어 사상이 결합되어 만들어진 '불교적 염세주의'라는 개념이 폭발적으로 확산된 것은 19세기 후반 유럽 사회에 염세주의적 기운이 팽배해 있었기 때문이었다.[23] 헤겔에 의해 계승된 그리스도

---

20) F. Nietzsche, SE 8, KSA 1, 424쪽.
21) Wilhelm Halbfass, *India and Europe*(New York : State Univ. of New York Press, 1988), 106~107쪽.
22) Heinrich Dumoulin, "Buddhism and nineteenth-century German philosophy", 463~468쪽 참조.
23) 프레데리크 르누아르,《불교와 서양의 만남》, 169쪽.

교식 불교 읽기는 1860년을 전후해서 이 같은 평가가 지나치게 가혹하며 축소적이라고 주장하는 동양학자들의 업적이 표면화되면서 점차 사라져갔으나, 이와 동시에 열반을 무와 동일시하는 경향은 쇼펜하우어의 영향으로 말미암아 다시금 상승세를 타기 시작했다.[24]

니체 역시 쇼펜하우어 사상의 영향을 받아 불교를 허무주의 종교로 이해하며, 불교에서 나타나는 삶에 대한 의지의 부정을 문제시한다. 그는 불교가 그리스도교와 마찬가지로 우리의 현실적인 삶이나 몸에 대해 적대적이며 금욕적이고 근본적으로는 허무주의적이라고 보고 있다. 니체의 불교와의 만남 역시 허무주의의 도래라는 시대적, 문화적 분위기와 연관되어 이루어지고 있다.

(2) 니체의 불교 연구

피글Johann Figl에 따르면 니체는 이미 슐포르타Schulpforta에서 김나지움의 스승이자 고전문헌학자인 슈타인하르트Karl Steinhart와 독일어 선생인 코버슈타인Carl Koberstein을 통해 인도 문학과 철학을 접한 적이 있었는데, 코버슈타인은 《독일 민족문학사 개요*Grundriß der Geschichte der deutschen National-Litteratur*》를 써서 그 시대의 가장 중요한 문학사가 가운데 한 사람으로 평가받던 인물이었다.[25] 따라서 니체와 인도 사상의 만남은 이미 김나지움 시절부터 시작된 것이다. 그 후 그는 본 대학에서 1865년 여름학기에 샤르슈미트Carl Schaarschmidt의 '보편적 철학사Allgemeine Geschichte der Philosophie' 강의에 참여

---

24) 프레데리크 르누아르, 《불교와 서양의 만남》, 180쪽.
25) Johann Figl, "Die Buddhismus-Kenntnis des jungen Nietzsche", Elisabeth Gössmann · Günther Zobel (Hrsg.), *Das Gold im Wachs*(München, 1988), 509쪽.

했다.[26] 샤르슈미트의 철학사 강의는 본질적으로 니체의 불교에 관한 좀더 자세한 지식이나 특징을 규정하는 데 일조했다. 샤르슈미트는 '열반'을 '부정(소멸, Vernichtung)'으로 이해하면서 불교를 허무주의로 규정하고, 이를 또한 '범신론적 허무주의pantheistischer Nihilismus'로 규정하고 있는데, 이러한 그의 견해는 니체에게도 영향을 미치고 있다.[27]

니체는 또한 라이프니츠 대학 시절에는 쇼펜하우어의 《의지와 표상으로서의 세계》 제1권 부록에 수록된 '불교도들의 열반'을 통해 불교의 '열반' 개념을 접하게 되었다. 이는 불교를 허무주의 종교로 보고 있는 니체의 불교관에 큰 영향을 미쳤다.

한편 우리는 니체의 인도 또는 인도적 사유에 대한 관심과 접근의 과정을 추적해볼 수 있다. 니체는 문헌학자이자 세계적인 비교종교학자인 뮐러나 헤르만 브로크하우스Hermann Brockhaus 아래서 공부했던 1865년에서 1868년 사이 라이프치히에서 산스크리트를 습득했다.[28]

니체와 바그너의 첫 만남 역시 니체와 공부를 함께 했던 인도학 전문가 빈디슈Ernst Windisch의 주선으로 바그너의 인척인 브로크하우스의 집에서 이루어졌다. 그러나 니체의 인도학에 대한 개인적 관심은 슐

---

[26] 샤르슈미트의 강의 내용에 대해 니체가 기록한 수고와 인도적 사유와 만남에 대한 자세한 분석으로 Johann Figl, "Nietzsches frühe Begegnung mit dem Denken Indiens", *Nietzsche Studien* 18(1989), 455~471쪽 참조. 그는 니체가 다녔던 슐포르타를 졸업했으며, 슈타인하르트의 소개로 니체와 도이센을 개인적으로 여러 번 집으로 초대하기도 했고, 니체는 자신의 마지막 저서 가운데 하나인 《도덕의 계보》를 그에게 보내기도 했다(Johann Figl, "Die Buddhismus-Kenntnis des jungen Nietzsche", 510쪽).

[27] Johann Figl, "Die Buddhismus-Kenntnis des jungen Nietzsche", 502~503쪽.

[28] Benjamin A. Elman, "Nietzsche and Buddhism", *Journal of the History of Ideas*, Vol. XLIV, No. 4(1983), 673쪽.

포르타 이후의 절친한 친구 도이센에 의해 이루어졌는데, 니체는 그와의 개인적인 우정 관계를 넘어서 인도학을 접하게 된 것에 대해 철학적으로 매우 진지하고도 지대한 관심을 가졌다. 불교에 대한 니체의 언급은 초기 작품인 《비극의 탄생》에서도 발견되는데, 이는 빌라모비츠 묄렌도르프Ulrich von Wilamowitz-Möllendorff가 소책자 〈미래의 문헌학Zukunftphilologie〉에서 제기한 논쟁에서 호기심 어린 역할을 하기도 했다.[29]

니체와 도이센은 쇼펜하우어의 체험을 통해 인도 사상에 관심을 기울였다. 도이센은 1897년에 출간된 60개 《우파니샤드》의 번역을 쇼펜하우어의 영혼에 헌정했고, 1911년 이후 간행되어 나온 쇼펜하우어 전집의 간행자이자 쇼펜하우어학회 학회지 편집자로 활동한 쇼펜하우어 경배자였으며, 또한 저명한 인도학자였다. 그는 안으로부터 인도 철학에 접근한 최초의 유럽인으로 베단타 텍스트를 독일어로 번역하는 데 선구적인 역할을 했고, 《베단타 체계 Das System des Vedānta》(1883), 《베단타 경전들 Die Sutras des Vedānta》(1887) 등의 역저를 출판했다. 니체는 도이센이 보내온 인도에 관한 이러한 연구 성과 및 텍스트들을 매우 관심 있게 읽었고, 자신의 후기 저서인 《도덕의 계보》에서 도이센이 번역한 《브리하다라냐카 우파니샤드 Bṛhadāraṇyaka Upaniṣad》를 인용하기도 했다.[30]

---

29) Wilhelm Halbfass, *India and Europe*, 124쪽.
30) 도이센이 번역한 우파니샤드에 대한 니체의 인용은 특히 《도덕의 계보》 III, 17에 있다. 이에 대해서는 Michel Hulin, "Nietzsche and the Suffering of the Indian Ascetic", Graham Parkes (ed.), *Nietzsche and Asian Thought*(Chicago · London : The Univ. of Chicago Press, 1991), 67쪽 참조. 특히 니체와 도이센의 인간 관계와 학문적인 영향 관계 등에 대해서는 Hans Rollmann, "Deussen, Nietzsche, and Vedānta", *Journal of*

니체의 인도에 대한 관심은 우파니샤드뿐 아니라 불교까지 포함하는 것이었다. 그는 1870년에 카를 프리드리히 쾨펜의 《부처의 종교*Die Religion des Buddha*》(1857)를 숙독했고, 1875년에는 비데만Paul Heinrich Widemann한테서 《경집*Sutta Nipáta*》의 영어 번역본을 빌려 읽었으며,[31] 친구인 게르스도르프Carl Freiherr von Gersdorff가 보내준 오토 뵈틀링크Otto Böthlingk의 《인도의 격언*Indische Sprüch, Sanskrit und Deutsch*》(1870~1873)을, 그리고 이에 더해서 팔리 경전 텍스트를 함께 읽었다.[32] 니체는 《차라투스트라는 이렇게 말했다》가 출간되기 바로 전에 바커나겔Jacob Wackernagel의 《브라만교의 기원에 대하여*Über den Ursprung des Brahmanismus*》(1877)와 올덴베르크Hermann Oldenberg의 《부처. 그의 생애, 그의 학설, 그의 공동체*Buddha. Sein Leben, seine Lehre, seine Gemeinde*》(1881) 등을 연구했다.[33]

이는 니체가 김나지움 시절부터 생애 후기까지 삶의 전 영역에 걸쳐 인도 사상, 특히 우파니샤드와 불교에 대해 지대한 관심을 가지고 있었음을 말해준다. 음악가이자 니체 가까이 머물며 거의 평생 동안 그의

---

the History of Ideas, Vol. XXXIX, No. 1(1978), 125~132쪽 참조.
31) 프레데리크 르누아르, 《불교와 서양의 만남》, 157쪽.
32) Curt Paul Janz, *Friedrich Nietzsche Biographie*, Bd. 2(München, 1981), 222쪽.
33) 프레데리크 르누아르, 《불교와 서양의 만남》, 157쪽. 르누아르는 니체가 읽은 저서를 동양학자인 야코프 바커나겔의 것이 아니라 독문학자인 그의 아버지의 것으로 혼동한 것 같다. 니체의 개인 서재에 비치되어 있는 것은 1877년에 간행된 야코프 바커나겔의 저서다. 오트만에 따르면 니체는 샤르슈미트, 쇼펜하우어, 도이센 외에도 빌헬름 바커나겔의 아들이자 유명한 동양학자인 야코프 바커나겔이나 출판인 슈마이츠너Ernst Schmeitzner한테도 불교에 관해 주제별로 영향을 받거나 자극을 받았다. 니체는 이미 초기 작업에서 그리스도교에 불교를 대립시키면서 불교를 그리스 세계의 이념과 연관시키고 있다(Henning Ottmann (Hrsg.), *Nietzsche-Handbuch*, 206쪽).

제3부 종교 비판과 자기 찾기 227

후견인 역할을 한 인물인, 가스트Peter Gast로 우리에게 잘 알려진 음악가 쾨젤리츠Heinrich Köselitz는 이러한 니체의 생애사를 고려하며, 그의 차라투스트라를 부처의 연설과 연결시킬 수 있는데 부처와 차라투스트라는 기실 하나라고 보면서 이 양자를 병치시킬 충분한 근거가 있다고 보았다.[34] 실제로《차라투스트라는 이렇게 말했다》의 제1장과 제3장에서 주인공 차라투스트라가 활동하던 주요 무대인 '얼룩소die bunte Kuh'라는 도시는 부처가 방문하여 활동한 도시 '칼마사달미야 Kalmasadalmya(팔리어로는 캄마수다맘Kammasuddamam)'를 독일어식으로 의미를 번역해 니체가 사용한 것이다.[35] 불교를 '선악의 저편'에 서 있는 종교로 이해하며,《차라투스트라는 이렇게 말했다》에 대한 일종의 주석서의 성격을 지니고 있다고 자평하는 자신의 저서의 이름을 "선악의 저편"으로 삼은 것도 니체가 불교에서 받은 지대한 영향의 일면을 보여준다.

---

34) Curt Paul Janz, *Friedrich Nietzsche Biographie*, Bd. 2, 223쪽. 이러한 견해에 대해 얀츠 Curt Paul Janz는《차라투스트라》에 나오는 소제목들의 형식 "……에 대하여(Von den……또는 vom……)"는 소크라테스 이후 철학 논문들에 나오는 형식(περὶ τοῦ)을 차용하고 있으며, "이렇게 말하였다Also sprach……"는 소크라테스 이전에 활동했던 저자들이 자신들의 저작을 열 때 사용하던 글귀('τάδε' 또는 'ὥδε λέγει……')의 번역이라고 주장한다(같은 곳). 그러나 팔리어《법구경》인《담마파다Dhammapada》에서도 "부처는 이렇게 말씀하셨다"라는 문장의 용법이,《여시어경(如是語經)》으로 우리에게 많이 알려져 있는《이티부타카Itivuttaka》에서도 "이와 같이 세존께서 설하셨다고 나는 들었다"라는 문장의 형식이, 그리고《금강경》에서도 "세존께서 말씀하셨다 Bhagavān āha"라는 문장 형식이 사용되고 있다. 니체가 실제로《담마파다》의 문구를 인용하고 있는 것을 볼 때, 니체의《차라투스트라는 이렇게 말했다》의 문장 형식과 문체, 내용에 대해서 쾨젤리츠의 주장을 뒷받침할 수 있는 좀더 깊이 있는 방증적 연구가 필요하다.
35) Freny Mistry, *Nietzsche and Buddhism*, 17쪽.

니체의 인도 사상, 즉 우파니샤드나 불교에 대한 논의는 초기 작품인 《비극의 탄생》에서부터 《인간적인 너무나 인간적인》을 거쳐 《차라투스트라는 이렇게 말했다》와 《선악의 저편》, 《도덕의 계보》, 《이 사람을 보라》, 《안티크리스트》 등 전 저작에 펼쳐져 있다. 그러나 니체가 펼치는 불교에 대한 논의는 부정적이면서도 긍정적인, 그리고 비판적이면서도 그 안에서 새로운 종교와 사유의 가능성을 탐진하는 양가적인 모습을 취하고 있다.

3 니체의 불교 이해의 두 모습

(1) 불교는 허무주의 종교다

불교가 염세주의적이며 허무주의적이라는 고발은 유럽인들이 처음 인도와 접촉한 이후 형성되어온 것으로, 막스 뮐러에 의해 하나의 불교 연구의 원리적 주제로 만들어진 이후 오늘날까지 넓게 지속되고 있다.[36] 뮐러는 팔리어 불교 경전 《아비달마(阿毘達磨)Abhidharma》와 《금강반야바라밀경 Vajracchedikā Prajñāpāramitā Sūtra》(《금강경》)에 나오는 열반 개념을 허무주의적인 것으로 해석했다.[37] 니체의 불교 이해 역시 이러한 서양의 문화적 상황과 역사적, 지성사적 기초 위에 서 있으며, 이러한 맥락에서 그는 불교를 그리스도교와 마찬가지로 '위대한 허무주의 운동'으로 파악한다.[38] 왜냐하면 불교는 (허)무를 최고의 선으로

---

36) Benjamin A. Elman, "Nietzsche and Buddhism", 681쪽.
37) Robert G. Morrison, *Nietzsche and Buddhism*, 53~54쪽.
38) F. Nietzsche, N 11〔373〕, KSA 13, 167쪽.

숭배하고 금욕이나 무욕을 이상시함으로써 삶에 대척하는 것으로 이해했기 때문이다. 니체가 《비극의 탄생》에서 '무에 대한 열망'이라고 부르며 의지의 부정과 연관해 불교를 언급하는 것도 바로 이러한 맥락에서다.[39] 그는 서양의 문화가 쇠퇴하고 데카당스로 전락하는 것을 보고, "유럽은 새로운 불교에 위협받고 있는 것처럼 보인다"[40]고 말하기도 하고, "불교가 유럽의 도처로 조용히 퍼져나가고 있다"[41]고 진단하기도 한다. 그는 그리스도교와 마찬가지로 불교 역시 삶과 현실에서 도피하는 현실 부정적 세계관에 기초해 있으며, 서양의 문화적 자기 정체성의 혼란에 대한 대안으로 모색된 불교의 확산이 실은 서양 허무주의가 투사된 허무주의 운동의 이면임을 날카롭게 간파한다. 니체의 이러한 불교에 관한 부정적인 언급은 허무주의의 확산이라는 그의 시대적, 문화적 분위기 속에서 등장한 불교가 유럽 허무주의에 대한 대안이 아니라 사실은 또 다른 허무주의 운동의 하나라는 날카로운 통찰을 드러내고 있다.

불교를 단지 현실 도피적이거나 세계 부정적인 종교로 이해하는 니체의 불교관은 분명 쇼펜하우어의 영향을 받은 것이었다.[42] 그러나 그

---

39) F. Nietzsche, GT 21, KSA 1, 133쪽 ; Arthur W. Rudolph, "Buddhism and Nihilism and Christianity", *Philosophy Today* 13(1969), 36~37쪽 참조.
40) F. Nietzsche, JGB 202, KSA 5, 125쪽(니체, 《선악의 저편 · 도덕의 계보》, 162쪽).
41) F. Nietzsche, N 2(144), KSA 12, 138쪽.
42) 엘먼은 불교에 관한 니체의 많은 오해는 쇼펜하우어의 영향 때문이라고 본다 (Benjamin A. Elman, "Nietzsche and Buddhism", 683~684쪽). 그에 따르면 19세기의 불교와 베단타에 대한 유럽적 이해를 드러내는 전형으로 다루기 어려운 예가 쇼펜하우어인데, 그는 불교와 베단타 철학을 알기 이전에 삶에 대해 염세주의적 견해를 가지고 있었던 것으로 보이며, 독일어와 영어로 된 우파니샤드와 불교 저서들에 대한 그의 읽기는 자신의 염세주의 형이상학에 대해 최종적인 확신만 제공해왔던

는 그리스도교와 불교를 쇼펜하우어와 연결시켜 다시 공격하고 있다. 쇼펜하우어의 삶의 부정처럼 그리스도교가 동정의 종교이자 허무주의의 실천이었다면, 불교 역시 허무, 즉 열반에 대한 갈망을 지닌 허무주의적 종교라는 것이다. "신과의 신비적 합일을 향한 갈망이란 불교도들의 허무, 열반을 향한 갈망이다——그 이상은 아니다!"[43] 니체를 비롯해 초기 유럽 학자들은 불교에서의 공(空, śūnyatā)을 세계 부정으로, 열반을 허무로의 도피로 오해한 측면이 있는 것 같다.[44] 니체는 '수동적 허무주의der passive Nihilismus'의 '가장 유명한 형식'이 '불교'[45]라고 말하면서 이를 문화적 병리 상태로서의 데카당스와 연관시킨다. 그는 유럽에서 불교가 출현하는 것에 대해 두려움을 느끼고 있는데, 이는 유럽이 허무를 생산하는 비생산적인 불교의 영향 아래서 피로에 젖기 때문이다.[46]

그의 두려움은 유럽에서의 염세주의의 등장이 불교나 쇼펜하우어가 보여주는 피곤한 수동적 허무주의에서 정점을 이루며 유럽 문화를 데카당스로 만들 수 있다는 데 있었다. 그는 '동정의 종교'로서 나타나는 불교적 준비 운동을 유럽적 염세주의의 주요 증후로서 이해하며, '피로에 지친 허무주의der müde Nihilismus'가 유럽 문화에 나쁜 영향을 미

것처럼 보인다(Benjamin A. Elman, "Nietzsche and Buddhism", 676쪽).
43) F. Nietzsche, GM I 6, KSA 5, 266쪽(니체, 《선악의 저편 · 도덕의 계보》, 361쪽).
44) 나가르주나Nāgārjuna가 이해하듯이 공(空)이란 모든 현상적 존재가 조건적이며, 순간적이고, 영원한 자아나 실체가 없다는 것을 함축한다. 이러한 오해 때문에 현재는 공을 'nothingness'로 번역하지 않고, 'emptiness'로 번역하고 있다. Benjamin A. Elman, "Nietzsche and Buddhism", 682쪽.
45) F. Nietzsche, N 9(35), KSA 12, 351쪽.
46) F. Nietzsche, N 2(5), KSA 10, 44쪽.

치며 유럽적 불교를 이끌어나가는 것을 비판한 것이다.

그러나 불교에 대한 니체의 언급은 반드시 비판적이고 부정적인 것만은 아니었다. 그는 그리스도교와는 달리 오히려 불교에 대해서 어느 면에서는 호의적일 뿐 아니라, 새로운 미래적 사유의 가능성을 불교적 사유에서 탐색하기도 한다. 그는 그 시대 지성들이 소개했듯이 허무를 갈망하는 종교로서의 불교 이해를 받아들여 이를 서양 근대 허무주의 운동의 흐름 속에서 비판하는 한편, 불교가 지니고 있던 공(空) 사상의 새로운 해석 가능성을 예리한 시각으로 간파하고 있었다. 니체의 불교에 대한 평가가 이중적인 모습을 지니고 있는 것은 불교가 유럽 지성사에서 유럽의 자기 정체성의 위기로 표현되는 허무주의와 연관해 받아들여졌기 때문이다. 그는 이렇게 이해된 불교를 쇼펜하우어의 염세주의적 세계관이 채색된, 삶을 부정하는 세계관으로 보고, 쇼펜하우어를 비판하는 같은 맥락에서 불교에 대해서도 비판한 것이다. 그러나 이와 동시에 니체는 허무주의를 정신적 힘의 몰락과 퇴행을 나타내는 '수동적 허무주의'와 상승된 정신의 힘을 표시하는 '능동적 허무주의der aktive Nihilismus' 등 이중적 의미를 가진 것으로 파악하며,[47] 불교를 능동적 허무주의의 관점에서 재해석함으로써 불교가 삶을 부정하고 현실을 도피하는 수동적 허무주의의 종교가 아니라 삶과 현실을 긍정하는 철학이라는 관점을 분명히 한다.[48] 니체의 불교에 대한 또 다른 평가를 살펴보자.

---

47) F. Nietzsche, N 9(35), KSA 12, 351~352쪽.
48) 이진우, 〈니체와 아시아적 사유 2〉, 287쪽. 이 논문은 불교에 대한 니체의 평가가 수동적 허무주의와 능동적 허무주의에서 어떻게 이루어지는지를 잘 밝히고 있다.

그리스도교에 유죄 판결을 내리면서 심지어 신도 수가 더 많은 유사한 종교인 **불교**에 부당한 일을 하고 싶지는 않다. 이 두 종교는 허무주의 종교――이 종교들은 데카당스 종교다――라는 점에서는 관계 있지만, 지극히 독특한 방식에 의해 서로 구별된다. 현재 이 종교들을 비교할 수 있다는 것에 대해 그리스도교의 비판가들은 인도 학자들에게 깊이 감사하고 있다.――불교는 그리스도교보다 백 배나 더 실제적이다.――불교는 객관적이고 냉정한 문제 제기의 유산을 갖추고 있다. 그것은 수백 년 동안 철학적 운동이 지속된 *다음에* 등장한다. 그것이 등장했을 때 '신' 개념은 이미 폐기되어 있었다. 불교는 역사가 우리에게 보여준 단 하나의 진정한 **실증적 종교**이며, 그것의 인식 이론(엄밀한 현상주의――)에서도 마찬가지다.[49]

니체는 그리스도교에 대한 혹독한 비판과 달리 불교에 대해 상당히 우호적인 태도를 견지하고 있다. 니체에 따르면 불교는 신 개념을 폐기한 진실한 무신론을 대변하며, 도덕의 자기 기만적 성격을 간파하고 선악의 저편에 서 있으며, 삶의 현상에 충실하면서도 삶의 고통에서 벗어나는 정신 섭생의 방법을 알려주는 실증적이면서도 진실로 객관적인 종교다. 초기 불교가 허무주의에 대한 대항에서, 즉 모든 형이상학적 세계관에 대한 철학적 논쟁 가운데 탄생했듯이,[50] 니체는 서양 문명이

---

49) F. Nietzsche, AC 20, KSA 6, 186쪽(니체, 《안티크리스트》, 백승영 옮김(책세상, 2002), 235~236쪽 참조).

50) 초기 불교의 탄생 과정에서 부처는 푸라나 카사파Pūraṇa Kassapa의 도덕 부정론, 막칼리 고살라Makkhali Gosāla의 숙명론, 아지타 케사캄발린Ajita Kesakambalin의 유물론, 파쿠타 카차야나Pakudha Kaccāyana의 7요소설, 산자야 벨라티푸타Sañjaya Belatthiputta의 회의론, 니간타 나타푸타Nigaṇṭha Nāthaputta의 자이나교적 고행주의에 대한 비판 등 육사외도(六師外道)들에 대한 비판을 수행하며 기존의 모든 형이상학

직면한 수동적 허무주의에서 그것을 비판하고 전복시킴으로써 능동적 허무주의의 탄생 가능성을 탐색한다. 허무주의 가운데 가장 극단적 허무주의인 능동적 허무주의는 진리도, 절대적 사물의 속성도, '물자체'도 없다는 인식 허무주의적 입장을 취하지만, 그와 동시에 이는 '최고로 풍요로운 삶의 이상'이나, '정신의 최고 힘의 이상'을 표현하는 것이기도 하다.[51] 왜냐하면 이는 절대적 진리나 형이상학적 실체로 도피하지 않고 생성을 하나의 유일한 현실로 인정하고 그 안에서 세계에 대한 가치 평가적 해석을 끊임없이 행하는 능동적 입장을 견지하기 때문이다. 불교가 자아ātman나 브라만의 형이상학적 실체를 부정하고 세계를 있는 그대로 바라보는 현상주의적 입장을 견지한다면, 니체 역시 서양 형이상학의 계보 전체를 해체하며 생성과 변화 속에 있는 현실 자체를 철학적 입지점으로 설정하는 현상주의적 현실 긍정의 철학을 전개한다. 이러한 능동적 허무주의, 즉 유럽적 허무주의의 가장 중요한 원리를 니체는 영원회귀 사상으로 제시한다. 그는 허무주의, 가치의 전도, 힘에의 의지, 유럽적 불교의 형식으로서의 영원회귀라는 주요한 이론을 모두 연결시키며,[52] 이를 통해 현실과 생명을 관통하는 디오니소스의 철학, 살아 있는 몸을 기반으로 세계와 연결되는 몸철학을 제시한다. 그는 "몸에 대한 믿음이 영혼에 대한 믿음보다 더 기본적"이라고 보며 몸을 매개로 하는 삶과 현실 긍정의 세계관을 이끌어낸다. 이에 따르면 어떠한 절대적 진리의 준거도 없이 영원히 회귀하는 세계 속에서,

---

적 관점의 세계관을 해체한다. 정철호, 〈허무주의에 대한 니이체와 초기 불교의 연관성〉, 정영도 외,《니이체 철학의 현대적 이해와 수용》, 144~157쪽 ; 김진, 〈니체와 불교적 사유〉, 33쪽 참조.
51) F. Nietzsche, N 9(39), KSA 12, 353쪽.
52) Arthur W. Rudolph, "Buddhism and Nihilism and Christianity", 42쪽.

우리는 이러한 허무주의를 적극적으로 수용하고 인정하는 가운데 생성 소멸하는 현실을 있는 그대로 긍정하고 여기에 새로운 가치를 설정하는 내적, 정신적 힘을 갖추어야 한다는 것이다. 니체의 극복인은 따라서 몸의 극복, 즉 몸의 세계 해석에서 출발한다. 니체와 불교가 만나는 지점이 몸에 있다는 사실을 우리는 위생학으로서의 불교에 대한 니체의 견해를 통해 더욱 상세히 살펴볼 수 있을 것이다.

(2) 불교는 위생학이다

니체에 따르면 그리스도교가 원한 감정에서 탄생했다면, 불교는 원한 감정이나 복수에 대한 반대 운동에서 탄생했다. "불교는 더 이상은 '죄에 대한 싸움'을 말하지 않고, 오히려 현실을 인정하면서 '**고통에 대한 싸움**'을 말한다. 불교는——이 점이 불교를 그리스도교와 철저히 갈라놓는다——도덕 개념의 자기 기만을 이미 뒤로하고 있다. 내 언어로 말하자면 불교는 선과 악의 **저편**에 서 있는 것이다."[53] 불교는 그리스도교처럼 '죄' 개념을 이용하지도 않고 '죄와의 싸움'을 선언하지도 않았다. 오히려 '고통과의 싸움'을 통해 고통에서 해방되는 길을 찾고자 했고, 이를 위해 정신 섭생의 구체적인 길을 찾는 위생학의 성격을 지닌 것으로 이해된다. 이러한 점에서 불교는 니체에게 그리스도교보다도 "백 배나 더 냉정하고 진실하고 객관적인" 종교로 평가될 수 있었다.[54] 그것은 고통과 죄를 연결시키지 않았으며, 영혼의 구원을 위해 초월적인 존재인 신을 설정하지 않았고, 삶의 고통에서 구원(해방)되는 가능성을 자기 안에서 찾는 '자기 구원의 종교'였던 것이다.

---

53) F. Nietzsche, AC 20, KSA 6, 186쪽(니체, 《안티크리스트》, 236쪽).
54) F. Nietzsche, AC 23, KSA 6, 189쪽(니체, 《안티크리스트》, 240쪽).

정신적으로 예민한 자들과 생리학적으로 지친 자들과 본질적으로 연관이 있던 부처의 종교와 같은 그러한 종교는 따라서 그 교리의 주요한 무게를 원한 감정에 대항하는 데 바쳤다. "적대는 적대에 의해 끝나지 않는다. 적대는 호의에 의해 끝난다." 불교는 도덕이 아니다──그리스도교가 하듯이 그러한 속물적 조야함으로 불교를 경시하는 것은 깊은 오해가 될 것이다 : 불교는 위생학이었다.[55]

원한은 병자에게는 그 자체로 금물이다──……──심오한 생리학자인 부처는 이 점을 파악하고 있었다. 그의 '종교'를 그리스도교 같은 비참한 것들과 섞어버리지 않기 위해서는 그것을 위생학이라고 명명하는 편이 더 나을 것이다. 불교의 효력과 원한에 대한 승리는 상호 의존적이다 : 영혼을 원한으로부터 해방시키는 것──이것이야말로 회복에 이르는 첫걸음인 것이다. "적대는 적대를 통해서는 종결되지 않고, 우호를 통해서 종결된다" : 이것이 부처의 가르침의 서두에 위치해 있다.[56]

그의 가르침은 바로 복수 감정과 혐오 감정과 원한 감정을 경계하라는 것일 뿐이다(──"적대는 적대를 통해서는 종결되지 않는다" : 불교 전체의 심금을 울리는 후렴구……). 바로 이런 감정이야말로 불교의 섭생요법적인 핵심 목적에 비추어 완전히 불건강하다는 것은 당연한 말이다……부처의 가르침에서는 이기주의가 의무가 된다 : '필요한 한 가지', 즉 "너는 어떻게 고통에서 벗어날 수 있는가"가 정신적인 섭생 전체를 규정하며 제한한다.[57]

---

55) F. Nietzsche, N 24〔1〕, KSA 13, 618쪽.
56) F. Nietzsche, EH, Warum ich so weise bin 6, KSA 6, 273쪽〔니체,《이 사람을 보라》, 백승영 옮김(책세상, 2002), 342쪽 참조〕.

니체의 복수심이나 원한 의식에 대한 비판은 불교의 복수에 대한 반대와 유사하다. 니체는 부처의 가르침의 핵심이 원한 의식에서 해방되는 데 있다고 보며, 고통에서 해방되는 길은 생성 소멸하는 현실의 고통을 있는 그대로 인정하고 받아들이며, 이를 넘어서기 위해 우리 삶의 정신적인 섭생의 길을 올바로 찾아 실천하는 데 있음을 알고 있었다. 그는 《법구경》의 한 구절인 "적대는 적대에 의해 끝나지 않는다. 적대는 자비에 의해 끝난다"라는 구절을 인용하며 이를 불교의 핵심 내용으로 이해한다.[58] 우리가 삶의 고통에서 벗어나기 위해서는 변화하는 현실에 대한 긍정적 삶의 태도와 원한 감정에서의 해방이라는 정신적 섭생이 필요하다고 본 것이다. 왜냐하면 삶을 긍정하지 못하고 삶에 대한 원한과 혐오와 부정 의식으로 병든 자나 약한 자에게는 모든 것이 상처가 되며, 자아의 체험이나 기억 역시 곪아버린 상처가 되기 때문에, 즉 삶에 병들어 있다는 것 그 자체가 일종의 원한으로 나타나기 때문에 인간은 삶의 고통에서 벗어나지 못하고 끊임없이 고통스러운 삶을 살아간다는 것이다.[59]

그리스도교에서는 한편으로 정복된 자와 억압받는 자의 본능들이 전면에 나타나며, 이러한 본능은 현실의 고통에서 벗어나는 길을 초월적인 존재에 의탁하고 최고의 것은 도달 불가능한 것, 즉 '은총'의 선물로 간주하며, 다른 한편으로는 육체와 감각을 증오하며 죄, 양심의 가책을

---

57) F. Nietzsche, AC 20, KSA 6, 187쪽(니체, 《안티크리스트》, 237쪽).
58) 미네시마 히데오, 《서양철학과 불교》, 200쪽 ; 정태혁 옮기고 엮음, 《법구경이야기》 (민족사, 1994), 16~17쪽. "실로 이 세상에서는 원한으로는 원한이 없어지지 않는다. 원한을 버려야만 비로소 원한이 없어지는 것, 이것이 변치 않는 영원한 진리이다."
59) F. Nietzsche, EH, Warum ich so weise bin 6, KSA 6, 272쪽(니체, 《이 사람을 보라》, 341쪽).

강조하고, 또한 자기 자신과 타인에게 잔인성을 지닌 채 다르게 생각하는 자들에 대해 증오하고 박해하려는 의지를 갖게 된다는 것이다.[60] 그러나 니체는 "불교의 전제 조건은 아주 온화한 풍토와 아주 온유하고 자유로운 관습이지, 군국주의가 아니다"라고 말한다. 불교적 운동을 따르는 사람들은 "명랑과 평정과 무욕을 최고의 목표로 원하게 되며",[61] 타자의 세계를 동질화하려는 정신적 폭력에서 벗어나 타자와 내가 사실은 하나라는 자유 정신을 추구한다. 삶의 고통에서 벗어나기 위해 불교가 강조하는 정신 섭생의 방법으로서의 위생학은 현실 긍정에 있으며, 몸의 단련을 통한 정신의 내적 평화와 삶의 명랑성 회복에 있다.

불교는 뒤늦게 오는 인간을 위한, 쉽게 고통을 느끼는 호의적이고 부드럽고 지나치게 정신적이 되어버린 인간 종을 위한 종교다(──유럽은 아직도 불교를 받아들일 정도로 성숙하지 못하다──) : 불교는 그런 자들을 평화와 명랑으로 복귀시키며, 정신적인 것에서는 섭생요법으로, 육체적인 것에서는 특정한 단련으로 복귀시킨다……불교는 문명의 마지막 단계와 피로를 해결하기 위한 종교다.[62]

니체는 불교의 위생학적 정신 섭생요법이 삶의 고통과 허무를 느끼는 인간들에게 치료적 기능을 하고 있음을 간파하고 있다. 니체는 후기 비트겐슈타인Ludwig Wittgenstein의 치료로서의 철학 개념을 앞질러 불교적 처방전에서 자기 시대의 고통이나 수동적 허무주의를 넘어서는

---

60) F. Nietzsche, AC 21, KSA 6, 188쪽(니체, 《안티크리스트》, 238쪽).
61) F. Nietzsche, AC 21, KSA 6, 187~188쪽(니체, 《안티크리스트》, 237~238쪽).
62) F. Nietzsche, AC 22, KSA 6, 189쪽(니체, 《안티크리스트》, 240쪽).

치료의 길을 발견할 수 있다고 본다.[63] 심오한 생리학자인 부처는 삶의 고통과 허무를 능동적으로 치료하는 의사였다. 불교의 실천적 방법이 위생학에 기초해 고통과 원한 감정에서 해방되어 진정한 정신적 자유인이 되는 데 있다면, 니체의 사유 역시 몸의 치료로서의 자기 치료를 통해 자유 정신을 추구한다는 점에서[64] 양자 사이에서는 이론의 친화성과 상호 접합점이 발견된다.

4 니체의 주체 해체와 불교의 무아 사상

세계의 모든 것은 생성 변화하며(諸行無常), 생·로·병·사 등 인생의 모든 것은 고통이고(一切皆苦), 따라서 그 고통의 원인이 되는 자아라는 생각을 없애면(諸法無我) 열반이 온다(涅槃寂靜)는 불교의 교리와 세계는 생성 변화하는 디오니소스의 세계이며, 이 가운데서 이성적, 개념적 언어로 포착한 '나'라는 개념의 허구를 자각하고 이로부터 벗어나는 자유 정신을 추구한다는 니체의 사상은 생성의 세계 속에서 진정한 정신적 깨달음과 자유를 추구한다는 점에서 사상적으로 공명한다. 이제 우리는 여기에서 주체의 허구성에 관한 니체의 비판적 논의와 불교의 무아 사상을 연결시켜 비교해볼 것이다.

니체는 불교와 마찬가지로 실체로서의 대상 그 자체를 부정한다. 모든 것은 끊임없이 변화하는 사건들의 흐름(생성) 속에 놓여 있는데, 이

---

63) Arthur W. Rudolph, "Buddhism and Nihilism and Christianity", 39쪽.
64) 니체의 몸의 치료로서의 자기 치료에 대한 구체적인 논의에 대해서는, 김정현, 〈니체의 건강철학〉, 《니체연구》 제7집(한국니체학회, 2005년 봄), 131~166쪽 참조.

를 우리는 논리적 언어로 동일화하고 범주화해 존재의 언어로 표현하는 것이다. 즉 인식이란 다름 아닌, 생성의 세계를 존재의 언어로 각인하는 허구적 논리 작업이며, 따라서 주관과 객관 역시 독립적인 실체가 아닌 인식에 의해 포착된 현상들의 변형에 불과한 것이다. 인식이란 현상들의 관계성에 의해 드러난 허구적 세계에 대한 인간의 해석 체계라는 니체의 사고는 현상 세계와 인식의 무상함을 소통적 언어로 이해하고 있는 불교의 《반야심경》을 닮아 있다.[65]

니체는 자아 문제에서도 주체 또는 자아라는 관념을 태곳적부터 있었던 영혼이라는 통속적 미신의 영향으로 이해한다. 그는 《선악의 저편》 서문에서 독단적 철학의 예로 아시아의 베단타 이론과 플라톤주의를 지적하며, 이것들이 설정하는 영혼 개념의 오류를 밝히는 작업이 앞으로 인류의 과제라고 밝히고 있다.[66] 그는 '주체의 미신' 또는 '자아의 미신'을 비판하며, "주체는 단지 하나의 허구일 뿐이다 : 사람들이 이기주의를 비난할 때 말하게 되는 자아das Ego란 전혀 존재하지 않는다"[67]라고 말한다.

> 자아의 오류를 발견하자! 이기주의를 오류로 보자! 이타주의를 그 반대로 이해하지 말자! 이것이 소위 말하는 다른 개인들에 대한 애정일 것이다! 아니다! '나'와 '너'를 넘어서자! 우주적으로 느끼자![68]

---

65) 니체의 사상과 반야심경, 원효의 진속불이(眞俗不二), 염정무이(染淨無二)의 일심론, 헤라클레이토스의 로고스를 비교한 글로, 이주향, 〈인간 중심적인 대상적 차별을 넘어서—니체의 헤라클레이토스와 원효의 일심을 비교하여〉, 《니체연구》 제6집(한국니체학회, 2004년 가을), 216~220쪽 참조.
66) F. Nietzsche, JGB, Vorrede, KSA 5, 12쪽(니체, 《선악의 저편 · 도덕의 계보》, 10쪽).
67) F. Nietzsche, N 9(108), KSA 12, 398쪽.

니체는 형이상학적 실체 개념에 기초한 자아와 비아의 구분을 넘어서, 즉 주객이라는 이분법, 나와 너의 이항대립적 분별 의식에 잡혀 있는 자아의 오류를 넘어서 이를 우주적으로 느껴야 한다고 말하고 있다. 나란 너와 분리되어 있는 하나의 독립된 실체도, '주체적 원자Subjekts-Atom'도 결코 아니다. 우리가 말하는 자아란 타자와의 관계 속에서 드러나는 의식과 의지와 감정의 복합적 활동에 대한 개념적 종합일 따름이다. '나'라는 인식은 좋은 생각을 하는 나, 나쁜 생각을 하는 나, 분노하고 있는 나, 우울해하며 무력감에 빠져 있는 나 등, 타인 및 세계와의 관계 속에서 그리고 시간의 흐름 속에서 수많은 나의 활동의 결과 또는 총체에 대한 개념적 기호일 뿐, 사실 그 어느 것도 참다운 나의 모습은 아니다. 이성적 언어로 기호화되어 표현되고 인식되는 주체 또는 자아란 니체에게는 하나의 개념적 허구에 불과할 뿐이다. 이러한 니체의 견해는 불교의 무아anātman 사상과 명백히 유사하다.[69] 또한 실재에 대한 관점, 즉 현상에 대한 해석만이 존재하며 자아란 행위 결과의 끊임없는 해석체에 불과하다는 니체의 주장과 우리가 세계 또는 우리 자신에 대해 말하는 모든 것은 영속적이지 않은 비어 있는 상태empty of permanence라는 나가르주나의 논지 사이에서도 우리는 사상적 유비성을 발견할 수 있다.[70]

---

68) F. Nietzsche, N 11〔7〕, KSA 9, 443쪽.
69) 자아의 문제에서 무아(無我)를 말하는 불교의 교리와 니체의 생각이 유사하다고 보는 성진기 교수의 견해는 타당성을 지닌다(성진기, 〈니체와 불교〉, 성진기 외, 《니체 이해의 새로운 지평》, 458쪽).
70) Benjamin A. Elman, "Nietzsche and Buddhism", 685쪽 ; 이진우, 〈니체와 아시아적 사유〉, 《철학연구》 제53집(철학연구회, 2001년 여름), 221쪽. 니체 사상과 불교의 공 사상 사이의 사상적 친화성에 관한 논의로, Kogaku Arifuku, "Der aktive Nihilismus

니체가 주객 이분법적 세계관을 해체하고 근대의 주체 개념을 비판하며 새롭게 설계하고자 하는 인간학의 구조물은 과연 어떤 것인가? 우리는 여기에서 니체의 내밀한 불교적 사유를 접할 수 있으며, 이러한 사유를 통해 능동적 허무주의와 현실 긍정의 세계를 정초하고자 하는 그의 의도를 읽을 수 있다. 니체의 현실 긍정적 세계관의 기초는 그의 자아에 대한 철학적 해체 작업과 '자기das Selbst'를 얻는 기나긴 과정을 표현하고 있는 《차라투스트라는 이렇게 말했다》에서 명료히 드러난다. 니체 사상과 불교는 무아 문제를 통해 비교할 수 있으며, 이는 불교의 무아 사상을 잘 표현하고 있는 《금강경》을 통해 고찰할 수 있다.[71] 《금강경》에서 '금강'과 연관된 산스크리트 '바즈라체디카Vajracchedikā'에서 '바즈라Vajra'란 '벼락', '번개' 또는 '금강석'을 의미하는데, 이는 '무엇이든 자를 수 있는chedika 금강석' 또는 '벼락의 섬광과 함께 아무리 견고한 것이라도 잘라버리는 것'을 뜻한다. 《금강경》은 모든 집착과 상(相, 샨냐saṃjñā)을 버리는 것이 '지혜의 완성'이자 보살의 실천적 행위라고 보고 있다. 여기서는 특히 자아라는 샨냐ātmasaṃjñā, 중생이라는 샨냐sattvasaṃjñā, 영혼이라는 샨냐jīvasaṃjñā, 다시 태어나 죽어가는 윤회의 주체로서의 개아(個我)라는 샨냐pudgalasaṃjñā 등, 자아, 영혼, 불생불멸하는 영혼에 대한 집착을 갖지 말 것[72]과 모든 객

Nietzsches und der buddhistische Gedanke von śunyata(Leerheit)", Josef Simon (Hrsg.), *Nietzsche und die philosophische Tradition*, Bd. 1(Würzburg, 1985), 108~121쪽 참조 ; 진은영, 〈니체와 용수(龍樹) : '영원회귀'에 대한 고찰〉, 《철학연구》 제66집 (철학연구회, 2004년 가을), 5~24쪽.

71) David Loy, "Beyond Good and Evil? A Buddhist Critique of Nietzsche", *Asian Philosophy*, Vol. 6, No. 1(1996), 41쪽.
72) 각묵, 《금강경 역해》(불광출판사, 2001), 63~64쪽.

관적 세계의 실체적 현상(겉모습, nimitta)에 집착하지 말 것[73]을 말하고 있는데, 이는 내가 없다는 법nirātmāno dharmā, 즉 제법무아(諸法無我)를 확신하는 데서 시작될 수 있다는 것이다.[74] 나와 세계, 주체와 객체, 삶과 죽음이 다르지 않다는 사실을 자각하는 것은 주체가 벼락을 맞아 새롭게 깨어난 눈으로 세계를 볼 때 가능한 것이다. 불교에서는 실체로서의 모든 존재를 부정하고, 생성하는 세계 그 자체를 어떤 집착도 없이 있는 그대로 바라보며 보시로 행위하는(應無所住 行於布施) 자를 가리켜 '보디사트와(보살)'라고 말한다. 이는 벼락을 통해 고통과 원한, 집착에 사로잡힌 자기 자신을 깨버리고 그 정신적 자유를 자비와 보시라는 행위를 통해 실천하는 새롭게 태어난 인간을 말하는 것이다. 즉 이는 진정한 인간의 구원 가능성이 바로 각 인간의 자기 구원에서 시작될 수 있음을 의미한다.

세계의 피로를 해결하기 위해 니체는 "인간의 자기 자신으로부터의 구원에 관한 학설"[75]을 자신의 학설로 내세운다. 벼락을 맞고 지혜의 암사자 속에서 '극복인'을 탄생시키는 니체의 사유 역시 불교적 사유를 닮아 있다. 실체론적 사유와 주체의 해체를 통해 생성론적 정신의 해방을 구하는 니체의 사유는 서양의 무아 사상이라고 말할 수 있다. 니체는 인류에 대한 고통으로 괴로워하며 번개를 맞고 새로 태어난 인간을 '극복인'이라고 말한다.[76] 그는 《차라투스트라는 이렇게 말했다》

---

73) 각묵, 《금강경 역해》, 86~87쪽.
74) 《금강경》의 특히 무아 사상, 즉 제법무아에 관한 논의로는 각묵, 《금강경 역해》, 329 ~330·390~391쪽 참조.
75) F. Nietzsche, N 16(11), KSA 10, 501쪽.
76) F. Nietzsche, Za IV, KSA 4, 359쪽(니체, 《차라투스트라는 이렇게 말했다》, 정동호 옮김(책세상, 2000), 466쪽).

에서 번개와 인간의 자기 자각의 관계를 여섯 번이나 비유적으로 묘사하고 있는데,[77] 그 가운데 일부 구절을 살펴보면 다음과 같다.

나는 사랑하노라. 사람들 위에 걸쳐 있는 먹구름에서 한 방울 한 방울 떨어지는 무거운 빗방울과 같은 모든 자를. 그런 자들은 번갯불이 곧 닥칠 것임을 알리며 그것을 예고하는 자로서 파멸해가고 있는 것이다.
보라, 나는 이 번갯불이 내려칠 것을 예고하는 자요, 이 구름에서 떨어지는 무거운 물방울이다. 그러나 이 번갯불이란 극복인이다.[78]

나는 인간들에게 그들 존재가 지니고 있는 의미를 가르치고자 한다. 그것은 극복인이요, 인간이라는 먹구름을 뚫고 내리치는 번갯불이다.[79]

니체는 인간이 진정한 존재 의미를 터득하기 위해서는 인간이라는 먹구름을 뚫고 내리치는 번개를 맞아 파멸하고 몰락해야 새로운 정신 생명을 지닌 인간, 즉 새로운 의식 차원으로 상승된 인간으로 다시 태어날 수 있다고 역설한다. '지혜의 번개'는 삶과 죽음, 선과 악, 밝음과 어둠, 낮과 밤, 아름다움과 추함, 진리와 거짓을 구분하는 이항대립적인 인간의 집착과 인식의 편견에 내리치는 진리의 전압인 것이다.[80] 이

---

77) F. Nietzsche, Za I, KSA 4, 16 · 18 · 23 · 52쪽 ; Za II, KSA 4, 107쪽 ; Za IV, KSA 4, 360쪽(니체, 《차라투스트라는 이렇게 말했다》, 19 · 22 · 28 · 66 · 134 · 466쪽).
78) F. Nietzsche, Za I, KSA 4, 18쪽(니체, 《차라투스트라는 이렇게 말했다》, 22쪽 참조).
79) F. Nietzsche, Za I, KSA 4, 23쪽(니체, 《차라투스트라는 이렇게 말했다》, 28쪽 참조).
80) 김정현, 〈니체와 융 사상에서의 '자기' 찾기〉, 270쪽. 니체의 '번개' 비유와 극복인의 관계를 금강경과 연관해 논의한 것으로 〈니체와 융 사상에서의 '자기' 찾기〉, 270~272쪽 참조.

러한 번개는 인간의 자아가 만든 인식의 집착과 허구를 깨트리며, 이렇게 자아의 세계 허상이 깨질 때 나타나는 진리를 니체는 '지혜의 번개', '사나운 지혜', '지혜의 암사자'라고 표현한다. 번개를 맞고 몰락과 상승을 할 때, 즉 지혜의 번개를 통해 나와 세계가 다르지 않다는 사실을 자각할 때 인간은 극복인으로 다시 태어날 수 있다는 것이다. 융은 차라투스트라의 상승과 몰락의 과정을 정신과 본능, 의식과 무의식, 낮과 밤의 대극이 통합되며 동시에 반전되는 '대극의 반전enantiodromia'으로 해석함으로써, 몰락과 상승의 과정이 헤라클레이토스가 말하고 있듯이 사실은 동일한 과정이라는 것을, 즉 무의식의 세계로 내려가 자신의 그림자나 페르조나persona의 가면을 통합해냄으로써 새로운 차원의 자각적 언어를 획득하여 깨어 있는 정신으로 다시 태어날 수 있다고 해석한다.[81] 이렇게 몰락 가운데 다시 상승하며 태어난 인간을 니체는 또한 '춤추는 자', '어린아이', '깨어난 자'라고 부른다.[82] 니체가 문화적 데카당스로서의 수동적 허무주의를 극복하고 능동적 허무주의 속에서 새로운 미래적 가능성을 모색하는 것은 이렇게 다시 태어난 자각된 인간을 통해서다.

---

81) 《차라투스트라는 이렇게 말했다》에 나오는 인간의 몰락과 상승의 의미를 '대극의 반전' 개념과 연관해 해석하는 융의 논의에 대해서는 C. G. Jung, *Jung's Seminar on Nietzsche's Zarathustra*(이후 JS로 줄여 씀), James L. Jarrett (ed.)(Princeton, NJ : Princeton Univ. Press, 1988), 19쪽 ; 김정현, 〈니체와 융 사상에서의 '자기' 찾기〉, 262~267쪽 참조.
82) F. Nietzsche, Za I, KSA 4, 12쪽(니체, 《차라투스트라는 이렇게 말했다》, 14쪽).

5 존재론적, 위생학적 치료로서의 깨어 있는 삶

　니체의 허무주의 종교나 정신적 위생학으로서의 불교 이해는 비록 유럽 문명의 자기 위기에 대한 투사의 결과로 나타난 그 당시 지성적 활동에 영향을 받았지만 그는 이러한 유럽적 불교 운동을 '수동적 허무주의'로 비판하고, 이를 넘어서 자신의 사유를 불교적 사유와 내밀하게 접합시키면서 그 가운데 인류의 문제를 해결하는 미래적 사유 문법을 모색한다. 니체가 능동적 허무주의 가운데 모색하고 있는 사유는 무엇일까? 왜 그는 인도의 부처와는 다른 '유럽의 부처'가 되고자 한 것일까? 니체가 의도한 것은 현실에서 도피한 채 명상을 통해 세계를 관조하는 수동적인 세계관의 불교가 아니라, 삶과 현실을 긍정하며 구체적인 삶의 현실 속에서 건강하게 살아 움직이는 능동적인 세계관의 불교였을 것이다. 삶과 현실, 인간의 육체와 욕망을 부정적으로 보고 억압하며 인간으로 하여금 저편 세계 속에 도피하게 만들고 초월적인 세계에서 영혼의 구원을 갈구하게 했던 그리스도교에 대한 니체의 혹독한 비판이 오히려 오늘날 그리스도교에 건강한 종교적 항체를 제공해준 것과 마찬가지로, 니체의 불교 비판 역시 삶과 현실의 모든 것이 덧없다는 식의 허무주의에 안주하며 현실 도피적인 은둔을 즐기는 불교에 건강한 종교 정신을 형성시키는 성찰적 항체를 제공해줄 수 있을 것이다.

　니체의 주체 해체 작업과 불교의 무아 사상이 더불어 공명하는 현대의 의미 공간에서 우리는 또한 서양 근대의 주객 이분법적인 개념 구분이 파생시킨 독소, 즉 인간과 자연, 나와 타인, 나와 또 다른 타자로서의 나의 내면das Alter ego 사이의 분리라는 근원적인 독소를 해독시킬 철학적 치료제를 발견할 수 있을 것이다. 너와의 윤리적 관계를 형성하지 못하는 나(자아)에 대한 집착은 한 인간을 정신적으로 병들게 하고 독선적으로 만들 뿐 아니라, 이러한 사유는 더 나아가 나와 너, 인간과 자연, 문명과 야만의 구분을 만들어내고 전자에 의해 후자를 정복하려는 자기 중심적, 정복적 사고방식을 배태하게 된다. 현대 문명의 가장 큰 독소 가운데 하나가 나를 중심에 놓고 타자의 세계를 정복하고 지배하려는 제국주의적 사고일 것이다. 레비나스Emmanuel Levinas에 따르면 서양 철학을 지배하는 전체성의 이념에 고정되어 있는 것은 전쟁에서 보이는 존재의 모습인데, 이는 타자를 배제하고 이를 자아 중심적으로 동화하거나 환원하는 전체주의의 성격을 지니고 있다. 레비나스가 이에 대한 대안을 타자에 대한 윤리적 책임성을 내세우는 타자의 철학에서 찾고 있다면, 니체는 주체의 해체라는 좀더 근본적이고 존재론적인 방식으로 이에 대한 처방전을 내놓는다. 니체가 말하고 있듯이 나와 너를 떠나 우주적으로 느끼며 살아가는 것, 이는 분명 자기만을 이기주의적으로 고집하는 자본주의적 사회 현실 속에서 나와 세계의 모든 관계를 다시 진단하고 새롭게 세계의 살이 솟아오르게 하는 의학적 힘을 제공해줄 수 있을 것이다.

   니체의 불교적 사유가 오늘날 우리에게 전달하는 메시지는 나에 대한 집착 없이 어린아이처럼 순수하게 정화된 채 항상 깨어 있는 삶이야말로 진정 인간의 인간다움을 각성시킬 수 있는 힘을 준다는 사실에 있다. 삶의 집착과 편견에서 벗어나 정신적 자유를 얻을 수 있을 때, 우리는 인간 가운데 진정으로 깨어 있는 삶을 살 수 있을 것이다. 인간의 진정한 만남은 성숙된 정신이 있을 때 가능하듯이, 세계와의 진정한 만남은 우리의 깨어 있는 정신이 있을 때 가능할 것이다. 인간의 자기 구원

가능성을 깨어 있음에서 찾고 있는 니체의 불교적 사유는 나와 너, 서양과 동양, 문명과 야만 등 이분법적 대립의 구도에서 벗어나지 못하는 현대 문명을 비판하고 이를 치유할 수 있는 하나의 존재론적, 위생학적 치료의 길을 제시한다.

제8장
니체와 융 사상에서의 '자기' 찾기

1 심층심리학자 니체

　니체는 《즐거운 학문》의 서문에서 지금까지의 철학이 몸에 대한 잘못된 해석에서 출발했으며, 지금까지 사상사를 이끌어왔던 최고의 가치 판단의 배후에는 몸의 개념에 대한 오해가 숨어 있다고 말한다. 따라서 그에 따르면 철학이란 몸의 징후학이며, 철학자란 "건강, 미래, 성장, 힘, 생명 등의 문제"를 다루는 '철학적 의사'가 되어야만 한다.[1] 이것은 철학이 박제된 개념의 논리적 텍스트를 다루는 인식이 아니라, 살아 있는 인간의 몸의 언어를 다루는 몸의 철학으로 다시 태어나야 한다는 것을 의미한다. "우리는 생각하는 개구리가 아니며, 차가운 내장을 가진 객관적인 장치나 기록 장치가 아니다"라는 니체의 말에서 드러나듯이, 철학이란 "우리 안에 있는 피, 가슴, 열기, 쾌락, 정열, 고통, 양심,

---
1) F. Nietzsche, FW, Vorrede zur zweiten Ausgabe 2, KSA 3, 348~349쪽.

운명, 숙명" 등의 문제를 다루며, 철학이 바로 우리의 모든 존재 모습을 빛과 불꽃으로 변화시키는 내적 생명의 실현 문제와 밀접하게 연관되어 있기 때문이다.[2] 이러한 니체의 철학에 대한 이해는 철학에서 인식의 문제를 배제하는 철학의 협소화를 지향하는 것이 아니라, 인식의 문제를 포함해 세계의 문제를 인간의 몸의 언어를 통해 새롭게 다시 해석하는 철학적 인식 영역의 확장을 의미한다. 왜냐하면 니체는 전통적인 이성 철학 전체를 해체하며, 몸의 언어를 통해 새롭게 미래 철학의 가능성을 건설하려고 시도하기 때문이다.[3]

　니체의 몸의 언어는 그의 심리학적 세계 해석의 문제와 연관되어 있다. 그는 심리학을 "힘에의 의지의 형태론과 발달 이론"으로 규정하고, 이를 통해 다시 인간 삶의 근본적인 문제에 이르는 길을 발견할 수 있다고 본다.[4] 니체에게서 심리학의 문제는 단순히 인간이나 동물의 행동을 실증적으로 연구하는 '행동심리학' 또는 '임상심리학'을 의미하지 않으며, 인간의 삶의 의미를 몸의 언어를 통해 해석하고 해석된 의미 기호들을 건강과 생명의 관점에서 재해석하는 심층 철학을 의미한다. 니체 사상에서 문제시되는 이성 비판, 언어 비판, 진리, 근대성, 역사, 종교 비판, 미학, 자기 창조의 문제 등, 모든 철학적 화두 또는 기호들은 이러한 심층 철학의 기반 위에서 검토되어야만 할 것이다.[5]

---

2) F. Nietzsche, FW, Vorrede zur zweiten Ausgabe 3, KSA 3, 349~350쪽.
3) 니체는 《선악의 저편》의 부제를 '미래 철학의 서곡'이라고 붙이며, 인류 정신사의 지도를 새롭게 그리고자 했다. 이에 대한 간략한 논의로, 니체, 《선악의 저편·도덕의 계보》에 대한 나의 해설 〈인류의 미래도덕과 새로운 미래철학의 사유〉 참조.
4) F. Nietzsche, JGB 23, KSA 5, 38~39쪽(니체, 《선악의 저편·도덕의 계보》, 44~46쪽).
5) 서양 철학사에 나타난 무의식의 담론 가운데 심층 철학으로서의 니체 철학의 자리매

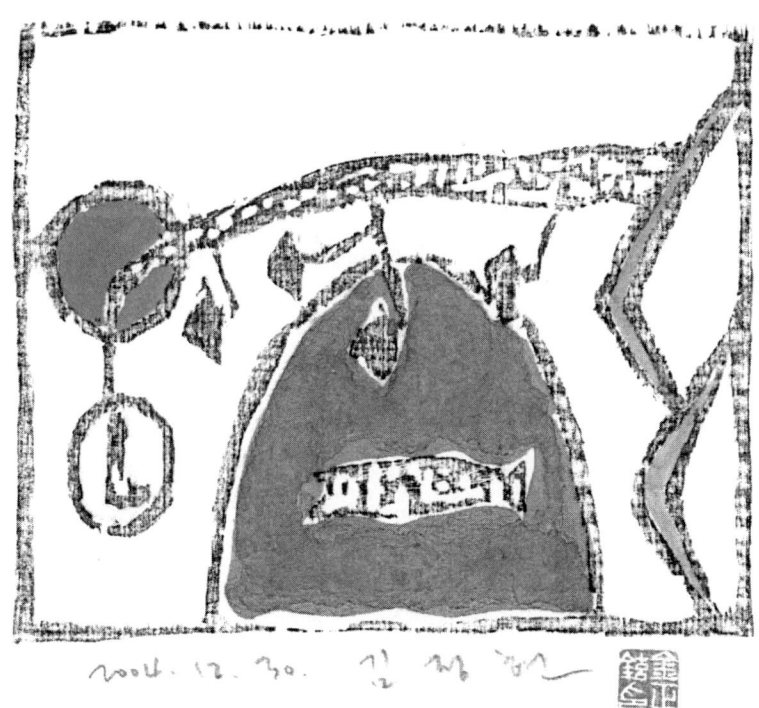

자기를 깨닫기
차라투스트라는 30세에 고향과 고향의 호수를 떠나 산속에 들어가 10년을 수행한다. 이때 호수란 각 인간의 생애사에 흐르는 무의식의 체험 세계를 말하는 것이며, 이것과 대면하며 참된 생명(물고기)을 깨달을 때 소나무같이 장엄한 자기를 찾을 수 있는 것이다.

니체는 자신의 철학 및 자신의 운명을 다음과 같이 심리학과 연관해 규정한다. "내 이전에 도대체 철학자들 가운데 **심리학자**가 있었던 가?……내 이전에는 심리학이 전혀 존재하지 않았다.──이런 때에 최초의 심리학자가 된다는 것은 하나의 저주일 수도 있다. 어찌 되었든 이것은 하나의 운명인 것이다."[6] 니체는 자신을 '최초의 심리학자'로서 철학적 작업을 하는 유럽 정신사의 운명으로 이해했다. 이러한 니체 사상이 함유하고 있는 심층 철학적인 성격을 가장 잘 인식하고 있는 카우프만은 자신을 최초의 위대한 심리학자로 보았던 니체의 이러한 면이 특히 철학자들에게서 지금까지 계속해서 무시되어왔으며, 우리가 이 점을 간과한다면 니체는 결국 오해되고 말 것이라고 주장한다.[7] 하이데거나 뢰비트 등의 탁월한 니체 해석이 실존주의 또는 형이상학적으로 니체를 이해할 수 있는 실마리를 제공해준 것은 사실이나, 니체의 사상은 자신이 이해하고 있듯이 인간의 영혼을 탐색하는 심리학의 언어를 통해 더욱 잘 이해될 수 있을 것이다. 이러한 견해는 1926년에 이미 '영혼의 연구'나 '자기 탐색'이라는 개념으로 니체 사상을 해석하는 클라게스Ludwig Klages[8]나 니체를 영혼학의 계승자로 보는 토마스 만에게서 잘 드러난다.

김에 대해서는 김정현, 〈서양철학사에 나타난 무의식의 개념〉, 《한국정신치료학회지》 제14권 제1호(한국정신치료학회, 2000), 20~22쪽 참조.
6) F. Nietzsche, EH, Warum ich ein Schicksal bin 6, KSA 6, 371쪽.
7) W. Kaufmann, "Nietzsche als erste grosse Psychologe", *Nietzsche Studien*, Bd. 7 (1978), 261쪽. 심리학적 관점에서 니체 사상을 해석하고 있는 카우프만의 훌륭한 저서 *Nietzsche—Philosopher, Psychologist, Antichrist*, 특히 6~9장 참조.
8) Ludwig Klages, *Die psychologischen Errungenschaften Nietzsches*(Bonn, 1958), 특히 1~2장 참조.

특히 토마스 만은 의지의 심리학자인 쇼펜하우어가 모든 현대 심리학(영혼학Seelenkunde)의 아버지인데, 이러한 경향은 니체의 심리학적 급진주의를 넘어, 일직선상으로 프로이트와 자신의 심층심리학을 세우고 정신과학에 응용한 모든 사람에게로 이어진다고 보고 있다.[9] 그는 쇼펜하우어의 후계자인 니체가 심리학적 급진주의라는 철학적 작업을 통해 현대 정신분석의 맥을 이어주는 가교자로 평가될 수 있다고 본 것이다. 가다머Hans-Georg Gadamer 역시 "니체는 표면을 뚫고 들어가 그 뒤에서 감추어진 것, 비밀스러운 것, 위장된 것, 말할 수 없는 것을 인식하는 천재적인 심리학자"이며, 또한 전경적인 것, 표면적인 것을 가면으로 해석하는 법을 가르쳤으며, 프로이트 역시 니체에게서 많은 것을 배웠다고 보고 있다.[10] 니체의 철학적 기반이 심리학이기에 니체 이후 프로이트의 정신분석학Psychoanalyse[11]이나 융의 분석심리학die analytische Psychologie, 아들러의 개인심리학Individualpsychologie 역시 니체의 사상으로부터 지대한 영향을 받으며 나왔다는 것은 의심의 여지가 없다.[12] 프로이트는 자서전에서 자신의 학문적인 독창성이 손상당할 것을 두려워해 니체의 영향을 부정하고 싶어 했지만,[13] 융은

---

9) Thomas Mann, *Freud und die Psychoanalyse*(Frankfurt a.M., 1991), 96쪽.
10) H.-G. Gadamer, "Das Drama Zarathustras", *Nietzsche Studien*, Bd. 15(1986), 3쪽.
11) 니체와 프로이트 사상의 관계에 대해서는 루이 코르망, 《깊이의 철학자 니체》, 김웅권 옮김(어문학사, 1996) ; 니체와 프로이트의 사상을 무의식 및 문화 개념을 중심으로 비교한 김정현, 〈니체의 심층심리학〉, 151~180쪽 ; 김정현, 〈본능과 문화 : 니체와 프로이트를 중심으로〉, 《대중매체 문화의 허위성과 진실성》, 제10회 한국철학자대회보(원광대, 1997), 225~240쪽 ; 이창재, 《니체와 프로이트》(철학과현실사, 2000) 참조.
12) 이에 대한 자세한 논의로는, Henry F. Ellenberger, *Die Entdeckung des Unbewußten*, G. Theusner-Stampa (übers.)(Bern, 1985) 참조.

현대 정신분석학자들이 니체에 많은 빚을 지고 있음을 솔직하게 밝혔다. 융에 따르면 "니체는 진정한 현대 심리학자다. 오늘날 그는 어두운 배경과 비밀스러운 동기를 밝힐 수 있는 독창적인 불빛을 가졌기 때문에, 유명한 분석가를 만들 수가 있었다. 그는 프로이트와 아들러에게서 크게 다루어질 기대를 받고 있었다".[14]

이 글은 현대 정신분석학에 지대한 영향을 준 니체 사상을, 특히 융의 사상과 연관해 논의하고자 한다. 특히 융의 니체 읽기를 중심으로 그가 주로 관심을 보여온 '자기' 찾기의 문제에 논의를 제한할 것이다. 왜냐하면 융의 니체 읽기에서 제기되고 있는 문제들이 (개체/집단) 무의식, 대극의 반전, 종교, 성격 유형Typologie 분석, 비전, 상징, 신화, 연금술, 자아 팽창inflation, 자아/자기, 원형, 그림자, 근대성, 현대 문명 비판 및 니체의 성격 분석[15] 등 많은 문제에 걸쳐 있는데, 이를 모두 논의하기에는 지면상 한계가 있으며, 또한 그 가운데 가장 중요한 문제의식이 '자기' 찾기와 관련돼 있기 때문이다. 이 글에서는 니체와 융의 사상에 나타난 '자기' 찾기의 문제를 비교하며, 특히 융의 차라투스트

---

13) 이에 대해서는 프로이트, 《나의 이력서》, 한승완 옮김(열린책들, 1997), 76쪽 ; 김정현, 〈니체의 심층심리학〉, 156쪽 참조.
14) C. G. Jung, JS, 65쪽.
15) 융은 자신의 유형론에서 정신의 기능을 사고, 감정, 감각, 직관 기능이라는 네 가지로 분류하고(C. G. Jung, *Typologie*(München, 2001) 참조), 니체의 유형을 아주 발달된 사고 기능을 가진 내향적 직관형으로 분석하며, 그가 감각이나 감정에서 약점을 보인다고 평가한다(JS, xiii쪽). 그는 마르크스, 다윈, 헤겔 등은 외향적 사고형으로, 칸트는 전형적인 내향적 사고형으로 평가한다. 니체의 기질론에 대한 융의 논의에 대해서는, 김재영, 〈칼 융의 유형론적인 현대 철학의 이해―윌리엄 제임스와 프리드리히 니체의 기질론을 중심으로〉, 《인간다운 삶과 철학의 역할》, 한민족 철학자대회보(한국철학회, 1995년 8월), 277~300쪽 참조.

라 세미나 문헌 검토를 통해 니체의 사상을 현대 분석심리학적 관점에서 어떻게 읽을 수 있는가를 논의할 것이다. 비유나 상징에 의해 표현되는 니체의 사상들은 융의 해석으로 더욱 설득력 있게 이해될 수 있을 것이다.

2 융의 니체 읽기

융은 1934년에서 1939년 사이에 "니체의 차라투스트라에 대한 심리학적 분석"이라는 제목으로 취리히의 심리학 클럽에서 수요일 아침마다 영어로 세미나를 진행했다. 이는 융이 영국, 미국, 인도에 강연 여행을 갈 때를 제외하곤 6년간 모두 74명의 분석가와 분석 훈련을 받는 사람들이 참여하는 가운데 진행된 것으로, 니체에 대한 융의 지대한 관심을 잘 드러내준다.[16] 융의 사상을 가늠할 수 있는 유명한 세 세미나, 즉 '꿈 분석' 세미나(1928~1929), '비전 해석' 세미나(1930~1934), '니체의 차라투스트라' 세미나 가운데 니체에 관한 세미나는 분석심리학 훈련을 받는 사람들과 함께 가장 오래 지속된 것으로 니체에 대한 그의 관심을 잘 대변해준다.[17]

니체가 교수로 있었던 바젤 대학에 다녔던 융은 당시 바젤에 퍼져 있

---

16) 이때의 융의 세미나 기록은 타자 원고로 10권 분량이 되는데, 현재 취리히의 융 연구소에 보관되어 있다("Psychological Analysis of Nietzsche's Zarathustra", Mary Foote (ed.)(Zürich, 1934~1939)](*unveröffentliche Typoskriptbände*, 10 Bde.). 이 가운데 일부를 발췌하여 편집한 책으로 JS가 있으며, 이 글의 논의는 이 저서를 중심으로 할 것이다.
17) C. G. Jung, JS, vii~xi쪽 참조.

던 '시대착오적인 인간' 또는 '자연에게 희롱당하는 사람'이라는 니체에 관한 소문을 듣고, 자신이 정신착란이 일어난 니체처럼 되지 않을까 하는 두려움에 사로잡혔지만, 호기심을 가지고 니체의 《반시대적 고찰》, 《차라투스트라는 이렇게 말했다》 등을 읽었다. 그는 '두더지가 파서 쌓아올린 흙더미' 같은 자신에 비해 독일어, 라틴어, 그리스어, 프랑스어, 이탈리아어, 스페인어 등 수많은 언어를 알고 있는 니체를 '몽블랑' 같다고 했고, 이때 괴테의 《파우스트》에서와 같은 강렬한 체험을 《차라투스트라는 이렇게 말했다》에서 하면서, '차라투스트라는 니체의 파우스트'라고 생각했다.[18] 《파우스트》에 정신의 문을 열고 있었던 융은 그러나 이 당시에 니체에게 귀의했다가 끝내 자살한 친구와, 사람들에게 이해받지 못한 천재로 전락한 지기(知己)가 있어, 《차라투스트라는 이렇게 말했다》에는 어떤 병적인 요소가 있다고 생각하며 정신의 문을 닫고 철저하게 이 책을 덮어두었다. 그럼에도 니체에 대한 그의 경외감은 거의 평생 지속되었고, 1913년 프로이트와 결별한 이후와 외로운 전쟁 기간 동안 그는 니체의 저서, 특히 《즐거운 학문》, 《선악의 저편》, 《도덕의 계보》, 《차라투스트라는 이렇게 말했다》 등을 다시 읽어나갔다.[19]

  융이 본격적으로 니체의 《차라투스트라는 이렇게 말했다》를 하나의 심리학 연구의 보고로 생각하고 이를 학문 연구의 대상으로 다루기 시작한 것은 그의 나이 59세가 되던 1934년에 취리히 심리학 클럽 세미나에서였다. 융은 이때 니체가 국가사회주의의 선구자로 완전히 오해받는 것을 보고, 오히려 니체의 《차라투스트라는 이렇게 말했다》에는 유

---

18) 아니엘라 야훼 엮음, 《C. G. Jung의 회상, 꿈 그리고 사상》, 이부영 옮김(집문당, 2000), 123쪽.
19) C. G. Jung, JS, xiii쪽.

럽과 세계를 휩쓰는 대변혁의 전조를 밝히며 경고하는 중요한 내용이 있음을 알아차렸다.[20] 국가사회주의의 이론적 선구라는 니체 사상에 대한 오해[21]는 하이데거, 야스퍼스, 뢰비트 등의 실존주의적 니체 해석이 일어나던 동일한 시대적 공간 안에서 동시에 융에 의해서도 해명되었던 것이다.[22] 그는 《차라투스트라는 이렇게 말했다》가 괴테의 《파우스트》와 마찬가지로 무의식의 내용을 풍부히 다루고 있는 심리학의 보고라고 생각했고, 이를 현대 영혼의 허무주의적 위기를 다루는 집단 드라마이며, 동시에 개인적 심리 드라마라고 생각했다.[23] 융은 니체를 19세기에 무의식의 발견에 크게 기여한 사람으로 생각했고,[24] 허무주의적 집단 무의식의 병리 현상을 지적하며, 그가 이를 진정한 '자기'의 발견을 통해 극복하려 했다고 본 것이다. 융은 또한 《차라투스트라는 이렇게 말했다》를 니체의 의도하지 않은 신앙 고백으로도 읽는다. 즉 신을 저버린 탈그리스도교적 삶의 어둠 속에서 길을 잃었고, 그렇기 때문에

---

20) C. G. Jung, JS, xviii쪽.
21) 이에 대한 구체적인 논의로, 김정현, 〈루카치, 니이체 그리고 정치적 미학주의의 담론〉, 정영도 외, 《니이체 철학의 현대적 이해와 수용》, 221~246쪽 참조.
22) 유럽 허무주의의 등장을 진단하고, 이를 건강한 개인의 복원을 통해 극복하려고 한 니체와 마찬가지로, 융 역시 국가사회주의가 등장하기 이전인 1932년 11월에 게르만인의 야만성, 즉 집단적 인간이 개인을 질식시키는 심리적 전염병이 유럽을 지배하고 있다고 진단하며, 이를 종교적 차원의 '자기' 복원을 통해 극복하려 했다. 융과 국가사회주의의 대결에 대해서는 게르하르트 베어, 《카를 융》, 한미희 옮김(까치, 1998), 169~188쪽 참조.
23) Peggy Nill, "Die Versuchung der Psyche", *Nietzsche Studien*, Bd. 17(1988), 260쪽. 니체의 사상과 괴테의 파우스트를 심리적 완성으로서의 구원의 문제와 연관해 해석한 글로는 이영수, 《괴테와 니이체》(세종출판사, 2001), 322~344쪽 참조.
24) C. G. Jung, JS, xiv쪽. 19세기의 무의식의 발견과 그 지식의 형태 및 니체 철학의 위치에 관한 논의로는, Alfred Schöpf, "Die Wissensform des Unbewußten im 19. Jahrhundert", Alfred Schöpf, *Unbewußte Kommunikation*(Wien, 2001), 29~43쪽 참조.

그의 심혼Psyche을 구원하는 원천으로서 계시된 자, 깨달은 자가 그에게 다가서기에, 《차라투스트라는 이렇게 말했다》는 원형Archetypus의 스타일을 구사하는 성직자의 언어로 구성되어 있다는 것이다.[25]

인간의 진정한 자기 찾기 작업은 니체의 철학적 작업의 핵심에 해당할 뿐 아니라, 사실은 개성화와 자기 실현의 문제를 다루는 융의 사상적 작업의 중핵에도 맞닿아 있다. 인류의 가장 오랜 상징과 개성화 과정을 해석하는 융은 어찌 보면 니체 해석을 통해 자기 사상의 관심과 핵심적 내용을 표현했던 것이다. 물론 모두 시골 목사의 아들로 태어났고, 바젤이라는 동일한 지리적 공간 안에서 대학 생활을 했던 두 사상가 사이에는 간과할 수 없는 유사성과 불일치가 있는 것도 사실이다. 즉 니체가 생명의 미학적 차원에 일차적인 중요성을 부여한 반면 융은 종교적인 차원을 중요시했으며, 니체와 달리 융은 영혼의 본성과 구원의 가능성을 잡으려고 시도하는 종교에서 궁극적인 인간 삶의 새로운 가능성을 본다.[26] 니체가 자신을 '철학적 의사'로 여긴 반면 융은 자신을 인간을 치유하는 '영혼의 의사'로 생각했다.[27] 니체는 인간의 현실적 삶을 긍정하고 건강한 아름다움을 느끼는 미학적 감수성의 계발을 통해 인간의 건강한 삶의 가능성을 찾은 반면 융은 종교적인 누미노제Numinose(신성하고 신적인 것)를 통해 인간의 자기 치유에 관심을 가진 것이다. 그러나 그들이 추구한 진정한 자기 찾기의 철학적 작업은 그들 사상의 핵심을 관통하며 공통된 사상적 지평을 형성하고 있다.

---

25) 융,《원형과 무의식》, 한국융연구원 C. G. 융 저작 번역위원회 옮김(솔, 2002), 150쪽.
26) C. G. Jung, JS, xxi쪽.
27) 게르하르트 베어,《카를 융》, 192쪽.

3 자아와 자기의 구분

니체에게 철학은 인간의 고유한 '자기'를 찾는 문제로 귀결된다. '자기를 찾아가는 과정' 또는 자기 '됨'의 과정이 다름 아닌 인간 삶의 과정이기 때문이다. "너는 본래의 너 자신이 되어야만 한다",[28] 또는 "우리는 어떻게 우리 자신인 그러한 존재가 되는가"[29]라는 니체의 말은 인간의 자기 찾기 작업을 단적으로 드러내주는 그의 사상의 중요한 표제어다. 이러한 자기에 대한 관심은 융도 마찬가지다. 그는 '개성화Individuation'라는 용어를 사용하며, 이는 '자기화Verselbstung'나 '자기 실현Selbstverwirklichung'으로 번역될 수 있다고 말한다.[30] 이때 융의 자기 실현이란 '자기가 되는 것Selbstwerdung'을 의미하는 것으로, 그의 분석심리학이 의도하는 궁극적인 목표는 자기 찾기로 귀결된다. 니체와 융의 이러한 사상적 작업은 자아를 변형시켜 심층적인 자기를 찾는 것을 지향하기에, 니체에게서 철학은 궁극적으로 '변형의 기술 Kunst der Transfiguration'[31]이며, 융에게 심리학은 자기 실현의 기술인 것이다.

이 두 사상가에게서 거의 유사하게 나타나는 자아와 자기란 무엇이며, 이 두 개념은 어떻게 구분되는가? 또한 우리는 어떻게 자아에서 자기로 변형되며 자기 실현을 할 수 있는 것일까? 우리가 일상생활 언어에서 아무 구분 없이 쓰고 있는 '자아'와 '자기'란 니체와 융에게서는 명백

---

28) F. Nietzsche, FW III 270, KSA 3, 519쪽.
29) F. Nietzsche, EH, Warum ich so klug bin 9, KSA 6, 293쪽.
30) C. G. Jung, *Die Beziehungen zwischen dem Ich und dem Unbewußten*(München, 2001), 59쪽.
31) F. Nietzsche, FW, Vorrede zur zweiten Ausgabe 3, KSA 3, 349쪽.

히 구분되는 철학적 개념어다. 여기에서는 이 두 사상가에게 나타나는 두 개념의 구분과 개념적 정의만을 다루고, 그 구체적인 내용은 '페르조나'와 자기 실현(자기를 깨닫기)의 문제와 연관해 논의할 것이다.

니체에게 자아란 외부 세계와 관계를 맺는 의식, 또는 이성적 활동과 관련된다. 우리는 외부 세계와 관계를 맺으며 살아가고, 이성적 언어와 의식의 기호를 통해 우리 자신의 삶을 더욱 논리적이고 체계적으로 표현한다. 그러나 니체는 데카르트의 의식철학적 자아 규정에 반대하며, "의식이란 하나의 표피"[32]에 지나지 않는다고 말한다. 의식이란 우리가 세계와 접촉하며 우리의 삶을 표현하는 피부 활동이며, 이는 언어의 세계로 표현된다. 그러나 피부가 인간 신체의 모든 것을 담지하고 있지 않듯이, 의식 역시 인간 자신의 전체가 아니다. "이른바 우리의 모든 의식이란 무의식적인, 아마도 인식할 수 없지만, 느낄 수 있는 텍스트에 대한 다소의 상상적 주석"[33]인 것이다. 의식이란 인간의 외부 세계와 내면 세계의 관계적 텍스트, 즉 몸의 텍스트를 해석하는 논리적 기호, 즉 언어 활동과 연관해 작동된다. 인간의 자아는 이러한 논리적 언어의 세계 또는 의식을 매개로 하는 표피적·외형적 모습에 대한 명칭일 뿐이다. 니체는 언어를 매개로 하는 이러한 의식적 자아의 모습이 오히려 인간의 내면적 과정이나 충동을 해명하는 데 방해가 될 수 있다고 말한다.[34] 오직 의식이나 말을 통해 표현되는 상태가 우리 존재의 전체적인 모습이 아니기 때문이다. 분노, 미움, 사랑, 연민, 욕망, 즐거움, 고통 등 인간의 심리적 상태는 언어적, 의식적 활동 이전에 무의식적 텍스트에

---

32) F. Nietzsche, EH, Warum ich so klug bin 9, KSA 6, 294쪽.
33) F. Nietzsche, M 119, KSA 3, 113쪽.
34) F. Nietzsche, M 115, KSA 3, 107쪽.

서 움직이는 우리 자신의 내면적 기호이기에, 우리는 우리 존재의 내면적, 무의식적 활동에 주목해야만 하는 것이다. 여기에서 니체는 의식 중심의 자아가 우리 존재의 전체가 될 수 없다고 단언하며, '몸이성' 개념을 도입한다.

그러나 니체가 몸이성을 강조한다고 해서, 이성을 전적으로 배척하는 것은 물론 아니다.[35] 우리가 정신이라고 부르는 것은 실은 '작은 이성'으로, 몸이라는 '큰 이성'의 작은 도구[36]이자 세계라는 피부의 감각과 인식을 표현하는 중요한 매체다. 그는 감각과 정신이란 '자기Selbst'의 도구이자, 자아를 지배하는 지배자des Ich's Beherrscher라고 말한다.[37] 그에 따르면 우리의 생각과 감정 뒤에 있는 강력한 명령자, 알려지지 않은 현자가 바로 '자기'로, 이는 우리의 몸속에 살고 있을 뿐 아니라 곧 우리의 몸이기도 하다.[38] 여기에서 니체는 분명 몸과 자기를 동일시하고 있다. 니체에게 몸이란 단순히 생물학적, 물리적 크기를 가진 인간의 신체를 의미하는 것이 아니라, 의식과 무의식의 활동을 통섭하고 있는 총체적인 영혼의 활동을 의미하기 때문이다.[39] 따라

---

35) W. Kaufmann, *Nietzsche—Philosopher, Psychologist, Antichist*, 265쪽.
36) F. Nietzsche, Za I, KSA 4, 39쪽.
37) F. Nietzsche, Za I, KSA 4, 39쪽.
38) F. Nietzsche, Za I, KSA 4, 40쪽.
39) 니체의 '몸' 개념은 또한 "사유, 느낌, 욕구의 역동적 복합성"으로 표현되기도 한다. 우리가 일상적으로 사용하는 '수기(修己)'라는 표현에서 '몸(己)'을 닦는(修)는 것은 단순히 신체를 닦는다는 의미가 아니라 생각, 감정, 의지를 포함하는 우리 자신의 총체적 인성으로서의 '자기(己)'를 수련한다는 의미로 이해될 수 있다. 이때도 몸이란 동시에 자기를 함의하고 있다고 볼 때, 니체가 몸Leib을 자기Selbst와 동일시하는 것은 오히려 동양 문화권에서 더 쉽게 이해할 수 있을 것이다. 몸이성과 '자기'의 관계에 대한 자세한 논의에 대해서는 김정현, 《니체의 몸 철학》, 171~185쪽 참조.

서 몸의 활동이란 다름 아닌 자기의 활동이다. 융은 니체의 몸이란 단순히 영혼, 즉 심혼을 볼 수 있는 것으로 표현한 것일 뿐이라고 말한다.[40] 융의 언어로 말한다면 몸이란 우리 인성의 총체성인 심혼의 활동이며, 이는 곧 '자기'의 활동이 될 것이다. 그에 따르면 "몸이 살아 있는 심혼이듯이, 심혼이란 살아 있는 몸이다".[41] 니체가 《차라투스트라는 이렇게 말했다》에서 어린아이의 말을 빌려 "나는 몸이며 영혼이다"[42]라고 말한 것은 바로 이런 의미로 이해할 수 있을 것이다. 따라서 니체에 따르면 내(자아)가 세계를 인식하는 것이 아니라, 몸이 세계를 인식하며, 세계와 관계하는 것은 의식의 언어가 아니라 바로 몸의 언어인 것이다.

융에 따르면 의식의 중심을 인격화한 자아란 니체에게는 심리적 존재의 전체가 될 수 없으며, 이를 전체로 만들기 위해서는 무의식이 필요하고, 따라서 '자기'란 의식뿐 아니라 무의식으로 구성되어 있는 인간의 심리적 총체를 의미한다.[43] 니체에게 의식이란 자기의 부분적인 인식이며, 자아 의식은 해명을 하기도 하고 우리의 이성적 추리나 판단에 직접적으로 접근할 수도 있는 자기의 부분인데 반해, 무의식은 오직 본체적이며 우리가 그것에 직접적으로 접근할 수 없기 때문에,[44] 우리는 의식과 무의식의 통섭적이고 총체적인 활동으로서의 몸을 통해 세계와 관계를 맺으며 살아가는 것이다. 니체는 건강한 몸에서 울려오는 소리에 귀를 기울이라고 말하며, 건강한 몸이란 또한 대지의 의미라고도 말한다.[45] 이는 건강한 몸이란 현자의 모습으로 활동하는 내면의 본

---

40) C. G. Jung, JS, 99쪽.
41) C. G. Jung, JS, 114쪽.
42) F. Nietzsche, Za I, KSA 4, 39쪽.
43) C. G. Jung, JS, 108 · 130쪽.
44) C. G. Jung, JS, 124쪽.

래적 자기인데, 이를 위해서 우리는 자연과 생명의 밝은 질서를 반영한 대지의 의미에 충실해야 함을 말하는 것이다.

융은 또한 니체가 아트만 관념과 같은 동양의 개념과 유사한 자기 개념을 창출하고 있다고 말한다.[46] 동양 사상에 관심이 많았던 융 역시 니체와 마찬가지로 자아와 자기를 개념적으로 구분한다. 이 양자의 논의가 거의 비슷하기에 융의 자기화에 대한 연구는 니체가 이끌어낸 것일 수 있다고 보는 학자도 있다.[47] 융은 니체의 《차라투스트라는 이렇게 말했다》의 내용을 분석하며 다음과 같이 자아와 자기를 구분한다. "나는 따라서 자아가 단지 내 의식의 주체이지만, 그러나 자기란 내 전체적, 즉 무의식적인 심혼의 주체라는 점에서 자아와 자기를 구분한다. 이러한 의미에서 자기란 자아를 포함하는 하나의 (관념적인) 크기일 것이다. 자기란 괴테의 파우스트나 니체의 차라투스트라에서 나타난 것과 같이, 무의식적인 상상에서 상 위에 놓여 있는 인격이나 이상적인

---

45) F. Nietzsche, Za I, KSA, Bd. 4, 38쪽.
46) C. G. Jung, JS, 110쪽. 융은 동양에 대한 니체의 지식은 아주 미약하며, 쇼펜하우어의 철학만으로 인도 철학을 접했다고 본다. 그러나 파크스는 니체가 인도 철학 분야에서 가장 유명한 인물이자 슐포르타 친구였던 도이센을 통해 아시아 사상에 접근했고, 힘에의 의지로서의 세계에 관한 사상은 자아와 초인격적 자아의 구분을 함축하고 있다고 본다(Graham Parkes, "Nietzsche and Jung : Ambivalent Appreciation", J. Golomb · W. Santaniello · R. Lehler (eds.), *Nietzsche and depth Psychology*(Albany : State University of New York Press, 1999), 216쪽]. 융은 니체가 인도의 아트만 사상과 유사한 자기 개념을 창출시키고 있다고 설명하는데, 니체는 《선악의 저편》의 서문에서 인간 본성을 지배하는 법정의 성격을 갖는 플라톤의 이성적 자아관이나 베단타의 절대적 아트만 사상에 대해서 비판하고 있다. 이러한 융의 언급은 니체 텍스트 전반을 철저하지 않게 독해한 데서 나온 것이다. 플라톤과 《카타 우파니샤드》의 자아 개념과 이에 대한 니체의 비판에 대한 논의로는, 김정현, 《니체의 몸 철학》, 177~185쪽 참조.
47) Peggy Nill, "Die Versuchung der Psyche", 257쪽.

인격으로 나타난다."[48] 즉 융에 따르면, 자아가 의식의 중심이라면, 자기는 의식과 무의식을 포괄하는 전체 정신의 중심이다.[49] 따라서 융의 개성화(자기화)는 의식의 세계와 무의식의 내적 세계를 통합하는 과정, 즉 의식과 무의식의 살아 있는 관계를 의미한다.[50] 의식과 무의식을 통합하는 살아 있는 관계란 곧 항상 깨어 있는 자기를 의미하는 것이다.

서양의 근대는 의식과 무의식을 포괄하는 전체 정신보다는 의식 중심의 자아를 강조함으로써 지식과 논리만을 강조하는 인간을 산출하게 되고, 인간이 자신의 내면적인 세계에서도 점차 소외되는 현상이 나타나게 된다. 니체는 다양한 방식으로 우리의 심리적 삶에서 의식의 역할이 지나치게 평가되었다고 비판하며,[51] 몸의 회복이라는 개념을 통해 의식과 무의식이 통섭적으로 작용하는 건강한 자기의 복권을 추구한다. 융 역시 유럽 사회에서 일어난 엄청난 재앙이 자아를 자기와 동일시하는 데서 오는 자아 팽창의 오만에 기인한다고 보았다. 자아 팽창은 인간들 사이에 전염되고 도덕적, 세계관적 불확실성을 만들어내는 것이다.[52] 신의 죽음(허무주의)으로 상징되는 서양 근대의 위기는 이러한 의미에서 보면 곧 인간의 내면성의 위기, 즉 인간의 위기를 의미하는 것이다.[53]

---

48) C. G. Jung, *Typologie*, 143쪽.
49) 이부영, 《자기와 자기실현》(한길사, 2002), 90쪽.
50) 에드워드 암스트롱 베넷, 《한 권으로 읽는 융》, 김형섭 옮김(푸른숲, 1997), 230쪽.
51) W. Kaufmann, "Nietzsche als erste grosse Psychologe", 265쪽.
52) 이부영, 《그림자》(한길사, 1999), 266쪽.
53) 푸코는 니체의 '신의 죽음'의 문제를 인간을 본질적으로 규정하려 한 칸트의 이성적 인간학의 뿌리 뽑힘, 즉 인간의 사라짐, 또는 인간의 종말과 연관해 설명한다. Michel Foucault, *Die Ordnung der Dinge*, U. Köppen (übers.)(Frankfurt a.M., 1989), 410~412쪽 참조.

4 자기에게 다가서기 : 페르조나와 그림자의 문제

(1) 페르조나의 문제

우리는 자기 자신을 어떻게 인식할 수 있을까? 과연 일상적이고 사회적으로 활동하는 나의 모습을 나의 본래적인 모습이라 생각할 수 있는 것일까? 사람들에게 비치고 인정받는 모습의 '나'가 과연 진정한 나의 모습인가? 니체는 이러한 나의 모습을 후에 융이 자신의 중심 개념으로 활용하고 있는 '페르조나'라는 개념으로 설명한다. 인성, 성격, 역할, 가면 등의 문제와 연관되어 있는 페르조나에 대한 니체의 말을 먼저 살펴보자.

> 대중의 성격, '대중의 영혼'이 어떻게 생겨나는가 하는 것, 이것은 개인의 영혼이 발생하는 것을 해명해준다. 먼저 **일련의 활동**은 개인으로 하여금 익숙하게 된 실존의 조건으로서, 그 활동이 더욱 확실하고 깊이 있도록 강제하게 된다. 커다란 변화를 체험하고, 새로운 조건 아래 빠져들게 되는 대중들은 그들의 힘이 새롭게 분류되는 것을 보여준다 : 이러저러한 개인들이 나타나게 되고 그 중요성을 얻게 된다. 왜냐하면 개인은 현재 실존하는 것이, 예를 들어 지금의 독일인에게는 실질적인 무미건조한 감각이 더 **필요하기** 때문이다. 모든 성격은 하나의 역할이다. 철학자들의 '인성'──근본적으로 페르조나.[54]

니체는 개인의 영혼은 분명 대중의 영혼과 연관되어 있으며, 그 영향

---

54) F. Nietzsche, N 34(57), KSA 11, 438쪽.

아래서 개인은 자신의 사회적 역할에 대한 인식을 할 수 있다고 본다. 미드George Herbert Mead의 사회적 자아관이나 콜버그Lawrence Kohlberg의 도덕발달이론에서 볼 수 있듯이, 우리는 인간 관계의 규칙이나 사회적 역할, 규범 등을 배우고 자신 안으로 수렴하며 사회적 자아로 탄생을 하는데, 그러나 이러한 사회적 관계 또는 역할 뒤의 또 다른 현실에 다시 한번 새로운 정신의 눈을 떠야만 하는 것이다. 즉 우리는 모든 인간의 이해 관계나 가치 평가가 담긴 사회적 현실 뒤에 감추어진 진실의 세계를 우리의 또 다른 눈인 영혼(정신)의 눈으로 새롭게 보아야만 한다. 우리는 사회적 옷을 입고 사회 속에서 다른 인간과 관계를 맺고 살아간다. "우리 역시 '인간' 과 관계한다. 우리 역시 사람들이 우리를 인정하고, 존중하고, 추구할 때(그러한 모습으로), 검소하게 옷을 입고, 그렇게 불리기를 원하지 않는 가장(假裝)된 모습으로 사회로 나아간다."[55] 사회와 외부 세계 속에서 인간은 인간 관계가 요구하는 사회적 의상(가면)을 입고 타자의 세계와 관계한다. 페르조나란 대중이 요구하는 하나의 역할이며, 사회적 연극의 주체이며, 인간이 사회적인 역할을 수행하기 위해 필요한 사회적 문법의 일차적 주어다. 따라서 니체는 "깊이 있는 모든 것은 가면을 사랑한다. …… 심오한 정신에는 모두 가면이 필요하다"[56]라고 말한다. 우리의 본래적 자기의 인식은 페르조나의 인식에서 출발하며, 가면의 자각에서 시작하기 때문이다.

  그러나 이러한 인식의 과정은 동시에 고통을 수반한다. 타인에게 비친 나의 모습이나 나에게 비친 타인의 모습이 곧 우리 자신의 본래적인 모습이 아니며, 그 외화된 표현이 인간 관계의 참된 의미가 아니기 때

---

55) F. Nietzsche, FW VI 365, KSA 3, 613쪽.
56) F. Nietzsche, JGB 40, KSA 5, 57~58쪽.

문이다. 행복/불행, 선/악, 참/거짓, 안/밖, 사실/가치 등 인간 관계의 지평에서 펼쳐지는 삶의 의미들은 표피적 내용에서가 아니라 심층적이고 복합적인 의미 내용 속에서 다시 해석될 필요가 있다. 니체는 인간의 참된 모습을 바라보는 정신적인 눈을 획득하기 위해서는 영혼의 훈련이 필요하다고 말한다. "영혼의 힘을 길러주는 불행에 있는 저 영혼의 긴장, 위대한 몰락을 바라볼 때의 영혼의 전율, 불행을 짊어지고 감내하고 해석하고 이용하는 영혼의 독창성과 용기, 그리고 언젠가 깊이, 비밀, 가면, 정신, 간계, 위대함에서 영혼에 보내진 것 : 이것은 고통을 통해, 엄청난 고통의 훈련을 통해 영혼에 보내진 것이 아닌가?"[57] 인간에게는 사실적 의미의 영역만 있는 것이 아니라 모순과 무의미, 카오스가 함께 있기에 고통의 훈련은 영혼으로 하여금 삶의 가면과 깊이를 동시에 보게 만들고, 더 나아가 삶의 심층적 의미를 더욱 깊이 있게 깨닫게 만드는 것이다. 니체는 우리 자신이 만날 수 있는 적 가운데 가장 고약한 적은 항상 우리 자신이라고 말하면서, 자신을 태워 재가 되는 고통을 수반할 때, 새로운 자기를 탄생시키는 생명을 얻을 수 있다고 본다.[58] 인간은 고통의 과정을 거치며 자기 의식이 규정한 사물 인식의 표피적 내용을 깨고 그 내면에 담긴 심층적인 깊이를 인식할 때 영혼이 스스로 열리며 자기 인식을 하게 된다는 것이다.

이러한 페르조나에 대한 논의는 융에게서 더욱 분명하게 해명된다. 융에 따르면 "페르조나는 원래 배우가 쓰는 가면이며, 배우가 드러내는 역할을 나타내는 것"으로, "집단적 심혼의 가면"이자, "개인과 한 인간에게 나타나는 것으로서의 사회성 사이의 타협"이며,[59] "하나의 가상이

---

57) F. Nietzsche, JGB 225, KSA 5, 161쪽.
58) F. Nietzsche, Za I, KSA 4, 82쪽.

며, 이차원적인 현실"이다.[60] 즉 페르조나는 "외부 세계와의 관계, 즉 외적 관계의 산물인 외적 인격"[61] 또는 자아가 외부 세계와 관계를 맺고 이에 적응해가는 가운데 형성되는 행동 양식으로, 한 집단에서 통용되는 화폐에 비유할 수 있다.[62] 페르조나는 사회의 기대치에 부응하는 개인의 역할로 집단적 성격을 지니는데, 인간이 이 역할과 자기 자신을 동일시하게 되면 오히려 자신의 인성을 해칠 수도 있다. 왜냐하면 사회적 역할과 자신을 동일시하는 사람은 일반적으로 자신의 반사회적 충동을 인식하지 못하는 사람이고, 또 자신의 내적 느낌을 접촉하지 못하는 사람이기 때문이다.[63] 진정한 인간의 사회성, 인간다움은 역설적으로 사회적 성격을 지닌 페르조나를 받아들이고 동시에 이를 벗어버릴 때 이루어진다. 즉 현실을 받아들이면서 동시에 탈세속적이 될 때, 인간의 진정한 인간됨의 세계가 열리게 되는 것이다. '남에게 보이는 나', 사회적 옷을 입은 페르조나에 대한 집착을 버릴 때, 인간은 자아와 다른 자기의 큰 존재에 새로운 눈을 뜰 수 있다. 융은 타인의 눈에 비친 일상적인 측면의 인격이 제1인격이라면, 자신의 내면 깊이 존재하는 인격은 제2인격이라고 보고 있는데,[64] 후자는 무의식과 연관되어 있기에 우리는 우리 자신을 찾기 위해 자신의 내면 세계인 무의식을 살펴보

---

59) C. G. Jung, *Die Beziehungen zwischen dem Ich und dem Unbewußten*, 41쪽.
60) C. G. Jung, *Die Beziehungen zwischen dem Ich und dem Unbewußten*, 42쪽.
61) 이부영, 《자기와 자기실현》, 46쪽.
62) 이부영, 《자기와 자기실현》, 44쪽. 이부영은 한 개인의 자질보다 그의 사회적 배경, 사회적 지위, 출신 학교, 출신 지역, 인간 관계로 사람을 평가하는 한국 사회를 특히 페르조나를 강조하는 사회로 본다(《자기와 자기실현》, 45쪽).
63) 앤서니 스토, 《융》, 이종인 옮김(시공사, 1999), 82쪽.
64) 게르하르트 베어, 《카를 융》, 20쪽.

아야만 하는 것이다. 무의식적인 부분을 의식화할 때 우리는 페르조나에서 벗어나 비로소 자아 인격을 변화시킬 수 있다. "만일 인격의 무의식적인 부분이 의식화되면 무의식적 부분이 이미 오래전부터 존재해온 자아 인격에 동화될 뿐 아니라, 오히려 자아 인격에 변화가 일어난다."[65] 이러한 무의식의 의식화 과정 또는 자기 변화의 과정에서 직면하게 되는 중요한 문제가 곧 그림자와의 대면이다.

(2) 그림자의 인식

우리는 왜 자신의 그림자와 대면해야만 하는가? 그림자란 무엇인가? 왜 니체는《인간적인 너무나 인간적인 II》의 제2장(방랑자와 그의 그림자)과《차라투스트라는 이렇게 말했다》의 제4부의 한 장을 '그림자'에 관한 글로 할애하면서 그림자에 많은 관심을 기울이고 있는 것일까? 니체에게서 그림자와 정오 사상은 어떤 연관성이 있으며, 왜 융은 분석 심리학의 중요한 이론적 축으로 그림자 이론을 제시하고 있는 것일까?

융에 따르면 "자기 자신과의 만남은 우선 자신의 그림자와의 만남을 뜻한다".[66] 니체 역시 우리가 그림자와의 대면하며 그림자를 받아들이고 사랑할 때, 빛과 그림자, 인식의 빛과 그림자인 내가 친구처럼 손을 잡을 때, 자기와의 만남이 비로소 가능하다고 말한다.《인간적인 너무나 인간적인 II》에 나오는 방랑자와 그림자의 대화 가운데 방랑자의 말을 살펴보자.

---

65) 융,《원형과 무의식》, 91쪽.
66) 융,《원형과 무의식》, 128쪽.

나의 사랑하는 그림자여, 내가 너에게 얼마나 무례했는지 이제야 알았다 : 단지 너를 보기만 하는 것이 아니라 너의 목소리를 듣는 것을 내가 얼마나 기뻐하고 있는지에 대해 나는 아직 한마디도 하지 않았다. 내가 빛을 사랑하는 것처럼 그림자도 사랑하는 것을 너는 알게 될 것이다. 얼굴의 아름다움, 말의 명료함, 성격의 선량함과 건실함이 존재하기 위해서는 그림자도 빛만큼이나 필요한 것이다. 그들은 적이 아니다 : 오히려 그들은 정답게 손을 잡고 있으면서, 빛이 사라지면 그림자도 뒤따라 사라지게 된다.[67]

우리가 우리 자신에게서 지워버리려 하고 때로는 무시하고 억압하는 그림자란 무엇이며, 왜 우리는 우리 자신의 그림자를 적이 아니라 친구처럼 정답게 손을 잡고 사랑해야만 하는 것일까? 융은 이 그림자를 "열등한 인격 부분"[68] 또는 "인간에게 있는 자기 자신의 부정성의 사실"[69]이라고 해석한다. 즉 이는 인간의 본성 안에 있는 집착, 방탕, 탐욕, 질투심, 이기심 등과 같은 자기 안의 또 다른 부정적 원형상을 말하는 것이다.[70] 모든 인간 안에 있는 이러한 자기 안의 부정적이고 열등한 인격인 그림자는 우리가 제거해야 할 적이 아니라, 본래의 자기를 찾기 위해 대면해야 할 대화 상대이자 삶의 조건이기도 하다. 그림자는 좋고 나쁜 것이 아니라 정신 생활의 살아 있는 조건이며, 그것이 있음으로써 사람은 사람다워지고 삼차원의 존재가 될 수 있는 것이다.[71]

융에 따르면 '그림자 없는 자'는 종교적 인간이나 지식인에게서 볼

---

67) F. Nietzsche, MA II, 2. Der Wanderer und sein Schatten, KSA 2, 538쪽.
68) 융, 《원형과 무의식》, 72쪽.
69) C. G. Jung, JS, 108쪽.
70) 앤서니 스토, 《융》, 80쪽.
71) 이부영, 《그림자》, 84쪽.

수 있듯이 자신이 원하는 모습만을 취하려는 가장 흔히 볼 수 있는 인간 유형이며, 무의식의 동화나 인격의 통합 없이 자신의 열등한 인격을 지우려는 자다.[72] 이는 자신의 무의식에서 분열된 자, 자기 그림자를 억압하여 자신에게서 소외된 자기 분열적 인간이다. 스스로 그림자가 없는 '인격자'라고 확신하며, 더 나아가 사회 집단이 요구하는 모든 선을 실천하고 악을 멸시한다고 자부하며 행동하는 사람 가운데 위선자, 이중인격자들이 많이 있는 것은 자신의 내적 분열을 선의 이름으로 포장하고, 자기 기만의 가면을 쓴 모습이 곧 자신의 모습이라고 잘못 생각하기 때문이다.[73] 따라서 융은 우리의 개성화, 즉 자기화란 먼저 그림자와의 진정한 만남에서 시작해야 한다고 말한다. 자기가 된다는 것은 자기 안의 또 다른 타자와 만남으로써 가능하다. 왜냐하면 의식에서는 우리가 우리 자신의 주인이지만, 우리가 그림자의 문을 통해 들어가면 놀랍게도 우리 자신이 객체라는 것을 알게 되기 때문이다.[74]

니체의 《차라투스트라는 이렇게 말했다》에 대한 융의 해석은 '그림자' 개념에 초점이 맞추어져 있다. 융은 《차라투스트라는 이렇게 말했다》의 머리말에 나오는 줄 위에서 춤추는 인간이란 인간으로서의 니체 자신을 상징하며,[75] 또한 극복인이 되고자 하는 니체의 시도라고 읽는다.[76] 융에 의하면 《차라투스트라는 이렇게 말했다》는 니체 자신의 개인적 심리 드라마이자 동시에 자기 자신을 찾고자 하는 인간의 보편적 심리 드라마이기도 하다. 줄 위에서 춤추는 인간은 심연 위에 걸린 줄

---

72) 융, 《원형과 무의식》, 72~73쪽 참조.
73) '그림자 없는 사람'에 대한 논의로, 이부영, 《그림자》, 167~168쪽 참조.
74) 융, 《원형과 무의식》, 130쪽.
75) C. G. Jung, JS, 61·82쪽.
76) C. G. Jung, JS, 58쪽.

위에서 춤을 춤으로써 자신의 그림자를 통합하려는 시도를 하고 있으며, 극복인과 집단적인 인간 사이의 연결, 즉 개성화를 시도하고 있는 것이다.[77] 줄 위에서 춤추는 인간이 추락하여 죽은 뒤 차라투스트라는 다음날 아침놀이 떠오를 때 살아 있는 새로운 길동무를 찾게 된다. 광대의 죽음 이후에 차라투스트라가 찾은 새로운 길동무는 커다란 원을 그리며 하늘을 날고 있는 독수리와 그 목에 친구처럼 매달려 있는 뱀이었다. 이는 멀고도 추운 세계를 돌아다니며 찾은 고향, 즉 영원히 어디에나 있으면서 어디에도 없는 인간의 본원적인 세계에 대한 새로운 진리의 자각이며,[78] 정오의 심연에 열린 그림자 없는 자기 자신에 대한 자각의 상징이다. 자신의 그림자를 억압하거나 제거하지 않고 고통 속에서 이를 자기 안에 온전히 받아들일 때, 완성된 정오의 시간에 인간은 그림자를 남김 없이 의식화해 투명해진 인간, 즉 깨어 있는 영혼과 자각적 의식의 상태로 새롭게 태어난 인간이 될 수 있는 것이다. 니체의 극복인이란 자신의 그림자를 통합하여 그림자 없는 정오의 투명성 아래 전인적 완성을 이룬 인간, 언제 어디서나 항상 깨어 있는 어린아이 같은 인간을 말한다.

5 자기를 깨닫기 : 바다, 벼락의 상징과 자기화의 문제

니체가 추구하는 인간의 바람직한 모습은 '자유 정신', '더 높은 자

---

77) C. G. Jung, JS, 55쪽.
78) F. Nietzsche, Za IV, KSA 4, 339~341쪽.

기', '극복인' 등으로 표현될 수 있을 것이다. 혈통과 신분, 신분과 지위, 세속적인 성공과 실패, 관습과 세속성 등에서 해방되어 세상을 생각할 수 있는 사람,[79] 부자유와 예속에 의해서가 아니라 참된 인간성에 의해 평가되는 '더 높은 자기',[80] 또는 자신의 아이를 잉태하고 출산하는 더 높은 인간으로서의 극복인[81] 등이 그것이다. 특히《차라투스트라는 이렇게 말했다》는 이러한 인간의 본래 모습으로 귀환하는 과정을 주제화하고 있다.《차라투스트라는 이렇게 말했다》에 나오는 다양한 상징이나 비유의 언어는 자기를 깨달으며 새로운 의식의 차원으로 변해가는 인간 영혼의 드라마를 묘사한다. 특히 융은《차라투스트라는 이렇게 말했다》의 풍부한 상징을 신화, 종교, 그노시스(영지), 연금술, 정신치료 경험과 비교할 수 있는 단서로 삼으며,[82] 이를 자기화 또는 개성화를 추구하는 텍스트로 읽는다. 왜냐하면 태양, 독수리, 뱀, 바다, 샘, 번개, 황금빛 알 등 많은 상징적 언어들이 자기를 깨닫는 인간의 심리적 과정과 그 세계를 의미하기 때문이다. 그러나 세계에서 해방되어 자기를 깨닫는 니체적, 심리적인 과정은 현실과 세계의 모순을 극점까지 몰고 가서 그 극점에서 다시 통합될 때, 세계와 내가 다르지 않다(不二)는 우주적 생명을 자각하게 되며, 살아 있는 모든 것에서 최상의 행복을 찾는 생명 정신을 갖게 된다.[83]

---

79) F. Nietzsche, MA I, 225, KSA 2, 189~190쪽.
80) F. Nietzsche, MA I, 624, KSA 2, 351쪽.
81) F. Nietzsche, Za IV, KSA 4, 356~368쪽.
82) Peggy Nill, "Die Versuchug der Psyche", 262쪽.
83) 니체는 차라투스트라의 말을 빌려 "정신이란 스스로 생명 속으로 파고 들어가는 생명"(F. Nietzsche, Za IV, KSA 4, 312쪽)이라고 말하며, 이러한 생명 정신을 가질 때 우리는 "바로 더없이 사소한 것, 더없이 조용한 것, 더없이 가벼운 것, 도마뱀의 바스

(1) 대극의 반전 : 몰락과 상승의 의미

《차라투스트라는 이렇게 말했다》의 머리말 내용은 다음과 같다. 차라투스트라가 30세 되던 해에 고향과 고향의 호수를 떠나 산으로 들어가 10년간 고행을 하던 중, 어느 날 아침놀(태양)이 떠오를 때 어린아이 같이 춤추는 자가 되어 인간 세상으로 다시 하산하게 된다. 인간 세상으로 내려오며 노인을 만나고 줄 타는 광대를 만나 그의 죽음을 거두고 다음 날 정오에 그는 자신의 동물인 독수리와 뱀이 함께 커다란 원을 그리며 하늘을 날고 있는 것을 목격하며, 즐거운 마음으로 자신의 위험스러운 몰락을 욕구한다. 이때 고향의 호수, 노인, 광대, 태양, 독수리, 뱀은 무엇을 의미하며, 왜 차라투스트라는 기꺼이 스스로 몰락하고자 하는 것일까?

융에 따르면 호수란 인간의 삶을 시작하는 역사를 지닌 장소이자, '개인의 가족 무의식'을 의미한다. 이는 자기를 찾는 과정이 개인의 가족사, 생애사에서부터 시작해야 한다는 사실을 말한다. 차라투스트라는 제약된 평범한 가족의 조건, 즉 가족의 심리를 떠나 이제 자신의 정신 지평을 확장하는 차원 높은 단계로 자신을 상승시키고 있는 것이다.[84] 인간이란 프롬이 말하고 있듯이 어렸을 때 어머니가 주던 삶의 확실성, 즉 근친상간적 고착의 대리물로서의 연고적 유대감(의존성)을 넘어서 성숙하고 이성적인 독립적 인격을 갖춘 존재로 재탄생해야만 한다. 프로이트 역시 인간의 성숙한 인성은 우리가 자신의 삶의 터전이 되었던 부모나 가족의 심리적 의존성에서 벗어나 자기 책임의 정신적 독립성

락거리는 소리, 숨결 하나, 한 순간, 눈길 하나"에서도 '최상의 행복'을 찾게 된다(Za IV, KSA 4, 344쪽)고 말한다.
84) C. G. Jung, JS, 15쪽.

을 갖출 때 가능하다고 본다. "진리란 인간의 내면에 있다"[85]는 아우구스티누스의 말처럼, 차라투스트라는 10년을 자신의 내면적인 세계와 대면하며 자신과 투쟁하고 자신을 극복한 이후 인류의 미래를 멀리 내다볼 수 있는 높은 산의 정상에서 고독한 존재로 정신의 새로운 변화를 감득하고 이제 하산하게 된다. 이는 곧 그가 시나이산을 내려오는 모세처럼 보편적 인류의 차원으로 다시 들어가는 것을 의미한다.[86] 숲속에서 만나는 노인은 전통적인 그리스도교적 정신을 의미하는 것으로, 니체는 차라투스트라의 입을 통해 인간의 본능을 부정하는 그리스도교적 세계관이 더 이상 미래의 세계관이 될 수 없다고 생각한다. 차라투스트라는 사람들이 모여 있는 도시의 시장(인간 세계)으로 들어가 줄 타는 광대 앞에서 인간이란 "동물과 극복인 사이를 잇는 하나의 밧줄, 하나의 심연 위에 걸쳐 있는 하나의 밧줄"이며, 인간의 삶이란 심연 위를 건너는 "하나의 과정이요 몰락"이라고 말한다.[87] 광대란 위에서 언급하고 있듯이 자신의 그림자를 통합하며 개성화를 시도하는 인간으로, 이 광대의 죽음이란 자기 의식의 변화, 새로운 자각을 통해 극복인이 탄생할 수 있는 조건을 말하는 것이다. 모든 신화나 종교에서 말하고 있듯이 인간은 세속적인 자신의 죽음을 통해 비로소 보편적 삶의 의미를 체현한 정신적 생명으로 다시 태어나는 것이다.[88]

---

85) 아우구스티누스, 《참된 종교》, 성염 옮기고 주석(분도출판사, 1989), 144~145쪽.
86) C. G. Jung, JS, 42쪽.
87) F. Nietzsche, Za I, KSA 4, 16~17쪽.
88) 캠벨Joseph Campbell은 신화나 종교 속에 나타난 영웅 모험을 통해 인간이 세속적인 자신을 죽이고 다시 영적으로 태어나는 긴 영혼의 여행 과정을 명료하게 묘사하고 있다. 시련과 고통의 과정을 통과하며 태어나는 영적인 새 생명에 관한 논의, 즉 죽음과 부활에 관한 테마는 인간의 원형적 자기를 찾는 동서고금의 보편적 주제다.

새로운 의식의 자각과 변화의 상태로 다시 태어났을 때, 차라투스트라는 정오의 태양 속에서 독수리와 뱀이 친구처럼 융합하여 하늘에 떠 있는 것을 본다. 빛은 의식의 원리를 나타내는 것으로, 태양이란 이때 "의식의 중심을 나타내는 상징"[89]이다. 하늘의 새인 독수리는 정신을, 뱀은 대지의 힘la force terrestre을 나타내는 몸을 상징적으로 표현한 것으로, 정오의 태양 아래서 독수리와 뱀이 친구처럼 얽혀 있다는 것은 정신과 본능이라는 두 대극적인 힘이 화해하고 통합하여 한 몸이 되는 것을 의미한다.[90] 이러한 화해와 통합이 일어나는 정오란 정신과 본능이, 의식과 무의식이 통합되어 새로운 의식의 차원으로 변하는 깨어 있는 자기의 자각적 정점을 의미한다.

이러한 자기를 자각하기 위해 차라투스트라는 인간이 끊임없이 자기가 되어가는 과정에 있어야 하며 동시에 끊임없이 몰락해야만 한다고 말한다. 이는 인간이 곧 일상의 의식에서 떠나 자신의 무의식으로 내려가야만 한다는 것을 의미한다. 무의식과 대면하며 이를 다시 의식화하는 과정에서 필요한 것은 인간 삶의 대극성에 대한 자각이다. 융은 니체의 자기 찾기 과정에는 헤라클레이토스적인 '대극의 반전'이 담겨 있다고 본다. 대립을 향하는 경향성이라는 헤라클레이토스의 개념은 끊임없이 변화하는 세계 속에서 삶이란 탄생과 죽음, 건강과 질병, 사랑과 증오, 주는 것과 받는 것, 수축과 확장, 여름과 겨울, 낮과 밤 등 대립

캠벨은 니체의 《차라투스트라는 이렇게 말했다》에 나오는 낙타에서 어린아이까지의 변용 과정 역시 이러한 죽음과 탄생(부활)이라는 영혼의 원형 모험을 반영하고 있다고 본다. 조지프 캠벨·빌 모이어스, 《신화의 힘》, 237~344쪽.

89) C. G. Jung, JS, 15쪽.
90) C. G. Jung, JS, 18쪽.

물의 각축장이라는 세계관을 담고 있는데, 융은 인간의 정신 활동에도 이 양 측면이 모두 필요하다고 보며,[91] 이 개념을 통해 니체의《차라투스트라는 이렇게 말했다》를 해석한다. 융에 따르면 니체는 인간의 본성 안에 있는 대극성의 문제를 의식했던 최초의 독일 철학자인 실러 Friedrich Schiller가 제기했던 문제를 논의한다.[92] 실러에 따르면 인간의 물리적 실존이나 변화에서 출발하는 '감성적 충동der sinnliche Trieb'과 현상의 다양성에 형식을 부여하고 조화롭게 만들려는 이성적 본성의 측면을 담고 있는 '형식 충동Formtrieb'이라는 두 대극적 충동이 인간의 본성 안에서 결합되고 통일됨으로써 새로운 제3의 충동인 '유희 충동Spieltrieb'이 나오게 되는데, 이를 통해 인간은 비로소 물리적으로 그리고 동시에 도덕적으로 자유로운 존재가 될 수 있다.[93] 변화

---

[91] 에드워드 암스트롱 베넷,《한 권으로 읽는 융》, 118쪽. 융은 헤라클레이토스, 괴테, 실러, 니체에게서 보이는 대극성 개념을 동양 사상에서도 발견한다. 그는《주역》을 낡아빠진 주문을 모아놓은 책이 아니라, 자기를 읽는 심리학 텍스트로 간주하며(융,《융 심리학과 동양종교》, 김성관 옮김(일조각, 1995), 155~184쪽 참조), 도가 계열의 텍스트인《태을금화종지(太乙金華宗旨)》(빌헬름Richard Wilhelm에 의해 "황금꽃의 비밀Das Geheimnis der goldenen Blüte"이라는 제목으로 번역됨) 역시 자기 찾기, 즉 심리 발달 과정의 텍스트로 간주한다(Henry F. Ellenberger, *Die Entdeckung des Unbewußten*, 969쪽). 동양과 서양의 심리학적 이해의 다리를 놓기 위해 쓴 융의《태을금화종지》에 대한 설명으로는 융, 〈서양인을 위한 심리학적 해설〉, 呂洞賓,《太乙金華宗旨》, 이윤희 · 고정훈 옮김(여강출판사, 2002), 224~289쪽을 참조하라. 융은 위와 같은 동서양의 텍스트에는, 선과 악, 빛과 그림자, 긍정과 부정의 모든 면을 있는 그대로 받아들임으로써 자신 안에서 자아를 넘어서는 어떤 것을 깨달을 수 있다는 생각이 담겨 있다고 본다. 그에 따르면, 인간성의 어느 한 부분을 너무 억압하거나 강조함으로써 거기에 폭력을 가하는 태도를 그만두겠다는 수용과 관용의 태도는 양극단의 갈등을 극복하고 통합과 전체를 지향하는 성숙한 인격의 중심으로 변할 수 있다(앤서니 스토,《융》, 116~121쪽).
[92] C. G. Jung, JS, 63쪽.

와 존재, 현상과 인식, 현실과 형식, 자연과 자유의 대립은 더 나아가 인성의 영역으로 확장되고, 이 대립적 충동이 결합되고 통일됨으로써 유희 충동이 생기게 되는데, 인간은 이를 통해 최고의 미적 감수성으로 세계를 인식하게 된다는 것이다. 니체의 경우도 정신과 본능, 의식과 무의식, 낮과 밤의 대극이 통합되며 동시에 전환되는 새로운 의식 자각의 과정을 언급한다. 니체가 말하는 몰락이란 이러한 의미에서 또한 상승의 과정이기도 하다. 무의식의 세계로 내려가 자신의 그림자와 페르조나의 가면을 통합해냄으로써 인간은 세계에 관한 새 차원의 자각의 언어를 획득하며 깨어 있는 정신으로 다시 태어날 수 있는 것이다. 무의식으로 내려가는 길(몰락, Untergang)은 새로운 의식으로 올라가는 길(상승, Aufgang)이기도 하다.

니체는 대극의 복합성complexio oppositorum을 통해 자기가 된, 즉 그림자를 남김 없이 의식화해 투명해진 인간을 지향한다. 니체의 극복인이란 정신과 물질, 영혼과 육체의 대립이 통일되는 영점의 순간, 즉 인간이 자신을 넘어 다시 자기로 되돌아와 원형의 중심에 서게 되는 정오의 인간이다.[94] 극복인은 독수리와 뱀이 정오의 순간에 하나의 원의 형태로 합일되고, 의식과 무의식이 통합되어 살아 있는 역동적 구조로서 힘에의 의지를 발현하는 인간, 즉 최고의 생명 의식을 몸으로 체화하며 실현하는 인간이다. 니체가 극복인이란 대지의 의미이며, 이는

---

93) 실러의 대극적 충동과 자유로운 인간의 조형 가능성의 문제에 대해서는 Friedrich Schiller, *Über die ästhetische Erziehung des Menschen*(Stuttgart, 1995), 11~15장 참조.
94) 니체의 독수리와 뱀, 정오의 상징을 대극성과 원형적 자기 초월 운동으로 해석한 것으로, 안네마리 피퍼, 《니이체의 짜라투스트라에 대한 철학적 해석》, 정영도 옮김(이문출판사, 1994), 122~139쪽 참조.

곧 몸을 의미한다고 말할 때, 융은 이것을 꿈의 상징 체계와 연관시킨다. 꿈의 상징에서도 대지의 의미란 곧 몸을 의미한다는 것이다.[95] 몸은 인간이 자기를 찾는 개성화의 출발점이다. 어떤 개성화도 상징적 의미에서의 동물 없이는, 매우 어두운 동물이 없이는 원초적 진흙에서 올라올 수도, 정신의 영역으로 들어갈 수도 없다. 니체가 《차라투스트라는 이렇게 말했다》에서 '지하실에 있는 들개', '들짐승', '맹수', '내면의 동물' 등 대지적 동물을 비유적으로 말하는 데는 인간이 자기를 찾기 위해서는 무의식적 본능의 문제와 진지하게 대면하고 싸워 이를 극복해야 한다는 사실이 함축돼 있다. 대지는 정신성의 밝은 영역에 없어서는 안 되는 절대적으로 필요한 것이다.[96] 대지에 진실하게 남으려는 것은 곧 몸과의 의식적인 관계를 유지하려는 것을 의미한다.[97] 그러나 인간은 이러한 대지적 요소와 투쟁하는 가운데 자신의 동물성을 극복하고 이제 '새'와 '사랑스러운 가희'로 변하게 되며,[98] 더 나아가 건강하게 춤추는 자가 된다. 이때 몸의 본질은 자기를 구성하는, 개성화를 실현하는 역동적 생명 의식으로 발현된다. 개성화된 의식, 자기를 찾는 생명 의식이란 곧 몸의 자각을 말한다. 융에 따르면 니체가 말하는 마지막 인간이란 개성화될 수 없는 인간이고, 자기 안에 아무런 카오스도 가지지 않으며 따라서 별(개성화의 상징)로 태어나려는 동기도 가지고 있지 않은 인간이다.[99] 반면 극복인이란 빛나는 별을 임신하고 있는, 자기 안의 신적인 춤의 활동성을 품고 있는 창조적인 인간이다.

---

95) C. G. Jung, JS, 46쪽.
96) C. G. Jung, JS, 47쪽.
97) C. G. Jung, JS, 48쪽.
98) F. Nietzsche, Za I, KSA 4, 43쪽.
99) C. G. Jung, JS, 53쪽.

융은 《차라투스트라는 이렇게 말했다》에 나오는 극복인 이론을 자신의 자기화 개념, 재탄생의 상징으로 나타나는 시원적인 원형에 대한 현대적 형식으로 연관시켜 해석한다.[100] 융에 따르면 인간은 인간의 집단적 무의식의 내용을 대표하는 원형과 대면하면서, 가장 개별적이며, 개체성의 본질이자 가장 유일하고 고유한 자기를 실현하게 되는 것이다.[101] 이렇게 자기를 실현하는 극복인은 이전에 신에 의해 체현된 모든 생명의 과정이 이제는 자기 자신에게 있기 때문에 스스로를 끌어올려 자신의 창조자가 된다.[102] 우리가 '신'이라고 부른 우리 안에 있는 이러한 생명적 힘이란 자기 재탄생의 힘이자 영원한 변화의 힘이기 때문에, 인간은 재탄생의 원형의 과정으로 들어가 자기 안의 신성을 출산하게 된다.[103] 니체의 극복인은 인간의 대립적 충동과 빛과 그림자를 자기 안에 통섭하고 이를 심연의 깊이를 가진 밝고 성스러운 의식으로 전환시켜 다시 태어난 어린아이 같은 인간이다. 이러한 인간만이 진정한 생명의 세계 앞에서 가벼운 발걸음으로 춤을 추며 세계를 긍정할 수 있는 건강한 웃음을 지을 수 있는 것이다.[104]

---

100) Peggy Nill, "Die Versuchung der Psyche", 261쪽.
101) C. G. Jung, JS, 83쪽. 융에게 개성화 또는 자기화란 인간의 무의식과 의식의 통합 또는 원형의 자각을 의미한다(융, 《원형과 무의식》, 150·154쪽). 이것은 융에게서 자기 자신이 되는 것, 즉 통일된 인격이 되는 것(전체 인격의 실현)을 의미한다. 특히 개성화를 반영하는 꿈의 자기 상징성에 대해서는 융, 《꿈에 나타난 개성화 과정의 상징》(솔, 2002), 272~282쪽 참조.
102) C. G. Jung, JS, 36쪽.
103) C. G. Jung, JS, 37쪽. 융은 니체의 《차라투스트라는 이렇게 말했다》와 마찬가지로 괴테의 《파우스트》에서도 끊임없는 재탄생의 상태 속에 모든 것이 있도록 하며, 신성의 심연이기도 한 어머니의 영역(원형적 어머니)이 그려지고 있다고 본다(C. G. Jung, JS, 37쪽).

(2) 바다 되기 : 전체 인격의 실현

니체에게서 자기와의 만남, 즉 자기화의 문제는 또 하나의 비유적인 언어로 설명된다. 노자도 자연의 최고의 지혜를 상징할 때 물, 계곡, 강, 바다 등의 비유를 사용하고 있듯이, 우리는 니체의 저작에서 물, 샘물, 분수, 강, 호수, 바다 등 물과 연관된 풍부한 상징들을 만날 수 있다. 니체가 사용하는 물과 연관된 상징어는 과연 무엇을 의미하는 것일까? 융에 의하면 "물은 가장 잘 알려진 무의식의 상징"이자 "물은 심리학적으로 무의식화된 정신"을 의미한다.[105] 그에 따르면 "물은 지상적인 것, 만질 수 있는 것이며, 충동이 지배하는 육체의 액체, 혈액이자 피비린내 나는 성질, 동물의 냄새이며 열정이 가득 찬 육체성이다".[106] 니체 역시 우리 몸의 4분의 3 정도가 물로 구성되어 있다[107]고 말하면서, 우리의 물질적 육체의 주요한 구성 요소인 물을 생명을 나타내는 비유, 그리고 더 나아가 심리적 세계를 대표하는 상징으로 사용한다.

사실 물을 심리적 내면 세계와 연관해 연상적으로 설명하는 것은 플라톤이나 칸트가 하고 있듯이 서양 철학에서 공통적으로 나타난다.[108] 플라톤은 인간의 몸을 "끊임없이 흐르는 밀물과 썰물의 강 흐름"에 비유하며, 이와 연관해 지각의 문제, 사랑의 열정, 두려움이나 분노의 문

---

104) 니체의 세계에 대한 최상의 비유 언어로서의 춤이나 세계를 긍정하는 몸의 표현 언어로서의 웃음, 인간의 건강과 병의 문제 등은 미학(예술)이나 정신분석의 이론적 성과와 연관해 다루어야 할 커다란 주제들이기에, 이 문제들은 앞으로 별도의 논문에서 다룰 것이다.
105) 융, 《원형과 무의식》, 125쪽.
106) 융, 《원형과 무의식》, 126쪽.
107) F. Nietzsche, N 11(207), KSA 9, 524쪽.
108) Graham Parkes, *Composing the Soul : Reaches of Nietzsche's Psychology*(Chicago · London : The Univ. of Chicago Press, 1994), 145쪽.

제 등을 언급했다.[109] 칸트 역시 "정동(情動)은 댐을 무너뜨리는 물과 같이 작용한다. 정열은 자신의 하상(河床)을 점점 더 깊이 파묻는 강의 흐름처럼 작용한다"[110]라고 말하며, 정동을 이성에 의해 통제해야만 한다고 주장한다. "인간의 정열은 순수 실천이성에는 암과 같이 치명적인 손상을 입히며, 여러 가지 면에서 치유될 수 없다"[111]고 말하는 칸트와 달리, 니체는 그러나 몸과 정동은 흐르는 강물처럼 위험하고 파괴적이 될 수 있을지언정 영혼 안에 생명성이 있어야 한다면 이것들은 보존될 필요가 있는 엄청난 심리적 에너지의 근원이라고 본다.[112] 이러한 의미에서 바다는 니체의 텍스트에서 종종 심리적 생명의 광대함의 이미지로 사용된다.[113] 니체는 인간이, 더러운 강물을 받아들이면서 동시에 스스로 더러움을 정화하여 생명이 살아 움직이는 바다가 되어야 한다고 말한다.

참으로, 사람은 더러운 강물과 같다. 더럽혀지지 않은 채 더러운 강물을 모두 받아들이려면 인간은 먼저 바다가 되어야만 한다.
보라, 나는 너희에게 극복인을 가르친다 : 이 극복인이 바로 너희의 크나큰 경멸이 가라앉아 몰락할 수 있는 그런 바다다.[114]

내 마음속에는 하나의 호수, 조용히 숨어 자족하는 호수가 있다. 이 호수

---

109) Platon, *Timaios, Sämtliche Dialoge*, Otto Apelt (übers.)(Hamburg, 1993), 62쪽.
110) I. Kant, *Anthropologie in pragmatischer Hinsicht*(Hamburg, 1980), 184~185쪽.
111) I. Kant, *Anthropologie in pragmatischer Hinsicht*, 204쪽.
112) Graham Parkes, *Composing the Soul : Reaches of Nietzsche's Psychology*, 146쪽.
113) Graham Parkes, *Composing the Soul : Reaches of Nietzsche's Psychology*, 144쪽.
114) F. Nietzsche, Za I, KSA 4, 15쪽.

의 물을 내 사랑의 물길이 낮은 곳으로, 저 바다로 밀어낸다!"[115]

이것은 인간이 인간 사회의 현실성이나 세속성을 받아들이면서 동시에 자기 안에서 이를 승화시키고 이를 통해 다른 인간들을 생명 있게 만드는 사랑의 엄청난 심리적 에너지를 가져야 한다는 것을 의미한다. 이것은 곧 자기 안의 에로스의 자연스러운 흐름 덕분에 분리되고 틀에 갇힌 자아가 전체적인 의식 자각의 지평으로 확장될 수 있다는 것을 말한다.[116] 모든 강물을 받아들이는 바다가 된다는 것이나 호수에서 바다로 흘러간다는 것은 작은 자아의 세계를 떠나 인간의 보편적인 삶의 원형이 담겨 있는 집단 무의식의 세계로 진입한다는 것을 의미한다.[117] 이것은 곧 인간의 원형을 자기 안에서 발견하는 자신의 전체 인격의 실현 과정인 것이다. 융에 따르면, 니체의 바다란 전체 인격이 실현되는 개성화의 과정이자 생명의 실현 과정이다.[118] 인간의 보편적인 삶을 체화하고 이를 수용하는 바다 같은 인간의 내면적 에너지는 생명이나 사랑으로 발현된다. 니체가 "생명은 기쁨이 솟아오르는 샘"[119]이며, "영혼

---

115) F. Nietzsche, Za II, KSA 4, 106쪽.
116) F. Nietzsche, Za II, KSA 4, 154쪽.
117) C. G. Jung, JS, 14쪽.
118) 이 외에도 생명의 실현 과정으로서의 바다의 상징적 의미에 관한 중요한 논의로 Karsten Harries, "The Philosopher at Sea", Michael Allen Gillespie · Tracy B. Strong (eds.), *Nietzsche's new Seas*(Chicago · London : The Univ. of Chicago Press, 1988), 21~44쪽 ; Luce Irigaray, *Marine Lover of Friedrich Nietzsche*, Gillian C. Gill (trans.)(New York : Columbia Univ. Press, 1991), 12~15쪽 참조. 특히 이리가레는 물의 비유를 실마리로 여성과 유동적 흐름 사이에 존재하는 복합적 관계를 분석하며 니체를 포스트구조주의의 선구자라고 해석하며, 신페미니즘의 철학을 내세운다.
119) F. Nietzsche, Za II, KSA 4, 124쪽.

또한 솟아오르는 샘"이고, "나의 영혼 역시 사랑하는 자의 노래"[120]와 같다고 말하는 것은 전체 인격을 실현한 자에게는 바다 같은 생명의 에너지와 사랑이 넘쳐흐르기 때문이다.

(3) 번개 : 지혜와 극복인

융은 자기의 문제와 연관해 니체의 번개 비유에도 주목한다. 왜냐하면 니체에게 번개는 다름 아닌 극복인을 상징하기 때문이다.[121] 니체에게서 왜 번개가 극복인에 비유될 수 있는가? 우선 번개와 극복인의 관계를 묘사하는 《차라투스트라는 이렇게 말했다》의 유명한 구절을 살펴보자.

> 나는 인간들에게 그들 존재가 지니고 있는 의미를 가르치고자 한다. 그것은 극복인이요, 인간이라는 먹구름을 뚫고 내리치는 번개다.[122]

> 나의 구름은 너무 높은 전압의 상태에 있다. 번개가 터뜨리는 웃음 사이로 나는 심연을 향해 우박을 퍼붓고자 한다.[123]

니체는 우리가 인간의 진정한 존재 의미를 터득하기 위해서는 인간이라는 먹구름을 뚫고 내리치는 번개를 맞아야만 한다고 말한다. "오직 이렇게 인간은 번개가 그를 내리쳐 파멸시키는 높이까지 자랄 수 있

---

120) F. Nietzsche, Za II, KSA 4, 136쪽.
121) F. Nietzsche, Za I, KSA 4, 16 · 18 · 52쪽.
122) F. Nietzsche, Za I, KSA, 4, 23쪽.
123) F. Nietzsche, Za II, KSA 4, 107쪽.

다."[124] 인간이 새로운 정신적 생명을 획득하고 새로운 의식의 차원으로 상승하기 위해서 지혜의 번개를 통해 파멸하고 몰락할 필요가 있다는 것이다. 번개란 삶과 죽음, 선과 악, 밝음과 어두움, 낮과 밤, 아름다움과 추함이라는 삶의 이항대립적 집착과 인간의 인식의 편견에 내리치는 진리의 전압이다. 인간의 정신은 이 높은 전압의 대기권을 통과함으로써 이항대립적 사고의 편견을 깨버리고, 새로운 의식 상태에서 스스로 번개라는 하나의 높은 전압이 되어 인간 삶의 심연을 보며 진정한 삶의 의미를 찾을 수 있다. 번개 맞은 철학자란 세계의 대립적 요소를 자기 안에 통합하는 "새로운 번개를 잉태하는 뇌우"[125]다. 인간의 자아가 만든 인식의 집착과 허구를 깨고 나온 진리를 니체는 '지혜의 번갯불',[126] '사나운 지혜' 또는 '지혜의 암사자'[127]라고 말한다. 번개를 맞고 지혜의 암사자가 된 인간이야말로 비로소 현실을 있는 그대로 긍정할 수 있는 순수한 생명 있는 어린아이를 출산할 수 있으며,[128] 항상 깨어 있는 정신을 가질 수 있다.

융은 이때 니체의 번개를 금강의 번개vajra와 연관시키며, 이를 집중화된 신적인 힘을 나타내는 추상적 상징이나 시바Shiva라는, 완성의 만다라로 설명한다.[129] 불교의 초기 경전인 《금강경》에서도 다이아몬드 같은 진리[금강(金剛)]란 '벼락' 또는 '번개'를 통해 모든 것을 깨고 잘라버리는chedika, 즉 자아의 집착에 의해 만든 모든 가상의 모습[相,

---

124) F. Nietzsche, Za IV, KSA 4, 359쪽.
125) F. Nietzsche, JGB 292, KSA 5, 235쪽.
126) F. Nietzsche, Za IV, KSA 4, 360쪽.
127) F. Nietzsche, Za II, KSA 4, 107쪽.
128) F. Nietzsche, Za II, KSA 4, 107쪽.
129) C. G. Jung, JS, 83쪽.

saṃjñā)에서 벗어나는 지혜를 의미한다.[130] 이러한 번개의 지혜는 자아를 변화시키며, 새로운 전체성의 자기를 발견하게 한다. 번개적 지혜와 그로 인해 실현된 '자기'의 모습은 융에 따르면 원형으로 표현된다. "무의식과 의식이 함께 만든 '자기'는 모든 원형과 개체적 의식을 동시에 포함하고 있는 총체성의 개념으로, 이 총체성의 상징은 항상 원형이기 때문이다.[131] 니체 또한 《차라투스트라는 이렇게 말했다》에서 자기실현의 총체적 진리를 '황금빛 알',[132] '황금빛 공',[133] '태양을 휘감고 있는 뱀의 모습이 있는 금으로 된 손잡이',[134] '황금빛 태양',[135] '둥근 고리'[136] 등 원형(圓形)으로 묘사하고 있다.

융에 따르면 진리를 상징하는 만다라maṇḍala란 산스크리트로 '원(圓)'을 뜻하는데, 이는 자기 꼬리를 무는 뱀Oroboros으로 형상화되기도 하고,[137] 둥근 원형의 대리물로 표현되기도 한다. 이것은 의식과 무

---

130) 불교의 번개의 비유에 대한 해석으로는 각묵, 《금강경 역해》, 17~20쪽 ; 김용옥, 《금강경 강해》(통나무, 1999), 73~79쪽 참조. 나는 니체의 사상과 불교의 연관성이 허무주의나 영원회귀 사상에 국한되지 않으며, 세계를 인식하는 인식의 방식이나 자아 및 자기의 문제 등 복합적인 내용에서 이들을 비교하는 것이 가능하다고 생각한다. 이 문제 역시 더욱 천착해야만 하는 중요한 니체 연구의 과제 가운데 하나다. 특히 니체 사상과 불교의 문제를 허무주의 관점에서 비교한 국내의 논문으로는 이진우, 〈니체와 아시아적 사유 2—니체의 불교관을 중심으로〉, 273~294쪽이 있으며, 영원회귀 사상과 연관해 비교한 논문으로는 성진기, 〈니체와 불교〉, 451~471쪽이 있다.
131) C. G. Jung, JS, 85쪽.
132) F. Nietzsche, Za I, KSA 4, 43쪽.
133) F. Nietzsche, Za I, KSA 4, 95~96쪽.
134) F. Nietzsche, Za I, KSA 4, 97쪽.
135) F. Nietzsche, Za I, KSA 4, 99쪽.
136) F. Nietzsche, Za II, KSA 4, 121쪽.
137) 융, 《원형과 무의식》, 78쪽 ; 이부영, 《자기와 자기실현》, 69쪽 참조.

의식이 통합된 자기 실현의 궁극적 경지를 표현하는 것이다.[138] 융에 따르면 니체의 원형에 대한 다양한 비유적 언어는 이러한 궁극적 자기 실현의 진리를 표현한 것이다. 이러한 황금빛 알을 자기 안에 품고 있는 인간이란 전체 인격에 이른 사람으로, 이러한 인간이야말로 세계를 있는 그대로 긍정하며 밝게 웃을 수 있고 가벼운 걸음으로 춤출 수 있으며, 더 나아가 우리가 살고 있는 현실 속에서 사랑과 창조적 힘을 발휘할 수 있는 것이다.

6 깨어 있는 정신으로 살아가기

인간이 성숙하고 깨어 있는 의식의 상태로 살아간다는 것은 쉬운 일이 아니다. 인간은 어머니한테서 생물학적으로 태어나 사회적인 규범과 관계를 익히며 공동체 안에서 사회적 자아로 다시 한번 태어날 뿐 아니라, 나아가 자신과 대면하며 정신적으로 또 한번 태어나야 하는 정신적 존재다. 인간은 사회적 존재가 되면서 페르조나라는 사회적 역할을 담지하는 존재가 되고, 이성과 논리적 언어로 사회적 이해 관계나 세계와의 관계를 조정하고 표현하며 살아간다. 그러나 이것이 곧 우리 자신의 본래적인 모습은 아니다. 지식, 사회적 지위, 돈, 권력 등의 기

---

138) 자기의 상징적 표현으로서의 만다라에 대해서는 이부영, 《자기와 자기실현》, 69~92쪽 참조. 융은 (심리적) 전체성이란 만다라, 즉 사원성으로 표현될 수 있다고 생각한다(융, 《융 심리학과 동양종교》, 137쪽). 그리스도교에서는 삼위일체가 신성을 표현하는 상징인 데 반해, 융은 무의식에서는 사위일체Quaternität가 전체성을 상징하는 것으로, 어두운 것, 모순된 것, 전통적인 그리스도교의 신상에 결여되어 있는 여성적인 것이 보완되어야 한다고 주장한다(게르하르트 베어, 《카를 융》, 198쪽).

호에 의해 표현되는 페르조나는 다름 아닌 사회적 관계 속에서 나타나는 우리의 표피적 자아의 모습이기 때문이다. 우리는 자신의 본래적인 모습을 찾기 위해 표피적, 의식적 자아에서 벗어나 진지하게 자신과 대면해야 할 필요가 있다. 그러나 이러한 과정은 많은 고통을 수반한다. 니체와 융은 자신과 대면하기 위해서는 무의식 속에 있는 자신의 그림자를 억압하거나 부정하지 말고 있는 그대로 받아들일 것을 요구한다. 왜냐하면 이러한 그림자를 받아들이는 자기 긍정적인 태도만이 자신의 그림자를 통합할 수 있으며, 더 나아가 무의식과 의식을 소통시키며 건강한 자기를 찾을 수 있기 때문이다.

니체와 융은 의식적 자아의 팽창에 사로잡힌 현대인에게서 자신의 내면적인 세계에 대한 무관심이나 불안과 가치관의 혼동이라는 위기의 면모를 발견하며, 우리가 이를 치유하기 위해서는 진정한 자기를 찾는 작업이 필요하다고 본다. 융의 니체 해석은 바로 의식의 껍질을 깨고 전체 인격의 성격으로 표현될 수 있는 자기를, 건강한 전체 영혼을 갖는 문제로 귀결되어 있다. 건강한 전체 영혼은 사회적 코드를 받아들이고 이를 다시 탈코드화하는 과정을 통해, 그리고 그와 동시에 나를 현실의 코드와 새로운 의식의 차원에서 다시 접속시키는 과정을 통해 얻을 수 있을 것이다. 즉 인간은 의식과 무의식의 회통, 즉 의식 차원에 머물러 있는 표피적 자아에서 무의식의 심층으로 들어가 이를 다시 새로운 의식으로 전환하는 과정에서 진정한 자기를 발굴해낼 수 있는 것이다. 레바논 출신의 미국 작가 지브란Khalil Gibran 역시 《예언자》에서 고통이란 오성의 껍질이 깨어지는 것이며, 우리 내부의 의사가 병든 자아를 치료하는 약이 될 수 있으며, 영혼이란 무수한 꽃잎이 달린 연꽃처럼 스스로 열리는 것이라고 말했다.[139] 우리는 우리 안의 참된 자기를 찾을 때 고통 속에 있는 자신을 치유하며 연꽃처럼 스스로 자신에게 열리는 깨어 있는 영혼을 가질 수 있다는 것이다.

니체는 바다와 벼락이라는 비유를 통해 인간은 깨어 있는 자각적 의식, 성숙한 영혼(몸의 자각)을 가져야 한다고 강조하며, 이를 체화하는 인간을 극복인이라고 말한다. 융 또한 개성화, 자기화라는 용어를 통해 인간은 자신의 보편적 원형을 실현하는 인간으로 다시 태어나야 한다고 말한다. 인간의 자기 인식이란 거울에 반사되는 의식의 자기 동일적 구조에서가 아니라, 선/악, 참/거짓, 안/밖, 아름다움/추함 등 이항대립적 가치의 피부를 뚫고 들어가 삶의 내면에 감추어진 기호들, 삶의 속살에 존재하는 무수한 가치의 언어들을 해석할 때 비로소 가능한 것이다. 이는 세계와 관계를 맺는 몸의 언어적 자각을 의미하는 것이며, 생명의 중심에서 세계를 바라보는 지혜의 깨달음을 의미한다. 철학이란 몸의 언어를 해석하고 전인적 자기를 발견하는 여정이라고 보는 니체의 철학과 무의식의 보편적 원형을 해독하고 전체 인격을 실현하려는 융의 사상은 자아 팽창의 시대를 살고 있는 오늘날 우리에게 귀중한 메시지를 전해준다. 우리는 우리 자신을 치유하고, 건강하고 깨어 있는 영혼으로 다시 태어나 어린아이 같은 생명의 눈으로 세계를 긍정하고 우리 자신을 사랑해야 할 것이다. 이러한 자기 사랑이야말로, 이러한 깨어 있는 정신이야말로 허무주의를 치유하고 인간과 세계를 사랑하는 진정한 힘을 주기 때문이다.

---

139) 칼릴 지브란, 《예언자》, 강은교 옮김(문예출판사, 1995), 64~67쪽.

제4부

진리 비판과 생명 찾기

제9장
니체의 생명 사상

1 인간중심주의적 사유와 서양의 근대 문명

 "……대지는 하나의 피부를 가지고 있다. 그리고 이 피부는 병을 지니고 있다. 이러한 병들 중 하나가 예를 들자면 '인간' 이다."[1] 차라투스트라의 입을 빌리는 니체의 이 말은 서양의 근대 문명이 인간과 대지, 문명과 자연의 관계에서 생명이 창발하는 '생명의 문명' 으로 전개되지 못하고 주체와 대상, 자아와 타자, 인간과 자연 등 인식론적, 이분법적인 구분법과 기계론적 자연관, 이성중심주의, 인간중심주의의 사유 위에서 결국 인간이 자연을 대상화하고 착취하는 기계론적인 '죽음의 문명' 으로 치닫고 있다는 서양 문명의 전개 과정에 대한 신랄한 비판을 담고 있다.
 인간 자신이 이제 대지의 병인이 되었다는 니체의 무서운 고발을 우

---

1) F. Nietzsche, Za II, KSA 4, 168쪽.

리는 어떻게 이해해야만 하는가? 왜 서양의 근대 문명은 인간중심주의로, 그리고 허무주의적인 병리 현상으로 귀착될 수밖에 없었는가? 니체의 이 말은 오늘날 지구 행성인 가이아Gaia를 행성의학(지구생리학)적인 시각에서 진단하면서, 지구 위에서의 인간은 가이아와 공생을 추구하지 못하고 질병을 야기하는 종양 세포와 유사하게 되었으며, 결국 인간은 현대 문명 속에서 '영장성 백혈병'에 빠져버리고 말았다는, 현대 생태철학자 러브록James Lovelock의 말을 연상시킨다.[2] 니체와 러브록은 영장성 존재인 인간이 대지 위에서 자신의 사고와 행위의 결과로 빚어낸 문명의 자기 파산적 해체의 위기에 대해 엄중한 경고의 메시지를 보내고 있다. 우리는 이러한 메시지 속에서 자연을 대상화하고 물리적 언어로 양화하여 기술하면서 인간 욕망의 객체로 다루어온 이성중심주의와 인간중심주의에 의해 각인된 근대 문명의 세계관적 오만에 대한 비판과 서양 문명의 자기 파괴적인 위기를 읽을 수 있다.

　이성주의 철학자인 후설 또한 〈유럽 인간성의 위기와 철학〉에서 자연을 수학화하고 이념화하는 물리학적 객관주의의 틀 위에서 세계를 설명함으로써, 즉 수학적 자연과학으로 인간의 환경 세계를 고찰함으로써 서양 근대의 위기 및 유럽 인간성의 위기가 야기되었다고 진단한다.[3] 서양 근대 문명의 세례를 받으며 근대화를 추진해왔고, 산업 사회, 자본주의 사회, 소비 사회의 구조 속에 또는 후기 산업 사회, 정보화 사

---

2) 제임스 러브록, 《가이아》, 김기협 옮김(김영사, 1996), 153~171쪽 참조.
3) E. Husserl, "Die Krisis des europäischen Menschentums und die Philosophie", *Husserliana(Edmund Husserl Gesammelte Werke)*, Bd. VI : *Die Krisis der europäischen Wissenschaften und die transzendentale Phänomenologie*, W. Biemel (Hrsg.)(Haag, 1962), 314~348쪽 참조.

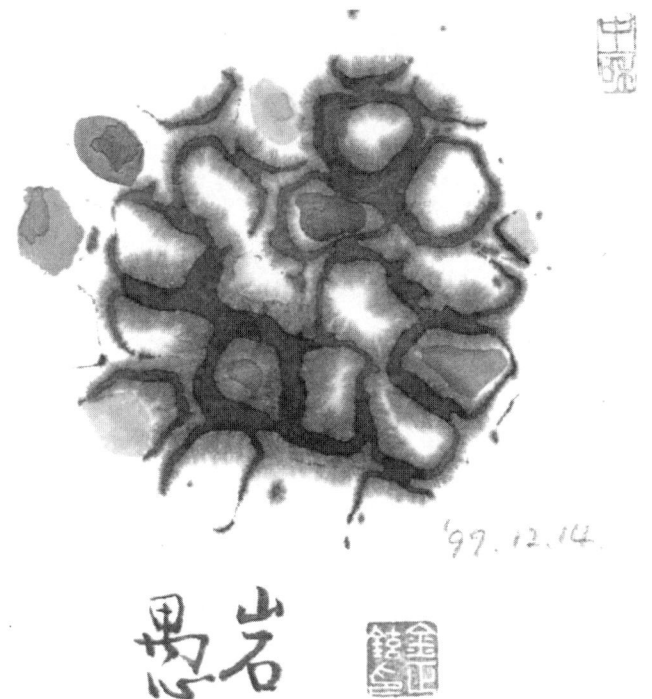

생명의 생성
삶이란 생명의 놀이다. 니체는 "생명이란 기쁨이 솟아오르는 샘"이라고 말하며, 새로운 문명에는 생명 자각의 사유가 필요하다고 말한다.

회 등으로 이행하는 도정에 있는 우리 또한 니체와 러브록의 비판을 피해 가기는 어렵다. 우리의 문제의식은 바로 서양의 근대적 세계관이 지구 문명을 생명이 없는 인조적 세계로 만들어가고 있다는 반성에서 시작된다.

현대 문명 속에서 우리는 이 세상에 태어나면서 생명이 없는 인조의 세계로 삶을 시작한다. 어머니의 따뜻한 사랑과 체온을 느끼면서 모유를 먹는 대신 대리 식품으로서 분유나 우유를 먹기 시작하고, 어머니의 젖가슴 대신 차가운 인조 젖꼭지로 삶을 시작한다. 인간의 욕망을 무한대로 확장해주는 서양 근대의 물질주의 세계관은 인조적인 세계의 현실을 양산해낸다. 산업화 진행 과정에서 지구 문명은 자연의 생명력을 탈자연화하는 조건으로 물질적인 풍요로움을 얻었으나 동시에 지구 자원의 고갈과 자연의 자생적인 생명력을 희생당하게 되었고, 더 나아가 인조적인 죽음의 문명으로 탈바꿈하게 되었다. 이성중심주의와 인간중심주의적 사유를 비판하고 서양의 근대적 세계관 전체를 문제시하는 니체의 문제의식은 다가오는 새로운 지구 문명의 회생, 즉 '죽음의 문명'에서 '생명의 문명'으로 가는 대전환에 놓여 있다.

니체는 인간 부정에서 출발하는 그리스도교적 세계관, 이성의 오만에서 출발하는 실체적 자아의 확립, 인간과 자연의 이분법 및 물리학적 객관주의의 승리, 그리고 물질주의의 팽배와 더불어 나타나는 인간의 왜소화와 소외 현상을 비판하고, 현실에 기반을 두는 고대 그리스적 세계에서 현실 긍정, 세계 긍정의 가치관을 이끌어내고자 한다. 그는 또한 몸철학을 통해 인간과 자연의 유기적 관계를 회복하고자 하며, 인간의 자기 극복을 통해 생명 자각의 세계관을 새로운 문명의 사유 문법으로 제시하고자 한다. 이 글은 이러한 '생명의 문명'으로의 전환을 꾀하는 니체의 사상을 자연성, 본능, 대지, 디오니소스, 생성, 생산성, 임신, 여성, 진리, 생명, 사랑 등의 철학적 용어로 정리하면서 그의 생명 사상의 핵심 내용을 제시해보려 한다. 니체의 생리학적 관점에서 본 근대 문명에 관한 진단과 탈근대적 생명관에서 본 생명의 정의, 자연의 인간화와 인간의 자연화를 문제시하는 그의 '자연의 언어', 몸의 언어와 몸의 건강 문제, 디오니소스와 '생명' 자각의 사유, 여성의 기호 등을 논의하면서 21세기의 새로운 '생명 문화'를 정초하기 위한 하나의 시도로서 니체의 생명 사상의 정립 가능성을 타진해보고자 한다.

2 생리학적 관점에서 본 근대 문명의 귀결 : 허무주의

데카르트나 홉스 사상의 특징을 물리학적 또는 기계론적인 사유라 말할 수 있다면, 니체의 사상은 생물학적인 사유라고 표현할 수 있을 것이다. 이러한 생물학적인 사유 방식 위에서 니체는 서양의 근대를 '생리학적인 자기 모순'에 빠져 있는 시대로 정의한다.[4] 니체의 근대에 대한 건강 진단에서 출발하는 탈근대성의 문제는 근대 문명의 귀결점으로서의 허무주의를 생리학적으로 고찰함으로써 시작한다. 객관주의, 합리주의의 토대 위에서 초월적이고 보편적인 과학적 인식의 진리를 찾고, 이를 통해 역사와 문명의 발전 동력을 추진하려 했던 서양의 근대성이 오히려 피로의 본능에 휩싸여 출구와 입구를 모르는 허무주의로 빠져 들어가는 역설적이고 자기 모순적인 상황을 그는 직시한다. 생

---

4) F. Nietzsche, GD, Streifzüge eines Unzeitgemässen 41, KSA 6, 143쪽.

리학적인 관점에서 근대 문명이 허무주의로 귀결되고 있다고 진단하며, 그는 서양의 근대성이 본능의 퇴화로 인한 데카당스 현상을 드러내고 있다고 말한다.

왜 근대는 생리학적으로 이러한 본능의 퇴행을 보이고 있으며, 인간들은 피로에 지쳐 '의지의 마비Willenslähmung'라는 병적 증세를 보이고 있는가? 그는 객관성, 학문 일반, 또는 의지에서 해방된 순수 사유 등을 '신경쇠약'이라고 표현하며, 근대를 '나약한 시대'[5]라고 규정한다. 이성의 신뢰, 자아의 발견, 자연과학적, 객관적 진리의 확보, 이의 기술공학적 응용으로 인한 물질 문명의 발전, 그리고 역사는 끊임없이 진보한다는 낙관주의 등을 함축하고 있는 서양의 근대성은 그 이면에 인간 삶의 본능의 퇴행과 데카당스라는 병적인 증세를 분비하는 역설을 드러내고 있다. 그는 이러한 근대 계몽주의적인 정신 생리의 상태를 오히려 근대 자체의 체질적 허약성과 연계시킨다.

우리는 여기에서 서양의 근대 문명이 자연과학적, 도구적 이성을 사용하며 자연을 지배하는 과정에서 오히려 인간 자신도 그 지배의 희생양이 되어버렸다는 합리성의 역설을 호르크하이머나 아도르노의 근대성 비판의 논의를 통해 더욱 쉽게 이해할 수 있다. 《계몽의 변증법》에서 "신화는 무생물을 유생물과 동일시하는 데 반해, 계몽은 유생물을 무생물과 동일시"하는 사유[6]라고 말하는 그들은 서양의 근대 계몽주의 사유 공간 안에서 모든 살아 있는 생명의 세계가 도구적 합리성으로 포착됨으로써 오히려 기계적인 죽은 세계가 되고 마는 근대 문명의 도착 증세를 '계몽의 신화'라는 이름으로 고발하고 있다. '합리화된 비합리성

---

5) F. Nietzsche, GD, Streifzüge eines Unzeitgemässen 37, KSA 6, 136~138쪽.
6) M. Horkheimer · Th. W. Adorno, DA, 22쪽.

으로서의 문명'은 자연을 단순한 인간의 도구로서만 파악하는 '무한한 인간 제국주의'를 야기했고, 이러한 자연 지배는 동시에 인간 자신이 지배되는 역설을 보여주고 있다.[7] 인간과 자연과 세계를 합리적 이성에 의해, 즉 과학적 합리성에 의해 물리적으로 양화된 기호로 그려내려는 서양 근대의 사유는 인간의 의지 및 가치 평가적 인식에 대한 불안을 담고 있으며, 생명의 관점에서 가치의 문제를 다루지 못하는 노이로제 증세를 드러내고 있다. 합리적 이성에 의해 세계를 총체적, 전체적, 체계적으로 포착하려는 근대 합리주의의 사유란 생명과 가치 평가적 인식에 대한 거부를 의미하며, 생명의 관점에서 세계를 인식하는 태도에 대한 불안을 나타낸다.

니체는 이러한 근대 문명 가운데 나타나는 가장 중요한 문제를 중국의 격언을 빌려 '조심스러운(siao-sin, 小心)' 문명의 경향이라고 표기한다.[8] 그는 인간의 왜소화와 퇴락이 문명사적인 흐름에서 나타나는 현상을 데카당스 또는 허무주의라고 표현한다. 또한 그는 생물학적인 용어인 '부패Verdorbenheit'[9]라는 언어로 근대적 공간에 있는 인간을 표현하는데, 그 이유는 무엇일까? 왜 니체는 근대인의 사유를 불안, 노이로제, 퇴락이라는 용어로 설명하고 있는 것일까? 점증하는 자연과학과 기술공학의 발전과 물질 문명의 증대에도 불구하고 왜 니체는 근대 문명을 신경쇠약에 걸린 나약한 문명으로 해석하는 것일까? 물질의 풍요로움 속에서 왜 인간의 본능은 퇴행적인 경향을 보이는 것일까? 이를 이해하기 위해 우리는 마르쿠제의 언어에 주목해볼 필요가 있다. 마르

---

7) M. Horkheimer, *Zur Kritik der instrumentellen Vernunft*, 94~108쪽 참조.
8) F. Nietzsche, JGB 267, KSA 5, 221쪽.
9) F. Nietzsche, AC 6, KSA 6, 172쪽.

쿠제에 따르면 과학적 합리성이 지배하는 서양 문명 가운데 인간 환경과 자연 환경의 합리적 변형을 담당하는 인간의 자아는 공격적이고 침략적인 주체가 되어버렸고, 마침내 에로스(삶의 본능)의 퇴행으로서 신경질적이고 도착적인 증세를 보이게 되었다. 서양 근대에서 합리적 이성에 의해 자연을 지배하는 기술공학적 발달과 물질 문명의 발전이 이루어졌으나, 그 이면에서는 동시에 인간 삶의 본능의 퇴화, 즉 생명을 기계화, 무기화(無機化)하는 죽음의 본능이 분비되고 있었던 것이다. 마르쿠제는 이러한 맥락에서 니체 사상은 삶의 본능의 점증적인 퇴화, 인간의 쇠퇴에 대한 치유적 대안으로서 삶의 본능에 대한 전적인 긍정을 제시하고 있다고 해석하고 있다.[10]

니체는 인간 본능의 퇴화, 인간의 쇠퇴란 문명사적인 맥락에서 데카당스 또는 허무주의로 표기될 수 있으며, 현대 문명은 생명에 적대적인 경향을 보이고 있다고 본다. 생명과 삶의 본능이 생산적으로 분출되지 못하는 19세기의 정신적 불모성을 그는 데카당스의 실존 형식 또는 허무주의의 기호로 표기한다.[11] 그는 정신적인 힘의 쇠퇴와 퇴행으로 나타나는 허무주의를 '수동적 허무주의'라고 명명하면서 이는 나약함, 피로함, 고갈, 해체의 경향을 나타내는 것이라고 말한다.[12] 인간이 인간에 대해 지쳐 있고, 자기 자신에 대해 피로에 젖어 있는 이러한 상태를 그는 세계 부정과 '의지 부정의 경련 상태'라고 말한다. 세계 부정, 의지 부정이란 자기 자신에 대한 인간의 부정적 태도를 의미한다. 그의 시대 비판, 문명 비판, 근대성 비판의 문제의식에는 푸코에 의해 '인간

---

10) H. Marcuse, *Eros and Civilization*(Boston : Beacon Press, 1974), 121~122쪽.
11) F. Nietzsche, GD, Streifzüge eines Unzeitgemässen 50, KSA 6, 152쪽.
12) F. Nietzsche, N 9(35), KSA 12, 351쪽.

의 종말'로 해석된 허무주의(신의 죽음)의 문제가 내재해 있다.

  살아 있는 생명에 대한 진정한 경외심은 사라지고 지식을 위한 지식, 백과사전적인 지식의 양적 증대와 주입에만 관심을 가지는 근대적인 교육 속에서 인간은 자신의 내면과 외면이 분리되는 자아 분열을 경험하게 된다. 그리고 더 나아가 내용과 형식, 이론과 실천의 괴리로 인해 '무질서한 내면적인 세계', 즉 문화적, 정신적 황폐화로서의 내면적인 야만 상태에 이르게 된다. 이를 니체는 '나약한 인성die schwäche Persönlichkeit'이라고 부르기도 하고,[13] 근대의 일반적인 고통으로서 인간의 '자기 왜소화Selbstverkleinerung'라고 표현하기도 한다.[14] 니체는 그라스Günter Grass의 《양철북Blechtrommel》에 나오는 주인공 오스카가 성장 장애를 겪는 것처럼 니체는 외형적으로는 커가면서 내면적으로는 난쟁이로 머무는 부조리한 생리적인 모순 현상을 인간의 퇴화의 기호로, 즉 인간의 자기 분열의 기호로 읽고 있다. 그에 따르면 생명과 힘에의 의지가 퇴조하는 곳에서는 생리적인 퇴행, 즉 오직 데카당스만이 있을 뿐이다.[15] 니체는 시대 비판, 역사 비판의 형식으로 서양의 근대인은 백과사전적인 지식 상품 더미에 파묻혀 자신의 삶에서 소외되어 방황하는 관중과 같은 삶을 살아가며, 삶을 체화하고 삶의 고통을 긍정적으로 넘어서는 도덕적인 숭고함의 가치에 대한 진정한 내면적 훈련 없이 나약해진 인성에 고통을 당하고 있다고 비판한다. 즉 그는 물질 문명의 발전 과정에서 나타나는 인간의 내면성, 인간 인성의 황폐화 현상을 근대성 비판과 연관 지어 고발하고 있는 것이다.

---

13) F. Nietzsche, HL 4, KSA 1, 271~274쪽.
14) F. Nietzsche, N 8(15), KSA 10, 338쪽.
15) F. Nietzsche, AC 17, KSA 6, 183쪽.

니체가 문제시하고 있는 허무주의, 세계 부정 및 의지 부정, 인간의 생리적 퇴행 및 왜소화, 이성적 자아 분열 및 나약해진 인성에 대한 고통의 문제는 서양의 근대가 에로스, 삶의 본능으로 충일되지 못하고 타나토스적인 퇴화의 기호로 표기될 수 있음을 보여준다. 니체는 근대를 극복하려는 탈근대적 사유의 단초를 생의 충일감과 삶에 대한 진실한 감사의 마음, 자연과 생명에 대한 인간의 고귀한 태도가 하나의 문화 형태로 발아된 고대 그리스에서 발굴한다. 자연, 몸, 디오니소스, 대지 등의 개념과 같은 그의 탈근대 기호들은 삶을 긍정하고 자기 자신을 긍정하는 생명의 언어로 사유 방식을 전환할 것을 촉구한다.

3 탈근대적 생명 사상 : 생명이란 무엇인가

니체의 탈근대적 전략은 시대의 총체적인 병으로부터 건강을 되찾는 건강 회복술에 있다.[16] 그는 탈근대적 전략으로서 세계 부정의 그리스도교적 가치관과 논리적 형식주의와 같이 개념의 미라에 빠져버린 합리주의의 역사 또는 이성중심주의의 사유 공간을 문제시하며, 자연 생명력에 기초한 건강에의 의지를 시대 극복의 최고 치료제로 제공한다.[17] 그는 반자연Widernatur에 대한 투쟁을 자신의 사상적 투쟁의 핵심으로 놓고, 세계 부정의 금욕주의를 자연화하여 의지를 건강하게 강화하는 '의지의 체조eine Gymnastik des Willens'가 필요하다고 주장한다.[18] 그가 말하는 건강의 관리란 무엇을 의미하는가? 건강이란 자연

---

16) F. Nietzsche, N 6(24), KSA 12, 241~242쪽 참조.
17) F. Nietzsche, N 41(9), KSA 11, 684쪽.

생명성을 최고도로 유지하는 것을 의미한다. 건강과 자연성, 생명과 자기 긍정, 생산성과 창조성 등과 같은 문제는 인간과 자연을 긍정하는 '생명 문화' 속에서 담론화되는 가치 목록들이다. 관리란 자연적 생명력이 균형 있고 활력 있게 유지될 수 있도록 하는 끊임없는 훈련이요, 연습이다. 니체는 인간의 자연 생명성이 균형과 조화를 이루며 역동적으로 표현될 수 있도록 자신의 의지를 강화하고, 자신의 몸과 마음을 관리하는 것을 건강의 관리술로 묘사하고 있다. 니체는 삶의 본능이 지배하는 에로스의 문명, 인간의 몸을 긍정적으로 평가하는 자연 긍정의 문화 속에서 작동할 수 있는 생명의 기호를 찾고자 한다. 니체는 이러한 생명의 기호로 규정할 수 있는 인간을 '자연인homo natura'이라 명명하며, 이를 '힘에의 의지Der Wille zur Macht'라는 개념어로 설명하고자 한다.

우리는 여기에서 니체가 설명하려는 '힘에의 의지'란 무엇이며, 이것이 생명 또는 삶의 본능과 어떻게 연관되는지를 살펴볼 필요가 있다. 니체의 '힘에의 의지'란 힘을 향한 의지, 즉 성장하고 생장하고자 하는 생명의 원리를 의미한다. 생명이란 근원적으로 힘에의 의지이며,[19] '힘의 성장 형식의 표현'[20]이다. 살아 있는 생명체가 발견되는 곳에서는 동시에 힘에의 의지가 발견되며,[21] 인간이든 살아 있는 유기체의 가장 작은 부분이든 힘의 증가를, 즉 성장하고 생장하고자 하는 힘의 증가를

---

18) F. Nietzsche, N 9(93), KSA 12, 387쪽.
19) F. Nietzsche, Za II, KSA 4, 149쪽 ; JGB 13, KSA 5, 27쪽 ; N 5(71), KSA 12, 215쪽 ; N 14(122), KSA 13, 301쪽 ; N 14(156), KSA 13, 340쪽 ; N 14(173), KSA 13, 358쪽 ; N 14(174), KSA 13, 360쪽 ; N 16(51), KSA 13, 503쪽.
20) F. Nietzsche, N 9(13), KSA 12, 345쪽 ; N 16(12), KSA 13, 486쪽.
21) F. Nietzsche, Za II, KSA 4, 147쪽.

원한다.[22] 따라서 생명이 있는 곳에서는 성장과 유지, 힘들의 축적, 힘을 위한 본능이 있으며, 힘에의 의지가 결여되어 있는 곳에서는 반대로 퇴락Niedergang이 있게 된다.[23]

생명이란 성장하고 생장하려는 힘에의 의지의 표현이기에 투쟁의 방식으로 나타나게 된다. 즉 생명이란 "죽어가려는 어떤 것을 지속적으로 자기 자신에게서 밀어내는 것"[24]이며, 다양한 투쟁 가운데 지속적으로 힘의 정립 과정들을 형식화하는 것이기도 하다.[25] 생명이란 투쟁 가운데 얻어지는 힘의 정립이기에 저항력에 의해 유지되는 긴장된 힘을 지니고 있다. 즉 생명이란 적극적인 의미에서 보자면 성장하고 생장하려는 힘들의 투쟁이며, 소극적인 의미에서 규정하자면 죽어가는 것을 밀어내는 면역 체계의, 즉 저항력의 균형 상태라고 말할 수 있을 것이다. 이러한 생명으로서의 힘에의 의지는 유형학적으로 자연, 삶, 사회, 진리에의 의지(학문), 종교, 예술, 도덕, 인간 등 어느 곳에나 편재해 있다.[26] 니체의 힘에의 의지는 자연에도, 인간 자신의 삶에도, 사회나 역사 또는 문명에도 적용될 수 있는 근원적인 생명성이다. 이러한 생명의 원리는 삶과 죽음, 성장과 사멸, 생장과 퇴락의 전 과정, 즉 생성 소멸하는 모든 사건을 해석할 수 있는 해석학의 토대를 제공해주며, 따라서 니체는 이러한 생명의 원리로서의 힘에의 의지 개념을 통해 새로운 철학의 가능성을 타진한다.[27] 그의 사상은 생명 중심의biozentrisch 자연

---

22) F. Nietzsche, N 14(174), KSA 13, 360쪽.
23) F. Nietzsche, AC 6, KSA 6, 172쪽.
24) F. Nietzsche, FW I, 26, KSA 3, 400쪽.
25) F. Nietzsche, N 36(22), KSA 11, 560쪽.
26) F. Nietzsche, N 14(72), KSA 13, 254쪽.
27) F. Nietzsche, N 40(50), KSA 11, 653쪽.

과 인간 자신, 인간의 역사와 문화, 사회와 문명 등 모든 곳에 편재해 있는 생명력을 문제시하는 생명 이론의 성격을 지닌다.[28]

니체의 초기 철학에서 후기 철학을 관통하는 주제가 바로 생명의 문제다. 초기의 〈삶에 대한 역사의 공과〉에서는 19세기의 역사적 지식이 자연성을 완성하는 것이 아니라 인간의 자연적 본성을 죽이고 있다는 역사적 반성 위에서 생명의 개념을 통해 개인과 역사, 과거와 현재, 인격 형성과 문화의 관계를 분석해 들어간다. 니체는 개인이 성숙해지고 역사가 생명력 넘치는 예술 작품과 같이 될 수 있는 가능성의 전범을 고대 그리스에서 발견하면서 이를 명랑성, 현존에 대한 긍정, 윤리적 자연 본성이 진실하게 실현될 수 있는 문화와 같은 개념으로 제시한다. 역사와 개인의 삶의 문제를 관통하며 역사의 병에 대한 치유술로서 '삶의 건강이론eine Gesundheitslehre des Lebens'[29]을 내세우는 니체의 초기 생명철학은 인간 자신의 삶을 독해하는 데서 출발하여, "일반적인 생명의 상형문자를 이해"하는 생명의 해석학으로 발전해간다.[30] 《즐거운 학문》 역시 "민족, 시대, 인종, 인간의 총체적 건강 문제"를 '철학적 의사'의 관점에서 다루고 있고, 《차라투스트라는 이렇게 말했다》 또한 인간의 몸과 자아의 문제를 중요한 철학적 화두로 삼고 있다.

역사와 자연성, 인간의 몸과 정신, 예술과 문화, 본능(충동)과 문명, 존재와 생성, 변증법과 비극, 반그리스도교와 디오니소스, 삶과 죽음, 투쟁과 퇴락, 힘과 조형력, 허무주의와 근대성 등 니체 철학의 모든 주

---

28) M. Landmann, *Geist und Leben : Varia Nietzscheana*(Bonn, 1951), 108~109쪽 ; Reinhard Löw, "Friedrich Nietzsche : Anti-Moral und Vitalismus", R. Weiland (Hrsg.), *Philosophische Anthropologie der Moderne*(Weinheim, 1995), 78~85쪽 참조.
29) F. Nietzsche, HL 10, KSA 1, 331쪽.
30) F. Nietzsche, SE 3, KSA 1, 357쪽.

제들을 관통하고 있는 하나의 문제의식을 우리는 생명의 기호로 표기할 수 있을 것이다. 이 글은 이러한 니체의 생명의 기호와 연관되는 수많은 철학적 화두 가운데 자연의 언어, 몸의 언어, 디오니소스 개념, 여성의 기호 등의 문제에 국한해 논의해갈 것이다.

4 자연의 언어 : 자연의 인간화와 인간의 자연화

니체는 이성의 변증법에 의해 전개되어간 합리주의의 추상적인 지적 세계 또는 현실을 넘어선 초월적인 세계를 살아 있는 현실적인 것을 개념에 의해 죽이고 박제한 '개념의 미라Begriffs-Mumien'라고 비판하며 현실 세계에 자신의 사상적인 입지를 정한다.[31] 본질, 존재, 진리, 초월, 이데아 등 저편 세계의 목록을 포착하려는 진리 의지를 그는 창백한 합리주의적 개념화 작업이라고 생각한다. 현실과 변화, 생성과 생명 등 복잡하고도 생생하게 살아 있는 현실성을 그는 몸적 자각의 언어, 심미적 이성의 언어를 통해 읽어가고자 한다. 그는 합리적이고 논리적인 이성에 의해서는 포착되지 못하는 여백의 세계 텍스트, 개념화하고 체계화하는 이성의 망에 의해서는 건져 올려지지 않는 문자화되지 않는 세계의 텍스트를 커다란 몸이성의 인식에 의해 읽어나가고자 한다.

그는 지금까지 인간이 합리주의의 전통에서 생각해온 진리란 "그것이 없이는 특정한 종의 살아 있는 존재가 살 수 없었을 일종의 오류"일 뿐이며, 무한히 반복되고 변형되고 변화하는 자연적 생명 세계 자체를

---

31) F. Nietzsche, GD, Die "Vernunft" in der Philosophie 1, KSA 6, 74쪽.

지칭하는 언어 체계는 아니라고 생각한다. 진리는 인간과 자연, 세계에 대한 물음과 관련된 인간이 살기 위해 필수불가결한 하나의 거짓 체계, 픽션의 체계인 것이다. 이러한 진리를 발견하는 "정신이란 삶을 고양시키고, 더욱 높은 차원의 삶에 봉사하는 수단과 도구일 뿐"[32]이며, 인식이란 우리의 실천적인 욕구를 위해 "도식화하고, 카오스에 많은 규칙성과 형식을 부여하는 것"[33]을 의미한다. 따라서 이성의 언어로 포착하는 진리란 "삶의 보조 수단으로서 행해지는 논리화, 합리화, 체계화"의 결과물일 뿐,[34] 무한하게 지속되고 생성하는 자연의 생기 과정 자체에 대한 절대적 본질 인식은 아닌 것이다. 따라서 니체는 진리를 향한 의지는 생명의 긍정적 가치 속에서 비로소 정당화될 수 있다고 여긴다.[35] 니체가 체계를 혐오하고, 또 체계를 거부하는 잠언, 은유, 비유 등의 글쓰기 방식을 취한 것은 바로 이러한 이성중심주의적인 세계 인식의 한계를 자각했기 때문이다.[36]

이제 세계와 인식, 진리와 해석의 관계에 대한 니체의 상세한 언급을 살펴보자.

세계의 가치는 우리의 해석 속에 놓여 있다는 사실(──어쩌면 그 어느 곳에 인간의 해석과는 다른 해석이 있을 수 있다는 사실──), 지금까지의 해석들은 힘을 성장시키기 위해 우리 스스로 생명 속에서, 즉 힘에의 의지 속에서 보존하고 있는 관점주의적 평가라는 사실, 모든 인간의 향상은 편협한

---

32) F. Nietzsche, N 7(9), KSA 12, 297쪽.
33) F. Nietzsche, N 14(152), KSA 13, 333쪽.
34) F. Nietzsche, N 9(91), KSA 12, 385쪽.
35) F. Nietzsche, N 18(17), KSA 13, 537쪽.
36) F. Nietzsche, N 11(410), KSA 13, 189쪽.

해석들의 극복을 수반한다는 사실, 모든 도달한 강화와 힘의 확장은 새로운 관점들을 열어놓고 새로운 지평을 믿는다는 사실, —— 이것이 내 저서가 문제시하는 것이다. 우리와 어느 정도 관련이 있는 세계는 잘못된 것이며, 다시 말해 사실이 아니라, 빈약한 양의 관찰에 대한 지어낸 생각이며 다듬어 놓은 것이다. 세계는 생성하는 무엇으로서, 결코 진리에 접근할 수 없는 항상 새롭게 밀려나는 거짓으로서 "유동"하는 가운데 있는 것이다 : —— 왜냐하면 진리는 없기 때문이다.[37]

항상 새롭게 밀려나며, 항상 생성하는 무엇으로서 유동하는 가운데 있는 세계는 우리의 인식에 의해 설명되고 가치 평가되며 해석되는 과정으로 우리에게 나타난다. 세계는 인간의 이성에 의해 논리화, 도식화, 체계화되고 개념화되기에 그 개념적 지시 작용으로서의 기표와 세계 자체의 기의는 항상 불일치하고 균열이 일어난다. 인식과 세계 '사이'는 끊임없이 미끄러지는 언어의 기호 공간과 같다. 니체는 논리적 이성에 의해 포착한 세계 인식의 협소함과 빈약함을 비판하며, 세계를 은유의 공간으로 확장해간다. 니체 사상에서는 개념적 인식이 아닌 은유적 인식에 의해, 논리적 이성이 아닌 심미적 이성에 의해 유동하고 생성하는 살아 있는 세계 인식의 가능성이 타진되고 있다.

그러나 근대의 자연과학적인 인식은 자연과 세계, 우주를 기계론적으로 바라보며, 이를 수학과 물리학의 양적 기호로 환원하여 기술하고자 한다. 니체에 따르면 "학문이란 자연을 좀더 쉽게 계산할 수 있게 만들고 결과적으로는 지배할 수 있게 만들 목적으로 모든 현상에 공동의

---

[37] F. Nietzsche, N 2(108), KSA 12, 114쪽.

기호 언어를 만드는 시도"이며, "생기적 사건에 대한 일종의 가장 간략한 기술Beschreibung일 뿐이다".[38] 인간과 자연은 거대한 유기체의 세계, 생명이 유동하는 세계에서 움직이고 있는데, 인간은 자신의 생존을 위해 이를 논리화, 범주화하고, 이성의 언어를 빌려 개념화, 체계화하고 인간화해 해석하는 것이다. 그러나 서양의 합리주의적 사유는 끊임없이 유동하고 생성하며 변화하는 세계를 이성에 의해 추상화하여 이를 진리의 이름으로 개념화하고 절대화함으로써 그 본래적인 세계의 생성과 유동, 생기적인 모습을 놓쳐버리게 된다.

인간의 자연에 대한 태도도 마찬가지다. 니체에 따르면 인간이 인간에 대해 잘못을 저질러왔듯이, 인간은 자연에 대해서도 똑같은 오류를 범하고 있다. '자연의 인간화'가 바로 그것이다.[39] "자연에 관한 학문이란 인간의 가장 일반적인 능력과 관련된 '인간 인식'이다."[40] 우리는 자연을 해석할 때 우리 자신을 그 안에 넣고 인간화된 자연을 인식한다.[41] 베이컨에게 자연의 인식이란, 인간 이성이 부여한 자연 법칙을 해석하는 자연과학적인 앎을 의미했듯이, 니체는 서양의 자연 인식이 인간화된 해석에 따르고 있다고 말한다. 즉 자연의 법칙성이란 인간적으로 인식된 해석일 뿐이라는 것이다. 자연이 논리적 개념이나 수학적 기호에 의해 기술되고 설명될 수 있다는 근대적 자연 인식은 자연 자체를 대상의 세계, 존재자의 세계로 다루는 오류를 범했다. 근대에서 자연은 인간 이성의 보편적인 원리를 반영하고 있는 보편 수학에 의해 해독될

---

38) F. Nietzsche, N 26(227), KSA 11, 209쪽.
39) F. Nietzsche, N 10(43), KSA 10, 376쪽 ; N 1(29), KSA 12, 17쪽.
40) F. Nietzsche, N 25(395), KSA 11, 115쪽.
41) F. Nietzsche, N 39(9), KSA 11, 622쪽.

수 있는, 즉 정확한 자연과학적 물리 언어로 계량화되고 수학화, 객관화될 수 있는 기계적 세계machina mundi로 여겨지게 된다.[42] 살아 있는 자연이 수학이나 물리학의 언어에 의해 양화되어 기술됨으로써 계산이 가능하고 지배가 가능한 세계로 여겨지게 되고, 생명이 가득한 자연은 이제 기계적인 죽어 있는 대상 세계로 다루어지는 오류의 자연 인식사가 바로 서양 합리주의의 근대 과학적 세계관의 전개 과정이다. 이러한 과정에서 인간은 자연에 대해 자연의 인간화, 인간 자신의 본성 억압과 인간의 자기 소외와 같은 값을 지불해야만 했던 것이다.[43] 니체의 이러한 분석은 신화를 이성의 전능에 의해 탈신화화하는 계몽이 다시 생명성을 무생물화하는 '이성의 신화'에 빠지게 되었다는 호르크하이머나 아도르노의 계몽의 변증법, 계몽의 역설에 대한 분석을 앞서고 있다.

니체에 따르면 자연 속에서 모든 존재는 그 완전성에 있어서 동일한 단계에 있을 뿐 아니라, 인간은 가장 잘못된 존재이고 자신의 본능에서 가장 위험하게 빗나간 병적인 존재다.[44] 그는 인간이 '작은 이성'에 의해 주체와 대상, 인간과 세계를 이분법적으로 구분하면서 자연에 대해 폭력과 오만한 태도를 가지게 되었고, 스스로에게서도 소외되기 시작했다고 말하며, 인간 자신의 자연성 회복을 철학적으로 문제시한다. 소외된 자기와 자연으로부터의 인간의 회복이란 이성 중심적, 인간 중심적 사유를 해체하면서 '큰 이성'으로서의 '몸이성'[45]에 의해 자연 생명

---

42) 서양 근대의 수학적, 기계론적 자연관에 대해서는 김정현, 〈생태학적 생명사상〉,《범한철학》제15집(범한철학회, 1997), 7·117~125쪽 참조.
43) Friedrich Kaulbach, "Nietzsches Interpretation der Natur", *Nietzsche Studien* 10/11 (1981/82), 448·463쪽 참조.
44) F. Nietzsche, AC 14, KSA 6, 180쪽.

력을 회복하는 것을 의미한다. 그는 1881년의 유고 단편에서 자신의 과제가 '자연의 탈인간화die Entmenschung der Natur'와 '인간의 자연화die Vernatürlichung des Menschen'에 있다고 말한다.[46] 니체의 자연 사상은 이성중심주의, 이성적 자아관, 주객 이분법 등 서양 근대적 사유의 한계를 넘어서는 탈근대적 사유 기호를 제시한다.[47] 니체는 자연과 정신의 대립을 극복하고, 인간과 세계의 조화를 산출하는 자연 철학을 찾고자 한다.[48]

우리는 여기에서 자연, 생명, 무의식 등의 기호로 현대 문명 비판과 생명 문화 창출의 문제를 자신의 주요한 미학적 화두로 다루는 독일 태생의 현대 화가 훈더트바서Friedensreich Hundertwasser(그는 자기 이름의 의미 내용을 동양식으로 바꾸어 스스로 '백수(百水)'로 표기하기도 한다)의 "자연과의 평화협정서Friedensvertrag mit der Natur"를 니체의 생명 사상과 연관지어 언급할 수 있다. 그에 따르면 우리는 스스로 자연과 의사소통을 하기 위해 자연의 언어를 배워야 하며, 자연 법칙과 조화를 이루며 살아야 하고, 순환과 생명의 재생에 대한 사유로 죽음을 생명으로 바꾸는 사회를 이루어야 한다.[49] 그렇다면 우리는 어떻게

---

45) 니체의 몸이성에 대하여, 김정현, 《니체의 몸 철학》, 171~177쪽 ; 이진우, 《이성은 죽었는가》(문예출판사, 1998), 145~180쪽 참조.
46) F. Nietzsche, N 11 (211), KSA 9, 525쪽.
47) Okochi Ryogi, *Wie man wird, was man ist*(Darmstadt, 1995), 51~52, 63쪽 참조. 오코시는 니체의 자연 사상을 노자의 무위 자연설과 비교하면서, 니체는 데카르트와 뉴턴적인 자연과학적 사유의 위험성을 인식하고 이를 극복하고자 했다고 본다(47~64쪽 참조).
48) A. Mittasch, *Friedrich Nietzsche als Naturphilosoph*(Stuttgart, 1952), 282쪽.
49) Manon Andreas-Grisebach, *Eine Ethik für die Natur*(Frankfurt a.M., 1994), 173쪽 참조.

자연의 언어를 배우고 자연과 교감하며 생명을 얻을 수 있을 것인가?

니체는 몸을 고찰하며 자신의 우주를 온전하게 회복할 때 자연의 언어를 배우게 된다고 말한다. 자연에 대한 존경심은 우리 자신이 자연의 일부임을 깨닫고, 그 구성원으로서 자연에 대한 겸손한 태도를 견지하며 자신의 몸의 언어를 읽는 데서 유지될 수 있다. 그에 따르면 "우리가 지금까지 자연에 부여해왔던 전체적인 존경심을 우리는 또한 몸을 고찰하는 데서 느끼는 것을 배워야만 한다".[50] 니체에게 자연 존중의 사유는 바로 몸의 고찰에서 시작된다.

5 몸의 언어와 몸의 건강 : '위대한 정치'

니체에게 인간의 몸은 자연의 또 다른 이름이다. 몸이란 생명이 관통하는 자연의 언어다. 니체는 차라투스트라를 통해 인간의 몸을 경멸하는 지금까지의 세계 부정적, 금욕주의적 가치관을 비판하며, 차라투스트라를 '생명의 옹호자'로 표기한다.[51] 지금까지 "육체Körper에 대한 경멸은 인간 자신에 대한 불만족의 결과"[52]라고 보는 그는 인간의 몸에 대한 긍정에서 자신의 탈근대적 전략을 제시한다. 그는 인간의 몸을 뼈와 근육, 살과 혈관 등이 기계적인 법칙에 의해 작동되는 단순한 생물학적인 물질 덩어리로 보는 데카르트에 반대하며, 인간의 몸을 사고와 의지와 감정이 복합적으로 작동하는 거대한 생명의 상징으로 여긴다.

---

50) F. Nietzsche, N 7(144), KSA 10, 290쪽.
51) F. Nietzsche, N 22(3), KSA 10, 623쪽.
52) F. Nietzsche, N 7(150), KSA 10, 291쪽.

몸이란 이성과 무의식이 만나는 장소이자 의식과 본능이 접합되어 세계와 관계하는 장소이기도 하다.

그에 의하면 "몸이란 큰 이성이며, 하나의 의미를 지닌 다양성이요, 전쟁과 평화이고, 짐승의 무리이자 목자다."[53] 인간의 몸이란 거대한 살아 있는 욕구가 서로 충돌하고 투쟁하는 장소이자 동시에 그러한 투쟁 가운데 다양한 힘들이 조직되고 균형과 조화를 이루며 성장하는 마당이기도 하다. 니체에 따르면 인간의 총체적 충동의 생 또한 힘에의 의지라는 생명의 기호로 환원될 수 있다.[54] 인간의 몸에서는 무수한 욕망과 충동의 투쟁이 벌어지며, 무의미와 혼돈이 있고 동시에 창조적 신성함, 정열, 의미가 공존한다. 즉 인간은 몸을 통해 피조물(인간 속의 재료, 무의미, 혼돈)과 창조자가 일체화되는 자기 창조 가능성이 있고 조형 가능한 존재로 규정된다. 이에 반해 정신이란 작은 이성으로, 큰 이성으로서의 몸이성의 작은 도구이며, 인간의 내적인 세계와 외적인 세계를 매개해주는 의식 작용, 즉 언어적, 개념적 인식의 기능을 담당한다. 니체는 정신과 의식의 역할을 결코 과소 평가하지는 않는다. 그러나 지금까지 평가받지 못한 몸이성에 주목할 것을 요구한다.

그는 몸이성의 개념을 통해 지금까지 서양의 근대 형이상학에서 의식의 자기 동일성에 의해 규정된 사유하는 존재자로서의 인간의 자아를 본능과 무의식, 욕망의 활동이 몸으로 표현되는 살아 있는 존재자로 대치하고자 한다. 그는 시대 비판과 역사 비판을 하고 있는 저술 《반시대적 고찰》에서 데카르트의 "나는 생각한다. 그러므로 나는 존재한다 cogito, ergo sum"는 명제로 표현되는 사유하는 존재자 대신에 "나는

---

53) F. Nietzsche, Za I, KSA 4, 39쪽.
54) F. Nietzsche, JGB 36, KSA 5, 55쪽 ; N 40(61), KSA 11, 661쪽.

삶을 살아간다. 그러므로 나는 존재한다vivo, ergo sum"는 명제로 표현되는 생명 있는 존재자를 근대적 자아의 대안으로 제시한다. 초기의 근대적 자아 개념에 대한 비판을 계승하며 주체 개념에 대한 비판으로 형이상학과 도덕의 해체 작업을 수행하고 있는 후기 작품《선악의 저편》에서도 형이상학적 자기 동일적인 이성적 자아(주체)에 대해 니체는 자아란 단지 관념론적 허구의 산물일 뿐이라고 비판하며 인간이 세계의 중심을 차지하고 있었던 근대의 인본주의를 해체해 들어간다.[55] 니체는 기존의 진리(인식 이론)와 도덕, 예술(미학)에 대한 해체 및 가치 전도 작업을 통해 이성적 주체의 탈중심화, 즉 살아 있는 주체의 발견을 그의 철학적 중심 주제로 설정한다.[56] 그는 주체, 자아, 인간이란 선험적으로 규정될 수 있는 존재가 아니라, 자기 안에서 본능들의 충돌에 의해 끊임없이 갈등을 일으키고 균열하는 가운데 있으며 그 스스로 창조하고 변화, 소멸되는 존재자라고 본 것이다.

니체는 "지하실의 들개",[57] "야수",[58] "맹수",[59] "내면의 짐승"[60] 등과 같은 메타포로 묘사되고 있는 무의식의 개념을 인간 본성의 텍스트로서의 몸 개념과 연관시킨다.[61] 원형질Protoplasma의 움직임처럼 끊임없이 움직이는 인간 충동의 활동은 그 내면적 힘들의 조직/해체, 투쟁/

---

55) 니체의 주체 비판에 대하여 김정현, 〈니체에 있어서의 주체, 자아와 자기의 문제〉, 163~185쪽 ; 강영안,《주체는 죽었는가》(문예출판사, 1996), 154~179쪽 참조.
56) F. Fellmann, *Lebensphilosophie*(Reinbek bei Hamburg, 1993), 53 · 58쪽 참조.
57) F. Nietzsche, Za I, KSA 4, 43쪽.
58) F. Nietzsche, Za I, KSA 4, 53쪽.
59) F. Nietzsche, Za II, KSA 4, 150쪽.
60) F. Nietzsche, Za IV, KSA 4, 377쪽.
61) 니체의 무의식의 문제를 프로이트와 비교해 설명한 논문으로 김정현, 〈니체의 심층심리학〉, 151~179쪽 참조.

조화의 놀이에 따라 파괴적으로 분출되기도 하고 승화되기도 한다.[62] 인간 자신 안에 있는 충동들의 지배 질서는 몸이성에 따라 정초되는데, 이는 인간을 공격적이고 파괴적인 모습으로 만들기도 하고, 정서적 안정감과 충일성 속에서 자신을 열고 사랑으로 사는 모습으로도 만든다. 이러한 의미에서 니체는 건강한 몸의 소리, 진실되고 순수한 소리에 귀 기울일 것을 요구한다.[63] 니체의 건강한 몸은 대지의 의미로 표현된다. 인간이 귀향해야 할 고향은 인간 자신의 건강한 '몸'이며, 이는 대지의 의미 회복을 의미한다. 니체는 인간을 극복되어야만 하는 존재로 규정하며, 대지의 의미가 체화되는 극복인의 이상을 찾고자 한다.[64]

인간의 자기 극복이란 몸의 건강에서 출발한다. 인간의 자기 극복의 과정에 대한 니체의 논의는 인간의 생명에 대한 건강보건학에서, 즉 건강과 질병, 인간의 자기 치료술에서 출발한다.[65] 그는 건강과 병의 차이가 본질적으로 종류에 있는 것이 아니라 정도에 있다고 본다. 힘의 과도함, 부조화, 불균형에서 병적인 상태가 야기되며,[66] 건강이란 병적인 상태에 저항할 수 있는 힘의 상태, 즉 몸의 조화, 균형을 통해 힘이 고양된 생명의 상태를 말한다. 인간은 자신의 생리학적 자연과 본능적 자연에 대한 투쟁 과정에서 힘(생명의 건강)을 획득함으로써 이러한 힘을

---

62) F. Nietzsche, N 35[58], KSA 11, 537쪽.
63) F. Nietzsche, Za I, KSA 4, 38쪽.
64) 니체의 극복인을 대지의 의미로 해석하면서, 이를 디오니소스, 행복, 사랑과 지혜의 문제와 연관시켜 탁월하게 해석한 글로 Margot Fleischer, *Der "Sinn der Erde" und die Entzauberung des Übermenschen*(Darmstadt, 1993), 61~81쪽 참조.
65) 니체의 사상을 의학의 관점에서 허무주의, 고통, 건강 등의 문제와 연관해 논의한 흥미 있는 논문으로 Thomas A. Long, "Nietzsche's Philosophy of Medicine", *Nietzsche Studien*, Bd. 19(1990), 112~128쪽 참조.
66) F. Nietzsche, N 14[65], KSA 13, 250쪽.

자기 자신을 자유롭게 하는 데 사용할 수 있다. 즉 힘에의 의지를 통해 자기 고양과 강화가 비로소 가능하게 된다는 것이다.[67] 니체에게 자기 부정, 세계 부정, 의지 부정의 반자연적 세계관에 기반을 둔 어두운 인간의 규정은 이제 자연의 언어, 생명의 언어를 획득한 인간관으로 전환되고, 인간은 자기 자신을 치유하는 항체를 형성하며 자기 극복을 실현할 수 있게 된다.

니체가 건강, 질병, 치료와 같은 생리학적인 용어에 의존해 치료제로 제기한 '위대한 정치große Politik'는 바로 인간의 자기 극복, 몸의 자연적 건강의 회복, 힘 있고 생명력 있는 자기의 형성을 촉진하는 새로운 문명을 형성하기 위한 것이다.[68] 그가 말하는 인간의 자기 극복은 바로 생명에 의해, 힘의 고양된 느낌에 의해 얻어지는 건강한 자기의 형성을 의미한다.[69] 더 높은 몸을 형성하기 위해 니체는 정서적인 자기 극복과 자각적인 사유가 필요하다고 말한다. 인간의 자기 극복이란 선/악의 상대성을 소화시킬 수 있고, 이항대립적인 사유의 편견과 고정관념을 넘어서 인간의 현실을 긍정의 언어로 기술할 수 있는 내면적인 힘의 증가를 의미한다. 인간의 크기는 그의 내면의 크기이며, 내면의 언어는 보편적인 인간 본성의 텍스트를 해독하고 스스로를 자각할 수 있는 자각의 언어다. 이러한 인간의 자각 행위는 생성하고 변하는 세계의 놀이에 대한 인식에서 비롯된다.

---

67) F. Nietzsche, N 5〔63〕, KSA 12, 208쪽.
68) F. Nietzsche, N 25〔1〕, KSA 13, 638쪽 ; M 189, KSA 3, 161~162쪽.
69) F. Nietzsche, N 18〔49〕, KSA 10, 579쪽 참조.

6 디오니소스와 '생명' 자각의 사유

니체의 디오니소스 개념은 그의 사상 초기부터 후기에 이르기까지 그의 사상의 중심에 있다.[70] 그의 전체 사상에서 디오니소스의 기호는 아폴론적인 것에 상응하는 예술의 형식을 의미할 뿐 아니라 더 높은 힘 감정으로서의 도취의 느낌, 세계 놀이로서의 생성, 그리고 현실 속에서 건강함을 제공하는 존재의 대지 등 다양한 의미를 지칭한다.[71] 이는 피안(초월)으로 도피하지 않고 현실(대지) 세계에 정위함으로써 삶의 긍정, 세계 긍정의 태도로 생명의 생성과 놀이를 향유하는 니체의 현실 긍정적, 생명 긍정적 사유를 보여준다. 디오니소스 사상은 니체 철학의 중심 사상이며 생명 사상과 연관된다. 즉 이것은 생명과 세계에 대한 긍정의 개념으로 연결된다.[72] 그의 디오니소스 철학은 생명의 개념을 매개로 하는 대지의 철학, 여성주의를 함축하기도 한다. 디오니소스는 우주적인 생명의 놀이이며, 존재의 어머니로서의 대지의 다른 이름이다. 니체는 후기 사상에서 디오니소스를 힘에의 의지와 영원회귀 사상과 연관시켜 설명한다. 생명의 놀이, 세계의 놀이, 창조의 놀이와 같은 그의 미학적 놀이 개념은 디오니소스 사상에서 발원한다.

이 세계는 시작도 끝도 없는 거대한 힘이며, 커지지도 작아지지도 않으

---

70) 볼파르트Günter Wohlfahrt는, 니체의 디오니소스의 개념은 세계에 관한 그의 미적 해석을 제시하는 초기 저술과 영원회귀의 근본 관념에 기초한 후기 저술을 연결하는 다리 역할을 한다고 보고 있다. 귄터 볼파르트, 《놀이하는 아이, 예술의 신 〈니체〉》, 정해창 옮김(담론사, 1997), 39쪽.
71) 김정현, 《니체의 몸 철학》, 154~155쪽 참조.
72) Karl Albert, *Lebensphilosophie*(Freiburg · München, 1995), 68쪽.

며, 소모되지도 않고 오히려 전체로서는 그 크기가 변하지 않지만, 변화하는 하나의 확고한 청동 같은 양의 힘이며, 지출과 손해가 없지만, 이와 마찬가지로 증가도 수입도 없고, 자신의 경계인 "무"에 의해 둘러싸여 있는 가계 운영이며, 흐릿해지거나 허비되어 없어지거나 무한히 확장되는 것이 아니라, 일정한 힘으로 일정한 공간에 끼어 넣어지는 것인데, 이는 그 어느 곳이 "비어" 있을지도 모르는 공간 속이 아니라, 오히려 도처에 있는 힘이며, 힘들과 힘의 파동의 놀이로서 하나이자 동시에 "다수"이고, 여기에서 쌓이지만 동시에 저기에서는 줄어들고, 자기 안에서 휘몰아치며 밀려드는 힘들의 바다며, 영원히 변화하며, 영원히 되돌아오고, 엄청난 회귀의 시간과 더불어, 자신의 형태가 빠져나가는 썰물과 밀려 들어오는 밀물로, 가장 간단한 것으로부터 가장 복잡한 것으로 움직이면서, 가장 고요한 것이나 가장 조야한 것, 가장 모순된 것으로 움직이고, 그 다음에는 다시 충일한 것에서 단순한 것으로, 모순의 놀이로부터 조화의 즐거움으로 되돌아오고, 이러한 동일한 스스로의 궤도와 시간 속에서도 여전히 스스로를 긍정하면서, 영원히 반복해야만 하는 것으로서 스스로를 축복하면서, 어떠한 포만이나 권태나 피로도 모르는 생성이다 ──: 영원한 자기 창조와 영원한 자기 파괴라고 하는 이러한 나의 **디오니소스적인** 세계, 이중적 관능이라는 이러한 비밀의 세계, 이러한 나의 선악의 저편의 세계, 이는 순환의 행복 속에 목적이 없다면, 목적이 없으며, 원환 고리가 스스로에 대해 선한 의지를 갖지 않는다면, 의지가 없다. ──……── 이러한 세계가 힘에의 의지다 ──그리고 그 외에 아무것도 아니다! 그대들 자신 역시 이러한 힘에의 의지다 ── 그리고 그 외에 아무것도 아니다![73]

---

73) F. Nietzsche, N 38(12), KSA 11, 610~611쪽[니체, 《유고(1884년 가을~1885년 가

디오니소스는 우주에 가득한 힘들의 놀이, 창조와 해체 과정을 영원히 반복하는 우주적인 생명의 원리다. 이 세계는 힘에의 의지, 즉 힘의 에너지가 가득한 생명의 세계다. 힘에의 의지와 영원회귀는 생명의 원리에 붙는 다른 두 이름이다. 힘에의 의지가 생성되어 성장하고 소멸하는 모든 것을 관장하는 생명의 원리라면, 영원회귀는 모든 것을 동일한 생명의 힘에 의해 운행하게끔 하는 우주론적인 원리이며, 디오니소스는 힘에의 의지와 영원회귀에 의해 운행되는 생성 소멸의 세계를 그 자체로 긍정하는 긍정의 기호다. 니체가 헤라클레이토스의 '아이온Aion' 개념에 기반을 두어 말하고 있는 '세계의 수레바퀴', '세계 놀이', '세계 형성 활동', '세계 창조', '세계 시간', '세계 어린아이', '순진무구' 등의 개념은 불가해한 생명의 우주적 놀이를 형상화한 것이다.[74] 세계의 창조와 파괴의 놀이는 천진난만하게 자아를 망각하며 노는 어린아이의 순수성과 영원히 새로운 것을 창조해나가는 예술가에 비유될 수 있다.[75] 세계는 "자기 스스로 생산하는 예술 작품"이다.[76]

우주적 생명의 원리는 끊임없이 창조와 파괴를 반복한다. 인간의 삶도 태어나 성장하고 늙어가고 다시 죽음으로 되돌아가는 생성과 해체의 과정을 겪는다. 니체가 인간 또한 다름 아닌 힘에의 의지라고 말한

을)》, 김정현 옮김(책세상, 2004), 435~436쪽].
74) 볼파르트는 헤라클레이토스 단편 B 52에 나오는 우주적 어린아이 아이온의 놀이에 대한 니체의 비판적 수용과 재해석에서 니체가 서양의 근대를 넘어서는 탈근대적 전략으로 예술 개념을 사용하고 있으며, 포스트모더니즘에 선행하는 이론적 기초[전(前)포스트모더니즘Vorpostmoderne]를 제공하고 있다고 본다. Günter Wohlfart, *Artisten-Metaphysik* (Würzburg, 1991), 83~104쪽 참조.
75) F. Nietzsche, PHG, KSA 1, 830쪽.
76) F. Nietzsche, N 2(114), KSA 12, 119쪽.

것은 인간 역시 우주적 생명의 원리를 벗어날 수 없다는 것을 의미한다. 니체는 인간 자신을 이기주의적인 자아로, 또는 주체와 대상을 구분하는 주객 이분법 또는 자신과 타자를 구분하는 자타 이분법의 사유를 넘어서서 우주적인 자기로 스스로 느껴야 한다고 말한다. 이것은 서양 근대의 인식론적 아르키메데스의 점으로서 형성된 형이상학적 자아에 대한 집착을 넘어서, 우주적 생명의 원리를 육화시켜 자기 자신이 곧 우주적 생명이라는 사실을 자각할 것을 요청하는 것이다.

우리는 한 그루 나무에 달린 꽃봉오리다.──나무의 관심에서 보면 나무에게 무엇이 될 수 있을지 우리가 어떻게 알 것인가! 그러나 우리는 마치 우리가 모든 것이 되려 하며, 그래야만 할 것 같은 의식을, "나"와 모든 "나 아닌 것Nicht-Ich"에 관한 환상을 지닌다. 자기 자신을 그러한 환상적 자아로 느끼는 것을 중단해보라! 소위 개인이라는 것을 포기하는 법을 단계적으로 배우라! 자아의 오류를 발견하라! 이기주의를 오류로 바라보라! 그렇다고 이타주의를 그 반대로 이해하지 말라! 이것이 마치 개인으로 보이는 타인에 대한 사랑이 될 수 있을 것이다! 아니다! "나"와 "너"를 넘어서라! 우주적으로 느껴라![77]

우주적인 생명의 자각은 자아에 대한 인식론적인 집착을 버리고, 나무에 달린 싹이나 꽃봉오리들이 나무의 전일적인 생명을 표현하고 있듯이 자신이 우주적인 생명의 일원임을, 나와 너를 넘어 우주적 생명체계로서의 자연과 하나가 됨을 깨닫는 행위다. 꽃봉오리 하나에서 거대한 우주가 열리는 경지를 묘사한 이호우의 시(《개화》)처럼 니체의 디

---

[77] F. Nietzsche, N 11(7), KSA 9, 443쪽.

오니소스는 나와 너를 넘어, 삶과 죽음을 넘어 생성 소멸하는 우주의 원리를 그대로 인정하는 세계 긍정의 언어다. 그의 디오니소스 사상에는 생성 소멸에 대한 무상함Vergänglichkeit도, 불멸Unvergänglichkeit에 대한 집착도 없다. 집착 없이 세계를 긍정할 수 있는 자유로운 인간으로서의 극복인은 영원과 순간, 과거와 미래, 삶과 죽음이 교차되는 정오의 심연에서 영원히 지속되는 생명의 수수께끼를 읽어내고, 생명의 영원한 발아 순간을 건져낸다. 생명의 발아는 "가장 밝은 빛으로 바뀐" 정오의 순간에 일어나며, 이는 인간으로 하여금 생명의 힘찬 진행과 세계 긍정을 할 수 있도록 밝고 명랑한 세계관을 제시해준다.

정오의 순간에 인간은 삶이 '하나의 깨어 있는 꿈'[78]이라고 자각할 수 있으며, 삶 속에서 죽음을 앞서 맞이하며 향유할 때 진정한 의미의 삶의 명랑성을 회복하고 참된 삶의 영역으로 들어갈 수 있다.[79] 인간은 삶과 죽음이 다르지 않다(生死不二)는 사실을 자각함으로써, 삶 속에서 죽음을 선취하여 받아들이고 이를 삶 속에 녹임으로써 진정한 삶의 의미와 삶의 명랑성을 찾을 수 있다는 것이다. 하이데거가 《존재와 시간 Sein und Zeit》에서 주제화하고 있는 '죽음을 향해 미리 달려감' 또한 현존재의 가장 고유한 가능성인 죽음을 통해 현존재의 가장 고유한 존재 가능을 이해할 수 있는 가능성을 열어 밝히고, 인간이 죽음, 무, 불안에서 해방되어 본래적인 인간 실존을 살아가게끔 하는 인간 자신의 회복을 의미한다.[80] 죽음 자체도 삶의 한 과정임을 열어 밝힘으로써 본래적

---

78) F. Nietzsche, N 34(246), KSA 11, 502쪽.
79) F. Nietzsche, N 17(21), KSA 10, 546쪽 ; N 11(256), KSA 13, 98쪽.
80) 하이데거에게 죽음의 문제는 주로 현존재와 시간성을 다루는 《존재와 시간》의 제2편에서 다루어진다. 특히 죽음을 삶의 한 현상으로 보는, 죽음을 향한 실존론적인 기획

인 삶의 가능성을 자신에게서 불러일으키려는 하이데거의 의도 또한 인간의 진정한 삶의 의미를 되찾기 위한 것이다.

우리는 여기에서 니체와 유사한 시대를 살았던 오스트리아 빈 태생 화가 클림트Gustav Klimt의 작품 세계를 언급할 수 있다. 그의 작품 〈위생Hygieia〉과 〈생명의 나무Lebensbaum〉는 모두 생과 죽음이 교차 하면서 삶의 의미, 생명이 살아 오르는 모습을 형상화하고 있다. 1945 년 임멘도르프 성에서 불타버린 그의 작품 〈위생〉은 한쪽에 피폐해진 여성, 자기 비하적인 몰골을 하고 있는 인간의 모습이 있고, 중앙에는 뱀(의학의 상징)을 손에 휘감고 있는 건강의 여신이 그려져 있다. 이는 타나토스와 에로스의 투쟁 가운데 건강의 여신, 에로스의 여신에 의해 삶의 피로, 세계 부정에서 벗어나 정신적인 건강을 회복하고, 생명의 치료를 받는 것을 의미한다. 그의 〈위생〉에는 죽음이 삶의 선회점이 된 다는 니체의 영원회귀 사상과 삶이란 성장하고자 하는 세계 긍정적인 힘의 느낌이자 생명의 발아 과정이라는 힘에의 의지 사상이 결합되어 있다. '몸'의 관리를 통해, 즉 '몸'의 건강에 관한 건강보건학에 기초해 이성중심주의적 근대의 이념 공간을 넘어서려는 니체의 시도는 클림트 가 건강의 여신, 생명의 여신, 에로스의 여신을 통해 죽음의 본능을 넘 어서고자 하듯이, 작은 이성에 의해 각질화되고 박제가 되어버린 자연 적 생명을 되찾으려는 작업으로 나타난다. 〈생명의 나무〉에서도 죽음 을 상징하는 검은 새가 생명의 나무에 앉아 있다. 그러나 나무의 가지들 은 생명의 순환, 시간의 회귀 과정을 상징하듯 더욱 생명력 있게 원형 으로 춤추듯이 감겨 있다. 죽음으로부터 삶의 건강을 회복하고 생명을

투사에 대한 구체적인 논의는 제49절 이후 참조. M. Heidegger, *Sein und Zeit* (Tübingen, 1972) ; 마르틴 하이데거, 《존재와 시간》, 이기상 옮김(까치, 1998).

자각하는 클림트의 작업은 에로스의 찬양으로 나타나는데, 우리는 니체 사상에서도 이러한 삶 본능의 회복, 생명 언어의 회복이라는 철학적 과제를, 그 하나의 이상으로서의 극복인의 형성 문제를 찾을 수 있다.

니체의 극복인은 삶과 죽음의 '사이'에서, 유한성과 무한성의 '사이'에서 생명의 기호와 생명이 형성해놓은 수많은 텍스트들을 자각적으로 해석하는 자유 정신의 상징이다. 우주의 원리에 대한 집착 없는 자각 속에서 우주 생명과 하나 되는 것을 그는 또 다른 의미의 허무주의라고 말한다. 나약함과 피로, 기운 쇠약이 지배하는 힘의 퇴조 경향을 '수동적인 허무주의'라고 명명했다면, 강함과 생산성에 의해 상승된 정신의 힘의 기호를 그는 '능동적 허무주의'라고 말한다.[81] 그는 이것을 19세기의 허무주의와 구분하며, 앞으로 200년간 새로운 허무주의의 시대가 올 것이라고 예언한다. 그는 인간의 본능이 퇴조하고 의지가 마비되어 입구와 출구를 모르고 방황하는 허무주의가 아니라 인간 본능이 창의적으로 승화되는 생명 창달의 허무주의의 시대, 정신적 자각의 힘이 커지는 정신 문화의 시대, 디오니소스적인 생명의 생성과 놀이를 향유하는 생명 존중의 시대가 열려야 한다고 주장한다. 우리는 여기 니체에게서 허무주의 시대의 인간의 자기 창조 메시지를 얻을 수 있다. '신의 죽음'(수동적 허무주의)으로 상징화되는 서양의 초감성적 형이상학의 붕괴와 최고 가치들의 무화, 그리고 그로 말미암은 본능의 피로와 문화의 퇴락 이후에 니체는 극복인이라는 인간의 생명 회복 사상을 통해 새로 다가오는 적극적 허무주의의 문명 속에서 강하고 명랑하고 긍정적인 정신의 힘을 디오니소스의 기호로 표기하며, 이를 탈근대적 치유의 대

---

81) F. Nietzsche, N 9(35), KSA 12, 350쪽.

안으로 제시한다.

7 여성의 기호 : 페미니즘 사상

디오니소스는 또한 생명과 여성을 상징하기도 한다. 디오니소스는 생명의 원리이자 성적인 상징과 연관되는 생산을 의미한다. 니체는 죽음과 변화를 넘어서는 생명에 대한 승리적인 긍정을 영원한 생명과 연계시킨다.[82] 그는 《즐거운 학문》 서문에서 생명과 기쁨을 선사하는 그리스 신화의 인물 '바우보Baubo'를 디오니소스적 진리를 나타내는 여성으로 묘사하기도 하고, 제4장 말미에서는 생명을 여성ein Weib으로 표현하기도 한다. 진리와 여성, 생명과 여성은 어떤 관계에 있는가? 디오니소스와 성적인 상징은 어떠한 연관성이 있는가? 왜 니체는 자신을 "영원히 여성적인 것의 최초의 심리학자"[83]라고 말하는가? 우리는 지금까지 《차라투스트라는 이렇게 말했다》에 나오는 "여성에게 가려는가? 채찍을 잊지 말라!"[84]라는 니체의 말을 한국 속담에 있는 여자와 북은 사흘에 한 번씩 두드려야 한다는 가부장적인 여성 비하적 사유의 전형과 같이 읽어왔고, 그래서 《세계철학사》로 우리에게 잘 알려진 슈퇴리히Hans Joachim Störig와 같은 철학사가에 의해 니체는 쇼펜하우어처럼 서양 사상사에 나오는 대표적인 반(反)여성주의자 또는 여성혐오주의자로 오독되어왔다.[85]

---

82) F. Nietzsche, GD, Was ich den Alten verdanke 4, KSA 6, 159쪽.
83) F. Nietzsche, EH 5, KSA 6, 305쪽.
84) F. Nietzsche, Za I, KSA 4, 86쪽 ; N 3[1], KSA 10, 97쪽.

그러나 데리다는 슈퇴리히와 같은 단편적인 철학사가의 편견을 완전히 해체하며 니체 사상을 정반대로 해석해 들어간다. 데리다에 의하면 니체에게 여성은 수수께끼 같은 생명 또는 지혜의 동의어로 읽힐 수 있다. 그에 의하면 존재, 진리, 본질, 동일성, 현전(現前), 초월, 절대자 등의 개념이 이성 중심적 또는 남근 중심적 진리관과 연관된 것이라면 여성이란 차이, 현전의 부재, 진리의 차연, 즉 비진리에 대한 진리의 이름이다. 니체의 생성하는 세계, 생명의 세계를 상징하는 여성은 데리다에게서 감춤과 드러냄의 긴장이 지속되는 과정, 즉 진리의 은폐와 비은폐 놀이에 대한 담론으로 읽힌다.[86] 저편 세계, 초월적인 세계, 하늘 등으로 상징되는 남성 중심적 사유의 자폐성과 한계를 열고 니체는 이편 세계, 현실적인 세계, 대지, 생명 등을 옹호하고자 한다. 이러한 맥락에서 보면 니체는 반여성주의자가 아니라 오히려 페미니즘을 철학적으로 옹호하는 대표적인 사상가다. 니체의 페미니즘에 관한 담론을 위해서는 데리다의 언어, 진리, 글쓰기, 문체Stil, 형이상학, 정신분석학 등에 관한 좀더 폭넓고 상세한 논의가 별도로 필요한데,[87] 이는 이 글의 본령에 속하지 않으므로 여기서는 주로 니체의 디오니소스와 여성의 개념에 대한 논의에 한정하려 한다.

니체는 여성의 상징을 임신Schwangerschaft과 연관시킨다. 즉 여성은 생산과 창조의 모태, 생명의 분만과 연관된 존재의 어머니, 즉 대지

---

85) H. J. Störig, *Kleine Weltgeschichte der Philosophie 2*(Frankfurt a.M., 1983), 202쪽.
86) J. Derrida, *Spurs Nietzsche's Styles, Éperons Les Styles de Nietzsche*(Chicago · London : The Univ. of Chicago Press, 1979), 50쪽.
87) 데리다의 니체 논의에 대한 간략하고 이해하기 쉬운 설명에 대해서는 Ernst Behler, *Derrida-Nietzsche, Nietzsche-Derrida*, 117~145쪽 참조.

의 다른 이름이다. 여성은 존재의 어머니이자 대지로서 모든 존재를 낳고 생장시켜주는 자연의 이름이기도 하다. 블롱델Eric Blondel에 따르면 니체는 여성이라는 메타포를 사용함으로써 비옥함, 생산성, 창조성, 자기 극복 등으로 표기되는 힘에의 의지, 생명의 언어를 찾고자 했으며, 서양의 부권 중심적 사유(의식과 이성을 통해 절대적 진리를 찾고자 하는 형이상학적 사유)에 회의를 하며 페미니즘의 존재론을 정초하고자 했다.[88] 임신이란 자연의 생명성이며, 생명의 생산성을 상징한다. 니체는 여성과 임신을 통해 인간 사유 방식의 전환과 인간 정신의 성숙 및 새로운 창조성을 말하고자 한다.

> 임신은 여성들을 더욱더 부드럽게, 기다리게 하고 두려워하고 즐겨 예속 당하게끔 만들었다. 이와 마찬가지로 정신적인 임신은 여성적인 성격과 유사한 정관적인 것의 성격을 생산해낸다.──이것이 남성적인 어머니들이다.[89]

정신적인 창조는 논리적 이성 중심의 사유에서 나오는 것이 아니라 몸의 언어를 체화하고, 생명에 대한 정관(靜觀)Kontemplation적 자각에 의해 지혜의 문을 열 때 가능한 것이다. 니체는 아이들에 대한 어머니의 모성애에 자기 작품에 대한 예술가의 사랑을 비유하면서, 인간의 정신적 생명의 창조인 남성적 어머니들에 대해 말한다. 여기서 '남성

---

88) Eric Blondel, "Nietzsche : Life as Metaphor", D. B. Allison (ed.), *The New Nietzsche* (New York : Dell Publishing Co., 1979), 150~175쪽 참조, 특히 154~156쪽을 참조. 그 외에 Alison Ainley, "'Ideal Selfishness' Nietzsche's Metaphor of Maternity", D. F. Krell · D. Wood (eds.), *Exceedingly Nietzsche* (London · New York : Routledge, 1988), 116~130쪽 참조.
89) F. Nietzsche, FW II 72, KSA 3, 430쪽.

적'이란 생산 과정에서의 능동성과 적극성을 함축한다. 창조와 생산은 수동적이고 소극적인 행위로는 이루어질 수 없기에, 니체는 '남성적'이라는 용어를 생명 자각과 정신 생명 잉태의 능동적 활동의 상징으로 사용하고 있는 것이다. 정신적 임신이 남성적 어머니와 같다는 그의 표현은 적극적이고 능동적인 몸의 언어, 생명의 언어에 의해 잉태되는 정신적인 자각을 의미한다. 이러한 자각의 문은 사랑과 잉태에 의해 열리게 된다.

"임신의 표식은 자기 자신에 대한 사랑이다."[90] 자기 자신에 대한 진정한 사랑이 있을 때 인간은 자신을 긍정하고 세계를 긍정하며 명랑성 속에서 자신의 정신 생명을 창조하고자 할 수 있다. 즉 임신이란 이상적인 자기 자신을 생산하는 예술을 의미한다. 인간이란 이러한 의미에서 보면 모두 각자에게 예술가로 열려 있다. 니체는 원칙적으로 극복인을 각자의 인간에게 열린 가능성으로 설정한다. 그는 극복인의 이상을 통해 몸이성으로 자신의 삶을 조형하고 더 나아가 자기 자신을 생산하고 창조하는 예술가(창조자), 세계 긍정 속에서 생의 본능이 발현되고 몸으로 체화한 사랑을 세계에 나누는 성자(사랑하는 사람), 지혜의 자각으로 정신적 생명 세계를 인식하는 철학자(인식하는 사람)가 우리 안에서 일체화되는 경지를 추구한다.[91] 이성 중심적, 개념적 사유의 한계를 넘어 몸에 의해 체화된 정관적 사유로 감성적, 심미적으로 세계와 만나면서 세계를 가치론적으로 해석해나가는 것, 세계 긍정의 언어로 세계(자연, 생명)라는 텍스트를 읽어나가는 것, 이것이 니체가 말하려는 새로운 몸의 해석학인 것이다.

---

90) F. Nietzsche, N 12[1], KSA 10, 399쪽.
91) F. Nietzsche, N 16[11], KSA 10, 501쪽.

8 21세기 지구 문명과 니체의 생명 사상

　니체의 생명 사상은 지금까지 제대로 부각되지 못해왔다. 니체의 전 저작에 흐르는 디오니소스, 대지, 몸, 자연, 생명, 건강, 자기 극복과 자기 창조, 명랑성과 신성한 웃음, 현존의 미학 등의 주제들은 힘에의 의지, 영원회귀, 극복인, 가치 전도, 운명애 사상들과 더불어 그의 사상의 골조를 형성하고 있다. 지금까지 니체 사상에 대한 우리의 논의들은 주로 하이데거에 의해 규정된 다섯 가지 형이상학적 테마들(허무주의, 지금까지의 모든 가치의 전도, 힘에의 의지, 영원회귀, 극복인)[92]에 대한 주석을 중심으로 다루어져왔다. 이제는 좀더 근본적인 물음 속에서, 즉 왜 니체가 이러한 테마들을 철학적으로 문제시했으며, 시대와 문명의 병리 현상들을 어떻게 진단하고 있으며 더 나아가 그에 대한 대안을 어떻게 모색하고 있는가, 또 니체 사상이 어떠한 면에서 탈근대의 언어를 제공해주고 있으며 21세기 문명 가운데 그의 사상은 과연 어떻게 자리매김될 수 있는가 등에 대해 비판적으로 성찰해야 할 것이다. 니체에 관한 담론은 형이상학 비판 논쟁, 아도르노를 중심으로 한 학문과 도덕, 계몽의 문제(과학의 신조 속에 스스로 몰락하는 줄리엣의 생애사로서의 계몽의 역설적인 역사)에 관한 비판이론적 논의, 가다머와 데리다를 중심으로 진행되었던 해석학 논쟁, 포스트모더니즘, 정신분석, 불교 등 다양한 논쟁사, 수용사에 대한 정리 작업과 더불어 21세기 문명의 흐름 가운데 새로운 주제들의 물음을 통해 다시 묻고 다시 해석되어야 할 것이다.

---

[92] M. Heidegger, *Nietzsche*, Bd. 2, 40쪽.

이 글은 현재 지구 문명 가운데 가장 긴요하게 제기되고 있는 중요한 철학적 문제들, 즉 대량 생산과 대중 소비의 무한한 확대 및 인간 욕구의 무절제한 사용에서 야기되고 있는 지구 생태계의 위기 문제, 울리히 베크에 의해 문명의 화산으로 표현된 지구화되는 '위험 사회'의 확산,[93] 그리고 매킨타이어Alasdair MacIntyre가 서양의 근대 도덕적 담론에서 '유령적 자아'가 파생되었다고 간파한 인간의 지식 영역과 실천 영역의 분열로 인한 인간 자아의 균열 현상(자아의 고통) 및 인간 자신의 자아 정립(인간의 자기 성숙)의 문제[94] 등에 대한 비판적 성찰 가운데 이를 니체적 시각에서 하나의 대안을 모색하고자 하는 시도로 쓴 것이다. 지금 세계는 한편에서는 지구화, 세계화, 신자유주의의 논쟁을 통해 경제 구조의 변화가 일어나고 있고, 다른 한편에서는 정보화 시대, 후기 자본주의 또는 후기 산업 사회 등과 같은 사회 구조 및 문명 구조의 변화가 거대하게 일어나고 있다. 그러나 이러한 지구 문명의 거대한 변화 과정에서 가장 중요하게 제기되는 문제들 가운데 하나는 서양의 근대성에 관한 비판적 성찰, 즉 이성에 대한 절대적 신뢰, 기계론적 자연관, 대량 생산과 대중 소비의 경제 구조, 인간 욕망의 무한 증식, 인간의 내면적인 고통의 증가 등의 문제에 관해 근본적인 해결책이 절실히 필요하다는 점이다.

니체의 생명 사상은 근대성을 비판함으로써 서양 근대의 기계론적인 세계, 살아 있는 모든 것을 죽은 것으로 무기화하여 설명하는 타나토스

---

93) Ulrich Beck, *Risikogesellschaft*(Frankfurt a.M., 1986)〔울리히 베크, 《위험사회》, 홍성태 옮김(새물결, 1997)〕참조.
94) A. MacIntyre, *After Virtue*(Notre Dame : Univ. of Notre Dame Press, 1984)〔알래스데어 매킨타이어, 《덕의 상실》, 이진우 옮김(문예출판사, 1997)〕참조.

의 문명을 새로운 사유로 전환할 것을 제창한 것이다. 생명 경외 사상을 주창한 슈바이처Albert Schweitzer에 의하면 니체가 말한 삶의 긍정의 윤리는 유럽 문명의 한계를 극복하기 위한 세계관에서 나온 것이다.[95] 니체가 주로 이야기하는 생명, 자연성, 몸, 본능, 대지, 디오니소스, 생성, 임신, 생산성, 여성, 사랑 등에 관한 논의들은 생의 본능(에로스)이 지배하는 새로운 문명의 형성을 위한 미래 철학을 정립하려는 시도였다. 이는 이성의 오만과 전제에 의한 자연 착취와 인간의 자기 예속의 과정에 대한 반성에서 나온 새로운 '생명의 문화'를 건설하기 위한 시도이기도 하다. 이러한 새로운 생명 문화를 정초하기 위해 니체는 먼저 인간 자신의 자기 극복을 요구했다. 자신의 몸적 언어에 대한 깨달음, 자기 자각을 통해 인간은 비로소 참된 생명을 만날 수 있다는 것이다. 인간 자신의 자기 긍정과 세계 긍정, 정관적 자기 자각과 자기 창조, 사랑(에로스, 삶의 본능)과 생명의 언어를 통해 세계와의 진정한 만남을 찾는 니체의 생명 사상은 경제적 언어가 지배하고 있는 오늘날 지구 문명 가운데 새로운 생명 언어의 사유 문법을 개발하는 하나의 자양분이 될 수 있을 것이다. 새로운 생명 문화가 절실한 21세기 지구 문명의 미래에 니체의 생명 사상은 하나의 사상적 지평을 제공해줄 수 있을 것이다.

---

95) Albert Schweitzer, *Kultur und Ethik*(München, 1996), 262~268쪽 참조.

제10장
니체와 페미니즘

1 서양 철학의 새로운 화두로서의 니체의 여성성 문제

 "아마도 나는 영원히 여성적인 것을 밝히는 최초의 심리학자일 것이다."[1] 니체는 1889년 광기에 사로잡히기 바로 직전에 자신의 모든 저서를 다시 정리하며 쓴 《이 사람을 보라》에서 자신을 이렇게 표현하고 있다. 이 문장은 단순히 철학자로서의 그의 특징만이 아니라 그의 저서와 사상을 포괄적으로 이해할 수 있는 중요한 단서를 제공하고 있다. 여기에서 그가 말하는 "영원히 여성적인 것das Ewig-Weibliche"이란 무엇을 의미하며, 왜 그는 스스로를 "영원히 여성적인 것을 밝히는 최초의 심리학자"라고 규정하고 있는 것일까? '여성적인 것'과 그의 철학은 도대체 어떠한 연관성이 있는 것일까? 왜 그는 스스로를 서양 사상사에서 여성적인 것을 밝히는 최초의 심리학자로 자리매김하고 있는 것일까?

---

[1] F. Nietzsche, EH, Warum ich so gute Bücher schreibe 5, KSA 6, 305쪽.

니체는 여성성의 문제를 자신의 철학적 화두의 중심에 자리매김하며 이를 통해 플라톤 이후의 이성중심주의적 서양 전통 철학과 대결함으로써 서양 사상사의 거대한 전복을 꾀한다. 그가 스스로 정의하고 있는 '최초'라는 수식어는 바로 이러한 서양 형이상학의 파괴와 건설을 시작하는 혁명 지점을 일컫는다. 여기에서 우리는 해머를 들고 서양의 형이상학을 해체하고 파괴하는 거친 니체의 모습과 서양 전통 철학의 구도를 넘어서 미래 철학의 서곡을 작성하는 건설적이고 생산적이며 이중적인 니체의 모습을 만나게 된다. '최초'라는 말은 이렇듯 해체와 건설의 이중적인 경계선에 니체의 철학이 서 있음을 의미한다. 여기서 우리는 니체의 철학이 왜 그리고 어떻게 포스트모더니즘 또는 해체주의와 접목되고 연계되는지 추측할 수 있을 것이다. 그리고 이러한 논의를 바탕으로 더 나아가 니체 철학이 포스트모던 페미니즘의 사상적 논의에도 연계되어 있음을 알 수 있다.

니체는 여성성을 제2의 성으로, 즉 남성에 의해 규정되는 존재 결여태로 규정하는 사유 방식의 폭력성을 형이상학의 담론과 연관해 밝혀 나가고 있다. 남성의 타자로 밀려난 여성, 이성의 타자로 억압되는 감성, 문명의 타자로 배제된 자연, 의식(작은 이성)에 의해 거세된 몸, 초월적인 것에 의해 낮아지고 경시된 대지와 현실 등 위계적인 이분법적 사유 방식을 활용함으로써 지금까지의 서양 철학이 전자의 우위성을 확보하는 존재론적 폭력을 행사해왔음을 고발하며, 그는 여성성의 문제를 철학사에서 새롭게 자리매김하고자 한다. 이러한 니체의 작업은 이성, 남성, 문명, 초월적 세계에 의해 배제되고 억압되고 거세된 타자성의 세계, 즉 감성, 여성, 자연, 대지(현실)의 세계에 대한 복권을 의미한다. 니체의 플라톤 비판도, 그리스도교에 대한 총체적 대결도, 근대

여 &⁺ 남
여성과 남성, 지혜와 진리, 땅과 하늘, 감성과 이성, 이 이항대립의 개념을 넘어서 삶을 해석하는 것, 이것이야말로 참된 생명의 지혜다.

형이상학과의 논쟁도 바로 이러한 가치 전도의 문제의식에서 발원한다. 이러한 면에서 우리는 니체의 철학을 바로 '타자성의 발굴 작업'이라고 할 수 있을 것이다. 그는 타자성을 매몰하는 서양의 사고방식과 가치관의 지층을 계보학적으로 탐색해 들어가며, 이를 심리학적으로 분석해낸다. 그의 계보학적 작업은 서양의 사유와 가치 의식의 발생과 발달, 변형, 소멸 및 고정화 과정에 대한 심리학적인 분석이다. 타자성의 계보학적 발굴 작업과 심리학적 해석학을 통해 우리는 난해한 니체 철학으로 들어가는 통로를 찾을 수 있을 것이다.

그러나 우리는 이와는 또 다른 니체의 모습을 접할 수 있다. 그가 살던 시대의 현실적인 여성에 대한 니체의 경멸적이고 조소하는 듯한 표현들이 바로 그것이다. 여성의 권리 투쟁이 오히려 여성 본능의 포기와 여성다움의 상실로 이어질 수 있다고 보면서, 19세기에 시작된 여성 해방 운동에 대해 부정적인 시각을 드러내고, "여자에게 가려는가, 채찍을 가지고 가는 것을 잊지 말라!"고 말하는 그의 언급은 어찌 보면 여성 혐오적인 입장Misogynie을 드러내고 있는 듯 보인다.[2] 여성성의 철학적 자리매김과 현실적인 여성 혐오적 태도 사이의 괴리를 우리는 어떻게 해석해야만 하는가? 그는 과연 여성 혐오론자인가? 니체의 저술 여러 곳에서 보이는 이러한 여성 혐오적인 표현들 덕분에 그의 철학은 쇼펜하우어와 마찬가지로 반(反)페미니즘 철학으로 낙인이 찍혔고,[3] 많은 학자들에 의해 이러한 니체의 표현들은 철학적 논의에서 배제되곤 했다.

니체 철학의 이중적 모습에 대한 이러한 논의는 19세기 유럽의 페미니즘 운동의 발원사에서부터 함께 붙어 다닌다. 우리는 여기에서 니체

---

2) F. Nietzsche, JGB 232 · 234 · 237~239, KSA 5, 170~178쪽 참조.
3) H. J. Störig, *Kleine Weltgeschichte der Philosophie 2*(Frankfurt a.M., 1983), 202쪽.

의 여성성의 문제에 관한 19세기 말의 유럽 지성사의 맥락을 함께 언급할 필요가 있을 것이다.[4] 유럽 페미니즘 운동의 중요한 한 축을 형성했던 루 안드레아스 살로메는 니체의 글쓰기를 여성적인 것과 동일시하며, 니체 자신의 정신적 본성이 여성적인 그 무엇을 담고 있다고 보았다. 그녀는 자신의 글 〈여성으로서의 인간Der Mensch als Weib〉(1899)에서 자신의 시대의 지배적인 가치인 남성의 위계적 특권화에 대면하기 위해 여성성을 특별한 합리성과 관계를 끊는 것에 대한 긍정적인 비유로, 삶을 선택하는 형식의 상징으로 설정함으로써 근대 페미니스트들이 니체를 참조하는 법을 열어놓았다. 19세기 유럽의 페미니스트들은 니체가 현실적인 여성에 대해 일부분 부정적으로 언급했음에도 불구하고, 니체의 '삶의 철학'에서 나오는 순수한 자기창조를 여성적 이념으로 이해하려 했다. 딜타이의 연구 조교이기도 했던 슈퇴커 Helene Stöcker는 니체의 주권적 개(인)성의 개념을 여성에게 적용했고,[5] 뵐라우Helene Böhlau는 오로지 경제적, 교육적 평등에만 집중되

---

4) Diana Behler, "Nietzsche and the Feminine", *Nietzsche Studien*, Bd. 26(1997), 501~502쪽 ; K. J. Wininger, "Nietzsche's Women and Women's Nietzsche", K. Oliver · M. Pearsall (eds.), *Feminist Interpretations of Friedrich Nietzsche*(Pennsylvania : The Pennsylvania State Univ. Press, 1998), 236~250쪽 ; R. F. Krummel, *Nietzsche und der deutsche Geist*(Berlin, 1974), 208 · 216 · 218 · 231쪽 참조.

5) '모성 보호와 성 개혁 연맹Bund für Mutterschutz und Sexualreform' (1904~1933)의 발기자이자 의장이며 잡지 《새로운 세대*Die Neue Generation*》의 발행인이었던 슈퇴커Helene Stöcker는 성 개혁을 위한 중요한 이론적 단서를 니체의 전통적이고 억압적 도덕에 대한 공격과 금욕주의 및 개인의 (성)본능의 억압에 대한 비판에서 찾고 있다. 그녀는 모든 가치의 전도에 관한 니체 사상을 받아들여, 여성의 입장에서 관능, 성욕, 이기주의를 새로운 윤리의 토대로 복권시키고 있다. 여성 운동의 역사에서 니체 수용의 문제를 다룬 논문으로 Heide Schlüpmann, "Zur Frage der Nietzsche-Rezeption in der Frauenbewegung gestern und heute", S. Bauschinger u.a. (Hrsg.), *Nietzsche*

어 있는 그 시대의 주된 여성 운동을 거부했으며, 헤히트Marie Hecht 는 니체의 여성적 경향성 때문에 많은 여성 경배자들 가운데 공명이 일어나고 있다고 지적했다. 니체의 여성 혐오적인 표현에는 문제가 많다 할지라도 현실적인 여성에 대한 그의 태도에는 정중하고 존경심이 깃들어 있었고, 또 그의 철학적 경향이 예술로서의 삶, 자기 실현, 새로운 모권적 가치의 중시라는 이념을 담고 있었기에 초기 페미니스트들도 그의 철학에 주목했던 것이다. 성과 감성에 대한 관념, 금욕주의의 비판, 독단론의 부재, 미학적 세계관과 같은 그의 견해와 지적 가치를 사회적, 역사적 맥락 위에서 독해하는 방법론들은 근대 페미니즘에 중요한 영향을 끼쳤다. 페미니스트 철학 형성에 끼친 그의 저서의 가장 풍부한 관점은 여성에 대한 명백한 선언에 있는 것이 아니라, 그 '문제'에, 몸철학에, 철학적 담론의 은유성 노출에, 서양 사상과 이성의 '남근주의적' 기초를 해체하는 것으로 보이는 예시적 방법에 있다.[6]

그의 동시대 페미니즘에 영향을 준 니체의 여성성 문제는 처음부터 그의 사상적 내용과 연관된 것이었다. 특히 니체의 글쓰기를 문제시하며 그의 글쓰기는 여성적인 것이고 그의 정신적 본성에는 여성적인 것이 있다고 주장하는 살로메의 견해는 이후 형이상학과 진리, 여성의 문제를 연관시키는 데리다의 니체 분석을 앞서고 있다.[7] 최근 20년 전부터 니체 텍스트에 나타난 여성의 모습에 관한 논의들은 니체 학문뿐 아

---

heute(Bern · Stuttgart, 1988), 177~193쪽 참조. 특히 슈퇴커의 활동과 니체 수용에 관해서는 177~178쪽을 참조.
6) K. Ansell-Pearson, *An Introduction to Nietzsche as Political Thinker*(Cambridge : Cambridge Univ. Press, 1999), 180쪽.
7) K. Oliver · M. Pearsall, "Why Feminist Read Nietzsche", *Feminist Interpretations of Friedrich Nietzsche*, 4~5쪽 참조.

니라 페미니스트 철학의 중심이 되어왔다.[8] 즉 최근 많은 학자들은 니체의 여성성과 성에 관한 논의들을 그의 철학 전체를 이해하는 열쇠로 삼고 있다. 그 스스로 이해하고 있듯이, 이 문제는 서양의 전통 철학적 사유를 넘는 새로운 문제의식을 제공하고 있기 때문이다.

2 니체, 포스트모더니즘 그리고 포스트페미니즘

니체와 페미니즘의 연관성은 단순히 현실적인 여성에 대한 그의 비판적 언급을 다루는 것이 아니다. 지금까지의 페미니즘 담론의 이론사적인 발전 과정이 보여주고 있듯이 여성의 문제는 주로 여성의 사회적 권리나 평등, 공적 세계 참여, 성적 정체성 등 주로 여성 해방 운동이나 여성의 성적인 정체성 확보의 차원에서 논의되어왔다. 그러나 포스트모더니즘 담론 이후에 페미니즘은 이러한 차원을 넘어 인간 사유의 새로운 향방을 실험함으로써 21세기 문명의 길을 새롭게 모색하고 있다.[9] 즉 이는 서양의 이성중심주의적인 담론이 만든 주체와 객체, 자아

---

[8] K. Oliver · M. Pearsall, "Why Feminist Read Nietzsche", 1쪽. 한편으로는 니체의 반여성적 진술에 주목하면서, 다른 한편으로는 그의 형이상학 비판에 나타난 여성적 진리의 패러다임, 예술의 문제에 관해 논의하는 국내의 논문으로 김미기, 〈니이체의 진리개념 비판에서 본 예술과 여성의 본질〉, 《니이체 연구》 제3집(한국니체학회, 1998), 41~72쪽 참조.

[9] 페미니즘 이론사는 여러 가지로 분류될 수 있다. 문학 비평가로서 미국에서 페미니즘의 교과서로 불리는 《페미니즘 이론*Feminist Theory*》을 쓴 도너번Josephine Donovan은 자신의 책에서 페미니즘의 이론을 일곱 가지로, 즉 계몽주의적 페미니즘, 문화적 페미니즘, 마르크스적 페미니즘, 프로이트주의적(정신분석학적) 페미니즘, 실존주의적 페미니즘, 급진적 페미니즘, 포스트모던적 페미니즘으로 구분한다. J. Donovan,

와 타자, 인간과 자연, 남성적인 것과 여성적인 것, 정신과 육체, 이성과 감성 등의 이분법적인 구분과, 후자에 대한 전자의 정복적이고 억압적인 성격을 해체하고, 감성적이고 여성적인 부드러운 사유를 모색하면서 동시에 여성적인 포용과 관용, 보살핌의 윤리 등을 사회적 실천 윤리로 제창하고 있다. 이성의 타자성das Andere der Vernunft과 다원성에 초점을 맞추는 포스트모더니즘의 토대 위에서 여성의 문제를 새로운 사유의 문제와 문명론적인 시각에서 재해석하는 이러한 담론을 우리는 디아나 벨러Diana Behler의 규정에 따라 '포스트페미니즘postfeminism'이라고 명명하며 니체와 포스트모더니즘, 페미니즘의 관계를 논의할 것이다.[10]

비판이론은 서양 합리성의 사상이 인간의 자아 발견과 인간중심주의

Feminist Theory (New York : Frederick Ungar Publishing, 1985)[우리말 번역서는 조세핀 도너번, 《페미니즘 이론》, 김익두 외 옮김(문예출판사, 1997)]. 유사한 구분을 하는 로즈메리 통Rosemarie Tong의 책도 참조할 만하다[로즈메리 통, 《페미니즘 사상》, 이소영 옮김(한신문화사, 1997)]. 그러나 나는 이를 대체로 세 가지 주제의 물결로 구분할 수 있다고 본다. 첫 번째 물결은 여성의 정치적, 사회적, 문화적, 교육적 권리를 주장하는 여성 해방의 물결이며, 두 번째는 여성의 정체성과 관련된 존재 규정적 조류이고, 세 번째는 인간의 행위, 도덕, 사유 방식과 연관된 진리, 이성, 지식의 담론을 비판적으로 다루는 여성적 사유 방식의 규정 움직임이다. 대표적인 학자는 길리건 Carol Gilligan, 모건Robin Morgan, 식수Hélène Cixous, 이리가레Luce Irigaray, 크리스테바Julia Kristeva 등이며, 이 세 번째 조류를 우리는 포스트모던 페미니즘이라고 부른다. 여기에서 '포스트페미니즘'과 '포스트모던 페미니즘'은 의미론적 영역이 유사하므로 이 글에서는 양자를 혼용해 쓸 것이다.

10) 디아나 벨러Diana Behler는 니체의 텍스트 자체가 수많은 포스트모던 사유를 위한 메타포를 제공해주고 있다고 보며, 이를 포스트페미니즘적 담론과도 연관시켜 설명할 수 있다고 본다. 그녀에 따르면 포스트페미니즘은 이타성, 가변성, 그리고 불확정성과 결정 불가능성, 모호성의 상태에서 포용성의 스타일을 반영하고 있다. Diana Behler, "Nietzsche and postfeminism", *Nietzsche Studien*, Bd. 22(1993), 355~370쪽, 특히 362쪽 참조.

를 추동해왔고 또한 자연과학과 기술공학에 기초한 물질적 풍요를 구가하는 현대 문명을 낳은 반면, 다른 한편으로 이는 동시에 인간의 내적 억압과 자연 정복을 담보로 한 것이었다고 진단했다. 서양의 근대성에 대한 철학적 반성은 비판이론 이후에 포스트모더니즘의 담론과 더불어 본격적으로 논의되어왔다. 이러한 논의는 이성중심주의, 남근중심주의, 인간중심주의 등의 문제들을 주제화했고, 이와 더불어 진리, 언어, 무의식, 욕망, 주체, 에로스, 여성성 등의 철학적 화두가 다루어졌다. 이러한 담론을 기초로 현대 철학은 삶의 긍정과 본능 해방(에로스)에 기초한 문명, 사랑과 관용의 문화, 타자 중심적 보살핌과 관계성의 윤리, 유연하고 부드러운 열린 사유 등을 탈근대적 대안으로 모색하고 있다.

이러한 페미니즘의 인식론적 기초를 제공해주는 철학적 논의를 데리다와 코프만, 블롱델, 이리가레, 식수Hélène Cixous 등은 니체의 철학에서 발견한다. 니체의 진리, 형이상학, 여성성, 대지, 몸, 디오니소스, 생명에 대한 논의들은 이성과 감성, 의식과 무의식, 인간과 자연, 문화와 생태, 남성적인 것과 여성적인 것을 횡단적으로 연계시키고 인간화/사물화의 파르마콘pharmakon적 근대성의 역설을 전복하는 새로운 사유 패러다임을 제공해줄 뿐 아니라, 포스트모던적 페미니즘의 이론적 기초를 제시한다. 이 글은 인간중심주의적 세계관의 오만을 고발하고 대지(땅)와 몸, 관계, 여성성의 세계관을 제시하고 있는 니체의 사상을 진리 담론과 연관해 조망함으로써 여성성의 존재론과 세계관을 '미래 철학의 서곡'으로 모색해보고자 한다. 이 글은 니체의 진리 담론을 다루면서 페미니즘적인 새로운 사유 패러다임을 모색하고, 더 나아가 이를 통해 생명 긍정의 문명을 여는 하나의 이론적 지표를 찾아보고자 한다.

　현재 니체 사상과 더불어 논의되는 페미니즘은 단순히 니체의 현실적인 여성에 대한 평가의 문제가 아니라 더욱 근원적인 철학의 문제, 즉 탈근대성의 문제, 이성중심주의 및 남근중심주의의 해체, 여성주의적인 인식론의 정립, 생명의 세계관 모색 등의 문제와 연관되어 있다. 서양의 진리 담론 및 형이상학의 해체 작업을 통해 니체는 주체와 객체, 이성과 감성, 정신과 육체, 남성적인 것과 여성적인 것의 이분법을 동시에 해체해 들어간다. 니체는 디오니소스, 대지, 자연, 몸, 생명, 여성, 진리/지혜, 언어, 건강성, 관계성, 사랑, 창조 등의 개념을 통해 자신의 세계 긍정의 언어 문법을 정초하고자 한다. 이때 다루어지는 디오니소스, 생명, 여성 등의 기호 문제는 니체적 사유가 어떻게 전통적인 형이상학적 진리 담론을 해체하며 탈근대적 사유의 길을 제시하고 있는가를 보여준다. 이 글은 단순히 푸코나 데리다, 들뢰즈 등 포스트모더니즘 사상가의 이론에 영향을 준 니체 사상의 영향 관계[11]를 추적하는 것이 아니라, 그의 사상이 함유하고 있는 근대성 이후의 많은 철학적인 문제점들을 치유할 수 있는 가능성을 탐색하고, 생명과 의식 자각의 시대, 감성과 문화의 세기를 이끌어갈 수 있는 철학적 대안을 여성적 진리 개념과 더불어 모색해보고자 한다.

　이 글은 현대의 많은 포스트모던 페미니즘 사상가들의 논의 가운데 니체의 진리 담론과 연관된 데리다의 존재론적인 해석과 코프만의 정신분석학적 해석에 한정하여 다루면서, 니체 사상이 어떻게 탈근대적

---

[11] 포스트모더니즘에 미친 니체의 영향, 특히 니체와 푸코의 관계에 대한 상세한 논의로 이광래, 〈니체와 푸코 : 니체의 상속인으로서의 푸코〉, 한국니체학회, 《니체와 현대의 만남》(세종출판사, 2001), 9~28쪽 참조.

사유와 연관되며, 더 나아가 포스트모던 페미니즘의 이론적 기초를 제시하고 있는가를 논의할 것이다. 니체 사상에 지대한 영향을 받고 나온 포스트모더니즘 이후에 다시 니체로 되돌아가 새롭게 시도되고 있는 이러한 포스트모던 페미니즘의 철학적 담론은 차이와 다양성, 상호성과 관용성, 고뇌하는 책임성과 보살핌(배려)의 부드러운 마음, 현실 긍정과 생명성의 기호 등이 요청되는 생명 존중의 시대에 필요한 귀중한 철학적 메시지를 발굴해 전해준다. 그들이 이론적 기초로 삼고 있는 니체의 진리 담론을 살펴보는 것은 새로운 존재론적 담론이 어떻게 논의되고 있는가를 살펴보는 작업이기도 하다. 우리는 여기서 니체의 진리 담론 및 여성성의 문제와 연관된 니체의 다양한 철학적 개념들, 즉 그의 몸, 관점주의, 영원회귀, 생명, 언어의 개념 가운데, 주로 언어, 진리, 형이상학, 문체의 문제를 중심으로 그의 진리관을 살펴볼 것이다.

3 니체의 진리관 : "진리는 여성이다"

니체에게 여성의 문제란 무엇인가? 왜 그는 진리를 여성에 연관시키는가? 그의 여성과 진리의 문제는 바로 존재의 문제, 즉 형이상학의 문제와 연관되어 있다. 그에게서 디오니소스, 아리아드네, 스핑크스, 바우보 등, 비유로 표현되고 있는 존재의 세계는 생성 소멸하며 변화해가는 생성의 세계, 우주적 순환의 이치를 담고 있는 생명의 세계를 말한다. 진리란 그에 따르면 인간이 살기 위한 하나의 거짓된 참의 세계, 즉 인간이 살기 위해 필요한 하나의 픽션의 세계다. 따라서 이성의 언어로 포착하는 진리란 생성에 존재를 각인하여 언어로 표현한 논리화, 합리화, 체계화의 결과물일 뿐, 자연의 생기 과정 그 자체에 대한 기호는 아니다. 니체에 의하면 인간은 항상 새롭게 밀려나고 유동하며 생성하는 그 무엇으로서의 세계를 이성의 개념 작용에 의해 체계화, 범주화, 논리화하여 해석하고 그 인식을 세계 인식의 절대적 언어의 틀로 고정한다. 즉 서양 철학자들은 인식의 효과물들과 그것의 체계적 작용에 대한 논리적 기호 놀이로서의 진리 놀이를 세계 인식의 절대적 진리로 명명해온 것이다.

그러나 그는 이러한 이성적 인식의 한계를 고발하고, 생성하는 세계를 은유적으로 인식할 수 있는 가능성을 타진한다. 그의 존재 세계에 대한 이해는 이러한 생성과 생명의 세계에 대한 인간의 논리적 이성의 한계를 자각하는 데서 출발한다. 그에게 존재의 세계란 고정 불변하는 이성적 언어로 기호화될 수 있는 세계가 아니라, 끊임없이 생기하고 변화하는 생성의 세계이기 때문이다. 그는 생성과 생명의 비유로 '디오니소스'를 사용하기도 하고, 그리스 영웅 테세우스가 수소의 머리를 한 미노타우로스를 죽이기 위해 미궁으로 들어갔다가 그곳을 빠져나올 때 그에게 도움을 준, 크레타 미노스 왕의 딸인 '아리아드네'를 진리놀이에 비유하기도 하며,[12] 진리의 여성적 성격을 그리스 신화에 나오는 인물인 '바우보'로 비유하여 나타내기도 한다. 진리에 대한 다의성은 바로 니체에게서 진리가 이성적 개념 언어로 기호화될 수 없음을 나타내며, 이는 따라서 동시에 생성, 생명, 여성, 문체, 자연 등 다양한 이름으로도 지칭될 수 있음을 의미한다.

진리의 다의성과 가변적 성격을 니체는 다음과 같이 여성의 문제와

---

[12] 아리아드네와 진리, 형이상학의 관계에 대해서는 B. Smitmans-Vajda, *Melancholie, Eros, Muße : Das Frauenbild in Nietzsches Philosophie*(Würzburg, 1999), 84~89쪽 참조.

연관해 비유적으로 설명한다.

> 진리가 여성이라고 가정한다면, 어떠한가? 모든 철학자는, 그들이 독단주의자였을 경우, 여성을 제대로 이해하지 못했다는 혐의는 근거 있는 것은 아닐까? 그들이 지금까지 진리에 접근하곤 했던 소름이 끼칠 정도의 진지함과 서툴고 주제넘은 자신감은 바로 여성의 마음을 사로잡기에는 졸렬하고 부적당한 방법이었다는 혐의는 근거 있는 것이 아닐까? 물론 여성들의 호감을 사지 못했던 것은 당연하다 : ──그래서 모든 종류의 독단론은 오늘날에도 울적하고 힘없는 모습으로 서 있는 것이다. 만약 이 독단론이 여전히 있다면 말이다! 왜냐하면 이 독단론은 쓰러졌고, 모든 독단론은 땅에 쓰러져 있으며, 더욱이 빈사 상태에 있다고 주장하며 조소하는 사람이 있기 때문이다. 진지하게 말하자면, 철학에서의 모든 독단화는 그것이 그렇게 화려하고, 결정적이고 종국적인 것과 같은 태도를 취해왔다 해도, 여전히 고상한 어린아이 장난이거나 신출내기 미숙함에 불과했을 것이라고 기대할 수 있는 충분한 이유가 있다. 또한 독단주의자들이 지금까지 세워왔던 고상하고 절대적인 철학자들의 건축물에 초석을 놓기 위해서는, 무엇이 이미 있어야 도대체 충분했던가 하는 점을 우리가 다시금 이해하게 되는 시간이 아마도 가까이 온 것 같다.[13]

니체는 진리가 여성이라고 가정하며 전통적인 독단론과 대결해 들어간다. 여성의 호감을 사지 못하고 이성의 건축물을 세우다 쓰러져 빈사 상태에 있는 독단론을 그는 서양 정신사와 동일시하고 있다. 서양의 정

---

[13] F. Nietzsche, JGB, Vorrede, KSA 5, 12쪽(니체, 《선악의 저편 · 도덕의 계보》, 9쪽).

신사가 졸렬한 자신감으로 여성을 향해 돌진하다 여성의 비밀스러운 방 안으로 들어가지 못하고 힘없이 쓰러져 빈사 상태에 있다는 것은 무엇을 의미하는 것일까?

이때 니체가 사용하고 있는 여성이라는 비유는 바로 생성 또는 생명의 세계를 지칭하는 이름이다. 니체는《즐거운 학문》에서 "여성적 삶 vita femina"이라는 표제 아래 여성이라는 이름을 생명(삶)을 나타내는 비유적 언어로 묘사했다. "생명(삶)에는 금빛을 넣어 짠 아름다운 가능성의 베일이 드리워져 있다. 그것은 약속을 하며, 저항을 하고, 수줍어하며, 비웃고, 동정을 하며, 유혹적이다. 그렇다. 생명(삶)은 여성이다!"[14] 베일 속에서 자신을 유혹적으로 드러내는 이러한 생명의 세계를 우리는 논리적 이성의 틀 안에 가둠으로써 미라처럼 박제화된 개념적 세계를 참된 세계로 인식하는 것이다. 니체는 이를 다시 새의 비유로 설명하기도 한다. "여성들은 이제까지 남성들에 의해 어떤 높은 곳에서 그들에게로 잘못 내려온 새처럼 취급되어왔다 : 보다 섬세하고 상처받기 쉬우며, 거칠고, 경이로우며, 감미롭고, 영혼이 넘치는 것으로서, ─── 그러나 달아나지 않도록, 가두어두어야만 하는 어떤 것으로."[15] 생명(여성)의 세계는 이성(남성)에 의해 날아가지 못하도록 새장 안에 갇히게 된 것이다. 논리적 개념 언어, 즉 작은 이성(의식)을 통해 생성하며 살아 있는 존재를 포착하고자 하는 무모한 시도를 그는 독단주의자들의 건축물, 또는 새장으로 비유하고 있는 것이다.

서양 사상사는 그에 따르면 개념, 범주, 체계, 논리 등의 기호, 즉 이성에 기초해 존재(생성)를 인식하는 이성중심주의가 지배하게 된다. 그

---

14) F. Nietzsche, FW IV 339, KSA 3, 569쪽.
15) F. Nietzsche, JGB 237, KSA 5, 174쪽.

논리화된 존재의 기호가 본질, 목적, 기원, 실체, 초월, 본 체계, 물자체 등으로 표현되고 있는 것이다. 니체의 여성적 진리관은 이러한 서양의 전통적 철학의 사유 문법을 해체하고자 한다. 그는 존재의 본질을 동일성의 논리에 의해 확보하고자 하는 서양 형이상학의 본질주의를 독단론으로 파악하며, 이러한 독단론의 해체를 자신의 과제로 설정한다. 독단론과 니체의 대결은 서양 형이상학의 본질주의와의 투쟁을 의미하며, 이는 곧 서양 사상의 뿌리가 되는 형이상학의 해체 작업으로 이어진다.

니체는 진리의 결정 불가능성을 비유적으로 디오니소스, 미궁, 바우보로 표현했다. 진리란 바로 존재를 드러내고 감추는 여성적 작용, 즉 존재의 놀이(유희)와 다름없기 때문이다. 《즐거운 학문》의 서문에서 그는 존재를 드러내고 은폐하는 진리의 유희 작용을 다음과 같이 표현한다. "사람들이 진리로부터 베일을 벗긴다면, 진리가 아직도 진리로 존속한다는 것을 우리는 더 이상 믿지 않게 된다……아마도 진리는 자신의 근거를 볼 수 없게 만드는 근거를 가지고 있는 여성일 것이다."[16] 진리란 여성과 같이 가면과 변장, 거짓과 베일 속에서 드러나는 비유(메타포)일 따름이다. 그는 미궁의 문 앞에서 커다란 범선이 존재의 어두운 바다 위를 미끄러져나가는 모습을 여성으로 표현하며, 이 여성의 거리 작용Distanz 속에서 진리와 존재가 끊임없이 자신을 드러내게 된다고 본다.[17] 이것을 니체는 관점주의로 표현했다.

이러한 관점주의를 니체는 '스핑크스'의 비유로 설명했다. "다양한 눈들이 있다. 스핑크스도 또한 눈들을 가지고 있다. 따라서 다양한 '진

---

16) F. Nietzsche, FW, Vorrede, KSA 3, 352쪽.
17) F. Nietzsche, FW II 60, KSA 3, 424~425쪽.

리들'이 있다. 그러므로 어떠한 진리도 존재하지 않는다."[18] 객관적 존재의 본질을 추구하는 형이상학적 기도를 그는 하나의 허구라고 비판하며, 세계는 관점의 원근성과 해석의 다양성에 따라 해석된다고 본다. 세계란 하나의 객관적 사실에 대한 설명이 아니라 우리가 참여하여 해석하는 해석된 세계다.[19] 따라서 니체에게서는 주관과 객관의 이분법도, 객관적 진리 그 자체도 성립되지 않는다. 왜냐하면 세계란 인간이 참여하여 해석하는 참여적 세계, 관계적 세계이기 때문이다. 따라서 이러한 세계의 인식은 영원히 반복되고 생성 변화하는 우주적 생명의 놀이에 대한 자각적 언어, 즉 수사학적 은유의 관점을 통해 이해될 수 있는 참여적 해석을 요구한다.

4 데리다의 니체 해석 : 여성성의 존재론적 담론

데리다는 여성의 문제와 연관되어 있는 니체의 진리관에 주목하며 이를 문체의 문제, 형이상학의 문제와 연관시킨다. 이성중심주의적 서양 전통 사상을 하이데거의 존재론과 연관해 해석하며 정신분석학적인 용어인 '남근중심주의Phallozentrismus'로 표현하는 데리다가 서양 형이상학의 해체라는 기획의 시발점으로 삼고 있는 철학이 바로 니체의 여성적 진리관이다. 니체의 여성적 진리관에 의존한 데리다의 이러

---

18) F. Nietzsche, N 34(230), KSA 11, 498쪽.
19) 니체에서의 진리의 다원성과 해석학의 문제를 포스트모더니즘과 연관해 해석하는 글로 이진우, 〈진리의 허구성과 허구의 진실성—니체의 탈현대적 언어 이해〉, 프리드리히 니체, 《비극적 사유의 탄생》, 265~297쪽(해제 2) 참조.

한 형이상학 해석의 담론을 에른스트 벨러는 '포스트 하이데거적 니체' 또는 '새로운 니체'라고 부른다.[20] 데리다의 니체 해석은 하이데거의 니체 해석에 대한 비판적 논의를 바탕으로 이루어지기 때문이다. 하이데거는 니체 철학을 근대 주관주의 형이상학의 완성으로 해석한다. 그에 따르면 플라톤 이래 이성이 차지하던 위치에 의지가 대치되어 플라톤주의가 전도된 상태에서 의지 형이상학을 완성시킨 철학이 바로 니체 철학인 것이다. 하이데거는 니체 사상을 힘에의 의지 개념을 통해 데카르트적인 인간중심주의를 극단으로 밀고 나간 주관주의 형이상학의 정점, 또는 존재 망각의 과정으로서의 허무주의의 완성 및 존재자 전체가 기술의 처분 대상이 되도록 닦달당하는 현대 과학기술 문명의 정초로 읽는다. 그러나 데리다는 존재의 역사, 즉 형이상학의 역사의 정점에 니체가 있다는 하이데거의 해석을 비판하며 정반대로 니체를 읽어나가면서 그의 사상을 차이의 철학으로 해석한다.[21] 니체의 디오니소스 개념은 차이의 사유를 나타내며, 형이상학적, 재현적 사유로 환원될 수 없는 의미론적 영역을 표기하고 있다는 것이다.[22]

  기호, 해석, 놀이(유희), 문체 등의 주요 주제를 논의하는 데리다의 니체상은 주로 니체의 증후론에 초점을 맞추고 있다.[23] 데리다는 〈문체

---

20) Ernst Behler, *Derrida-Nietzsche, Nietzsche-Derrida*, 160쪽.
21) J. Derrida, *Grammatologie*, H.-J. Rheinberger · H. Zischler (übers)(Frankfurt a.M., 1988), 248쪽 참조.
22) G. Vattimo, *The Adventure of Difference-Philosophy after Nietzsche and Heidegger*, C. Blamires (trans.)(Cambridge : Polity Press, 1993), 68쪽. 특히 니체, 하이데거, 데리다의 차이 철학에 관한 논쟁적인 논의로는 61~84쪽 참조.
23) G. Vattimo, *The Adventure of Difference-Philosophy after Nietzsche and Heidegger*, 88쪽. 니체의 증후론과 해석학의 문제를 다루고 있는 훌륭한 논문으로 이진우, 〈글쓰기와 지우기의 해석학—데리다의 '문자론'과 니체의 '증후론'을 중심으로〉(1998년 한국

의 문제La Question du Style〉(1973)에서 문체와 여성, 진리의 문제를 형이상학의 담론과 연관해 다루고 있다. 그의 논의는──비록 그가 이러한 사실을 인식하고 있지 못했다고 해도──니체의 글쓰기와 여성적 진리에 주목하고 있는 루 살로메적인 시각을 이어받고 있다. 데리다는, 진리는 여성이라고 말하는 니체를 어떻게 이해하고 있는가? 어떻게 그는 니체의 이 논의를 형이상학의 논의로, 그리고 더 나아가 자신의 차이의 철학으로 이끌어가고 있는 것일까? 그는 니체의 진리를, 포착되지 않고 자신을 은폐하는 여성적 효과물이라고 보고 있다. 진리는 여성을 닮았다. 여성의 매력은 거리 두기를 함으로써 드러나고, 여성은 은폐, 연극, 화장, 거짓말을 함으로써 유혹을 발산한다. 여성의 본질 그 자체란 존재하지 않는다. 모든 장막 효과들(베일, 드러냄Enthüllung, 은폐Verhüllung)이 사용됨으로써, 즉 거리와 간격이 만들어짐으로써 존재 심연의 작용은 전개된다. 진리를 은폐하면서 드러내고das verbergende Entbergen 드러내면서 은폐하는 작용das entbergende Verbergen은 여성에게서 발견할 수 있다. 여성이 진리라면 이는 곧 절대적인 진리가 존재하지 않음을 의미한다. 우리가 지금까지 진리라고 믿어왔던 진리란 사실은 거리 두기의 표면적 효과물의 물신화에 불과하다. 이러한 물신화를 해체하고 나면 진리란 진리에 대한 간격이 빚어낸 비진리의 이름일 뿐이다. 데리다의 해석에 따르면 따라서 "여성은 진리에 대한 비진리의 이름이다".[24] 하나의 진리는 존재하지 않으며, 따라서 진리는 복수적이다.

　그는 여기에서 여성적인 것에 의해 동시에 열리고 닫히는 문체의 문

니체학회 제9회 학술대회 발표 논문, 1998년 6월 12일 전남대), 3~26쪽 참조.
24) J. Derrida, "La Question du Style", 243쪽.

제를 제기한다. 문체는 진리의 자국을 남기는 모든 여성적인 작동이며, 진리의 베일의 놀이를 가능케 하는 열려진 텍스트의 코드다. 문체는 니체에게 복수적이다.[25] 그는 더 나아가 문체의 문제로 니체 텍스트의 해석의 문제를 제기한다. 여성, 여성 자체에 대한 진리가 존재하지 않듯이 "니체에 관한 하나의 진리, 또는 니체 텍스트에 관한 하나의 진리는 존재하지 않는다".[26] 진리, 문체, 여성, 예술의 문제는 독단적인 형이상학의 이름으로, 진리와 남성, 이성의 기호로 씌어진 서양의 이성중심주의와 남근중심주의를 해체하는 사유의 문자학으로 귀결된다. 데리다는 모든 존재론적인 결정성을 해체하며 성적 차이의 진리, 남성이나 여성에 관한 진리 그 자체는 존재하지 않는다고 말한다.[27] 문체의 다양함은 남녀 차이를 없앤다. 진리의 여성적 작용은 헌신과 소유의 전복적 과정에서 진리 자체를 해체하게 된다. 즉 여성은 헌신을 통해 자신의 소유 주권을 확보하게 되어 소유하는 자, 즉 남성이 되고, 남성은 그 소유권을 잃어 여성이 되는 교체 과정이 일어나는데, 이를 데리다는 성의 해체, 진리의 해체로 해석한다. 그는 남성과 여성의 자리바꿈, 주기와 획득하기의 끊임없는 교환을 통해 하나의 진리, 남근적 진리를 흩어버리는 텍스트의 전략을 사용하며, 니체의 여성적 진리관에서 존재의 비결정적 복수성의 사유를 이끌어낸다.

데리다는 더 나아가 사유의 여성화를 사유의 진보 과정으로 보는 니체의 《우상의 황혼》에 나오는 유명한 글 "어떻게 '참된 세계' 가 마침내

---

25) J. Derrida, "Fines Hominis", J. Derrida, *Randgänge der Philosophie*, P. Engelmann (Hrsg.)(Wien, 1976), 140쪽.
26) J. Derrida, "La Question du Style", 268쪽.
27) J. Derrida, "La Question du Style", 268쪽.

우화가 됐는가"[28]를 인용하며, 여성과 진리의 역사를 정신분석학적으로 분석한다.[29] 그 첫 단계가 여성이 독단적인 형이상학의 이름과, 진리의 이름으로 유죄 판결을 받고 비천해지고 멸시되는 단계다. "나, 플라톤이 진리다"라고 표현되는 형이상학적 독단주의란 이성중심주의, 남근중심주의가 지배하는 단계이기도 하다. 이를 데리다는 '거세된 여성'으로 표현한다. 두 번째 단계는 여성이 유죄 판결을 받고, 진리의 힘으로, 철학적이고 그리스도교적인 존재로 멸시받고 반동적인 도치 상태에 있는 시기다. 진리의 연출로서 플라톤이 "나는 진리다"라고 말할 수 없는 단계이기도 하다. 이는 '거세하는 여성'으로 표현될 수 있으며, 여기서 여성은 스스로를 거세함으로써, 즉 진리의 거세와 비진리의 거세로서 두 번 거세된다. 세 번째 단계는 여성이 이 이중적 부정을 넘어서 긍정적, 위장적, 예술가적, 디오니소스적인 힘으로 인정받는다. 이는 '긍정하는 여성'으로 표현되며, 삶을 사랑하고 자기 긍정 속에서 자기 극복을 하는 인식의 단계다.[30] 이 마지막 단계는 거세되고 억압된 현실 세계를 넘어서 존재의 차이와 비결정성, 진리의 복수성, 문체의 유희를 긍정함으로써 디오니소스적 현실을 받아들이는 자각적 인식의 단계다.

---

28) F. Nietzsche, GD, Wie die "wahre Welt" endlich zur Fabel wurde, KSA 6, 80~81쪽.
29) F. Nietzsche, GD, Wie die "wahre Welt" endlich zur Fabel wurde, 264~268쪽 참조.
30) 데리다의 '거세된 여성', '거세하고 있는 여성', '긍정하는 여성'의 유형에 관한 논의를 '진리에의 의지', '가상에의 의지', '힘에의 의지'라는 의지의 세 가지 유형으로 환원하여 설명하는 논문은, K. Oliver, "Woman as Truth in Nietzsche's Writings", *Feminist Interpretations of Friedrich Nietzsche*, 66~80쪽 참조.

데리다에 따르면 니체의 텍스트는 삶(차이의 힘으로서 인식된 삶과 여성)의 창조적 힘을 대표하는 비유(메타포)로 여성을 찬미함으로써 이성중심주의적, 남근중심주의적 주장을 해체하고 있으며, 남성과 여성의 위계적인 대립을 존재론적으로 흩어버린다.[31] 그의 해석에 따르면 니체의 텍스트는 존재론적인 진리 담론에서 진리/비진리, 남성/여성의 이항대립적 위계를 허물어뜨리는 내용을 보여줌으로써 페미니즘의 선구적 내용을 제시해주고 있다.

5 코프만의 니체 해석 : 여성성의 정신분석학적 담론

데리다의 니체 해석이 진리와 문체를 존재론적인 차원에서 문제시하고 있다면, 코프만의 니체 해석은 니체의 여성성의 문제를 정신분석학적으로 분석하고 있다. 데리다가 니체를 해석하면서 하이데거의 논의를 전제로 하고 있다면 코프만은 프로이트의 정신분석학적 이론의 토대 위에서 니체를 해석해 들어간다. 코프만은 '신학적 도착Theological Perversion'과 '물신주의Fetishism'라는 용어를 실마리로 니체에 접근해 들어간다. 그녀는 니체가 《우상의 황혼》의 〈철학에 있어서의 '이성'〉에서 언어, 이성, 형이상학의 기원을 심리학적으로 고찰하며 이를 '물신성Fetischwesen'의 개념과 연관시키는 데 주목한다. 니체는 이성의 편견 또는 언어 형이상학에 의해 만들어진 최고 개념, 신, 자기 원인, 존재, 절대자 등은 생성 관념 자체에 대한 증오에서 만들어진 철학

---

31) K. Ansell-Pearson, *An Introduction to Nietzsche as Political Thinker*, 189쪽.

자들의 개념의 미라라고 분석하면서, 이성적 세계관의 오류의 역사를 제시한다. 변화하는 현실적 세계에 대한 본능적 증오는 차가운 이성으로 하여금 순수한 이념의 가상 세계를 만들고, 이를 절대적인 참된 세계로 믿게 하는 이성의 역사에서의 전도와 병적 도착 현상을 만들게 되었다는 것이다. 니체가 사용하는 물신성이란 감각과 현실, 변화와 생성에 대한 병적 증오에서 만들어진 이성의 효과물들이 하나의 고정된 절대적 가치를 획득하며 참된 진리라는 우상으로 변하는 것을 의미한다. 니체는 이성의 역사의 전도 과정을 심리학적으로 고찰하는 자신의 작업을 "병자라는 광학에서 **좀더 건강한** 개념과 가치를 전망하고, 이제 이와는 반대로 **풍요로운** 생명(삶)의 충일과 자기 확실성에서 데카당스 본능의 비밀스러운 작업을 내려다보는 것"[32)]으로 표현한다.

절대적 진리를 믿는 이성의 역사는 니체적 관점에서 보면 병자의 광학이며 데카당스 본능의 역사화 과정이다. 이성적 진리만을 믿는 도착적인 인간은 진리의 부재와 바닥 없는 심연으로서의 진리를 제대로 이해하지 못하고 있으며, 삶이 교활하고 거칠고 거짓이며 변화무쌍하다는 것을 이해하는 데 실패하고 있다.[33)] 즉 베일과 가상의 놀이로서의 여성을 이해하지 못하고 여성을 거세하여 변질시키게 된다는 것이다. 코프만은 니체의 진리와 여성의 문제를 프로이트적인 정신분석학적 용어를 사용해 분석하면서, 서양의 형이상학이 스스로를 거세함으로써 진리 인식에 실패하는 과정을 문제시한다. 즉 삶이란 가상도 현실도, 표피도 심연도, 거세된 것도 그렇지 않은 것도 아닌데,[34)] 서양 형이상학은

---

32) F. Nietzsche, EH, Warum ich so weise bin 1, KSA 6, 266쪽.
33) S. Kofman, "Baubô : Theological Perversion and Fetishism", *Feminist Interpretations of Friedrich Nietzsche*, 38쪽.

진리에 대한 믿음으로 여성적 현실을 거세하여 남성화함으로써 삶(생명) 자체를 불모로 만들어놓게 된다. 이러한 의미에서 거세에 대한 믿음, 여성의 남성화는 물신주의의 또 다른 면이다.

코프만은 여기에서 데리다와 마찬가지로 이성(남성)의 물신주의를 극복할 수 있는 가능성을 니체의 바우보와 디오니소스 개념에서 찾고 있다. 바우보는 대지의 생산을 관장하는 풍요의 여신인 데메테르를 숭배하는 엘레우시스 신화에 나오는 인물이다. 제우스와 데메테르 사이에서 난 딸인 페르세포네가 죽음(저승)의 왕인 하데스의 꾐에 빠져 사라지자, 상실의 아픔을 겪고 있던 데메테르는 아흐레 밤낮을 식음을 전폐하고 자포자기 상태가 되면서 점차 불모의 여인으로 변해간다. 이때 바우보는 자기 자신의 치마를 들어 올려 여성의 음부를 보여줌으로써 그녀를 웃게 만든다. 이 에피소드에서 중요한 역할을 하는 바우보는 데메테르가 슬퍼하는 동안 상실된 대지의 풍요로움을 여성성을 통해 회복하는 순환적 생명 회복의 작용을 나타내는 상징이다. 불모로 변한 대지, 자연, 생명의 세계에 생명과 생산성을 회복시켜주고 생성, 순환하는 우주적 이치를 상징하는 것이 바로 이 바우보다.

바우보와 디오니소스는 변화하는 생명을 나타내는 두 개의 다양한 이름이다.[35] 바우보라는 인물이 의미하는 바는 삶이 심연도 아니고 표피도 아니라는 사실을, 베일 뒤에는 다른 베일이 있으며, 채색의 층 뒤에는 다른 층이 있다는 사실을 단순한 논리가 이해할 수 없다는 것이다. 이는 가상이 우리로 하여금 염세주의나 회의주의로 빠져들게 한다는 것을 의미하는 것이 아니라, 죽음 대신에 삶이 영원히 되돌아올 수

---

34) S. Kofman, "Baubô : Theological Perversion and Fetishism", 41쪽.
35) S. Kofman, "Baubô : Theological Perversion and Fetishism", 45쪽.

있다는 것을 아는 살아 있는 자의 긍정적인 웃음을 의미한다.[36] 바우보와는 달리 디오니소스는 벌거벗고 있는데, 그의 벌거벗음은 진리의 재가치화를 의미하는 것이 아니라 가상의 은폐되지 않은 긍정을 의미하는 것이다. 이는 충분히 아름답고, 충분히 강건하며, 자신을 은폐할 필요가 없는 강자의 벌거벗음이다. 가상의 긍정, 이는 절대적 진리가 해체되는 허무주의 속에서 이를 극복하는 극복인의 예술적 인식이다.

니체는 이러한 인식을 '성적 상징'을 통해 표현하고 있다. 이는 "죽음과 변화를 넘어서는 삶(생명)에 대한 승리적 긍정이며, 출산에 의해, 성적 신비에 의해 총체적으로 지속되는 삶으로서의 **참된 생명**"이다.[37] 출산, 임신, 탄생을 통해, 즉 영원히 계속되는 '출산의 고통' 속에서, 그리고 동시에 생산의 쾌락 속에서 반복되는 '영원한 생명'('생명의 영원회귀')은 긍정적으로 자신을 드러내게 된다. 이러한 생명의 세계를 니체는 여성만이 가지고 있는 성적 특성인 임신, 출산의 과정과 연관시키면서 이를 끊임없이 탄생을 반복하는 '디오니소스'로 표현한다. 디오니소스는 은폐와 드러냄, 남성과 여성, 물신주의와 거세 사이의 구별을 스스로 지워버리고 있다.[38] 코프만은 니체의 텍스트를 서양 정신사의 도착과 물신화, 거세와 억압에 반기를 드는, 강한 긍정의 언어가 지배하는 사유로 읽고 있다. 이때 니체의 진리관이 은폐와 드러냄, 남성과 여성의 이원적 대립을 지워버리는 전략을 사용하고 있다고 보는 그녀의 정신분석학적인 니체 해석은 니체 문체의 복수성으로부터 텍스트의 단일성과 진리의 절대성을 해체하는 데리다의 목소리와 닮았다. 이성

---

36) S. Kofman, "Baubô : Theological Perversion and Fetishism", 44쪽.
37) F. Nietzsche, GD, Was ich den Alten verdanke 4, KSA 6, 159쪽.
38) S. Kofman, "Baubô : Theological Perversion and Fetishism", 45~46쪽.

의 도착과 진리의 물신화, 여성(생성)의 거세와 생명의 억압에 반기를 드는 니체의 혁명적 사유는 서양 형이상학을 해체함으로써 서양 정신사에서 새로운 미래 철학의 서곡을 알리고 있다. 이는 삶의 건강성과 풍요로운 생명의 가치가 주도적인 가치로 인간을 지배하는 미래적 사유의 출발을 알리는 소리일 것이다.

6 여성적 사유의 정신 운동과 생명 사상의 발효로서의 페미니즘

우리는 지금까지 니체의 진리 담론과 연관해 나타난 그의 여성성의 문제를 논의하고, 더 나아가 이에 대한 데리다의 존재론적 해석과 코프만의 정신분석학적 해석을 소개했다. 니체의 여성성을 매개로 해서 이루어지는 진리관은 그의 현실적인 여성에 대한 표면적인 부정적 표현에도 불구하고 좀더 깊은 차원의 생성과 생명에 관한 존재론적인 논의를 함축하고 있다. 이러한 맥락에서 우리는 니체의 철학을 여성 혐오의 철학이 아니라 오히려 생성의 철학, 생명의 철학으로 읽을 수 있을 것이다. 니체는 이성 비판, 주체의 해체, 여성적 진리, 생명, 관점주의, 몸 이성 등의 개념을 통해 이성과 감성, 남성과 여성, 초월과 현실, 인간과 자연 등의 존재론적인 위계질서를 해체하며 다원주의, 차이의 철학, 생명 자각의 언어, 여성의 사유를 주창한다.

니체의 사상은 어떠한 면에서 플라톤주의와 대결하며 그것을 전도시키고 해체하려고 할 뿐만 아니라 피타고라스 철학과 대결하고 있다고 ──비록 그가 피타고라스의 '대립자'의 사상을 심도 있게 주목하고 있는 것 같지는 않지만──보인다. 피타고라스는 남성과 여성, 홀수와 짝수, 오른쪽과 왼쪽, 운동과 정지, 직선과 곡선, 밝음과 어둠, 선과 악의 대립자를 구분하고 있는데, 이때 그는 이성과 감성을 구분하고, 홀수는 한정과 형식의 원리(남성적 원리)이자 이성을 나타내는 것이며, 짝수는 여성적, 질료적 원리이자 감성을 나타내는 것이라고 보고 있다. 이러한 피타고라스의 사상은 이후 참된 이데아 세계와 그 그림자로서의 거짓된 현실적인 세계를 구분하는 플라톤 사상 및 진리로서의 신(영원한 생명의 세계)과 죄악의 세계로서의 인간의 세계(죽음의 세계)를 구분하는 그리스도교의 사상적 원천이 되었고, 형이상학적 논의에서도 본질, 진리, 존재, 절대 정신, 본체계 등의 개념을 진리 담론의 토대로 삼는 서양 정신의 발원지 역할을 한다. 이성, 정신, 남성, 진리를 우위에 두고 감성, 육체, 여성, 비진리를 억압하고 타자로서 배제하는 사유의 폭력을 거대한 서양적 사유의 독단론이라고 읽는 니체는 피타고라스적 대립자의 구분에 관한 대결을 넘어 서양 정신사 전체를 계보학적으로 문제시하고 있다.

　서양의 정신사는 이성과 감성, 정신과 육체, 남성과 여성, 생명과 죽음, 초월과 현실, 인간과 자연을 이분적으로 구분하고, 이를 대립 관계로 놓고 있으며, 전자가 후자에 대해 존재론적인 우위를 차지한다. 레비나스는 서양 철학의 이념이 타자를 배제하고 이를 자아 중심적으로, 이성 중심적으로 동화, 환원하는 존재론적인 제국주의의 성격을 지니고 있다고 고발했다. 서양 철학을 지배하는 전체성의 개념은 바로 전쟁에서 그 모습을 드러내는 존재의 모습이기 때문이다.[39] 이성, 남성, 인간과 감성, 여성, 자연을 구분하고 전자의 우월성을 확보한 채 후자에

---

39) E. Levinas, *Totalité et Infini* (Paris : Martinus Nijhoff, 1971), 6쪽.

대한 억압의 과정을 서양의 정신사가 지속시켰다면, 이는 또 다른 유형의 사유 폭력의 역사다. 이러한 이분법적인 구도와 존재론적인 우위를 해체하려는 최근의 포스트모던 페미니즘은 니체 철학을 하나의 중요한 참조로 삼고 있다. 그의 진리 담론이 이러한 이성중심주의와 남성중심주의(남근중심주의)가 지배하는 서양 철학을 하나의 독단이라고 고발하며 대립과 배제, 지배와 폭력을 넘어서는 새로운 생명의 사유 문법을 제시하고 있기 때문이다.

전 세계가 하나의 지구 공동체(지구촌)로 연결되어 있는 지구화 시대를 살아가는 오늘날, 어떻게 대립과 갈등, 경쟁과 투쟁의 세계관을 벗어던지고 21세기를 생명의 세기로 준비할 것인가 하는 철학적 문제가 제기되고 있다. 이는 철학적으로 인간과 자연의 화해(생태계 문제), 삶과 지식의 화해(윤리적 실천과 덕의 회복 문제), 인간과 인간의 화해(평화와 책임의 문제), 나와 또 다른 내면적인 제2의 나의 화해(자아의 회복의 문제)라는 문제를 제기하게 한다. 이 문제는 이성과 감성, 인간과 자연, 남성과 여성, 정신과 육체 등의 영역이 이분법적으로 분열되고 대립적 관계로 규정됨으로써 상처 받은 타자성의 회복 문제와 밀접하게 연관되어 있다. 따라서 대립과 지배, 갈등과 폭력의 기호가 아니라 이를 극복하려는 현대의 철학적인 화두는 사랑, 화해, 평화, 배려, 책임, 여성(성), 대지, 자연, 생명 등 다양한 개념으로 제기될 수 있을 것이다. 여성, 자연, 생명에 대해 열린 사유를 펼치고 있는 페미니즘이 하나의 새로운 정신적인 사상 운동으로 나타나고 있는 것은 바로 이러한 이유에서다. 여성적 사유의 발효는 이제 상처 받은 현대성을 치유할 수 있는, 더 나아가 서양 전통 사상의 한계를 넘어서는 하나의 문화 운동이 될 것이다.

이러한 사유는 현재 하나의 시도로서 인간의 미래적 사유 지평을 열어나가고 있으며, 미래 문명의 향방을 다진하기 위해 발효되고 있다. 그러나 이러한 정신적 효모를 발효시키기 위해 전제되어야 할 것은 바로 우리 자신의 자연성, 생명성, 인간성을 회복하는 일일 것이다. 우리 자신은, 너와 나는 모두 하나의 우주적 생명이기 때문이다. 이성과 감성, 남성과 여성, 인간과 자연이 화해하고 새로운 횡단적 연대성을 찾는 것은 바로 이러한 우리 자신의 자연성, 생명을 자각하는 데서 시작할 수 있을 것이다. 모든 생명이 불모화되는 시대에 우리는 니체의 다음과 같은 절규를 듣고 있다. "작은 정치의 시대는 지나갔다 : 틀림없이 다음 세기는 대지의 지배를 위한 싸움을 하게 될 것이고——어쩔 수 없이 큰 정치를 하게 될 것이다."[40] 우리는 이를 니체의 언어로 다시 바꾸어 다음과 같이 말할 수 있을 것이다. 작고 편협한 이성만의 정치를 위한 시대는 지나갔다. 우리의 세기는 대지와 생명을 찾기 위한 위대한 정치를 찾지 않으면 안 될 것이다. 인간과 자연이 하나의 우주적 생명임을 깨닫는 생명의 정치, 이성과 감성이 화해하는 몸의 정치, 지식과 삶이 화해하는 실천적 자각의 지혜의 정치, 남성과 여성이 화해하는 사랑의 정치, 인간이 타자(성)를 다양한 시각으로 승인하는 상생의 정치, 이것이 니체의 여성의 정치학이 함축하고 있는 미래 전망이 아닐까?[41]

---

40) F. Nietzsche, JGB 208, KSA 5, 140쪽(니체, 《선악의 저편 · 도덕의 계보》, 183쪽).
41) 니체의 여성의 정치학에 관한 논의로 P. Patton (ed.), *Nietzsche, Feminism & Political Theory*(London · New York : Routledge, 1993) ; K. Ansell-Pearson, *An Introduction to Nietzsche as Political Thinker* ; K. Oliver, *Womanizing Nietzsche*(New York · London : Routledge, 1995) ; D. W. Conway, *Nietzsche & the Political* (London · New York : Routledge, 1997) 등이 있다.

니체가 타자성에 주목하는 페미니즘의 얼굴로 살아나는 것은 바로 미래 문명의 새로운 가능성을 철학적으로 고뇌하고 책임을 함께 지려는 인간적 얼굴을 했기 때문일 것이다.

제11장
니체의 건강 철학

우리는 철학을 하는 체하면 안 되며, 실제로 철학을 해야 한다. 왜냐하면 우리에게 필요한 것은 건강한 것처럼 보이는 것이 아니라, 진짜 건강한 것이기 때문이다.[1]

1 구체성의 철학으로서의 건강의 철학

우리는 '철학은 내게는 너무 높이 있다', '나는 철학을 이해하지 못하겠다', '내게는 철학을 이해할 수 있는 감각 기관이 없다', '철학은 내 전공이 아니다'라는 말을 드물지 않게 듣는다. 철학이란 추상적인 것을 의미한다. 사람들은 철학이란 어떤 소리도 담고 있지 않은 빈 공간이라고 말한다. 그에 대한 답변은 다음과 같다: 공간은 비어 있는 것이 아니다. 그러나 사실상 단

---

1) 에피쿠로스, 《쾌락》, 오유석 옮김(문학과지성사, 1998), 32쪽.

순한 공기처럼 아무것도 볼 수 없지만, 그럼에도 그것은 우리가 생존하기 위해 호흡해야만 하는 공기, 이성의 공기인 것이다. 그것이 없다면 우리는 단순한 오성 속에서 질식해버린다. 철학은 실존이라는 삶의 호흡이 된다. 이러한 철학을 통해서 비로소 현실은 깊은 근원에서부터 말을 한다. 현대 과학과 철학의 근본 문제에 대한 우리의 성찰은 의사가 된다는 것에 대해 다음과 같은 명제를 정초할 수밖에 없을 것이다 : 오늘날 실상 연구가 아니라 의사의 이념을 보존할 수 있게 하는 본질적인 조건은 과학과 철학의 과제를 통합하는 것에 놓여 있다. 의사의 치료 행위는 구체적인 철학이다.[2]

실존철학자이자 정신병리학자였던 야스퍼스는 《기술공학 시대의 의사 Der Arzt im technischen Zeitalter》에서 철학이 위기에 처한 원인을 분석하며 철학의 과제를 의사의 치료 행위와 연관해 설명하고 있다. 그는 철학이 추상적이 됨으로써 대중과 유리된 채 위기에 처해 있는데, 철학이 진정 복원되기 위해서는 철학이 인간에게 절대 없어서는 안 되는 공기와 마찬가지로 삶의 호흡을 가능하게 해주는 실존의 공기 같은 것이 되어야 한다고 말한다. 그는 철학의 위기에 대한 진단에서 더 나아가 철학이 의사의 치료 행위를 닮은 치료의 철학, 즉 구체성의 철학으로 다시 태어나야 한다고 주장한다.

그러나 현실에 바탕을 둔 구체성의 철학, 현실의 문제를 진단하고 치유하는 치료의 철학 또는 건강의 철학은 야스퍼스 이전에 이미 니체에게서 나타난다. 니체는 철학이 인식론으로 격하되고 실증주의가 팽배하면서 '철학의 위기' 또는 '철학의 종말'이 나타났다고 진단하며 철학

---

2) K. Jaspers, *Der Arzt im technischen Zeitalter* (München, 1999), 56~57쪽.

우주의 춤

건강이란 생명의 최고의 긴장 상태이며, 이 상태의 몸의 표현이 바로 춤이다. 춤이란 우주적 건강의 몸 예술이다. 니체는 "건강한 몸에서 울려오는 음성에 귀 기울이라"고 권고하며, 건강한 몸의 언어는 춤을 통해 표현될 수 있다고 말한다.

을 삶의 건강의 문제와 연관해 복원해가고자 한다. 그는 삶의 구체성과 유리된 채 개념적이고 추상적이 되는 철학에 대한 불신과 불만이 마침내 철학을 '마지막 숨을 내쉬고 있는 철학'으로, '어떤 종말, 마지막 고통이며 연민을 일으키는 어떤 것'으로 내몰고 있다고 비판한다.[3] 야스퍼스에게서는 철학이 대중과 유리되어 위기에 처했다면, 니체에게서는 철학이 삶의 구체성에서 분리되어 종말에 처해 있다고 진단된다. 그러나 '철학의 위기' 또는 '철학의 종말'에 직면해 이 두 철학자는 철학을 치료의 철학, 구체성의 철학으로 환원함으로써 철학의 건강 회복을 시도하고 있다. 몸 개념을 실마리로 현대에 치료의 철학을 시도하고 있는 독일의 철학자 시퍼게스Heinrich Schipperges 역시 오늘날 우리는 무엇이 철학적 인간학에서 의학적인 것이 될 수 있고, 의학적 인간학에서 철학적인 것이 될 수 있는지를 절박하게 물을 필요가 있다고 강조한다.[4] 철학은 우리 현실과 미래, 고통과 극복, 병과 건강, 생명과 치료 등 구체적인 삶의 문제들을 다루어야 한다는 것이다. 레비나스에게서 잠, 불면, 휴식, 음식, 노동, 거주, 에로스(성욕), 결혼, 고독, 얼굴, 타자 등 삶과 연관된 구체적인 문제들이 철학의 대상이 되었듯이, 우리가 일상적으로 직면하며 살아가고 있는 고통과 병, 건강과 치료 등의 문제 역시 철학의 주요 주제가 될 수 있을 것이다. 가다머 역시 모든 사람에게 직접 연관된 구체적인 문제로서 "건강에 대한 관심은 인간 존재의 근원적 현상"으로 해석학적 관심이 필요하다고 말한다.[5] 오늘날 철학은 삶

---

3) F. Nietzsche, JGB 204, KSA 5, 131~132쪽(니체, 《선악의 저편·도덕의 계보》, 172쪽).
4) Heinrich Schipperges, *Kosmos Anthropos*(Stuttgart, 1991), 471쪽.
5) 한스 게오르크 가다머, 《철학자 가다머 현대의학을 말하다》, 이유선 옮김(몸과마음, 2002), 9~11쪽.

의 고통과 치료, 실존의 병리 현상과 정신 치료, 인간 이해와 건강한 삶의 유지 등의 문제에 관심을 가져야 할 것이다. 문화와 문명, 종교와 예술, 환경과 생명 등 현대에 중요하게 다루어질 수 있는 모든 주제가 삶의 건강 문제와도 밀접하게 관련되어 있기 때문이다.

고통, 건강, 치료의 문제는 여러 가지 철학적인 주제 가운데 오늘날 철학이 다시 물어야 할 주요 주제 가운데 하나다. 고통과 병은 과연 어떤 관계가 있는 것일까? 고통이란 인간의 진정한 삶의 이해에 어떤 역할을 하며, 삶의 창조에 어떤 기능을 하는가? 병이란 무엇이고, 우리가 일상적으로 이해하고 있듯이 과연 삶에 나쁜 영향을 미치며 삶에서 전적으로 배제돼야만 하는 대상인가? 진정한 의미의 건강이란 무엇을 뜻하며, 왜 우리는 건강을 추구해야만 하는 것일까? 과연 철학과 병 또는 건강은 어떤 관계에 있는 것일까? 자기 치료와 큰 건강이란 무엇인가? 이 글은 이러한 물음들을 니체 철학을 중심으로 정리해볼 것이다. 니체 사상 가운데 중심적인 주제를 형성하고 있음에도 그간 국내에서는 전혀 다루어지지 않았던 건강 개념을 중심으로 니체 사상이 함의하고 있는 철학적 의학, 병과 건강의 개념, 큰 건강과 치료의 문제들을 구체적으로 다뤄보자.

2 철학적 의학

니체는 철학을 건강의 이론이라는 관점에서 해석한다.[6] 그는 자신의

---

6) 니체의 건강이론에 대한 논의로는 Alwin Mittasch, *Friedrich Nietzsche als Naturphilosoph*

저서 《아침놀》에서 철학과 건강의 관계를 다음과 같이 말한다. "철학은 근본적으로 개인적 섭생에 대한 본능이 아닐까? 나의 대기, 나의 높이, 나의 기후, 나름대로의 건강을 두뇌라는 우회로를 통해 추구하려는 본능이 아닐까?"[7] 그에 따르면 철학이란 근본적으로 삶의 건강을 추구하는 것으로, 다름 아닌 개인적 충동 및 건강에 대한 지성적 우회로의 표현이다. 철학이란 각 개인이 건강하게 사는 것을 배우는 것이자 건강한 자유 정신을 획득하는 법을 배우는 마당이기도 하다. 건강에 대한 본능을 추구하는 학문으로서의 철학은 따라서 각 개인 및 철학자의 심신의 건강 문제와도 밀접하게 관련될 수밖에 없다. 철학자의 삶의 문제나 성향은 그대로 자신의 철학적 경향과도 연관될 수밖에 없을 것이다. 니체는 주로 건강의 철학을 표현하고 있는 자신의 저서 《즐거운 학문》에서 건강과 철학의 문제 또는 철학자와 철학의 성격에 대해 다음과 같이 말한다.

심리학자에게는 건강과 철학의 관계에 대한 물음같이 매력적인 물음이 거의 없을 것이다. 심리학자 자신이 병이 걸리게 될 경우, 그는 자신의 학문적 호기심 전체를 병에 집중할 것이다……어떤 사람의 경우는 자신의 부족함에서 철학을 하고, 또 어떤 사람의 경우는 자신의 풍요로움이나 힘이 있기 때문에 철학을 한다. 전자의 경우 그것이 기댈 곳이건, 안정, 약, 구원, 고양 (高揚), 자기 소외이건 간에 자신의 철학을 필요로 한다 ; 후자의 경우 철학이

(Stuttgart, 1952), 268~281쪽이 있다. 그러나 미타슈의 이 논의는 니체의 자연과학적 영향사에 대한 그의 다른 상세한 연구에 비해 니체의 건강이론에 관계된 구절들을 모아놓은 듯한 인상을 주며 너무 빈약하다.
7) F. Nietzsche, M 553, KSA 3, 323쪽(니체, 《아침놀》, 413쪽).

란 단지 아름다운 사치일 뿐이며, 최상의 경우라 할지라도 결국 여전히 우주적 대문자로 개념의 하늘에 새겨야만 하는 승리에 도취된 감사의 기쁨이다.[8]

철학자가 어떤 철학을 하는가 하는 그 성격과 종류는 철학자의 건강 상태나 삶의 문제에 달려 있다. 자신의 부족함을 보완하거나 대체하기 위해 어떤 사람은 안정이나 구원 또는 고양의 철학을 선택하고, 또 어떤 사람은 자신의 정신적 풍요로움이나 힘을 확인하기 위해 승리와 감사의 철학을 하게 되는 것이다. 철학이 우리의 건강 문제, 즉 몸의 문제와 연관되어 있다는 니체의 말은 그것이 다름 아닌 몸의 변형 기술 문제임을 의미한다. 수많은 건강을 통과함으로써 철학자는 수많은 철학적 작업을 만들어가게 되고, 자신의 상태를 그때마다 가장 정신적인 형식으로 바꾸어가게 되는데, 이를 니체는 '변형의 기술로서의 철학'이라고 말한다.[9] 우리는 삶의 문제에 직면해 무수히 많은 고통과 병, 치료와 건강을 경험하며 자신의 구체적 삶과 연관된 그러한 문제들을 정신적인 언어로 해명하고 해결하려고 노력하는 한편 이를 통해 자신의 몸에 그 언어를 각인하고 새로운 육화된 몸의 문법에 따라 세계와 다시 교류하며 자신을 조형해가는 것이다. 니체가 말하는 몸의 변형의 기술로서의 철학이란 세계와 교섭하는 가운데 끊임없이 몸의 언어를 새롭게 구성하고 다시 발화하는 몸의 문법을 말하는 것이다. 그에 따르면 철학은 이성에 의한 단순한 개념적 논리의 구성만을 다루는 것이 아니다. 그는 우리 안에 있는 피, 심장, 열기, 쾌락, 정열, 고통, 양심, 운명, 숙명 등 모든 것을 어머니처럼 그 사상에게 줌으로써, 즉 삶의 고통 속에서 사상이

---

8) F. Nietzsche, FW, Vorrede 2, KSA 3, 347쪽.
9) F. Nietzsche, FW, Vorrede 3, KSA 3, 349쪽.

출산된다고 말한다. 삶이나 현실, 몸이나 고통 등 구체적인 문제와 싸우는 가운데 우리는 자신의 삶의 의미를 새롭게 변형시키는 정신적 작업을 하며 새롭게 자각된 정신적인 눈으로 세계의 지평을 다시 넓혀나가게 되는 것이다.

니체 자신의 사상 역시 그의 고통스러운 삶의 과정에서 출산되었다. "나는 건강에 대한, 삶에 대한 내 의지로부터 내 철학을 만들었다"[10]라는 고백에서 볼 수 있듯이, 니체의 사상은 안질, 위통, 편두통, 마비증, 구토 등 육체적 고통뿐 아니라, 고독, 부정(父情) 결핍, 신경 질환 등 심리적 고통을 겪으며 살아온 삶의 역정과도 밀접한 관련이 있다. 그가 스스로 편두통, 위통, 보지 못할 정도의 위험 속에 있던 눈의 통증 가운데 《아침놀》을 탄생시켰다고 고백하고 있지만,[11] 기실 그의 전 저작은 자신의 병과 투쟁하는 가운데 씌어진 것이다. 니체의 사상이 그의 삶의 고통 속에서 탄생했다는 이러한 추정은 니체가 자신의 주치의 아이저 Otto Eiser 박사에게 보낸 1880년 1월 초 편지에서 더욱 잘 드러난다. "내 실존은 **끔찍할 정도의 짐**입니다 : 내가 바로 이러한 고통 속에서 그리고 거의 완전히 포기한 상태에서 정신적, 윤리적 영역에 대한 가장 교훈적인 시도나 실험을 하지 않았다면, 오래전에 나 자신의 가치를 깎아내렸을 것입니다. ──인식을 갈구하는 이러한 즐거움은 온갖 고문이나 실망을 이겨낸 최고점으로 나 자신을 올려놓습니다. 전체적으로 나는 내 생애의 그 어느 때보다 더 행복합니다. 그러나 그럼에도 불구하고 계속되는 고통이 있습니다……내 사상과 관점들이 내 **위로**가 됩니다."[12] 끔찍할 정도의 실존의 짐을 지고 삶의 고통을 느끼며 동시에

---

10) F. Nietzsche, EH, Warum ich so weise bin 2, KSA 6, 267쪽.
11) F. Nietzsche, EH, Warum ich so weise bin 1, KSA 6, 265쪽.

서양 문명에 대한 정신적 실험을 한 니체의 사상 역정은 그의 삶과 분리되어 설명할 수 없을 것이다. 니체의 연인이자 가장 가까운 데 있으면서 니체 사상의 체계를 정리하여 소개한 루 살로메 역시 그의 육체적 고통은 어느 정도 그의 사상과 작품에 반영되어 있으며, 그의 창작 과정과 그 사상의 발전 과정을 전체적으로 고찰한다면 그의 사상과 고통의 내밀한 연관성이 드러난다고 말한다.[13]

니체는 자신의 철학적 시각이 바로 자신의 병과 건강을 회복하는 과정에서 생겨났다고 다음과 같이 말한다. "병자의 광학으로부터 **좀더 건강한** 개념들과 가치들을 바라본다든지, 그 역으로 **풍부한** 삶의 충만과 자기 확신으로부터 데카당스 본능의 은밀한 작업을 내려다본다는 것——이것은 가장 오랫동안 나의 연습이었고, 진정한 경험이었다. 어디선가 내가 대가가 되었다면, 바로 여기서다."[14] 니체는 병자와 건강한 자의 광학을 통해, 즉 그 관점의 상호 교차를 통해 건강한 가치들과 데카당스의 본능 모두를 직시하며 지금까지 내려온 모든 전통적 '가치의 전환'을 이룰 수 있는 작업을 수행했던 것이다. 이 병과 건강이라는 두 가지 관점의 교차와 이를 통한 제3의 새로운 시각 획득이 니체로 하여금 기존의 가치들을 해머로 해체하고 서양 문명의 새로운 사유 문법을 여는 몸철학을 제시하게 한 것이다. 그의 몸철학은 새로운 인류 문화와 미래 문명을, 즉 도덕적 가치 평가와 삶의 해석에서 생명과 건강성을 지향하고 있다. 도덕적 가치 평가의 가치를 문제시하고 있는 《도

---

12) F. Nietzsche, KSB 6, 3~4쪽.
13) Lou Andreas-Salomé, *Friedrich Nietzsche in seinen Werken*, 43쪽. 니체의 사상과 그의 병력의 연관성에 대한 자세한 논의로는 K. Jaspers, *Nietzsche*, 91~117쪽 참조.
14) F. Nietzsche, EH, Warum ich so weise bin 1, KSA 6, 266쪽(니체, 《이 사람을 보라》, 333쪽).

덕의 계보》에서 역시 그는 "철학, 생리학, 의학 사이의 원래부터 냉담하고 불신하는 관계를 가장 우호적이고 생산적인 교류 관계로 바꾸는" 시도를 하며, 모든 가치 목록에는 먼저 생리학적 탐구나 해석이 필요하다고 주장한다. 그는 과학, 철학, 도덕, 정치, 종교 등 모든 것은 의학의 측면에서 비판을 기다리고 있다고 말한다.[15] 그는 서양 사상사 전체를 의학적 관점에서 다시 물으며, 몸의 해석과 인류의 건강 문제를 자신의 철학의 중심에 놓는다. 《즐거운 학문》에서 역시 몸의 해석을 통해 서양 형이상학과 철학사 전체를 해체하며, 다음과 같이 철학에서 건강, 미래, 생명, 힘의 문제를 새로운 철학의 주제로 떠올린다.

생리적 욕구를 객관적인 것, 관념적인 것, 순수 정신적인 것의 외투로 무의식적으로 감싸는 변장은 놀라울 정도로 광범위하게 진행되고 있다――나는 전체적으로 보아 철학이란 지금까지 대체로 단지 몸에 대한 해석일 뿐이며 몸에 대한 오해에 불과했던 것이 아닐까라는 질문을 스스로에게 자주 해왔다. 지금까지 사상사를 이끌어왔던 최고의 가치 판단의 배후에는 그것이 개인에 의한 것이든, 신분에 의한 것이든 인종 전체에 의한 것이든 몸의 속성에 대한 오해가 놓여 있다. 우리는 형이상학의 저 대담한 모든 미친 짓을, 특히 현존재의 가치 물음에 관해 형이상학이 내놓는 답변을 무엇보다도 항상 특정한 몸의 징후로 볼 수 있을 것이다. 그와 같은 세계 긍정이나 세계 부정을 통틀어 학문적으로 검토하면 전혀 의미가 없을지라도, 역사학자나 심리학자에게는 이미 말한 대로 몸의 징후, 즉 몸의 성공과 실패, 충만, 힘, 역사 속에서의 과시, 또는 몸의 장애, 피로, 빈약함, 몸의 종말에 대한 예감, 몸

---

15) F. Nietzsche, GM I 17, KSA 5, 289쪽(니체, 《선악의 저편 · 도덕의 계보》, 390쪽).

의 종말에 대한 의지 등으로 보다 가치 있는 암시를 제공한다. 나는 언어의 예외적인 의미에서 철학적 의사——민족, 시대, 인종, 인류의 총체적 건강의 문제를 파고들어야만 하는 그러한 사람——가 언젠가는 내가 제기한 의혹을 극단적으로 밀어붙여, 모든 철학이 지금까지 다루어온 것은 "진리"가 아니었으며, 무엇인가 다른 것, 즉 건강, 미래, 성장, 힘, 생명 등이라는 명제를 대담하게 세우는 용기를 갖게 되리라 언제나 기대했다.[16]

니체는 지금까지 철학사란 몸의 오해에 관한 역사일 뿐이며, 따라서 철학을 몸의 이해에 관한 해석학으로 다시 파악해야 한다고 말한다. 니체가 이때 말하는 몸의 해석학으로서의 철학이란 현존재의 가치 물음에 대한 답변을 함유하고 있는 몸의 징후학을 말하며, 여기서는 주로 건강, 미래, 성장, 힘, 생명 등의 문제가 다루어진다. 니체의 이러한 철학적 의학에 필요한 것은 단순한 육체에 관한 생리학적 견해만이 아니라, 세계에 관한 더욱 심층적인 통찰의 세계를 열어놓는 심리학이다. 왜냐하면 심리학은 여러 학문들의 주인으로 다시 인정받게 되며, 이제 다시 근본적인 문제에 이르는 길이 되었기 때문이다.[17] 그의 거의 전 저작에서, 특히 《인간적인 너무나 인간적인》이나 《선악의 저편》, 《도덕의 계보》에서 가치의 심리적 구성물로서의 도덕, 양심, 원한, 억압 등의 가치 계보에 대한 심리적 분석을 하고 있듯이, 세계와 인간 삶의 가치에 관한 그의 심리적 통찰은 철학의 새로운 지평을 열어놓게 된다. 심리학은 생리학과 더불어 니체의 철학적 의학을 구성하는 인식 방법론이다.

---

16) F. Nietzsche, FW, Vorrede 2, KSA 3, 348~349쪽.
17) F. Nietzsche, JGB 23, KSA 5, 39쪽(니체, 《선악의 저편·도덕의 계보》, 45~46쪽). 니체의 심리학에 대한 논의로 김정현, 〈니체의 심층심리학〉, 151~180쪽 참조.

이제 생리학과 심리학을 통해 몸의 징후론을 전개하는 니체에게서 병과 건강의 문제가 어떻게 다루어지는지를 살펴보자. 니체의 병과 건강의 개념을 다루기 전에 먼저 의학사에 나타난 병과 건강의 역사를 다룸으로써 그 개념의 변천사를 이해하고, 이를 통해 니체의 사상에 나타난 의학사적 영향사를 추적하며 동시에 의학사의 흐름 가운데 니체의 병과 건강의 개념을 자리매김해보자.

3 병과 건강의 문제

(1) 의학사에 나타난 병과 건강의 역사

병과 건강은 의학의 개념일 뿐 아니라, 예술, 문학, 철학, 종교의 주요한 테마이기도 하며, 동시에 인간의 삶과 연관된 인간학의 문제이기도 하다. 유한한 존재로서 우리는 삶의 과정에서 고통과 병, 죽음의 문제를 벗어날 수 없으며, 그렇기에 삶의 유한성 가운데 의미 있고 건강한 삶을 추구하기도 한다. 그러나 병과 건강의 문제는 쉽게 규정될 수 없는 수수께끼 같은 모습을 지니고 있다. 여기에서는 먼저 서양 의학사와 정신사 전반에 걸쳐 나타난 병과 건강의 문제를 다루면서, 그 가운데 니체가 이해했던 병과 건강의 개념을 살펴보려 한다.

'건강'이라는 말은 어원적으로 원래 '완전한vollständig', '상처 없이 치유된heil', '온전한ganz'의 의미를 담고 있다.[18] 이에 반해 병은 원래 '허약한siech', '나약한schwach', '무기력한kraftlos' 등의 의미

---

18) F. Vonessen, "Gesundheit", Joachim Ritter (Hrsg.), *Historisches Wörterbuch der Philosophie*, Bd. 3(이하 Gesundheit로 줄여 씀)(Basel · Stuttgart, 1974), 559쪽.

를 지니고 있는 것으로, 오늘날에는 ① 육체의 허약함, ② 고통이나 손상에 대한 감각적 느낌, ③ '악한böse'이나 '나쁜schlecht'이라는 의미의 정신적 질병, ④ 악습으로서의 사회적 질환이라는 네 가지 사태를 지칭하는 것으로 이해되고 있다.[19] 병이란 고통이라는 육체적 사태뿐 아니라 정신적, 사회적 질병으로서의 심리적, 가치적 사태를 포함하고 있다. 우리는 육체적 질병이 정신적 고통을 야기하기도 하고, 역으로 정신적 고통이 육체에 커다란 영향을 미치기도 한다는 것을 알고 있다. 육체적 고통과 정신적 고통이 상호 침투하며 몸에 영향을 주는 것이다. 이는 병이라는 물리적 사태가 정신적, 심리적 사태와 분리될 수 없으며, 또한 가치적 사태와도 뗄 수 없게 결합되어 있음을 의미한다. 왜냐하면 우리의 삶과 몸의 유지는 가치적 사태에 대한 끊임없는 반응이자 가치 평가의 해석이기 때문이다. 건강과 병은 또한 영혼과 육체의 관계를 전제로 하기 때문에 아직 부분적으로는 과학적으로도 해결되지 않은 채 수수께끼로 남아 있으며, 그것을 해석하는 것도 다의적으로 이해할 수밖에 없다. 특히 병에 관한 설명이나 해석은 어느 시대나 인간에 관한 이론, 즉 인간학에 기반을 두고 있기에[20] 우리는 그 개념을 이해하기 위한 지층 또는 변천사를 살펴봄으로써 접근할 수밖에 없을 것이다.

인류 역사의 초기에 대다수 지역에서 병은 악령이 들어와 퍼뜨린 초자연적 현상으로 파악되었으며, 그러므로 이것을 마술이라는 수단으로 추방해야만 한다고 생각했다. 병이란 악령의 침입이라는 초자연적 현상이 일어난 것으로, 따라서 주술적 수단으로 이를 치유해야 한다는 주

---

19) K. E. Rothschuh, "Krankheit", Joachim Ritter (Hrsg.), *Historisches Wörterbuch der Philosophie*, Bd. 4(이하 Krankheit로 줄여 씀)(Basel · Stuttgart, 1976), 1184쪽.
20) Krankheit, 1190쪽.

술적 사고가 이루어진 것이다. 이러한 생각에 반해 고대 그리스에서는 병인론적 자연 연구로서 과학적인 히포크라테스 의학이 등장해 병을 자연에서 벗어나는 것과 동일시하며, "자연이란 역동적으로 정상 상태를 추구하는 것kata physin"이므로 의사는 일탈된 것을 '다시 자연으로 되돌리는 것eis ten physin agein'을 도와주어야만 한다는 견해가 생겨났다.[21] 이때 자연에서 벗어났다는 것은 육체적 체액의 조화가 장애 상태에 있음을 표현하는 것으로, 건강이란 육체적 부조화의 상태를 다시 자연의 상태, 즉 자연의 조화로운 균형 상태로 되돌리는 것을 의미한다. 즉 건강이란 이러한 자연적 차원의 조화나 균형 상태를, 병이란 이러한 차원의 부조화나 부적합한 지배 상태를 나타내는 것으로, 건강과 병은 언제나 일반적인 자연이나 인간의 본성과 연관된 것이다. 건강과 병은 서양 고대에서 우주론적으로, 인간학적으로 이해되었다. 고대 그리스인들은 우주의 건강을 "요소들의 조화로운 혼합"이라고 여겼으며, 소우주의 건강을 그 대립의 '합리적 조화와 조합', '균형', 근원적 성질의 '제대로 된 조합', '중간 상태 $\mu\epsilon\sigma\acute{o}\tau\eta\varsigma$', '평형 상태 $\sigma\nu\mu\mu\epsilon\tau\rho\iota\alpha$'로 설명했다.[22] 이러한 평형 개념에 기초해 2천 년 이상 서양 의학을 지배해

---

21) Dirk Lanzerath, "Krankheit", W. Korff · L. Beck · P. Mikat (Hrsg.), *Lexikon der Bioethik*, Bd. 2(이하 Kh로 줄여 씀)(Gütersloh, 2000), 478쪽. 히포크라테스는 "자연은 질병의 의사이다. 자연은 생각하지 않고도 스스로 방법을 찾는다"(자크 주아나, 《히포크라테스》, 서홍관 옮김(아침이슬, 2004), 547쪽 재인용)고 말한다. 이는 "자연은 스스로 치유한다natura medicatrix"는 자연의 치유력을 강조한 것으로, 의사란 이때 자연의 치유력을 도와주는 보조적인 역할을 하는 것뿐이다. 이러한 견해에 기초한 히포크라테스 학파의 치료법은 식사를 적당히 하고, 신선한 공기를 마시며 생활을 정돈하고, 수면, 휴식, 운동을 규칙적으로 하며, 약으로는 토제(吐劑), 하제(下劑), 이뇨제 등 체액 배출을 돕는 단순한 것만을 사용하고, 안마, 수욕(水浴) 등 이학적 요법도 사용하는 것이었다(백영한, 《의학사개론》(계축문화사, 1994), 22쪽).
22) Gesundheit, 559쪽.

온 고전적인 이론은 기원전 6~4세기경 히포크라테스 학파의 의사들에 의해 발달된 체액론the humoral theory인데, 이에 따르면 완전한 건강은 황담즙, 점액, 피, 흑담즙의 온도, 강도, 양이 균형 상태에 있을 때 가능하다. 이러한 견해는 몸의 일부분의 건강이 몸 전체의 건강과 떨어져 이해될 수 없다는 의미에서 전체론적holistic이며, 체액이라는 실재 물리적 실체를 가정하기 때문에 생리학적physiological인 것이었다.[23] 그러나 고대에 의학은 질병을 치료하고자 할 뿐 아니라 건강의 보존에 관심을 쏟아 위생술Hygiene이나 섭생술Diätetik을 중요하게 생각했으며, 인간과 자연의 결합이나 자연과 문화에 의해 어느 정도 각인된 인간의 삶의 방식을 중요하게 여겼다. 이때 치료에서 최고 위치를 차지하는 섭생이란 빛과 공기, 음식과 음료, 운동과 안정, 잠과 깨어남, 배변, 정동(情動)이라는 여섯 가지 영역과의 교섭sex res non naturales을 의미하는 것이다.[24] 섭생이란 음식과 음료를 먹고 마시는 육체적 활동에 국한된 것이 아니라 환경과의 교섭, 운동과 안정, 정동의 관리와 같은 심리적 활동 전체를 의미하는 것으로, 삶을 잘 이끌어가는 육체적, 정신적 활동 전체를 뜻한다. 그러나 다른 한편, 치료요법으로서 자연 치유력을 강조했던 히포크라테스와 더불어 고대 서양 의학의 체계자이며 해부학에 기초해 실험생리학을 창시한 인물인 의학자 갈레노스Claudios Galenos는 의학을 건강과 병, 건강과 병 사이의 중간 상태에 관한 이론이라고 규정했는데, 이러한 인간 삶의 세 가지 상태에 관한 관념은 현

---

23) Thomas A. Long, "Nietzsche's Philosophy of Medicine", *Nietzsche Studien*, Bd. 19(1990), 115쪽.
24) Dietrich von Engelhardt, "Gesundheit", W. Korff · L. Beck · P. Mikat (Hrsg.), *Lexikon der Bioethik*, Bd. 2(이하 Gh로 줄여 씀)(Gütersloh, 2000), 109쪽.

실이 건강과 병의 극단적인 상태로 이루어지는 것이 아니고 중간 상태가 지배하고 있다는 것을, 즉 건강 속에 병이, 병 속에 건강이 있다는 것을 뜻했다.[25] 병과 건강의 이분법적 구분이 아니라 건강과 병의 중간 상태가 있다는 그의 견해는 이후 병과 건강은 정도의 차이일 뿐 본질적인 차이가 아니라고 본 낭만주의자들과 니체의 견해 속에서 다시 발원되고 있다.

중세에는 건강과 병이 신학적 관점에서 저편 세계에 관계된다고 이해되었고, 모든 의사 뒤에는 의사로서의 예수의 상Christus Medicus이 있으며, 모든 환자 뒤에는 예수의 고통Passio Christi이 있다고 여겼다. 건강과 병, 죽음의 물음은 신이나 모든 창조의 근원, 그리고 동시에 부활의 구원(치유) 문제로 귀결되었고, 병과 고통은 건강이나 기쁨과 마찬가지로 인간 실존의 중요한 표식에 해당한다고 이해되었다. 건강과 질병은 구원사적 의미를 담지하고 있으며, 낙원constitutio에서부터 지상의 실존destitutio을 거쳐 부활restitutio에 이르는 종말론적인 세계 운동에 관계하는 것으로, 따라서 병이란 창조의 의미를 지니고, 지상에서의 삶의 필연적인 구성 요소이며, 지상적인 삶에서 완전한 건강이란 불가능하다고 여겨졌다.[26] 그러나 이때도 고대의 영향을 받아 섭생은 계속해서 치료 과정에서 최고의 위치를 차지하고 있었다.

이에 반해 고대 갈레노스 의학과 아라비아 의학을 계승하는 전통 의학을 비판하며 건강과 질병에 관한 또 다른 견해가 16세기의 파라셀수스Paracelsus에게서 나타난다. 그는 병이란 몸에서 일어나고 있는 불균형한 기능의 결과라는 사고를 거부하며 존재론적인 입장을 취하며,

---

25) Gh, 110쪽.
26) Gh, 110쪽.

병의 특성을 하나의 실재물로 간주하고, 건강이란 '병이 없는 상태'로 표현될 수 있다고 보았다.[27] 병을 하나의 실재로 간주하여 치료에 화학 약제를 사용하는 등 그의 의학은 근대 의학의 싹을 간직하고 있었다.

근대는 세속화의 원리가 지배했는데, 이는 중세의 신학적 저편 세계의 정초에 반해 개인과 지상적 세계가 의학에서도 전면에 등장하는 시기였다. 세속화란 영원한 삶, 영원한 젊음, 영원한 건강의 상태에 있는 낙원이라는 이상의 세속화를 의미하는 것으로, 공리주의에서처럼 점차 삶의 목적이나 건강 또는 삶의 질을 행복 추구로 규정했다.[28] 또한 근대에는 자연과학의 발달로 인해 새로운 기계론적 자연과 육체에 대한 이해가 전개되었는데, 17세기에 의학적 화학Iatrochemie이나 의학적 물리학Iatrophysik은 그에 의존하고 있었다. 그 결과 의학은 점점 더 응용과학으로 변하게 되었다.[29]

건강과 병의 의학적 해석이나 이해에서 19세기는 휴지기에 속한다. 고대에서 내려오던 전체적인 섭생 개념은 18세기에서 19세기로 넘어가는 이행기에 의학에서 포괄적인 의미를 상실하고, 먹고 마시는 섭생의 문제로 환원되고 말았으며, 의학은 자연과학의 모델 속에서 환자의 치료에 전념하게 되었다. 이는 환자가 점차 대상화되고, '환자의 역사Krankengeschichte'는 '병의 역사Krankheitsgeschichte'로 전환된다는 것을 의미한다.[30] 그러나 다른 한편 니체는 자연 또는 육체에 대한 근대의 기계론적인 견해에 기초한 병과 건강의 문제를 근본적으로 해

---

27) Thomas A. Long, "Nietzsche's Philosophy of Medicine", 115쪽.
28) Gh, 111쪽.
29) Kh, 478쪽.
30) Gh, 109 · 112쪽.

체하고 있다. 그는 파라셀수스의 실체론적인 질병관을 거부하며 건강 개념의 해체를 완성했다. 그는 또한 연장적 실체로서의 육체와 비연장적 사유 실체로서의 정신을 이분법적으로 구분하는 데카르트 철학을 거부하며 이를 '몸Leib' 개념으로 통합하여 인간을 설명한다. 따라서 몸의 건강이란 그에게 심신의 건강뿐 아니라 삶의 건강까지 의미하는 것이다. 그는 병과 건강을 상대적으로 파악하며, 특히 심리적 고통이나 인간의 정신적 활동의 무의식적 기제에 대해 심리적으로 날카롭게 통찰함으로써 이후 정신분석의 길을 연다.

20세기 들어 병을 이해하거나 치료함에 있어서 심리적 현상에 관심을 갖는 정신분석(프로이트)이나 인간학적 의학(바이체커Victor von Weizsäcker, 미체를리히Alexander Mitscherlich, 요레스Arthur Jores)이 나타나고, 이는 어떤 병의 현상이 드러나는 것을 무의식적이지만 의미 있는 영혼의 의도나 갈등이 육체로 전환되는 것으로 이해하며, 병의 사건에 방식이나 시점에 따라 생애의 자릿값, 즉 생애적 의미를 부여하거나 병을 심리사회적 영역을 고려해 해석한다.[31] 또한 현대에 가다머는 히포크라테스의 평형 개념에 기초해 현대 의술의 과제를 설명하면서, "건강이란 삶의 리듬이고, 평형 상태가 스스로 균형을 잡아가는 지속적인 과정"이라고 말한다.[32] 그는 우리의 건강한 삶은 우리의 내적 자연에 순응하여 적절한 평형과 조화를 이루는 데 있다고 주장한다. "우리 자신이 자연의 일부이며, 우리 신체가 유기적인 자체 방어 시스

---

31) Krankheit, 1189쪽 ; Kh, 479쪽.
32) 한스 게오르크 가다머, 《철학자 가다머 현대의학을 말하다》, 181쪽. 가다머에 따르면 "자기 자신의 적절한 균형과 조화를 유지하는 것에 건강의 본질이 있다"(같은 책, 171쪽).

템으로 우리의 '내적' 평형을 유지할 수 있게 하는 것도 바로 우리 안에 있는 자연이다. 이것은 생명을 구성하는 기능들 간의 독특한 상호 작용으로 볼 수도 있다. 우리는 스스로 자연의 일부가 됨으로써만, 그리고 자연에 의해 유지됨으로써만 자연에 저항할 수 있다."[33] 자연의 평형 상태를 우리 자신에게서 발견하고 유지하는 삶의 기술, 우리 자신이 자연의 일부라는 자각이 병행될 때 우리는 진정한 건강을 유지할 수 있다는 것이다.

(2) 니체의 병과 건강 개념

야스퍼스에 따르면 니체의 작품은 병의 의미에 대한 물음으로 가득 차 있을 뿐 아니라,[34] 그의 철학적 사유 전체가 병에 대항하며 건강을 추구하고 또한 모든 병든 것을 극복하고자 한다.[35] 니체만큼 평생 병에 시달리며 그것과 대면하는 가운데 건강을 추구하며 철학한 사상가도 드물 것이다. 지금까지 남아 있는 니체의 서재에 있는 책 가운데 의학과 건강이론에 관한 책이 17권이나 되고,[36] 또 자신의 병에 대해 자기 치료를 스스로 시도한 그의 삶의 족적이나 그의 일부 저작에서 다루어진 병과 건강의 문제를 살펴볼 때 야스퍼스의 지적은 전적으로 타당하다고 볼 수 있다. 이제 니체가 병과 건강의 문제를 어떻게 다루었는지 좀더 자세히 살펴보자.

니체는 건강을 화학적 물질이 평형 상태에 있는 일종의 생리학적 상

---

33) 한스 게오르크 가다머, 《철학자 가다머 현대의학을 말하다》, 184~185쪽.
34) K. Jaspers, *Der Arzt im technischen Zeitalter*, 91쪽.
35) K. Jaspers, *Der Arzt im technischen Zeitalter*, 113쪽.
36) *Nietzsche Bibliothek, Vierzehnte Jahresgabe der Gesellschaft der Freunde des Nietzsche-Archivs*(Weimar, 1942), 27~28쪽.

태라는 생각을 던져버리고, 건강을 질병의 부재로 여기는 존재론적 견해도 비판하고 있다.[37] 이는 건강을 단지 체액의 평형 상태로 설명하는 히포크라테스 학파의 견해나 병을 육체의 국부적 현상으로, 건강을 질병의 부재로 보는 16세기의 화학요법의 시조인 파라셀수스, 질병을 장기에서 찾고자 한 병리해부학자인 모르가니Giovanni Batisa Morgagni, 더 나아가 질병을 장기 속의 조직에서 찾으려 한 국소병리학의 체계자이자 병리조직학자인 비샤Marie-François-Xavier Bicha 등의 실체론적, 존재론적 견해에 대한 비판을 뜻한다. 롱Thomas A. Long은 니체의 사상을 '생성존재론The flux ontology'이라고 규정하는 그림Ruediger Hermann Grimm에게 의존해 건강과 병의 관계에 관한 니체의 개념을 전체론자나 존재론자들의 견해와 구별되는 철학적 존재론의 입장에서 설명한다.[38] 니체에게 병과 건강은 절대적인 실체나 어떤 고정된 실체적 상태에 대한 규정이 아니며 상대적으로 이해될 수밖에 없는 것이다. 1888년 초 니체의 유고를 살펴보면 병과 건강이 본질적으로 다른 것이 아니며, 사실은 정도 차이에 지나지 않는 상대적인 것임을 분명히 말해 주고 있다.

건강과 병은, 옛날의 의사나 오늘날의 일부 임상의가 믿듯이 본질적으로 다른 것이 아니다. 이것들로부터, 살아 있는 유기체에 관해 서로 싸우고 그것을 자신들의 싸움터로 만들어버리는 명료한 원리들이나 실재들을 만들어서는 안 된다. 그런 것들은 더 이상 아무 소용 없는 진부한 짓거리나 수다인 것이다. 사실 건강과 병이라는 삶의 두 양식 사이에는 단지 정도의 차이만

---
37) Thomas A. Long, "Nietzsche's Philosophy of Medicine", 117쪽.
38) Thomas A. Long, "Nietzsche's Philosophy of Medicine", 116쪽.

있을 뿐이다 : 정상적인 현상들의 과장, 불균형, 부조화가 병적 상태를 구성하는 것이다. 베르나르Claude Bernard.[39]

니체는 19세기에 화학적 생리학을 통해 실험의학의 길을 연 베르나르의 견해를 이용해 병과 건강이란 정상적 현상의 균형이나 조화의 문제, 즉 힘의 정도 차이 문제에 불과하다고 말하며, 더 나아가 선과 악의 문제 역시 과잉, 부조화, 불균형의 문제로 설명한다. "악이란 과잉, 부조화, 불균형으로, 선이란 과잉, 부조화, 불균형의 위험에 대한 보호 섭생으로 고찰될 수 있다"[40]는 니체의 말은 건강과 병이 곧 삶의 가치 문제, 즉 데카당스 문제와도 연관되어 있음을 시사한다. 따라서 니체의 건강 개념은 죄의 개념이 생리적 우울증에 대한 해석인 것과 마찬가지로 사실(고통에 반응하는 능력이나 그 능력의 결여)에 대한 가치론적 해석이다.[41] 니체적 의미에서의 병이란 긍정적인 방식으로 고통에 반응할 수 있는 능력의 부재를 의미한다. 고통에 반응할 수 없는 인간은 자신의 빈곤함과 용기 부족으로 고통에 대해 반응하기 때문에 근본적으로 건강하지 못하며, 건강한 인간은 고통에 직면할 용기를 가지고 자기 자신의 의사가 될 수 있다.[42]

여기에서 니체는 야스퍼스가 말하고 있듯이 생물학적 또는 의학적으로 규정되는 건강이 아니라, 자신의 실존적 자리 전체에서 인간의 가치에 기반한 건강을 문제시한다.[43] 이러한 관점에서 볼 때 "건강 자체란

---

39) F. Nietzsche, N 14(65), KSA 13, 250쪽.
40) F. Nietzsche, N 14(65), KSA 13, 250쪽.
41) Thomas A. Long, "Nietzsche's Philosophy of Medicine", 118쪽.
42) Thomas A. Long, "Nietzsche's Philosophy of Medicine", 120쪽.
43) K. Jaspers, Der Arzt im technischen Zeitalter, 113쪽.

존재하지 않으며", "무수히 많은 몸의 건강이 있는 것이다".[44] 니체의 건강은 상대적인 개념이다. 그는 건강이, 이르거나 이를 수 없는 어떤 상태로 규정될 수 있는 것이 아니라, 진행하면서 동시에 언제나 새로운 그리고 개인적으로 다양한 균형의 가능성을 찾는 과정으로 이해하며, 따라서 급격히 작용하는 의약품에 의존한 건강의 사고방식을 거부한다.[45] 그는 건강과 병을 각 개인이 각자 적극적으로 책임을 지는 실존의 조건 위에서 이해할 것을 요구하며, 모든 사람은 각자 자신의 리듬, 욕구, 삶의 습관을 언제나 성찰해야 할 뿐 아니라 그것에 영향을 주고 그것을 변형할 수 있는 가능성을 지니고 있다고 본다.[46] 일반적으로 받아들이는 의료 행위의 목적과 달리 니체는 건강을 위한 단일한 규범이 존재한다는 사실을 부정한다. 니체는 건강이란 변할 수 있으며, 모든 인간에게 연결된 덕과 동일한 영혼의 건강이 존재하지 않듯이, 병과 건강은 본질적으로 다르지 않다고 파악한다. 그는 심지어 병이란 삶에 유용할 수 있으며, 삶을 위해 자극이 될 수 있다고 다음과 같이 말한다.

> 병 자체는 삶의 자극제가 될 수 있다 : 단지 우리는 이러한 자극을 이겨낼 정도로 충분히 건강해야만 한다![47]

전형적으로 병약한 존재는 건강해질 수 없고, 자기 스스로 건강하게 만들기는 더욱 어렵다 : 반대로 전형적으로 건강한 존재에게는 병들어 있다는 것

---

44) F. Nietzsche, FW III 120, KSA 3, 477쪽.
45) Mirella Carbone · Jochaim Jung (Hrsg.), *Friedrich Nietzsche, Langsame Curen* (Freiburg, 2000), 9쪽.
46) Mirella Carbone · Jochaim Jung (Hrsg.), *Friedrich Nietzsche, Langsame Curen*, 9쪽.
47) F. Nietzsche, WA 5, KSA 6, 22쪽.

이 심지어는 삶을 위한, 더 풍요로운 삶을 위한 강력한 자극제가 될 수 있다.[48]

전형적으로 병든 존재, 즉 자신의 삶의 가치와 의미를 자신에게서 찾지 못하는 데카당스의 본능을 지닌 인간은 스스로 건강하게 만들기 어렵다는 것이다. 모든 것을 부정적으로 생각하고 무기력하게 또는 세상에 대한 원망으로 자신의 삶을 이끌어가는 사람은 결코 건강해질 수 없다. 반면 진정 건강한 사람은 자신을 사랑하고 현실을 인정하며 그 부조리마저 이겨내려는 강인한 정신적 태도를 지니고 세계를 긍정하는 사람인데, 그러한 인간에게 고통과 병이 있다는 것은 오히려 자신의 한계를 성찰하고 자신의 현실을 긍정한 채 감사의 마음으로 이를 극복할 수 있는 계기가 된다. 이러한 삶의 태도를 지닌 사람에게는 그것이 육체적 질병이든 정신적 어려움이든 자신의 장애나 한계가 세계를 좀더 깊고 넓게 이해할 수 있는 또 다른 계기가 될 수 있다. 따라서 니체에게는 저항 본능의 쇠퇴가 진정한 병으로 여겨진다. "만일 어떤 그 무엇이 일반적으로 병들어 있는 것이나 약한 것을 관철시킬 수밖에 없다면, 이는 그에게 진정한 치유 본능, 즉 인간 안에 있는 방어 본능과 **공격 본능**이 쇠퇴해간다는 것을 뜻한다. 그런 인간은 어떤 것에서도 벗어날 수 없고, 어떤 것도 잘 처리해내지 못하며, 어떤 것도 퇴치할 수 없다—모든 것이 상처를 입힌다."[49] 나약함 때문에 저항할 수 없다는 것, 병적인 것에 대한 방어 기제로서의 내적 면역이 없다는 것은 치유 본능이 약화되었거나 거세되었다는 것을, 즉 삶의 본능 자체가 쇠퇴되었다는 것을 의미한다. 외부 세계에 대해 자신을 방어할 수 있는 저항 능력으

---

48) F. Nietzsche, EH, Warum ich so weise bin 2, KSA 6, 266쪽.
49) F. Nietzsche, EH, Warum ich so weise bin 6, KSA 6, 272쪽.

로서의 면역 체계가 무너졌다는 것은 외부 세계와 교섭하는 가운데 자기 자신을 보존할 수 있는 능력을 상실했음을 의미한다. 이는 생리적 신체의 세계뿐 아니라 심리적 세계에도 마찬가지로 적용될 수 있다. 이것은 곧 생명으로서의 힘에의 의지가 약화되어 생리학적 또는 심리학적 데카당스에 빠져 있음을 뜻하기도 한다. 병에 대해 지나치게 민감하거나 병드는 것에 대해 지나친 두려움을 가진 사람은 결코 병에서 벗어날 수 없으며, 병적 증후를 몸 안에 지닌 채 어떤 의미에서 병자로 살아갈 수밖에 없다. 그러나 병적 고통을 극복하고자 하는 사람에게 병이란 더욱 강력한 삶의 자극제가 될 수 있으며, 이러한 사람이 진정한 의미에서 건강한 삶을 살아갈 수 있는 것이다. 니체적 의학은 고통에서 도피하려는 것보다 순수하게 그것을 극복하려는 능력을 가진 개인들을 향하고 있다.[50]

니체는 의사들에 의해 규정되었던 정상적인 섭생, 병의 정상적인 경과와 함께 정상적 건강이라는 개념은 상실될 수밖에 없다고 말하며,[51] 영혼의 건강을 언급하면서 키오스의 아리스톤의 의학적 도덕률 "덕은 영혼의 건강이다"를 "너의 덕은 네 영혼의 건강이다"로 변형시킨다.[52] 무수히 많은 몸의 건강이 있듯이 모든 사람에게는 각자의 건강이 있기 때문에, 자신의 삶의 목적, 지평, 충동 등 몸의 유지 활동을 통해 각자

---

50) Thomas A. Long, "Nietzsche's Philosophy of Medicine", 123쪽.
51) 미셸 푸코에 따르면 18세기 말까지 의학이 주로 '건강' 회복에 초점을 맞추었다면, 19세기에 들어와서는 건강보다는 '정상성'의 문제에 더 큰 관심을 보이게 된다. 의학은 의학적 지식을 통해 개인적 차원의 건강뿐 아니라 사회적 차원의 '정상'과 병리 상태들을 관리하게 된다. M. Foucault, *Die Geburt der Klinik*, Walter Seitter (übers.) (Frankfurt a.M., 1996), 52~53쪽. 니체는 그 당시 의학에서 관심을 갖던 정상적 건강이라는 개념을 비판하고 있다.
52) F. Nietzsche, FW III 120, KSA 3, 477쪽.

가 자신의 건강을 찾아야 한다는 것이다. 정상으로 규범화되고 양화되어 규정된 의학적 의미의 건강이 아니라, 나 자신의 몸의 건강을 찾는 니체의 작업은 자연성을 찾는 작업이기도 하다. 건강이란 다름 아닌 자연의 도움으로 모든 사람이 각자 자신의 몸과 삶의 균형을 이루는 작업이기 때문이다. "병이란 건강에 이르려는 서툰 시도다. 우리는 자연이라는 정신의 도움을 받아야만 한다."[53] 니체는 병과 고통을 건강에 이르려는 자연의 시도로 파악한다. 즉 병 자체란 건강에 대한 자연이 보내는 내적 신호로, 이를 통해 우리는 생리적 불균형이나 심리적 부조화 상태, 또는 삶의 잘못된 습관이나 자세를 점검하고 다시 건강을 추구하게 된다. 그는 "건강이란 ① 넓은 지평을 동반한 사고를 통해 ② 화해하고 위안을 주며 용서하는 느낌을 통해 ③ 우리가 고군분투했던 악몽에 대한 우울한 웃음을 통해 알려진다"[54]고 말한다. 니체에게서 진정한 건강이란 관점주의적 사고에 의해 넓고 깊은 세계를 인식할 수 있는 열린 정신과 세계와의 진정한 화해에 이르렀을 때, 복잡다단한 인간 관계에서 쌓이는 원한 감정으로부터 해방되었을 때, 그리고 일상과의 잘못된 교섭에서 벗어나 자유 정신이 될 때 얻을 수 있다. 타인을 원망하고 부정적으로 세계와 관계하는 삶의 태도를 견지하는 한, 삶은 고통과 병 속에서 그 출구를 찾지 못한 채 질식한다. 반면 삶과 현실의 일상적 공리를 인정하고 동시에 그 결정화된 모순을 극복하는 적극적이고 긍정적인 사고는 건강이라는 삶의 준거를 자신의 삶의 영토 안에서 확립할 수 있다.

---

53) F. Nietzsche, N 5〔1〕, KSA 10, 218쪽.
54) F. Nietzsche, N 7〔167〕, KSA 9, 351쪽.

4 큰 건강과 치유

(1) 창조적 병으로서의 고통

니체는 부처나 쇼펜하우어처럼 삶이 근본적으로 고통으로 가득 차 있다고 본다. 생로병사의 삶의 과정이나 사물이나 사태를 제대로 인식하지 못하는 인간 인식의 한계 또는 타인과의 인간 관계에서 오는 갈등이나 오해, 자기 자신을 제대로 이해하지 못하고 자기 도피나 자기 상실의 삶의 과정을 살아가는 데서 오는 중심 상실로 우리는 끊임없이 고통을 겪기도 한다. 니체는 심지어 "삶이란 고문"[55]이라고 말하면서도, 다른 한편으로 삶의 옹호자가 되기 위해서는 또한 고통의 옹호자가 되어야 한다고 요구하고 있다. 고통은 진정한 삶의 중심을 찾기 위한 의미 증식의 생산적 영토가 될 수 있기 때문이다. 고통은 우리가 회피하거나 거세해야 하는 부정적인 병리 현상이 아니라 삶의 의미를 찾기 위해 지나야 하는 삶의 정맥이다. 우리의 육체가 동맥과 정맥의 혈관과 그 활동으로 이루어지듯이, 삶이란 생명과 고통, 의미와 무의미의 교차적 활동으로 이루어져 있다. 니체에게 인간의 최고의 정신적 행복은 공리주의가 말하듯이 고통의 부재에 있는 것이 아니라 고통의 의미 있는 극복에 있다. 그는 고통을 인간이 자신의 심연으로 내려가는 길잡이로, 더 나아가 정신적 해방을 가능하게 하는 맥관(脈管)으로 간주한다.

커다란 고통이야말로……정신의 궁극적인 해방자다. 커다란 고통이야말로, 시간을 끄는, 마치 생나무 장작에 불태워지는 듯이 저 길고도 느리게 오

---

55) F. Nietzsche, N 22(3), KSA 10, 623쪽.

는 고통이야말로 우리 철학자로 하여금 우리의 심층의 마지막에까지 내려가게 한다.[56]

깊이 고통을 겪어본 인간에게는 누구나 정신적인 자부심과 구토감이——이것은 얼마나 깊이 인간이 고통스러워할 수 있는가 하는 순위를 거의 결정한다——있다. 그는 자신의 고통 때문에 가장 영리하고 현명한 자들이 알 수 있는 것보다 더 많이 알고 있다고, "그대들은 아무것도 알지 못한다!"고 말할 수 있을 정도로 멀고도 무서운 많은 세계를 잘 알고 있고, 언젠가 그곳에 '머문' 적이 있다는 전율할 만한 확신을 가지고 있었으며, 이 확신이 온몸에 젖어들어 이로 채색해버린 것이다……깊은 고통은 사람을 고귀하게 만든다.[57]

고통을 겪어본 사람만이 진정 세계의 깊이를 이해할 수 있고, 인간 삶의 현실을 직시할 수 있으며, 그러한 현실을 그대로 받아들이고 이해할 수 있는 고귀한 자유 정신이 될 수 있다는 것이다. 이를테면 니체는 평안하고 안이한 조건 속에서 사는 것을 행복이라고 여기는 비닐하우스의 식물 같은 인간이 아니라 비바람을 맞으며 산 위에 장엄하고 유연하게 서 있는 소나무 같은 인간이 되어야 한다고 말하고 있는 것이다.[58] 야생의 자연 속에서 생기 있게 푸른 가지를 내뻗는 소나무처럼 현실의 고통 속에서 강한 의지로 그것을 극복하는 인간이야말로 진정 삶을 사랑하면서 동시에 다른 인간에게 삶의 기운을 주는 살아 있는 인간, 고

---

56) F. Nietzsche, FW, Vorrede 3, KSA 3, 350쪽.
57) F. Nietzsche, JGB 270, KSA 5, 225쪽(니체,《선악의 저편·도덕의 계보》, 295쪽).
58) F. Nietzsche, Za IV, KSA 4, 348쪽.

귀한 인간이 될 수 있다. 따라서 니체는 "고통 받는 모든 사람은 내게는 의사들이다!"[59]라고 말한다.

그러나 우리는 매 순간 삶이 던지는 자신의 목소리를 제대로 들으려 하지 않으며, 고통의 의미에서 달아나고 현존재의 황량한 해안가로 던져진 자신의 운명을 회피하는 삶을 살아간다.[60] 그러나 자신의 고통의 중심에서 나오는 물음과 심오한 눈을 회피하면 할수록 인간은 더욱 고통의 수렁에 빠지고 쉬운 삶의 길을 선택하지 못한 아쉬움과 미련으로 인해 과거 지향적인 삶으로 퇴행해가는 것이다.

니체는 건강 속에 병이, 병 속에 건강이 있으며, 병과 고통 속에 건강의 가능성이 있다는 고대 갈레노스의 의학관을 계승하고 있는데, 이는 호프만Ernst Theodor Amadeus Hoffmann이나 노발리스Novalis 등의 낭만주의 의학의 견해와도 일치하는 것이다. 그는 고통과 병 속에서 사물의 이면에 감추어진 또 다른 삶의 의미를 보는 새로운 인식이 가능하다고 보고 있다.

고통스러워하는 인간의 인식에 대하여——오랫동안 끔찍할 정도의 고통에 시달렸음에도 불구하고 지성이 흐려지지 않는 병자의 상태는 인식의 획득을 위해 가치가 없지는 않다. 깊은 고독과 모든 의무와 습관에서 갑작스럽게 허용된 자유가 수반하는 지적인 이익을 전적으로 도외시하더라도, 무서운 병고에 시달리는 사람은 자신의 상태에서 섬뜩할 정도로 냉정하게 세계를 내다본다. 그에게서는 건강한 사람의 눈이 보는, 사물을 둘러싸고 있는 저 보

---

[59] F. Nietzsche, N 13〔1〕, KSA 10, 421쪽.
[60] F. Nietzsche, N 34〔24〕, KSA 7, 799쪽〔니체, 《유고(1872년 여름~1874년 말)》, 이상엽 옮김(책세상, 2002), 506~507쪽〕.

잘것없고 기만적인 매력들이 사라진다. 아니, 그 전에 〔병자〕 그 자신이 솜털도 색깔도 없이 자신 앞에 놓여 있다. 그가 이제까지 어떤 종류의 위험한 환상 속에 살아왔다면, 고통을 통해 이렇게 최고의 냉정함을 회복하는 것은 그를 그 환상에서 벗어나게 하는 수단이며 더 나아가 아마 유일한 수단일 것이다……고통에 저항하려는 지성의 엄청난 긴장은 그가 보는 모든 것으로 하여금 이 새로운 빛 속에서 빛나게 한다.[61]

허약함이 가진 이득──자주 아픈 사람은 그만큼 자주 건강해지기 때문에, 건강해지는 데 대한 기쁨을 더 크게 느낄 뿐 아니라, 자신과 타인의 작업과 행동 속에서도 건강한 것과 병에 걸린 것을 보는 극도로 날카로운 감각을 가지고 있다 : 그 결과, 예를 들어 병에 걸린 저 저술가들──유감스럽게도 거의 모든 위대한 작가들이 여기에 속한다──은 자신들의 책 속에서 훨씬 더 안정되고 균형적인 어조의 건강함을 지니고 있는 것이 보통이다. 왜냐하면 그들은 육체적으로 강건한 사람들보다 정신적 건강과 회복의 철학과 그리고 이 철학을 가르치는 교사들인 오전, 햇빛, 숲 그리고 샘에 대해 더 잘 알고 있기 때문이다.[62]

니체는 병의 체험이 있거나 무서운 병고에 시달리는 사람이 건강한 사람보다 건강함과 병듦에 대해 더 예민하게 포착할 수 있는 감수성을 가지고 있으며 무엇이 진정 건강한 삶인가에 대해 더 잘 이해하고 있다고 본다. 특히 이러한 예는 예술가나 작가 등 창조적 작업을 하는 사람

---

61) F. Nietzsche, M 114, KSA 3, 104~105쪽(니체, 《아침놀》, 128~129쪽).
62) F. Nietzsche, MA II, 1. Vermischte Meinungen und Sprüche 356, KSA 2, 522쪽 (니체, 《인간적인 너무나 인간적인 II》, 199쪽).

들에게서 두드러지게 나타난다. 그들에게는 무서운 병에 걸린 후 현실 속에 감추어진 이면을 예리하게 포착해 새로운 시각으로 삶의 의미 문법을 작성하거나 표현하는 경우가 많기 때문이다. 이러한 것을 니체는 창조적 고통으로서의 병이라고 말한다. 엘렌버거Henry F. Ellenberger에 따르면 창조적 병이란 우울증, 신경증, 심신의 고통의 형태나 심지어 이상심리 형태를 가정할 수 있는 다형적 상태로 나타나는데, 이러한 질병에 전형적인 것은 고양의 감정이 동반되는 자율적이면서도 급격한 회복이라고 분석한다.[63] 이러한 증상은 인간을 포괄적이면서 심층적으로 이해했던 니체와 프로이트에게서 다시 발견할 수 있다.[64] 평생을 병고에 시달렸던 니체와 구강암으로 16년간 턱, 구강 등 입 주변에 33번이나 수술 받으며 육체적 통증으로 고통스러워했던 프로이트에게서 볼 수 있듯이, 우리는 역사나 우리 주위의 현실 가운데 육체적 고통을 겪으면서도 동시에 이를 창조적 고통으로 전환시킴으로써 자신뿐 아니라 인간 일반에 대한 새로운 자각의 눈을 뜨고 이를 건강한 삶의 문법으로 표현하는 많은 사례를 찾을 수 있다. 니체에게서 고통과 병은 거세해야 하는 하나의 부정적 질병이 아니라 인간과 삶의 의미를 새롭게 깨닫고 표현할 수 있는 긍정적인 요소로 되살아난다. 그는 근심, 권태, 욕망, 나약함, 야만성, 복수, 결핍, 상실, 질병 등 우리의 삶에서 나타나는 부정적인 요소들도 영혼의 치료를 하면 고양, 쾌활함, 평온 등이 삼위일체가 되는 기쁨이 될 수 있다고 말한다.[65]

---

63) Henry F. Ellenberger, *Die Entdeckung des Unbewußten*, 611 · 613쪽.
64) Reinhard Haslinger, *Nietzsche und die Anfänge der Tiefenpsychologie*(Regensburg, 1992), 120쪽 참조.
65) F. Nietzsche, N 40(16), KSA 8, 581~582쪽.

(2) 자기 치료와 큰 건강

니체는 자기 스스로 자신의 병을 치료하고 건강하게 삶을 유지하려고 노력했다. 그는 병으로 인해 스스로 자신의 거주지를 선택하여 유럽의 여러 지역을 돌아다녔고, 엄격한 섭생이나 일상생활의 분배를 통해 자신의 건강을 강건하게 하고자 노력했다. 또한 그의 서재에는 장소, 기후, 섭생이 건강에 미치는 영향에 주목하는 건강이론에 관한 많은 서적들, 그리고 신체와 정신의 관계는 감각생리학적 관점에서 근거를 새롭게 정립해야 한다는 의학, 생리학에 관한 서적들이 있었다. 그의 편지들은 그가 무엇보다도 자기 치료의 자극을 얻고자 무수히 많은 서적들을 연구했다고 증언하고 있다.[66] 그는 음식을 통한 육체적인 섭생뿐 아니라 자신의 건강 회복을 위해 자연에 의존한 자기 치료를 시도하기도 했다. 여기에서 니체는 육체적, 정신적 활동 전체의 관리술로서 히포크라테스 학파의 섭생론에 영향을 받고 있는 듯 보인다.[67] 그는 현대의 잘못된 섭생 습관이 현대인의 질병을 만들어간다고 근대의 자본주의적 삶의 태도를 비판하기도 한다.[68] 이러한 자기 치료의 과정에서 그

---

[66] Rudolf Käser, *Arzt, Tod und Text*(München, 1998), 205쪽 ; Mirella Carbone · Jochaim Jung (Hrsg.), *Friedrich Nietzsche, Langsame Curen*, 10쪽.

[67] 니체의 의학철학에 관한 체계적 논의를 시도한 롱Thomas A. Long은 니체가 히포크라테스 학파의 체액의 평형 이론을 비판하고 있다고 보면서도, 니체가 수용하고 있는 그 학파의 섭생론에 대해서는 주목하지 못했다. Thomas A. Long, "Nietzsche's Philosophy of Medicine", 112~128쪽 참조.

[68] 니체는 현대인의 식습관에도 돈으로 자신의 신분을 과시하는 자본주의적 요소가 들어 있다고 비판한다. "나쁜 식사법에 대한 반대.――호텔에서든 사회의 상류층이 사는 어느 곳에서든 현재 사람들이 하는 식사는 엉망이다! 크게 존경받을 만한 학자들이 모일 경우에조차 그들의 식탁은 은행가의 식탁과 동일하게 채워진다. '다량으로' 그리고 '다양하게', 이것이 규칙이다. 그 결과 요리는 인상을 주기 위해 만들어질 뿐, 영양까지 고려해 조리되지는 않는다". F. Nietzsche, M 203, KSA 3, 179쪽(니체, 《아

는 병의 체험이 오히려 자신을 더욱 건강하게 만들 수 있다는 사실을 깨달았다. "나를 죽이지 못하는 것이 나를 더 강하게 만든다."[69] 그는 이러한 자신의 육체적 병 치료에만 그치지 않고, 정신적 고통과 인간의 삶의 고통, 문명의 질병으로까지 자신의 문제의식을 확산시켜나간다. 그는 《차라투스트라는 이렇게 말했다》에서 다음과 같이 말한다.

> 의사여, 너 자신의 병을 고쳐라. 그렇게 하는 것이 환자에게도 도움이 될 것이다. 환자가 그 자신을 치유한 경험을 지닌 자를 직접 보도록 하는 것, 그것이 그 환자에게는 최선의 도움이 될 것이다.[70]

이는 인간이 스스로 자신을 치료함으로써, 즉 자기 스스로 자신의 의사가 됨으로써, 다른 인간의 고통을 치유할 수 있을 뿐 아니라 문명의 질병을 진단하고 치유하는 하나의 의사 역할을 할 수 있음을 의미한다. 들뢰즈가 니체를 '문명의 의사'로 보는 이유가 여기에 있다.[71]

고문헌학자로서 니체는 고대의 건강이론을 신뢰했을 뿐 아니라, 근대의 감각생리학 지식을 받아들여 이를 자신의 몸성Leiblichkeit 이론과 결부시켜 근대적 정신 세계를 비판하는 개념으로 활용하고 있다. 그는 감각생리학의 지식을 자신의 철학에 받아들이며 이를 이중의 전략으로 활용하고 있다. 즉 그는 여전히 형이상학에 사로잡혀 있는 철학적 전통을 비판하는 한편 몸성에 우선권을 부여하며 철학이란 다름 아닌

침놀》, 222~223쪽).
69) F. Nietzsche, GD, Sprüche und Pfeile 8, KSA 6, 60쪽.
70) F. Nietzsche, Za I, KSA 4, 100쪽(니체, 《차라투스트라는 이렇게 말했다》, 125쪽).
71) Gilles Deleuze, *Die einsame Insel*, Eva Moldenhauer (übers.)(Frankfurt a.M., 2003), 202쪽.

몸의 증후에 대한 해석이라고 보는 것이다.[72] 자기 자신의 몸과 연관된 전체적 이해의 기반 위에서 인간은 실천적 삶을 유지하는 기술을 배우게 되며, 이때 인간에게는 계속되는 자기 형성 과정으로서 건강에 이르는 길이 열리게 된다.[73] 몸성의 회복을 위해 니체는 근대 감각생리학의 지식을 연관시킬 뿐 아니라 포괄적인 삶의 이론과 건강이론에 기초한 고대의 섭생술을 주목하는데, 이는 최고의 정신성과 감각의 영역을 하나로 통합하는 것이었다.[74] 따라서 그는 육체와 영혼의 병이 잘못된 습관에서 나오므로, 건강한 삶을 유지하기 위해서는 사소하지만 잘못된 삶의 습관을 교정하는 데서 출발해야 한다고 본다.

서서히 일어나는 치료.──육체의 만성적인 병과 마찬가지로 만성적인 영혼의 병이 육체와 영혼의 법칙을 크게 한번 침해하는 것으로 생기는 경우는 매우 드물다. 그것은 흔히 알아채지 못한 무수하고 사소한 소홀 때문에 발생한다……자신의 영혼을 치유하려는 사람조차 가장 사소한 습관들을 고쳐야 한다. 많은 사람들이 매일 열 번씩 자기 주위의 사람들에게 악의에 가득 찬 차가운 말을 퍼부으면서도 거의 그것을 대수롭지 않게 생각한다. 특히 몇 년 후에 그는 자신이 매일 열 번 주위 사람들을 기분 나쁘게 하도록 그를 강제하는 습관의 법칙 하나를 만들어냈다는 사실을 생각하지 않는다. 그러나 그는 주위 사람들을 매일 열 번씩 기분 좋게 만드는 습관을 들일 수도 있다.[75]

---

72) Mirella Carbone · Jochaim Jung (Hrsg.), *Friedrich Nietzsche, Langsame Curen*, 11쪽.
73) Mirella Carbone · Jochaim Jung (Hrsg.), *Friedrich Nietzsche, Langsame Curen*, 12쪽.
74) Mirella Carbone · Jochaim Jung (Hrsg.), *Friedrich Nietzsche, Langsame Curen*, 12쪽.
75) F. Nietzsche, M 462, KSA 3, 278쪽(니체, 《아침놀》, 354~355쪽).

육체의 잘못된 습관뿐 아니라 언어, 행동, 마음 등 인간 관계에서의 잘못된 정신적 태도는 자신의 삶을 부정적으로 만들고, 몸에 각인된 이러한 부정적인 삶의 방식이 다시 자신을 병들게 만든다는 것이다. 병이란 다시 말해 단순한 잘못된 육체적 습관의 결과물이 아니라 자신의 삶의 태도와도 연관된 가치론적인 것임을 니체는 강조한다. 삶을 유지하는 잘못된 정신적인 태도는 타인과의 인간 관계뿐 아니라 자기 자신에게도 부정적인 영향을 미칠 수밖에 없으며, 이러한 부정적인 삶의 태도는 역설적으로 다시 자신의 육체나 정신에 영향을 미치게 되는 것이다. 따라서 니체는 자연에 맞는 육체적, 정신적 섭생을, 즉 몸의 섭생을 강조한다. 그는 오늘날 우리가 자연에 대해, 신에 대해, 우리 자신에 대해 오만한 자세를 취하면서 우리 자신을 폭행하고 있다고 고발하고 있다.[76] 이에 대해 자연을 진정으로 이해하고 자신의 몸을 귀중하게 가꾸며 새로운 건강으로 태어나는 인간을 그는 미래의 인간이라고 선언한다. 미래에 우리에게 필요한 인간은 원한이나 원망, 또는 죄의식이나 자기 부정에 사로잡힌 병든 인간이 아니라, 자연에 순응하고 현실을 긍정하며 자기 자신과 인간을 사랑하는 건강한 인간인 것이다. "우리 새로운 자들, 이름이 없는 자들, 잘 이해될 수 없는 자들, 우리 아직 증명되지 않은 미래의 조산아들――우리에게는 새로운 목적을 위해 새로운 수단이, 즉 새로운 건강이, 지금까지 있었던 모든 건강보다도 더 강하고 능란하며 단단하고 대담하고 유쾌한 건강이 필요하다."[77] 니체는 미래의 새로운 인간의 특징으로 '큰 건강'을 예고한다. 그가 자신의 과

---

76) F. Nietzsche, GM III 9, KSA 5, 357쪽(니체, 《선악의 저편 · 도덕의 계보》, 474~475쪽).
77) F. Nietzsche, FW VI 382, KSA 3, 635~636쪽.

제가 '인간의 자연화'에 있다고 말하며, 자연 긍정과 삶의 본능 속에서 찾고자 한 생명력 있는 '자연인'이란 큰 건강을 지향하는 인간인 것이다. 이렇게 건강한 자연성을 회복하고 생명력 있는 자기 형성을 촉진하는 것을 그는 '위대한 정치'라고 부른다. 생명에 의해, 힘의 고양에 의해 얻어지는 건강한 자기 형성, 즉 자기 극복의 과정이란 곧 건강한 몸에 대한 자각에 의해 얻을 수 있는 것이다.

5 몸의 치료로서의 자기 치료

니체의 건강 철학은 그의 몸철학과 밀접한 연관이 있다. 병과 건강의 문제는 단순히 육체의 의료적 진단이나 치료의 문제와 관련된 것이 아니라, 몸의 치료, 즉 인간의 건강한 삶의 유지, 자연에 대한 태도, 자기 형성의 문제와 밀접하게 연관되어 있다. 니체에게 건강한 몸을 유지한다는 것은 건강한 섭생을 통해 자기 자신을 유지하는 것뿐 아니라, 더 나아가 생명 있는 인간으로 다시 태어나는 것을 뜻한다. 그가 말하는 몸의 섭생이란 자연 친화적인 육체적 섭생뿐 아니라 정신적 섭생을 통해서도 하나의 '인간 우주Kosmos Anthropos'로서 자기를 완성한다는 의미다. 자연을 하나의 정복 대상으로 인식하고 적대시하는 오만한 근대의 자연관과 인간관에서 벗어나 자신의 자연적인 본성을 실현하고, 세계와 내가 유기적으로 살아 있게 연결되는 몸의 현실을 그는 건강이라는 개념으로 이해한 것이다. 몸을 실마리로 한 인간 우주의 실현을 그는 큰 건강으로, 몸의 실현으로 파악한다.[78]

서양 근대가 역사의 과잉으로 인한 역사병, 즉 역사적 비만증후에 걸려 있다고 비판하고 있듯이,[79] 니체는 특히 서양 근대가 데카당스의 병에 걸려 있다고 진단하며 이를 극복하기 위해서는 건강한 몸과 대지에 대한 철학적 인식이 시작되어야 한다고 말하며, 건강 철학을 통해 건강한 삶을 모색한다. 그가 디오니소스, 대지, 몸, 생명, 여성, 자연성 등의 개념을 활용하며 미래적 사유 문법을 개발하고자 하는 것은 자기 부정, 세계 부정, 의지 부정 등 반(反)자연적 세계관에 기초한 어두운 인간의

---

78) 몸의 역사를 재구성한다는 것은 인간의 자연적인 본성의 고고학에 비유될 수 있을 것이다. 몸을 실마리로 한 인간의 자연적 본성에 관한 논의의 역사는 실로 장구하다. 시퍼게스에 따르면 몸철학의 역사는 빙겐의 힐데가르트Hildegard von Bingen, 페트루스 히스파누스Petrus Hispanus, 파라셀수스, 노발리스를 거쳐 니체에 이르게 된다(Heinrich Schipperges, *Kosmos Anthropos*, 9쪽). 이른바 자연에 적대적이고 몸을 증오하는 중세의 사유에 맞서 힐데가르트(1098~1179)는 인간을 총체적 실존 가운데 '몸'으로 규정한다. "인간은 총체적 실존 가운데 몸이다Homo corpus ubique est." 그에 따르면 "몸과 정신은 하나의 현실을 이루며, 위에서든 아래에서든, 밖에서든 안에서든 근원적인 심신 상태에서 보자면 전적으로 몸이다. 인간이란 그런 존재일 뿐이다"(같은 책, 18쪽). 그러나 몸에 대한 포괄적인 철학은 교황 요한 21세로 즉위했다가 1277년 갑자기 죽은, 의사이자 신학자인 페트루스 히스파누스가 제공한다. 마드리드 국립박물관에 아직 간행되지 않은 채 있는 그의 저서 《의학서*Opera Medica*》에 따르면 인간이란 몸인데, 이는 영혼이 깃든 육체나 움직이는 감성일 뿐 아니라, 빛 속에 있는 몸Leib im Licht이기도 하다. 빛은 육체적 감각에 침투하며 유기체 속의 감각에 대해 스스로 현시하는 것으로 그는 빛의 형이상학으로 몸철학을 전개하고 있다(같은 책, 19쪽). 반면 세계와 인간의 발견 시대에 의사철학자 파라셀수스는 질료적 차이의 미궁으로부터 세계를 매개하는 제2의 우주인 유기체의 건축술에 이르는 길을 자연의 빛 속에서 발견한다. 그리고 계몽주의가 꽃피는 시기에 노발리스는 세계란 몸의 진자와 다름없으며, 몸은 우주를 압축한 표현이 된다고 말하고 있으며, 자연과학의 시대이자 전통의 붕괴 시기에 니체는 몸을 실마리로 해서 몸의 문법, 기관의 변증법, 몸성의 알파벳을 넘어 세계와 인간이 살아 있게 연결되고 형성되는 "인간 우주"의 상태에 이른다고 본다(같은 책, 29쪽).
79) 니체의 근대 역사병에 대한 비판과 역사의학적 관점에서의 그것의 극복 가능성에 대해 논의한 것으로 김정현, 〈니체의 역사치료학〉, 《범한철학》 제35집(범한철학회, 2004년 겨울), 157~189쪽 참조.

규정에서 벗어나 생명의 언어, 건강의 언어를 통해 자기 자신을 극복하는 항체를 형성하고 자기 극복을 실현하는 건강한 삶을 형성하기 위한 것이다.

철학이 건강의 관점에서 자기 자신을 변형하는 의학이라는 니체의 견해는 궁극적으로 삶의 고통과 병에서 해방되어 힘에의 의지를 통한 삶의 자기 고양과 강화, 즉 새로운 생명의 자각을 지향한다. 오늘날 우리는 문명의 부산물로 분비되는 환경오염을 그대로 자신의 몸에 담고 살아갈 뿐 아니라 황폐한 인간 관계 및 삶의 터전에서 힘겹게 병든 몸을 이끌고 살고 있다. 자연, 인간, 삶에서 소외된 채 물질적 풍요 속에서만 삶의 목적과 의미를 추구하는 현대에 니체의 건강 철학은 우리가 자연에 겸손하게 순응하며 생명과 가로지르며 소통하는 건강한 몸을 형성할 것을 요구한다. 생명과 몸의 접합적 흐름 또는 병과 건강을 체험하는 가운데 얻는 삶의 의미 속에서, 그 의미 현실의 기호적 그물망 위에서 분산되고 집중되는 실존의 춤 속에서 우리는 진정한 건강의 의미를 재활성화하는 법을 배울 수 있을 것이다. 니체의 건강 철학은 병과 건강의 존재론적 이항대립을 폐지하고 이를 가로질러 소통시킴으로써 고통을 통한 삶의 창조나 극복 가능성을 보여주고 있다. 그는 병의 가치와 건강의 의미라는 존재론적 화용론을 사용함으로써 삶의 진정한 의미와 자기 극복의 실천 가능성이라는 생산적 좌표를 직조하고 있다. 우리는 건강과 생명이라는 그가 짜놓은 삶의 실천적 의미의 직조물 가운데 몸의 건강에서 점차 멀어지는 우리 삶의 방식을 성찰할 수 있는 철학적 언어를 재발견할 수 있을 것이다.

| 참고문헌 |

각묵, 《금강경 역해》(불광출판사, 2001)
강영안, 《주체는 죽었는가》(문예출판사, 1996)
게르하르트 베어, 《카를 융》, 한미희 옮김(까치, 1998)
게오르크 빌헬름 프리드리히 헤겔, 《역사철학강의 I》, 김종호 옮김(삼성출판사, 1981)
곽만연, 〈불교의 공사상과 니이체의 니힐리즘의 현대적 의의〉, 정영도 외, 《니이체 철학의 현대적 이해와 수용》(세종출판사, 1999), 345~366쪽
귄터 볼파르트, 《놀이하는 아이, 예술의 신 〈니체〉》, 정해창 옮김(담론사, 1997)
김미기, 〈니이체의 진리개념 비판에서 본 예술과 여성의 본질〉, 《니이체연구》 제3집(한국니체학회, 1998), 41~72쪽
김영한, 《하이데거에서 리꾀르까지》(박영사, 1987)
김용옥, 《금강경 강해》(통나무, 1999)
김유동, 《아도르노 사상》(문예출판사, 1994)
김재영, 〈칼 융의 유형론적인 현대철학의 이해―윌리엄 제임스와 프리드리히

니체의 기질론을 중심으로〉,《인간다운 삶과 철학의 역할》(1995 한민족철학자대회보 : 한국철학회, 1995년 8월), 277~300쪽

김정현, 〈니체에 있어서의 주체, 자아와 자기의 문제〉,《철학》제44집(한국철학회, 1995년 12월), 163~185쪽

─, 〈니체에 있어서의 소크라테스의 합리주의 비판〉, 최동희 외,《이성과 반(反)이성》(지성의 샘, 1995), 159~184쪽

─, 〈루카치, 호르크하이머, 아도르노의 합리화와 사물화의 문제〉, 최동희 외,《이성과 반(反)이성》(지성의 샘, 1995), 253~283쪽

─, 〈니체의 심층심리학〉,《철학》제49집(한국철학회, 1996년 겨울), 151~180쪽

─, 〈생태학적 생명사상〉,《범한철학》제15집(범한철학회, 1997년 7월), 111~137쪽

─, 〈본능과 문화 : 니체와 프로이트를 중심으로〉,《대중매체문화의 허위성과 진실성》(제10회 한국철학자대회보 : 원광대학교, 1997), 225~240쪽

─, 〈고통의 심층철학―쇼펜하우어의 의지의 형이상학을 중심으로〉,《철학연구》제68집(대한철학회, 1998년 11월), 119~145쪽

─, 〈현대의 자아지리학 : 프롬의 자유의 인간학〉,《사회비평》제18호 (나남출판, 1998), 241~266쪽

─, 〈질 들뢰즈의《니체와 철학》〉,《미메시스》창간호(열린책들, 1999), 326~328쪽

─, 〈루카치, 니이체 그리고 정치적 미학주의의 담론〉, 정영도 외,《니이체 철학의 현대적 이해와 수용》(세종출판사, 1999), 221~246쪽

─,《니체의 몸 철학》(문학과현실사, 2000)

─, 〈서양철학사에 나타난 무의식의 개념〉,《한국정신치료학회지》제14권

제1호(한국정신치료학회, 2000), 13~27쪽

―, 〈니체의 생명사상〉, 우리사상연구소 엮음, 《생명과 더불어 철학하기》 (철학과현실사, 2000), 41~72쪽

―, 〈에로스의 유토피스틱스―마르쿠제의 신문명론〉, 《철학연구》 제73호 (대한철학회, 2000년 2월), 47~52쪽

―, 〈니체와 계몽의 변증법〉, 성진기 외, 《니체 이해의 새로운 지평》(철학과현실사, 2000), 245~267쪽

―, 〈니체와 페미니즘―데리다와 코프만의 진리담론을 중심으로〉, 《철학》 제67집(한국철학회, 2001년 여름), 79~102쪽

―, 〈해설 : 인류의 미래도덕과 새로운 미래철학의 사유〉, 니체, 《선악의 저편·도덕의 계보》, 김정현 옮김(책세상, 2002), 547~561쪽

―, 〈니체와 융 사상에서의 '자기' 찾기〉, 《철학》 제77집(한국철학회, 2003년 겨울), 245~277쪽

―, 〈니체의 역사 치료학〉, 《범한철학》 제35집(범한철학회, 2004년 겨울), 157~189쪽

―, 〈니체의 건강철학〉, 《니체연구》 제7집(한국니체학회, 2005년 봄), 131~166쪽

김진, 《새로운 불교해석》(철학과현실사, 1996)

―, 〈니체와 불교적 사유〉, 《철학연구》 제89집(대한철학회, 2004년 2월), 23~56쪽

라이너 로테르문트, 《모든 종말은 시작이다》, 김경수 옮김(문예출판사, 1999)

로제 폴 드로아, 〈불교라는 망령〉, 《문학과 비평》(문학과비평사, 1991년 여름), 233~239쪽

로즈메리 통, 《페미니즘 사상》, 이소영 옮김(한신문화사, 1997)

루돌프 불트만, 《성서의 실존론적 이해》, 유동식 · 허담 옮김(대한기독교서회, 1982)

루이 코르망, 《깊이의 철학자 니체》, 김웅권 옮김(어문학사, 1996)

마르틴 하이데거, 《니체철학 강의 I》, 김정현 옮김(철학과현실사, 1991)

──────, 《존재와 시간》, 이기상 옮김(까치, 1998)

미네시마 히데오, 《서양철학과 불교》, 김승철 옮김(황금두뇌, 2000)

박경일, 〈니체와 불교 그리고 해체주의〉, 《불교평론》 제9호(2002), 42~61쪽

박찬국, 〈니힐리즘의 기원과 본질 그리고 극복에 대한 니체와 하이데거 사상의 비교 고찰〉, 한국하이데거학회 엮음, 《하이데거의 철학세계》(철학과현실사, 1997), 267~316쪽

───, 〈하이데거와 니체〉, 소광희 외, 《하이데거와 철학자들》(철학과현실사, 1999), 289~318쪽

───, 〈권력에의 의지의 철학과 존재의 철학〉, 김상환 외, 《니체가 뒤흔든 철학 100년》(민음사, 2000), 244~272쪽

───, 《하이데거와 나치즘》(문예출판사, 2001)

백승영, 〈하이데거의 니체 읽기 : 이해와 오해〉, 한국하이데거학회 엮음, 《하이데거와 근대성》(철학과현실사, 1999), 300~333쪽

백영한, 《의학사개론》(계축문화사, 1994)

성중영, 〈데리다의 차연에 대한 도가철학적 해석〉, 마단 사럽 외, 《데리다와 푸코, 그리고 포스트모더니즘》, 임헌규 옮기고 엮음(인간사랑, 1995), 181~196쪽

성진기, 〈니체와 불교〉, 성진기 외, 《니체 이해의 새로운 지평》(철학과현실사, 2000), 451~471쪽

송두율, 《현대와 사상》(한길사, 1992)

아니엘라 야훼 엮음, 《C. G. Jung의 회상, 꿈 그리고 사상》, 이부영 옮김(집문당, 2000)

아우구스티누스, 《참된 종교》, 성염 옮기고 주석(분도출판사, 1989)

안네마리 피퍼, 《니이체의 짜라투스트라에 대한 철학적 해석》, 정영도 옮김(이문출판사, 1994)

알래스데어 매킨타이어, 《덕의 상실》, 이진우 옮김(문예출판사, 1997)

앤서니 스토, 《융》, 이종인 옮김(시공사, 1999)

양해림, 《디오니소스와 오디세우스의 변증법》(철학과현실사, 2000)

에드가 모랭, 《20세기를 벗어나기 위하여》, 고재정·심재상 옮김(문학과지성사, 1996)

에드워드 암스트롱 베넷, 《한 권으로 읽는 융》, 김형섭 옮김(푸른숲, 1997)

에르네스트 르낭, 《예수의 생애》, 이정 옮김(정음사, 1976)

에릭 홉스봄·안토니오 폴리토, 《새로운 세기와의 대화》, 강주헌 옮김(끌리오, 2000)

에밀 앙게른, 《역사철학》, 유헌식 옮김(민음사, 1997)

에피쿠로스, 《쾌락》, 오유석 옮김(문학과지성사, 1998)

오이겐 비저, 《신의 추구자이냐 반그리스도이냐》, 정영도 옮김(이문출판사, 1990)

울리히 베크, 《위험사회》, 홍성태 옮김(새물결, 1997)

이광래, 〈니체와 푸코 : 니체의 상속인으로서의 푸코〉, 한국니체학회, 《니체와 현대의 만남》(세종출판사, 2001), 9~28쪽

이부영, 《그림자》(한길사, 1999)

———, 《자기와 자기실현》(한길사, 2002)

이상신, 《역사학 개론》(신서원, 1994)

이상엽, 〈니체의 역사〉, 《철학》 제69집(한국철학회, 2001년 겨울), 129~154쪽

이서규, 《니체와 전통 해체》(서광사, 1999)

이영수, 《괴테와 니이체》(세종출판사, 2001)

이주향, 〈인간중심적인 대상적 차별을 넘어서—니체의 헤라클레이토스와 원효의 일심을 비교하여〉, 《니체연구》 제6집(한국니체학회, 2004년 가을), 216~220쪽

이진우, 〈진리의 허구성과 허구의 진실성—니체의 탈현대적 언어이해〉, 프리드리히 니체, 《비극적 사유의 탄생》(문예출판사, 1997), 265~297쪽(해제 2)

──, 《이성은 죽었는가》(문예출판사, 1998)

──, 〈21세기와 허무주의의 도전 : 니체 사유의 전복성에 대한 포스트모더니즘의 대응〉, 성진기 외, 《니체 이해의 새로운 지평》(철학과현실사, 2000), 377~400쪽

──, 〈글쓰기와 지우기의 해석학—데리다의 "문자론"과 니이체의 "증후론"을 중심으로〉, 한국니체학회, 《니체와 현대의 만남》(세종출판사, 2001), 29~59쪽

──, 〈니체와 아시아적 사유〉, 《철학연구》 제53집(철학연구회, 2001년 여름), 203~223쪽

──, 〈니체와 아시아적 사유 2—니체의 불교관을 중심으로〉, 《철학연구》 제85집(대한철학회, 2003년 2월), 273~294쪽

이창재, 《니체와 프로이트》(철학과현실사, 2000)

자크 데리다, 《에쁘롱 : 니체의 문체들》, 김다운·황순희 옮김(동문선, 1998)

자크 주아나, 《히포크라테스》, 서홍관 옮김(아침이슬, 2004)

정영도, 〈Nietzsche의 실험철학에 있어서 Jesus와의 동일화〉, 《니체연구》 창간호(한국니체학회, 1995), 75~95쪽

정철호, 〈허무주의에 대한 니이체와 초기 불교의 연관성〉, 정영도 외, 《니이체 철학의 현대적 이해와 수용》(세종출판사, 1999), 144~157쪽

정태혁 옮기고 엮음, 《법구경이야기》(민족사, 1994)

제임스 러브록, 《가이아》, 김기협 옮김(김영사, 1996)

조세핀 도너번, 《페미니즘 이론》, 김익두 외 옮김(문예출판사, 1997)

조지프 캠벨・빌 모이어스, 《신화의 힘》, 이윤기 옮김(고려원, 1992)

지외르지 루카치, 《이성의 파괴 I, II》, 변상출 옮김(백의, 1996)

지크문트 프로이트, 《나의 이력서》, 한승완 옮김(열린책들, 1997)

진은영, 〈니체와 용수(龍樹) : '영원회귀'에 대한 고찰〉, 《철학연구》 제66집(철학연구회, 2004년 가을), 5~24쪽

차하순・정동호, 《부르크하르트와 니체》(서강대학교출판부, 1986)

카를 구스타프 융, 《융 심리학과 동양종교》, 김성관 옮김(일조각, 1995)

――――――, 《원형과 무의식》, 한국융연구원 C. G. 융 저작 번역위원회 옮김(솔, 2002)

――――――, 《꿈에 나타난 개성화 과정의 상징》, 한국융연구원 C. G. 융 저작 번역위원회 옮김(솔, 2002)

――――――, 〈서양인을 위한 심리학적 해설〉, 呂洞賓, 《太乙金華宗旨》, 이윤희・고정훈 옮김(여강출판사, 2002), 224~289쪽

카를 포퍼, 《우리는 20세기에서 무엇을 배울 수 있는가?》, 이성헌 옮김(생각의나무, 2000)

톨스토이, 《종교론・국민교육론》, 김학수 옮김(서문당, 1975)

표재명, 〈루카치의 케에르케고어 비판〉, 《철학연구》 제13집(고려대학교 철학회, 1998년 12월), 221~230쪽

프레데리크 르누아르, 《불교와 서양의 만남》, 양영란 옮김(세종서적, 2002)

프리드리히 니체, 《차라투스트라는 이렇게 말했다》, 정동호 옮김(책세상, 2000)
─────, 《인간적인 너무나 인간적인 I》, 김미기 옮김(책세상, 2001)
─────, 《인간적인 너무나 인간적인 II》, 김미기 옮김(책세상, 2002)
─────, 《선악의 저편 · 도덕의 계보》, 김정현 옮김(책세상, 2002)
─────, 《안티크리스트 · 이 사람을 보라》, 백승영 옮김(책세상, 2002)
─────, 《유고(1872년 여름~1874년 말)》, 이상엽 옮김(책세상, 2002)
─────, 《아침놀》, 박찬국 옮김(책세상, 2004)
한나 아렌트, 《폭력의 세기》, 김정한 옮김(이후, 1999)
한스 게오르크 가다머, 《철학자 가다머 현대의학을 말하다》, 이유선 옮김(몸과 마음, 2002)
헤르베르트 슈네델바흐, 《헤겔 이후의 역사철학》, 이한우 옮김(문예출판사, 1986)

Ainley, Alison, "'Ideal Selfishness' Nietzsche's Metaphor of Maternity", D. F. Krell · D. Wood (eds.), *Exceedingly Nietzsche*(London · New York : Routledge, 1988), 116~130쪽

Albert, Karl, *Lebensphilosophie*(Freiburg · München, 1995)

Ames, Roger T., "Nietzsche's 'Will to Power' and Chinese 'Virtuality' (De) : A Comparative Study", Graham Parkes (ed.), *Nietzsche and Asian Thought* (Chicago · London : The Univ. of Chicago Press, 1991), 130~150쪽

Andreas-Grisebach, Manon, *Eine Ethik für die Natur*(Frankfurt a.M., 1994)

Andreas-Salomé, Lou, *Friedrich Nietzsche in seinen Werken*, Ernst Pfeiffer (Hrsg.)(Frankfurt a.M.,1983)

Ansell-Pearson, K., *An Introduction to Nietzsche as Political Thinker*(Cambridge : Cambridge Univ. Press, 1999)

Arifuku, Kogaku, "Der aktive Nihilismus Nietzsches und der buddhistische Gedanke von śunyata(Leerheit)", Josef Simon (Hrsg.), *Nietzsche und die philosophische Tradition*, Bd. 1(Würzburg, 1985), 108~121쪽

Beck, Ulrich, *Risikogesellschaft*(Frankfurt a.M., 1986)

Behler, Diana, "Nietzsche and postfeminism", *Nietzsche Studien*, Bd. 22(1993), 355~370쪽

─────, "Nietzsche and the Feminine", *Nietzsche Studien*, Bd. 26(1997), 501~513쪽

Behler, Ernst, "Nietzsche in der maxistischen Kritik Osteuropas", *Nietzsche Studien*, Bd. 10/11(1981/1982), 80~110쪽

─────, *Derrida-Nietzsche, Nietzsche-Derrida*(München · Paderborn, 1988)

─────, "Selbstkritik der Philosophie in der dekonstruktiven Nietzschelektüre", G. Abel · J. Salaquarda (Hrsg.), *Krisis der Metaphysik* (Berlin · New York, 1989), 283~306쪽

─────, "Nietzsche in the twentieth century", B. Magnus · K. M. Higgins (eds.), *Nietzsche*(Cambridge : Cambridge Univ. Press, 1996), 281~321쪽

Benz, Ernst, "Nietzsches Ideen zur Geschichte des Christentums", *Zeitschrift für Kirchengeschichte*, Dritte Folge VII/LVI. Bd.(1937), 169~313쪽

Biser, Eugen, "Nietzsches Kritik des christlichen Gottesbegriffs und ihre theologischen Konsequenzen", *Philosophisches Jahrbuch* 78(1971), 56~58쪽

─────, *Gottsucher oder Antichrist?*(Salzburg, 1982)

Bleeckere, S. de, "'Also sprach Zarathustra' : Die Neugestaltung der 'Geburt der Tragödie'", *Nietzsche Studien*, Bd. 8(1979), 270~290쪽

Blondel, Eric, "Nietzsche : Life as Metaphor", D. B. Allison (ed.), *The New Nietzsche*(New York : Dell Publishing Co., 1979), 150~175쪽

Brentano, Franz, *Die Lehre Jesu und ihre bleibende Bedeutung*, Alfred Kastil (Hrsg.)(Leipzig, 1922)

Carbone, Mirella · Jung, Joachim (Hrsg.), *Friedrich Nietzsche, Langsame Curen* (Freiburg, 2000)

Carr, E. H., *What is History?*(London : Penguin Books, 1970)

Collingwood, R. G., *The Idea of History*(Oxford : Oxford Univ. Press, 1978)

Conway, D. W., *Nietzsche & the Political*(London · New York : Routledge, 1997)

Dannhauser, Werner J., *Nietzsche's View of Socrates*(Ithaca · London : Cornell Univ. Press, 1974)

Danto, A. C., *Nietzsche as Philosopher*(New York : The Macmillan Company, 1970)

Deleuze, Gilles, *Nietzsche und die Philosophie*, B. Schwibs (übers.)(Frankfurt a.M., 1985)

──────, *Die einsame Insel*, Eva Moldenhauer (übers.)(Frankfurt a.M, 2003)

Derrida, J., "La Question du Style", *Nietzsche aujourd'hui? I*(Paris : Union Générale d'Éditions, 1973), 235~287쪽

──────, "Fines Hominis", J. Derrida, *Randgänge der Philosophie*, P. Engelmann (Hrsg.)(Wien, 1976)

────────, *Spurs Nietzsche's Styles, Éperons Les Styles de Nietzsche*(Chicago · London : The Univ. of Chicago Press, 1979)

────────, *Grammatologie*, H.-J. Rheinberger · H. Zischler (übers.)(Frankfurt a.M., 1988)

────────, *Das andere Kap*, A. G. Düttmann (übers.)(Frankfurt a.M., 1992)

Dibelius, M., "Der 'psychologische Typus des Erlösers' bei Friedrich Nietzsche", *Deutsche Vierteljahrschrift für Literaturwissenschaft und Geistesgeschichte* 22(1944), 61~91쪽

Dierse, U · Scholtz, G., "Geschichtsphilosophie", J. Ritter (Hrsg.), *Historisches Wörterbuch der Philosophie*, Bd. 3(Basel · Stuttgart, 1974), 416~439쪽

Djurić, M., *Nietzsche und die Metaphysik*(Berlin · New York, 1985)

────────, "Das nihilistische Gedankenexperiment mit Handeln", *Nietzsche Studien*, Bd. 9(1980), 142~173쪽

Donovan, J., *Feminist Theory*(New York : Frederick Ungar Publishing, 1985)

Dumoulin, Heinrich, "Buddhism and nineteenth-century German philosophy", *Journal of the History of Ideas*, Vol. XLII, No. 3(1981), 457~470쪽

Ellenberger, Henry F., *Die Entdeckung des Unbewußten*, G. Theusner-Stampa (übers.)(Zürich, 1985)

Elman, Benjamin A., "Nietzsche and Buddhism", *Journal of the History of Ideas*, Vol. XLIV, No. 4(1983), 671~686쪽

Engelhardt, Dietrich von, "Gesundheit", W. Korff · L. Beck · P. Mikat (Hrsg.), *Lexikon der Bioethik*, Bd. 2(Gütersloh, 2000), 108~114쪽

Fellmann, F., *Lebensphilosophie*(Reinbek bei Hamburg, 1993)

Figl, Johann, *Dialektik der Gewalt*(Düsseldorf, 1984)

──────, "Die Buddhismus-Kenntnis des jungen Nietzsche", Elisabeth Gössmann · Günther Zobel (Hrsg.), *Das Gold im Wachs*(München, 1988), 499~511쪽

──────, "Nietzsches frühe Begegnung mit dem Denken Indiens", *Nietzsche Studien* 18(1989), 455~471쪽

Fink, Eugen, *Nietzsches Philosophie*(Stuttgart · Berlin, 1986)

Fleischer, Margot, *Der "Sinn der Erde" und die Entzauberung des Übermenschen* (Darmstadt, 1993)

Foucault, M., *Die Ordnung der Dinge*, U. Köppen (übers.)(Frankfurt a.M., 1989)

──────, "Nietzsche, die Genealogie, die Historie", *Von der Subversion des Wissens*, Walter Seitter (übers.)(Frankfurt a.M., 1991)

──────, *Die Geburt der Klinik*, Walter Seitter (übers.)(Frankfurt a.M., 1996)

Freud, S., *Totem und Tabu*, Sigmund Freud, *Studienausgabe*, Bd. IX(Frankfurt a.M., 1974)

Gadamer, H.-G., "Text und Interpretation", Ph. Forget (Hrsg.), *Text und Interpretation*(München, 1984)

──────, "Das Drama Zarathustras", *Nietzsche Studien*, Bd. 15(1986), 1~15쪽

Gedő, András, "Warum Marx oder Nietzsche?", Marx-Engels-Stiftung e. V., Wuppertal (Hrsg.), *Bruder Nietzsche?—Wie muß ein marxistisches Nietzschebild heute aussehen?*(Düsseldorf, 1988), 28~44쪽

Gehlen, A., *Der Mensch : seine Natur und seine Stellung in der Welt*(Wiesbaden, 1986)

Gerhardt, V., "Leben und Geschichte", *Pathos und Distanz*(Stuttgart, 1988),

133~162쪽

──────, *Friedrich Nietzsche*(München, 1992)

Guying, Chen, "Zhuang Zi and Nietzsche : Plays of Perspectives", Graham Parkes (ed.), *Nietzsche and Asian Thought*(Chicago · London : The Univ. of Chicago Press, 1991), 115~129쪽

Guzzoni, A. (Hrsg.), *90 Jahre philosophische Nietzsche-Rezeption*(Hain, 1979)

Habermas, J., "Ein Nachwort(1968) : Zu Nietzsches Erkenntnistheorie", J. Habermas, *Zur Logik der Sozialwissenschaften*(Frankfurt a.M., 1985), 505~528쪽

──────, *Der philosophische Diskurs der Moderne*(Frankfurt a.M., 1988)

Halbfass, Wilhelm, *Indien und Europa*(Basel, 1981)

──────, *India and Europe*(New York : State Univ. of New York Press, 1988)

Harries, Karsten, "The Philosopher at Sea", Michael Allen Gillespie · Tracy B. Strong (eds.), *Nietzsche's new Seas*(Chicago · London : The Univ. of Chicago Press, 1988), 21~44쪽

Haslinger, Reinhard, *Nietzsche und die Anfänge der Tiefenpsychologie*(Regensburg, 1992)

Heidegger, M., *Nietzsche*, Bd. 2(Pfullingen, 1961)

──────, *Sein und Zeit*(Tübingen, 1972)

──────, *Brief über den "Humanismus"*, M. Heidegger, *Gesamtausgabe*, Bd. 9, F.-W. von Herrmann (Hrsg.)(Frankfurt a.M., 1976), 313~364쪽

──────, "Nietzsches Wort 'Gott ist tot'", M. Heidegger, *Holzwege* (Frankfurt a.M., 1980), 205~263쪽

──────, *Grundfragen der Philosophie*, M. Heidegger, *Gesamtausgabe*, Bd. 45(Frankfurt a.M., 1984)

Hildebrandt, Kurt, *Nietzsches Wettkampf mit Sokrates und Plato*(Dresden, 1922)

Honneth, A., *Kritik der Macht*(Frankfurt a.M., 1989)

Horkheimer, M., *Zur Kritik der instrumentellen Vernunft*(Frankfurt a.M., 1986)

Horkheimer, M.·Th. W. Adorno, *Dialektik der Aufklärung*(Frankfurt a.M., 1989)

Hulin, Michel, "Nietzsche and the Suffering of the Indian Ascetic", Graham Parkes (ed.), *Nietzsche and Asian Thought*(Chicago·London : The Univ. of Chicago Press, 1991), 64~75쪽

Husserl, E., "Die Krisis des europäischen Menschentums und die Philosophie", *Husserliana(Edmund Husserl Gesammelte Werke)*, Bd. Ⅵ : *Die Krisis der europäischen Wissenschaften und die transzendentale Phänomenologie*, W. Biemel (Hrsg.)(Haag, 1962), 314~348쪽

Irigaray, Luce, *Marine Lover of Friedrich Nietzsche*, Gillian C. Gill (trans.)(New York : Columbia Univ. Press, 1991)

Janz, Curt Paul, *Friedrich Nietzsche. Biographie*, Bd. 1(München, 1981)

──────, *Friedrich Nietzsche Biographie*, Bd. 2(München, 1981)

Jarrett, James L. (ed.), *Jung's Seminar on Nietzsche's Zarathustra*(Princeton, NJ : Princeton Univ. Press, 1988)

Jaspers, K., *Nietzsche*(Berlin, 1950)

──────, *Nietzsche und das Christentum*(München, 1985)

──────, *Der Arzt im technischen Zeitalter*(München, 1999)

Jeung, Tai-Kyung, *Sinn und Faktum : Geschichtlichkeit in der psychoanalytischen*

Hermeneutik(Würzburg, 2003)

Jung, C. G., *Jung's Seminar on Nietzsche's Zarathustra*, James L. Jarrett (ed.)(Princeton : Princeton Univ. Press, 1998)

─────, *Typologie*(München, 2001)

─────, *Die Beziehungen zwischen dem Ich und dem Unbewußten*(München, 2001)

Jung, Werner, "Das Nietzsche-Bild von Georg Lukács", *Nietzsche Studien*, Bd. 19(1990), 419~430쪽

Kant, I., *Anthropologie in pragmatischer Hinsicht*(Hamburg, 1980)

─────, "Idee zu einer allgemeinen Geschichte in weltbürgerlicher Absicht(1784)", I. Kant, *Was ist Aufklärung?*(Göttingen, 1985), 40~54쪽

Käser, Rudolf, *Arzt, Tod und Text*(München, 1998)

Kaufmann, W., *Nietzsche—Philosopher, Psychologist, Antichrist*(Princeton, Princeton Univ. Press, 1974)

─────, "Nietzsche als erste grosse Psychologe", *Nietzsche Studien*, Bd. 7(1978), 261~275쪽

Kaulbach, Friedrich, "Nietzsches Interpretation der Natur", *Nietzsche Studien* 10/11(1981/1982), 442~464쪽

Klages, Ludwig, *Die psychologischen Errungenschaften Nietzsches*(Bonn, 1958)

Kofman, S., "Baubô : Theological Perversion and Fetishism", K. Oliver · M. Pearsall (eds.), *Feminist Interpretations of Friedrich Nietzsche*(Pennsylvania : The Pennsylvania State Univ. Press, 1998), 21~49쪽

Krummel, R. F., *Nietzsche und der deutsche Geist*(Berlin, 1974)

Kühneweg, Uwe, "Nietzsche und Jesus—Jesus bei Nietzsche", *Nietzsche*

Studien 15(1986), 382~397쪽

Ladner, Max, *Nietzsche und der Buddhismus*(Zürich, 1933)

Landmann, M., *Geist und Leben : Varia Nietzscheana*(Bonn, 1951)

Lanzerath, Dirk, "Krankheit", W. Korff · L. Beck · P. Mikat (Hrsg.), *Lexikon der Bioethik*, Bd. 2(Gütersloh, 2000), 478~485쪽

Levinas, E., *Totalité et Infini*(Paris : Martinus Nijhoff, 1971)

Lindner, B. · W. M. Lüdke, "Kritische Theorie und ästhetisches Interesse : Notwendige Hinweise zur Adorno-Diskussion", B. Lindner · W. M. Lüdke (Hrsg.), *Materialien zur ästhetischen Theorie Th. W. Adornos Konstruktion der Moderne*(Frankfurt a.M., 1980)

Long, Thomas A., "Nietzsche's Philosophy of Medicine", *Nietzsche Studien* Bd. 19(1990), 112~128쪽

Löw, Reinhard, "Friedrich Nietzsche : Anti-Moral und Vitalismus", R. Weiland (Hrsg.), *Philosophische Anthropologie der Moderne*(Weinheim, 1995), 78~85쪽

Loy, David, "Beyond Good and Evil? A Buddhist Critique of Nietzsche", *Asian Philosophy*, Vol. 6, No. 1(1996), 37~57쪽

Lubac, Henri de, *Die Tragödie des Humanismus ohne Gott*(Salzburg, 1966)

Lukács, G., "Der deutsche Faschismus und Nietzsche", G. Lukács, *Schicksalswende : Beiträge zu einer neuen deutschen Ideologie*(Berlin, 1948), 5~36쪽

──────, "Nietzsche als Begründer des Irrationalismus der imperialistischen Periode", G. Lukács, *Werke*, Bd. 9 : *Die Zerstörung der Vernunft* (Neuwied · Berlin, 1962), 270~350쪽

──────, "Nietzsche als Vorläufer der faschistischen Ästhetik", Georg

Lukács, *Werke*, Bd. 10(Neuwied · Berlin, 1969), 307~339쪽

MacIntyre, A., *After Virtue*(Notre Dame : Univ. of Notre Dame Press, 1984)

Mann, Thomas, *Freud und die Psychoanalyse*(Frankfurt a.M., 1991)

Marcuse, H., *Eros and Civilization*(Boston : Beacon Press, 1974)

Martin, A. v., *Nietzsche und Burckhardt*(München, 1942)

Martin, Glen T., "Deconstruction and Breakthrough in Nietzsche and Nāgārjuna", Graham Parkes (ed.), *Nietzsche and Asian Thought*(Chicago · London : The Univ. of Chicago Press, 1991), 91~111쪽

Marx, Karl, "Thesen über Feuerbach", *Karl Marx · Friedrich Engels Werke*, Bd. 3(Berlin, 1969), 5~7쪽

Maurer, R., "Nietzsche und die kritische Theorie", *Nietzsche Studien*, Bd. 10/11(1981/1982), 34~79쪽

Mistry, Freny, *Nietzsche and Buddhism*(Berlin, 1981)

Mittasch, Alwin, *Friedrich Nietzsche als Naturphilosoph*(Stuttgart, 1952)

Montinari, M., *Nietzsche lesen*(Berlin, 1982)

Morrison, Robert G., *Nietzsche and Buddhism*(Oxford : Oxford Univ. Press, 1997)

Müller, L., "Nietzsche und Solovjev", *Zeitschrift für philosophische Forschung I* (1946), 499~520쪽

Müller-Lauter, W., *Nietzsche. Seine Philosophie der Gegensätze und die Gegensätze seiner Philosophie*(Berlin, 1971)

―――――――, "Nietzsches Lehre vom Willen zur Macht", *Nietzsche Studien*, Bd. 3(1974), 1~60쪽

―――――――, "Das Willenswesen und der Übermensch : Ein Beitrag

zu Heideggers Nietzsche-Interpretationen", *Nietzsche Studien*, Bd. 10/11 (1981/1982), 132~192쪽

─────, *Heidegger und Nietzsche* (Berlin · New York, 2000)

Nietzsche, F., *Sämtliche Werke Kritische Studienausgabe in 15 Bänden*, G. Colli · M. Montinari (Hrsg.)(Berlin · New York, 1980)

─────, *Sämtliche Briefe Kritische Studienausgabe*, G. Colli · M. Montinari (Hrsg.)(Berlin · New York, 1986)

Nietzsche Bibliothek, Vierzehnte Jahresgabe der Gesellschaft der Freunde des Nietzsche-Archivs (Weimar, 1942)

Nill, Peggy, "Die Versuchung der Psyche", *Nietzsche Studien*, Bd. 17(1988), 250~279쪽

Oliver, K., *Womanizing Nietzsche* (New York · London : Routledge, 1995)

─────, "Woman as Truth in Nietzsche's Writings", K. Oliver · M. Pearsall (eds.), *Feminist Interpretations of Friedrich Nietzsche* (Pennsylvania : The Pennsylvania State Univ. Press, 1998), 66~80쪽

Oliver, K. · M. Pearsall, "Why Feminist Read Nietzsche", K. Oliver · M. Pearsall (eds.), *Feminist Interpretations of Friedrich Nietzsche* (Pennsylvania : The Pennsylvania State Univ. Press, 1998), 1~17쪽

Ottmann, Henning, "Anti-Lukács. Eine Kritik der Nietzsche-Kritik von Georg Lukács", *Nietzsche Studien*, Bd. 13(1984), 570~586쪽

───── (Hrsg.), *Nietzsche-Handbuch* (Stuttgart · Weimar, 2000)

Parkes, Graham, *Composing the Soul : Reaches of Nietzsche's Psychology* (Chicago · London : The Univ. of Chicago Press, 1994)

─────, "Nietzsche and Jung : Ambivalent Appreciation", J.

Golomb · W. Santaniello · R. Lehler (eds.), *Nietzsche and depth Psychology* (Albany : State Univ. of New York Press, 1999), 205~227쪽

──────, "Nietzsche and Early Buddhism", *Philosophy East & West*, Vol. 50, No. 2(2000년 4월), 254~267쪽

Patton, P. (ed.), *Nietzsche, Feminism & Political Theory*(London · New York : Routledge, 1993)

Pernet, M., *Das Christentum im Leben des jungen Friedrich Nietzsche*(Opladen, 1989)

Platon, *Kratytos, Sämtliche Dialoge*, Bd. II, O. Apelt (übers.)(Hamburg, 1993)

──, *Phaidon, Sämtliche Dialoge*, Bd. II, O. Apelt (übers.)(Hamburg, 1993)

──, *Timaios, Sämtliche Dialoge*, Bd. VI, O. Apelt (übers.)(Hamburg, 1993)

Pütz, P., "Nietzsche im Lichte der kritischen Theorie", *Nietzsche Studien*, Bd. 3(1974), 175~191쪽

Rider, J. L., "Erinnern, Vergessen und Vergangenheitsbewältigung", Renate Reschke (Hrsg.), *Zeitwende-Wertewende*(Berlin, 2001), 97~109쪽

Rollmann, Hans, "Deussen, Nietzsche, and Vedānta", *Journal of the History of Ideas*, Vol. XXXIX, No. 1(1978), 125~132쪽

Rothschuh, K. E., "Krankheit", J. Ritter · K. Gründer (Hrsg.), *Historisches Wörterbuch der Philosophie*, Bd. 4(Basel · Stuttgart, 1976), 1184~1190쪽

Rücker, S., "Irrational, das Irrationale, Irrationalismus", J. Ritter · K. Gründer (Hrsg.), *Historisches Wörterbuch der Philosophie*, Bd. 4(Basel, 1976), 583~588쪽

Rudolph, Arthur W., "Buddhism and Nihilism and Christianity", *Philosophy Today* 13(1969), 36~42쪽

Ryogi, Okochi, *Wie man wird, was man ist*(Darmstadt, 1995)

Salaquarda, J., "Dionysos gegen den Gekreuzigten. Nietzsches Verständnis des Apostels Paulus", J. Salaquarda (Hrsg.), *Nietzsche*(Darmstadt, 1980), 288~322쪽

──────, "Studien zur Zweiten Unzeitgemäßen Betrachtung", *Nietzsche Studien*, Bd. 13(1984), 1~45쪽

Schiller, Friedrich, *Über die ästhetische Erziehung des Menschen*(Stuttgart, 1995)

Schipperges, Heinrich, *Kosmos Anthropos*(Stuttgart, 1991)

Schlüpmann, Heide, "Zur Frage der Nietzsche-Rezeption in der Frauenbewegung gestern und heute", S. Bauschinger u. a. (Hrsg.), *Nietzsche heute* (Bern · Stuttgart, 1988), 177~193쪽

Schnädelbach, H., *Philosophie in Deutschland 1831~1933*(Frankfurt a.M., 1991)

Schopenhauer, A., *Die Welt als Wille und Vorstellung I*, *Sämtliche Werke*, Bd. I, Wolfgang Frhr. Löhneysen (Hrsg.)(Frankfurt a.M., 1960)

Schöpf, Alfred, "Die Wissensform des Unbewußten im 19. Jahrhundert", Alfred Schöpf, *Unbewußte Kommunikation*(Wien, 2001), 29~43쪽

Schrift, A. D., "Nietzsche's French legacy", B. Magnus · K. M. Higgins (eds.), *Nietzsche*(Cambridge : Cambridge Univ. Press, 1996), 323~355쪽

Schröter, H., *Historische Theorie und geschichtliches Handeln*(Mittenwald, 1982)

Schulz, Walter, *Philosophie in der veränderten Welt*(Pfullingen, 1976)

Smitmans-Vajda, B., *Melancholie, Eros, Muße : Das Frauenbild in Nietzsches Philosophie*(Würzburg, 1999)

Spencer, H., "Heine und Nietzsche", *Heine-Jahrbuch* 11(1972), 126~161쪽

Störig, H. J., *Kleine Weltgeschichte der Philosophie 2*(Frankfurt a.M., 1983)

Taureck, Bernhard H. F., *Nietzsche und der Faschismus*(Hamburg, 1989)

Taylor, Ch., *The Ethics of Authenticity*(Cambridge : Harvard Univ. Press, 1999)

Tresmontant, Claude, *Paulus*(Hamburg, 1959)

Ulmer, K., *Nietzsche. Einheit und Sinn seines Werkes*(Bern · München, 1962)

Vattimo, G., *The Adventure of Difference? Philosophy after Nietzsche and Heidegger*, C. Blamires (trans.)(Cambridge : Polity Press, 1993)

Vonessen, F., "Gesundheit", Joachim Ritter (Hrsg.), *Historisches Wörterbuch der Philosophie*, Bd. 3(Basel · Stuttgart, 1974), 559~561쪽

Wellmer, W., *Zur Dialektik von Moderne und Postmoderne*(Frankfurt a.M., 1985)

Wininger, K. J., "Nietzsche's Women and Women's Nietzsche", K. Oliver · M. Pearsall (eds.), *Feminist Interpretations of Friedrich Nietzsche*(Pennsylvania : The Pennsylvania State Univ. Press, 1998), 236~250쪽

Wohlfart, Günter, *Artisten-Metaphysik*(Würzburg, 1991)

Würzbach, F., *Nietzsche*(München, 1967)

| 찾아보기 · 인명 |

ㄱ

가다머, 한스 게오르크 253, 328, 377
가스트, 페터 228
가타리, 펠릭스 84
갈레노스 374, 387
게되, 안드라시 103
게르스도르프, 카를 프라이허 폰 227
겔렌, 아르놀트 145
공자 55
괴벨스, 파울 요제프 95
괴츠, 카를 아우구스트 83
괴테, 요한 볼프강 폰 13, 66, 74, 152, 256~257, 263, 277, 280
군돌프, 프리드리히 95
귄터, 한스 83
그라니에, 잔 40
그라스, 귄터 301

그림, 뤼디거 헤르만 379
기든스, 앤서니 110
길리건, 캐럴 338

ㄴ

나가르주나 55, 231, 241
네안더, 요한 아우구스트 빌헬름 182
네하마스, 알렉산더 26
노발리스 387, 395
노자 55, 281, 311
놀테, 에른스트 84
뉴턴, 아이작 69
니부어, 바르톨트 게오르크 154, 168

ㄷ

다윈 254
단토, 아서 C. 28, 84
덩컨, 이사도라 178
데리다, 자크 14, 26, 35, 37, 44~46, 70,
　72, 113~114, 325, 328, 336, 339~
　340, 346~351, 354
데카르트, 르네 57, 60, 81, 260, 297,
　311, 313
도너번, 조세핀 337
도스토예프스키, 표도르 미하일로비치
　190~191, 193
도이센, 파울 184, 225, 227
듀리치, 미하일로 35, 40~41, 43
듀복, 율리우스 83
들뢰즈, 질 14, 23, 35, 42, 44, 46~47,
　52, 84, 114~115, 340, 391
딜타이, 빌헬름 59, 185

ㄹ

라이프니츠, 고트프리트 빌헬름 220
라캉, 자크 17
라트너, 막스 217
랑케, 레오폴트 폰 154, 156~158
러브록, 제임스 294
레비나스, 에마뉘엘 247, 356, 363

로젠베르크, 알프레트 83, 95
로티, 리처드 70
롱, 토머스 A. 379, 390
뢰비트, 카를 52, 83~84, 252, 257
루소, 장 자크 59
루카치, 지외르지 14, 24, 39~40, 59, 83
　~104, 112
루터, 마르틴 59
르낭, 에르네스트 183~184, 190~191,
　193~195, 221
리만, 베르나르트 72
리오타르, 장 프랑수아 67~68
리츨, 프리드리히 빌헬름 58
리케르트, 하인리히 83
리쾨르, 폴 23, 52, 115

ㅁ

마르쿠제, 헤르베르트 117, 133~134,
　137, 299
마르크스, 카를, 23~24, 88, 103, 112,
　115, 211~212, 254
마이네케, 프리드리히 171
마이어, 프리드리히 223
만, 토마스 84, 252~253
매킨타이어, 알래스데어 329
메링, 프란츠 83

멩켄, 고트프리트 192
모건, 로빈 338
모랭, 에드가 112
모르가니, 조반니 379
모리슨, 로버트 G. 217
몬티나리, 마치노 84
몸젠, 테오도어 154
뮐러 라우터, 볼프강 35, 41~43
뮐러, 막스 13, 225, 229
미드, 조지 허버트 266
미스트리, 프레니 217
미체를리히, 알렉산더 377
미타슈, 알빈 365

베르나르, 클로드 380
베이컨, 프랜시스 87, 116, 309
베크, 울리히 110, 329
벨러, 디아나 338
벨러, 에른스트 14, 35, 46, 347
벨하우젠, 율리우스 190
보임러, 알프레트 84
볼테르, 프랑수아 마리 155, 220
볼파르트, 귄터 317, 319
볼프, 크리스티안 220
뵈틀링크, 오토 227
뵐라우, 헬레네 335
부르크하르트, 야코프 57, 154, 156~158
부처 196, 215, 236, 239, 385
부흐틸, 쿠르트 212
불트만, 루돌프 185
뷔르누프, 외젠 221, 223
브란데스, 게오르그 81
브렌타노, 프란츠 178
브로크하우스, 헤르만 225
블롱델, 에릭 326, 339
비데만, 파울 하인리히 227
비샤, 마리 프랑수아 사비에르 379
비저, 오이겐 192, 195
비트겐슈타인, 루트비히 238
빈디슈, 에른스트 225
빌라모비츠 묄렌도르프, 울리히 폰 58,

ㅂ

바그너, 리하르트 57, 91~92
바르텔, 에른스트 83~84
바우어, 브루노 196
바우어, 페르디난트 크리스티안 181
바울 181, 189, 191, 201~204, 206~209
바이체커, 빅토어 폰 377
바커나겔, 빌헬름 227
바커나겔, 야코프 227
바타유, 조르주 84
반 덴 브루크, 묄러 95
베르그송, 앙리 59, 90

226

빌헬름, 리하르트 277

빙겐의 힐데가르트 395

ㅅ

사드 114

살로메, 루 안드레아스 83, 335~336, 348, 368

샤르슈미트, 카를 224~225, 227

셴켈, 다니엘 181, 183, 190

셸, 헤르만 178

셸링, 프리드리히 빌헬름 요제프 폰 86, 90

소크라테스 33, 54~58, 60~63, 65~68, 70~71

솔로비예프, 블라디미르 178

쇼펜하우어, 아르투어 59, 64, 69, 86, 90, 92~93, 95, 98, 102, 147~148, 156~157, 222~227, 230~232, 253, 263, 324, 334, 385

슈네델바흐, 헤르베르트 153, 159

슈마이츠너, 에른스트 227

슈미트, 이자크 야코프 223

슈바이처, 알베르트 330

슈타이너, 루돌프 83

슈타인하르트, 카를 224~225

슈퇴리히, 한스 요아힘 324~325

슈퇴커, 헬레네 335

슈트라우스, 다비트 프리드리히 154, 181, 184, 190, 196

슈펭글러, 오스발트 95

슐라이어마허, 프리드리히 185

슐레겔, 아우구스트 빌헬름 폰 220

슐레겔, 프리드리히 폰 220~221

슐로트만, 콘스탄틴 181

슐츠, 발터 41

시퍼게스, 하인리히 363, 395

식수, 엘렌 338~339

실러, 프리드리히 277

ㅇ

아도르노, 테오도어 W. 14, 33, 49, 59~60, 69, 84, 86~87, 113~114, 117~122, 125, 127~128, 132~133, 137, 298, 310, 328

아들러, 게오르크 83, 253~254

아렌트, 한나 112, 115

아리스토텔레스 60

아리스토파네스 60

아시시의 프란체스코 196

아우구스티누스 178, 275

아이저, 오토 367

알거미센, 콘라트 83~84
앙케틸 뒤페롱, 아브라함 시아신트 223
야스퍼스, 카를 24, 52, 83~84, 191, 257, 363, 378, 380
얀츠, 쿠르트 파울 228
에릭슨, 에리크 홈부르거 212
에우리피데스 65, 71
엘렌버거, 헨리 F. 389
엘먼, 벤저민 A. 230
예수 180~181, 189, 191~193, 196~202, 204~209, 221
오리게네스 178
오코시 311
오토, 루돌프 212
오트만, 헤닝 101, 227
올덴베르크, 헤르만 227
윌러, 리하르트 84
윌러, 에드문트 183
요레스, 아르투어 377
요한 182
울만, 카를 181, 183, 190
울머, 카를 40, 83
원효 240
윙거, 에른스트 39, 84, 95
융, 베르너 103
융, 카를 구스타프 14, 26, 67, 148, 245, 253~259, 262~265, 267, 269~271, 276~277, 280~281, 283~289
이리가레, 뤼스 114, 338~339
이부영 268

ㅈ

잔트보스, 에른스트 84
잘라크바르다, 외르크 190
장자 55, 70
지멜, 게오르크 83, 95
지브란, 칼릴 288

ㅊ

체임벌린, 휴스턴 스튜어트 98
첼러, 에두아르트 181

ㅋ

카, 에드워드 핼릿 142, 144
카뮈, 알베르 84, 178
카우프만, 발터 14, 26, 35, 39, 43~44, 56, 84, 252
카프카, 프란츠 178
칸트, 이마누엘 60, 81, 89, 114, 150, 157, 211, 254, 264, 281
캠벨, 조지프 212, 275~276

켐퍼, 엥겔베르트 222
코버슈타인, 카를 224
코프만, 사라 14, 45, 339~340, 351~355
콜링우드, 로빈 조지 144
콜버그, 로렌스 266
쾨젤리츠, 하인리히 → 가스트
쾨펜, 카를 프리드리히 223, 227
크라프트, 요하네스 빌헬름 루트비히 181~182
크로체, 베네데토 144, 171
크리스테바, 줄리아 338
클라게스, 루트비히 183, 252
클림트, 구스타프 322~323
키르케고르, 쇠렌 오뷔에 86, 90, 195
키오스의 아리스톤 383

ㅌ

타우레크, 베른하르트 H. F. 84
테일러, 찰스 115
톨스토이, 알렉세이 니콜라예비치 190, 210
통, 로즈메리 338
퇴니스, 페르디난트 83
투키디데스 162
트뢸치, 에른스트 171

틸리히, 파울 212

ㅍ

파라셀수스 375, 377, 379, 395
파스칼, 블레즈 51
파크스, 그레이엄 217, 263
포이어바흐, 루트비히 88, 184, 211~212
포퍼, 카를 112
푸코, 미셸 23, 32, 44, 52, 114~115, 118, 264, 300, 340, 383
프로이트, 지크문트 14, 24, 66~67, 76, 115, 170, 212, 253~254, 256, 274, 351, 377, 389
프롬, 에리히 115, 126, 131, 211, 274
플라톤 54, 60, 63, 67, 71, 178, 263, 281, 347, 350
플로티노스 178
피글, 요한 224
피타고라스 355
피히테, 요한 고틀리프 129~130
핑크, 오이겐 35, 41, 43, 52, 83~84

ㅎ

하디, 스펜스 223
하르트만, 에두아르트 폰 156

하버마스, 위르겐 14, 31, 47, 84, 120~121, 134
하우스라트, 아돌프 154
하이네, 하인리히 190
하이데거, 마르틴 14, 24, 26, 29~30, 35, 37~45, 48, 52, 54, 60, 83~85, 114, 127, 185, 252, 257, 321~322, 328, 346~347, 351
하이젠베르크, 베르너 72
하제, 카를 아우구스트 폰 181~182, 190
헤겔, 게오르크 빌헬름 프리드리히 54, 58, 60, 81, 155~157, 215, 222~223, 254
헤라클레이토스 99, 240, 245, 276~277, 319
헤로도토스 162
헤르더, 요한 고트프리트 폰 155, 220
헤히트, 마리 336
호르크하이머, 막스 14, 33, 49, 60, 69, 86~87, 113~114, 117~122, 125, 127~128, 132~133, 137, 298, 310
호메로스 132
호프만, 에른스트 테오도어 아마데우스 387
홉스, 토머스 211, 297
홉스봄, 에릭 112
후설, 에드문트 81, 294

훈더트바서, 프리덴스라이히 311
히스파누스, 페트루스 395
히포크라테스 373~374, 377

| 찾아보기 · 서명 |

ㄱ

《경집》 227
《계몽의 변증법》 76, 118, 120, 127, 298
《공동체를 위한 예수의 성격상》 183, 190
《교회사》 183
《금강경》 228~229, 242, 285
《금강반야바라밀경》→《금강경》
《기술공학 시대의 의사》 361

ㄴ

《니체와 그리스도교》 191

ㄷ

《다비트 프리드리히 슈트라우스와 그의 시대의 신학》 154

《담마파다》→《법구경》
《도덕의 계보》 81, 226, 229, 256, 368~370
《독일 민족문학사 개요》 224
《독일 민족을 위해 쓴 예수의 생애》 184

ㅁ

《묘법연화경》 221

ㅂ

《바가바드기타》 220
《반시대적 고찰》 139, 149, 154, 184, 256, 313
《반야심경》 240
《법구경》 197, 228, 237

《베단타 경전들》 226
《베단타 체계》 226
《변명》 60
《부처, 그의 생애, 그의 학설, 그의 공동체》 227
《부처의 종교》 227
《브라만교의 기원에 대하여》 227
《브리하다라냐카 우파니샤드》 226
《비극의 탄생》 56, 58, 62~64, 68, 74, 93, 226, 229~230

ㅅ
《사랑의 기술》 211
《선악의 저편》 229, 240, 256, 314, 370
《세계철학사》 324
《신약성서와 신화론》 185

ㅇ
《아비달마》 229
《아침놀》 215, 365, 367
《안티크리스트》 180, 193, 210, 229
《양철북》 301
《에로스와 문명》 133
《역사란 무엇인가?》 143
《예수의 무죄》 183, 190

《예수의 생애》(르낭) 183, 190, 194
《예수의 생애》(하제) 182~183, 190
《예언자》 288
〈오디세이아〉 132
《우상의 황혼》 56, 62, 349, 351
《우파니샤드》 223, 226
《의지와 표상으로서의 세계》 69, 225
《의학서》 395
《이 사람을 보라》 210, 229, 331
《이성의 파괴》 86, 97
《이티부타카》 228
《인간적인 너무나 인간적인》 229, 269, 370
《인도 불교사 입문》 221
《인도의 격언》 227
《인도인의 언어와 지혜에 대해》 221
《인류 육성을 위한 또 하나의 역사철학》 155
《일차원적 인간》 133

ㅈ
《작품으로 본 프리드리히 니체》 83
《존재와 시간》 321~322
《종교론》 210
《주로 16~17세기의 프랑스 역사》 154
《주역》 277

《즐거운 학문》 30, 177, 249, 256, 305, 324, 344~345, 365, 369

《혁명 시대의 역사》 154

《황금꽃의 비밀》 277

ㅊ

《차라투스트라는 이렇게 말했다》 30, 64, 78, 148, 177, 184, 227~229, 243, 256~258, 269, 271, 273~274, 276~277, 279~280, 284, 286, 305, 324, 391

ㅋ

《카타 우파니샤드》 263

ㅌ

《태을금화종지》 277

ㅍ

《파우스트》 74, 256~257, 280

《파이돈》 60, 62

ㅎ

《향연》 60

| 찾아보기 · 용어 |

ㄱ

가상에의 의지 350
가이아 294
가치 전도 234, 328
갈레노스 의학 375
감각생리학 392
감성 332
감성적 충동 277
강 281
강물 282~283
강박 노이로제 76
개념 64
개념의 미라 306, 352
개성화 259, 264, 271~273, 275, 279, 289
개성화 과정 258
개인심리학 252

개인의 가족 무의식 274
개체화의 원리 64
객관성 33, 122~123, 125
거대한 이야기 67
거세된 여성 350
거세하는 여성 350
건강 13, 158, 302, 315, 328, 363~364, 366, 368, 370~371, 373, 375~376, 378~380, 384, 396
건강 철학 360~361, 365, 394, 396
건강 회복술 302
건강보건학 315, 322
건강의 관리 302
건강의 관리술 303
건강의 여신 322
건강한 몸 262, 315
건강한 웃음 280

건설의 철학 49

계급투쟁 88, 91

계몽 117~118, 129

계몽의 변증법 49, 120, 134, 137, 310

계몽의 신화 87, 298

계몽의 자기 파괴 128

계몽주의 220

계보학 46

계시 187

계시 종교 215

고원 47

고통 288, 363~364, 366, 386, 396

고통의 치유술 102

고트하르트 터널 28

고향의 호수 274

골동품적 역사 161, 163~165

공 218~219, 231~232

공격 본능 382

공리주의 385

과학 68~69

과학성 122, 125

과학적 세계관 70

과학적 합리성 299~300

관계의 철학 48

관점주의 72, 75, 78, 341, 345, 355

관점주의적 다원성 43

관점주의적 해석학 48

광대 274~275

구원 17

구원의 심리학 196

구조주의 177

구체성의 철학 360~361, 363

국가사회주의 86, 90, 100

권력 84

권력의 심리학 205

귀족적 급진주의 81, 102

귀족주의 102

귀족주의적 인식론 89

그리스 비극 57

그리스도교 13, 186, 189~190, 194, 201, 206~209, 215, 229~231, 233, 235, 237

그림자 245, 254, 269~270, 275

그림자 없는 자 270

극단의 시대 112

극락 200

극복인 39~40, 218, 235, 243, 245, 271~273, 275, 278, 280, 284, 289, 315, 321, 323, 327~328

근대성 13, 27, 31, 33, 35~36, 48, 50, 84, 110, 113, 115~116, 120, 135, 137, 254

근대성 비판 31, 70

근대성과 형이상학 29

근본적 신뢰 212
글쓰기 325, 335~336, 348
금강 242
금강석 242
금발의 야수 94
금욕주의적 치료법 205
급진적 무신론 98
긍정하는 여성 350
기계론적 자연관 293, 329
기계적 세계 310
기념비적 역사 161~162, 164~165
기생적 개인주의 90
기술적 세계 지배 36, 38
기억 147~148, 168~169, 171~172
기억의 기술 170, 173
기호학 46
깨달음 17
깨어난 자 245
꿈 67, 279, 321

ㄴ

나약한 인성 301
낙타 276
남근 중심적 사유 77
남근중심주의 45, 339~340, 346, 349~351

남성적 어머니 327
낭만주의 59, 91, 137
낭만주의 의학 387
내면의 그리스도론 195
내면의 동물 279
내면의 짐승 314
노예 도덕 189
노예 반란 189
노인 274
논리적 소크라테스주의 67
논리적 형식주의 72
놀이 318
뇌우 285
누미노제 258
능동적 허무주의 34, 219, 232, 234, 242, 245
니체 전설 83

ㄷ

다신론 75
다원성 338
다원주의 75, 355
다이너마이트 28
당파성 88
대극성 276
대극의 반전 245, 254, 274, 276

대극의 복합성 278
대립자 355
대중예술 92
대지 12, 74, 293, 297, 302, 317, 325, 328, 330, 340, 395
대지의 의미 315
대지의 지배자 94
대지의 철학 74, 317
대지의 힘 276
더 높은 자기 272~273
데카당스 31, 92, 94~95, 97, 140, 231, 299~301, 380, 382~383, 395
데카당스 도덕 204
데카당스 유형 196
데카당스 종교 233
데카르트적인 신체 77
도구이성 87, 117, 119, 121, 131
도구적 합리성 298
도덕 370
도취 74
도취의 느낌 317
독단론 343, 345
독수리 272~274, 276
독점자본주의 93~94, 100~101
동양 문예 부흥 220
동일성의 원리 129
둥근 고리 286

들짐승 279
디오니소스 12, 46, 57, 63, 74, 98, 136, 297, 302, 306, 317, 319, 323~325, 328, 330, 340~342, 345, 347, 353~354, 395
디오니소스 사상 321
디오니소스 철학 50, 74, 234, 317
디오니소스적 65
디오니소스적인 것 64~66

ㄹ
로고스 61
리좀 47
리좀적인 운동 76

ㅁ
마지막 인간 134, 279
만다라 286
망각 147~148, 168~169, 171~172
망각의 기술 170, 173
매개신학 181~182
맹수 279, 314
메시아 사상 203
멜로디 64
몰락 274~275, 278

몸 52, 77~79, 249, 261~262, 279, 302, 305, 312~313, 328, 330, 332, 340~341, 369, 377, 395
몸성 391
몸의 건강 297, 312, 315, 377
몸의 담론 52, 78
몸의 문법 366
몸의 언어 250, 262, 289, 297, 306, 312, 326~327, 366
몸의 정치 358
몸의 정치학 78
몸의 징후학 249, 370~371
몸의 치료 239, 394
몸의 해석 369
몸의 해석학 327, 370
몸이성 13, 43, 48, 58, 73, 77~79, 127, 261, 306, 310, 313, 315, 327, 355
몸철학 234, 296, 336, 368, 394
무신론 98, 180, 184, 210
무아 55
무아 사상 218, 239, 241~242, 246
무위 자연설 311
무의식 66, 73, 78, 89, 156, 245, 262, 268~269, 276, 278, 288, 314, 339
묵시록적인 역사관 73
문명의 의사 391
문체 104, 325, 336, 341~342, 348~349

문학적 글쓰기 105
문화 67
문화 비판 31
문화 상품 118~119
문화의 위기 30
문화적 데카당스 245
문화정치론 70
물 281
물리학적 객관주의 294, 296
물신성 351
물신주의 351, 353~354
미궁 345
미래 370
미래 철학 13, 27, 250, 355
미적 소크라테스주의 65
미학적 세계관 48
민족 정신의 변증법 156
민주주의 96, 101
믿음 206
믿음의 종교 206

ㅂ

바다 273, 281~283, 289
바우보 46, 324, 341~342, 345, 353~354
반계몽 120

반여성주의자 324
반페미니즘 철학 334
반그리스도 207
반동 철학 86
반자연적 도덕 97
반작용 189
발전 117
방어 본능 382
백치 192~194, 196, 201
뱀 272~274, 276, 322
번개 242, 273, 284~285
범신론 184
범신론적 허무주의 225
베단타 이론 240
벼락 242~243, 285, 289
변증법적 유물론 89, 103
변증법적 이성주의 67
변형의 기술 259, 366
병 13, 158, 315, 363~364, 366, 368, 371~373, 375, 378~379, 382~384, 396
병의 역사 376
병자의 광학 352, 368
보살 218, 243
보수신학 181~182
보편사 150
보편성 33, 122

보편적 인간 해방 67
보편주의 75
복수 감정 236
복음 194
본능 66~67, 276, 297, 330
본능의 퇴화 126
본질주의 345
부르주아 철학 86
부르주아적 반동 철학 100
부정 225
부패 299
부활 187, 204
분석심리학 252, 269
분수 281
불교 13, 215, 217, 222, 229~233, 235~236, 238~239, 246, 328
불교적 염세주의 223
불확정성 원리 72
비극 63~64, 74
비극적 세계관 57, 74
비도덕주의 98
비역사적인 것 148, 158, 165~169, 171
비유클리드 기하학 72
비조형 예술 64
비진리에 대한 진리 325
비판이론 130, 137
비판적 역사 161, 164~165

비합리주의 52, 59, 85~87, 89~90, 99
~100
빛 속에 있는 몸 395

ㅅ

사나운 지혜 245, 285
사랑 197, 211, 283, 297, 330
사랑스러운 가희 279
사랑의 정치 358
사물화 33, 90, 112, 117
사물화 현상 92
사신신학 177
사위일체 287
사유의 문자학 349
사적 유물론 89
사회적 성격 115
사회주의 101
삶에 대한 사랑 211
삶의 건강이론 166, 305
삶의 본능 300
삶의 해석학 52
상생의 정치 358
상승 274, 278
상위의 그리스도론 195
새 279
샘 273, 283

샘물 281
생리학 370
생명 12~13, 52, 84, 281, 283, 297, 303
~306, 324, 328, 330, 340~342, 355,
357, 370, 395
생명 문화 303
생명 사상 17, 89, 317, 328~330
생명 의미론 52
생명의 놀이 317
생명의 문명 293, 296
생명의 문화 330
생명의 세계 341
생명의 언어 327
생명의 유희 75
생명의 정치 358
생명의 철학 48, 50, 355
생명의 해석학 305
생명주의 103
생물학적 사유 297
생물학주의적 귀족주의 94
생산성 297, 330
생성 12, 74, 297, 317, 330, 342
생성론 55, 100
생성의 무죄 98
생성의 세계 341
생성의 세계관 57
생성의 철학 48, 50, 355

생성존재론 379
생의 형이상학 41
생철학 94
생활 세계의 식민지화 117
서양 철학의 종말 37
서양 형이상학의 종말 32
선 380
선동적인 예술 92
섭생 374
섭생술 374, 392
성스러움 212
성자 327
성장 370
성찰적 근대성 113
세계 과정 156
세계 긍정의 해석학 47
세계 놀이 317, 319
세계 부정 205
세계 시간 319
세계 심판 156
세계 어린아이 319
세계 창조 319
세계 텍스트 306
세계 형성 활동 319
세계의 수레바퀴 319
세계의 탈마술화 129
세이렌 132~133

소크라테스적인 것 65
소크라테스주의 66
수기 261
수동적 허무주의 34, 219, 231~232, 234, 238, 245~246
수행 원리 133~134
순진무구 319
스핑크스 46, 341, 345
슬픈 학문 49, 137
승화 67
시대 비판 31
시바 285
시바 신 77, 135
시원성 287
시적 존재론 70
신 문예 부흥 220
신국 187, 194~195, 200
신의 아들 187, 200
신의 의지 187
신의 죽음 30, 117~118, 222, 264
신자유주의 112
신학적 도착 351
실존주의 177, 252
실증적 종교 233
실증주의 121, 123, 361
실천적 사회철학 103
실체성의 종교 222

심리계보학 29
심리주의 103
심리학 250, 252, 257, 259, 370
심리학적 해석학 334
심미적 이성 306
심층 철학 250
심층심리학 252
심판 200, 204
심혼 262

ㅇ

아라비아 의학 375
아리아드네 46, 341~342
아이온 319
아폴론 57
아폴론적인 것 64~66, 74
악 380
악의 평범성 115
알렉산드리아니즘 68
알렉산드리아적인 문화 69
야만 상태 128
야만성의 윤리학 98
야만적 엘리트주의 102
야수 314
양심 370
양심의 가책 205, 237

어린아이 245, 276
억압 370
언어 325, 339, 341
얼룩소 228
업 사상 217
에로스 66, 300, 322, 339
여성 45, 297, 306, 324~326, 330, 332, 340~344, 348, 357, 395
여성성 45, 332, 335~337, 339
여성의 정치학 358
여성의 진리 작용 46
여성적 삶 344
여성적 진리 355
여성적인 것 287, 335~336
여성주의 74, 317
여성혐오주의자 324
역사 84, 142~146, 155~156, 158, 167, 172~173
역사 만능주의 173
역사 비대증 140
역사 비만증 149
역사 치료술 147
역사 치유술 149
역사병 152, 159, 161, 166, 168, 173, 394
역사의 건강이론 173
역사의 과잉 167

역사의 발전 67
역사의 의미 150
역사의 종말 44
역사적 감각 149, 169
역사적 비만증후 159~161, 394
역사적 사유 149~150, 152
역사적인 것 148, 158, 165~166, 168~169, 171
역사주의 13, 116, 121, 123, 140, 146, 152~154, 158~160, 171, 173
역사철학 144, 154~155, 159
역사치료 13
역사치료학 146, 174
역사학 151, 153~154
연금술 254
연기 사상 218
열등한 인격 부분 270
열반 200, 218, 225, 229, 231
염세주의 93, 102, 208, 221
염세주의 종교 223
영성적인 것 45
영웅적 현실주의 93, 102
영원한 가면 212
영원회귀 39, 98, 217, 234, 317, 319, 322, 328, 341
영원히 여성적인 것 331
영장성 백혈병 294

영혼 240, 283, 288
영혼의 의사 258
영혼의 훈련 267
예술 생리학 74
예술가 319, 327
예술가 형이상학 64, 74, 101
오디세우스 133
완전 종교 215
욕망 339
우산 45
우주론적 유희 41
우주적 생명 320
운명애 217, 328
원망 393
원죄 187, 189, 205, 208
원한 370, 393
원한 감정 200, 235~236
원한 의식 189
원형 254, 258, 280, 283
원형 의식 67
원형질 314
위대한 리듬의 예술 104
위대한 정치 98, 312, 316, 394
위버멘쉬 39~40
위생술 374
위생학 167, 219, 235~236, 238~239
위험 사회 329

유대교 186~187, 189
유대인 187~188, 202
유럽의 병 126
유럽의 부처 246
유령적 자아 329
유물론 221
유신론 180, 210
유희 41
유희 충동 277
윤회 200
윤회관 217
은유 70, 77
의식 260, 262, 276, 288
의지로서의 세계 64
의지의 마비 298
의학적 글쓰기 12~13
의학적 물리학 376
의학적 인간학 363
의학적 지리학 151
의학적 화학 376
이것과 저것 77
이것이냐, 아니면 저것이냐 77
이교주의 204
이기주의 윤리학 97
이드 66
이론적 인간 66
이론적인 낙관주의 67

이분법 76
이성 13, 84, 117
이성 비판 355
이성 형이상학 41
이성의 결핍 113
이성의 과잉 113, 117, 122
이성의 낙관주의 67
이성의 부식 117, 121
이성의 비이성 132
이성의 신화 69, 310
이성의 역사 156
이성의 타자 77
이성의 타자성 338
이성적 활동 67
이성적인 자아관 73
이성주의 65, 220
이성중심주의 13, 33, 44~45, 48, 52, 54
   ~55, 67, 116~117, 122, 136, 293~
   294, 296, 302, 311, 322, 339~340,
   344, 349~351
이신론 54
이원론 61
이편 세계의 위로의 기술 74
인간 우주 394
인간의 왜소화 123
인간의 자연화 306, 311, 394
인간의 종말 264, 300~301

인간의 죽음 12, 118
인간중심주의 38, 48, 116~117, 293~294, 296, 339, 347
인간학적 의학 377
인격 박약성 124, 160
인과성 122
인상주의 95
인식 307
일신론 75
일차원적 인간 134
임신 297, 325~327, 330, 354

ㅈ

자기 13, 242, 254, 257, 259, 261~264, 286
자기 구원의 종교 215, 235
자기 극복 328
자기 꼬리를 무는 뱀 286
자기 보존 117, 130
자기 보존 원리 76, 121, 128, 135~136
자기 부정 133, 205, 393
자기 성장의 원리 136
자기 스스로 생산하는 예술 작품 319
자기 실현 259~260
자기 실현의 기술 259
자기 왜소화 301

자기 유지 121, 133
자기 자신에 대한 사랑 327
자기 창조 328
자기 치료 239, 390, 394
자기 치료술 315
자기 파괴 121
자기화 259, 263, 271, 273, 280~281, 289
자본주의 83, 91~94, 96, 101
자본주의 문화 93
자아 13, 240~241, 259~260, 263~264, 305, 314
자아 의식의 형성상 132
자아 팽창 254, 264
자아의 억압 87
자연 302, 328, 332, 340, 342, 357
자연 종교 215
자연 지배 13, 33, 87, 117, 121, 128, 130~131
자연성 297, 330, 395
자연의 언어 297, 306, 312
자연의 인간화 306, 309
자연의 지배 119, 122
자연의 탈인간화 311
자연인 303, 394
자유 정신 17, 195, 272, 384
자유로부터의 도피 126

자유주의 96
자유주의 신학 184, 196
자유주의적 급진적 역사신학 181
작은 이성 73, 136, 261, 313
장막 효과 348
재림 204
적대성 196, 197
전기자본주의 92
전일 사상 178
전체 인격의 실현 283
전체적 진리 67
전체주의 110, 115
절대적 진리관 73
정동 282
정신 261, 276, 307, 313
정신분석 328, 377
정신분석학 252, 325
정신분석학적 인간학 89
정열 282
정오 272
정오의 인간 278
정주적인 사유 75
정치적 미학주의 104
제국주의 83, 92, 94, 96~97, 99~100
제국주의적 야만성 101
조형 예술 64
존재 은폐의 역사 54

존재론적 폭력 332
존재론적 화용론 396
존재론적인 제국주의 356
존재의 사유 70
존재의 어머니들 74
종교적 영성 212
종교적 천재 201
종교적인 무신론 98
종말론 203
죄 235, 237
죄의 감정 205
죄의식 393
죄책 205
주객 이분법 33, 122, 135, 311, 320
주관성 형이상학의 완성 36, 84
주관성의 형이상학 38
주지주의적 인간학 67
주체 240, 339
주체성 84, 135
주체성의 고고학 127
주체성의 근원사 121
주체성의 위기 30
주체의 죽음 44
주체의 해체 247, 355
주체적 원자 241
죽음을 향해 미리 달려감 321
죽음의 문명 293, 296

죽음의 본능 300
중국풍 220
즉자적 종교 222
즐거운 학문 49, 137
증후론 347
지금까지의 모든 가치의 전도 39, 328
지식의 문명사 71
지옥 200
지적 변증법 69
지하실의 들개 279, 314
지혜 70, 78, 286, 325
지혜를 향한 사랑 70
지혜의 깨달음 289
지혜의 번개 245, 285
지혜의 암사자 245, 285
직접적 종교 215
진리 122, 136, 194, 286, 297, 306~307, 325, 339, 341~343, 345, 348
진리에의 의지 350
진리의 차연 325
진보 33, 117, 122
진보의 신화 110
진보의 역사관 123
집단 무의식 67, 280, 283
징후학 46

ㅊ

차이 325
차이의 철학 46, 347, 355
찬달라 도덕 203
창조 317
창조적 병 389
책의 문명으로서의 서양 72
책의 종교로서의 그리스도교 72
천재 201~202
철학 자체의 혁명 28
철학의 역사 155
철학의 위기 361, 363
철학의 종말 70, 361, 363
철학자 327
철학적 의사 13, 152, 249, 258, 305
체액론 374
초역사적인 것 157, 165~168, 171
초인 39~40, 94, 98
출산 354
춤의 인식 72
춤추는 인간 245, 271
치료 363~364, 366
치료의 철학 361, 363
치유 12, 17
치유 본능 382

ㅋ

카오스 이론 72
쾌락 원칙 133
쾌락주의 197
큰 건강 364, 385, 390, 393~394
큰 이성 52, 136, 261, 310, 313

ㅌ

타나토스 322
타자성 117
타자의 철학 247
탄생 354
탈근대 36
탈근대성 13, 36, 49~50, 113, 137, 340
탈이분적 사고 76
탈이성 73, 77
탈이성의 계보학 54, 57, 73~75
탈이성의 담론 79
탈이성의 전략 76
탈이성적 사유 71
탈현대 71
탈형이상학 13, 41, 47~48, 50
탈형이상학적 세계관 44
태양 273~274, 276
태양을 휘감고 있는 뱀 286
텍스트 78

텍스트 이론 70

ㅍ

파괴의 철학 27, 49
파시즘 83~84, 86~87, 89~90, 93, 95, 103~104, 110
파시즘적인 미학 83, 100
페르조나 245, 260, 264, 268~269, 287
페미니즘 13, 325~326, 336~338, 340, 351, 357
페미니즘 운동 334
편집증 76
평형 상태 373
평화주의 102
포스트모더니즘 49, 52, 59, 67, 88, 110, 114, 136~137, 319, 328, 332, 338, 341
포스트모던 페미니즘 332, 338~341
포스트페미니즘 338
포스트헤겔주의 154~156
폭력의 시대 112
폴리페모스 132~133
표상으로서의 세계 64
표현주의 95
플라톤주의 240, 347, 355
피로에 지친 허무주의 231

ㅎ

하위의 그리스도론 195
합리성 33, 122, 134
합리성의 비합리성 132
합리주의 56~57, 62~63, 68, 71, 73, 79, 89, 100, 122
합리주의 비판 71
해방 17, 117
해석학 29
해석학적 몽유병의 기념물 44
해체주의 114, 177, 332
허무 232
허무주의 30~33, 37~39, 117~118, 218, 232, 234~235, 297, 300, 328
허무주의 운동 229~230
현실 원칙 133
현전의 부재 325
현존의 미학 328
혐오 감정 236
형식 충동 277
형이상학 13, 27, 31, 50, 84, 135, 325, 341
형이상학의 극복 34
형이상학의 완성 37, 48
형이상학의 종언 44
호수 274, 281~283
환자의 역사 376

황금빛 공 286
황금빛 알 273, 286
황금빛 태양 286
휴머니즘 102
히틀러주의 95
히포크라테스 의학 373
히포크라테스 학파 374, 379, 390
힘 370
힘감정 74
힘에의 의지 37, 39, 43, 45~46, 78, 234, 303~304, 313, 317~319, 326, 328, 347, 350
힘에의 의지 사상 322
힘에의 의지로서의 예술 101

니체,
생명과 치유의 철학

초판 1쇄 발행 2006년 1월 30일
초판 4쇄 발행 2022년 10월 21일

지은이 김정현

펴낸이 김현태
펴낸곳 책세상
등록 1975년 5월 21일 제2017-000226호
주소 서울시 마포구 잔다리로 62-1, 3층 (04031)
전화 02-704-1251
팩스 02-719-1258
이메일 editor@chaeksesang.com
광고·제휴 문의 creator@chaeksesang.com
홈페이지 chaeksesang.com
페이스북 /chaeksesang **트위터** @chaeksesang
인스타그램 @chaeksesang **네이버포스트** bkworldpub

ISBN 978-89-7013-564-9 03100

ⓒ 김정현, 2006

• 잘못되거나 파손된 책은 구입하신 서점에서 교환해드립니다.
• 책값은 뒤표지에 있습니다.